코틀린
안드로이드
프로그래밍

Korean edition copyright ⓒ 2021 by aCORN Publishing Co. All rights reserved.

First published in English under the title
Learn Kotlin for Android Development; The Next Generation Language
For Modern Android Apps Programming by Peter Späth, edition: 1
Copyright ⓒ 2019 by Peter Späth
This edition has been translated and published under licence from
APress Media, LLC, part of Springer Nature.
APress Media, LLC, part of Springer Nature takes no responsibility and
shall not be made liable for the accuracy of the translation.

이 책은 APress Media, LLC와 에이콘출판㈜가 정식 계약하여 번역한 책이므로
이 책의 일부나 전체 내용을 무단으로 복사, 복제, 전재하는 것은 저작권법에 저촉됩니다.

안드로이드 예제로
이해하는 코틀린

코틀린
안드로이드
프로그래밍

피터 슈패스 지음   유진호 옮김

i!i
에이콘

에이콘출판의 기틀을 마련하신 故 정완재 선생님 (1935-2004)

알리나에게

지은이 소개

피터 슈패스 Peter Späth

2002년 물리학 학사학위를 수료하고 이후 자바 관련 프로젝트를 주로 하는 IT 컨설턴트가 됐다. 2016년 소프트웨어 개발에 주로 초점을 맞춰 다양한 주제로 책을 쓰는 데 집중하기로 결정했다. 풍부한 자바 관련 경험과 안드로이드 앱을 만드는 데 사용할 수 있는 코틀린 출시로 안드로이드 환경에서 코틀린 개발을 위한 책을 저술하는 데 열의를 보이고 있다.

기술 감수자 소개

테드 하고스^{Ted Hagos}

아일랜드 더블린에 본사를 둔 소프트웨어 개발회사 RDI^{Rendition Digital International}의 CTO이자 데이터 보호 책임자다. RDI에 입사하기 전에는 다양한 소프트웨어 개발 역할을 수행했으며 IBM Advanced Career Education, Ateneo ITI 및 Asia Pacific College의 트레이너로도 시간을 보냈다. 터보 C, 클리퍼, dBase IV, 비주얼 베이직 시절부터 소프트웨어 개발에 많은 시간을 보냈다. 결국 자바를 만나 자바 관련 프로젝트에 많은 시간을 보냈다. 현재는 풀 스택 자바스크립트와 안드로이드 개발로 바쁘다.

옮긴이 소개

유진호(betelgeuse1515@gmail.com)

프로그래밍을 좋아하는 평범한 프로그래머로 다양한 기술에 관심이 많다. 사용자에게 서비스 경험을 어떻게 빨리 안정적으로 제공할 수 있을지 최근 들어 자주 고민하고 있다.

옮긴이의 말

코틀린이라는 언어를 처음 접하고 사용한 지 벌써 3년이 돼 간다. 여러 큰 회사에서 코틀린으로 만든 애플리케이션으로 서비스를 제공하고 운영해왔다. 3년이 지난 지금도 여전히 코틀린을 사용 중이고 코틀린을 사용하지 않는 회사로 이직한 경우 코틀린을 왜 사용해야 하는지 기존 구성원을 설득해 전환시켰던 경험이 있다.

프로그래밍 언어의 인기는 곧 신뢰성과 결부되므로 개발자에게 인기는 중요할 수밖에 없다. 현재의 코틀린은 인기가 많이 높아진 것 같다. 안드로이드뿐만 아니라 서버 애플리케이션 개발에도 활발하게 쓰이기 때문인지 기존 구성원을 설득하는 것은 별로 어렵지 않았다. 그렇다면 그 이후 개발자가 느끼는 코틀린은 어떠했을까? 설문조사나 통계 작성을 해본 것은 아니지만 잠시 커피 한 잔을 하면서 코틀린에 대한 경험을 말할 때는 왜 이러한 언어를 쓰는지에 대한 얘기는 적어도 나오지 않았다. 혹자는 이제 자바 언어가 매우 낯설고 장황하게 느껴진다고 말하기도 한다.

개인적으로 코틀린은 자바 대체 언어로 사용하기에 매우 훌륭한 선택이라고 생각한다. 다른 모던 언어에서 찾아볼 수 있는 기능이 과하지 않을 만큼 코틀린이라는 언어 속에 녹아 있다. 좋은 부분만 잘 수용했다고 할까? 개발자는 코드를 더 간결하게 작성할 수 있고 코드를 자바로 작성하는 것보다 생산성이 더 향상될 수 있다고 생각한다. 코틀린은 사용해봐야만 그 장점을 확실하게 느낄 수 있는 언어다. 이 책을 읽는 독자 여러분도 코틀린의 매력에 푹 빠지길 바란다.

마지막으로 이 책을 번역할 수 있도록 시간적인 배려를 해준 아내와 딸들에게 사랑을 담아 고마움을 전한다. 그리고 이 책을 번역할 수 있도록 도움을 주신 모든 에이콘출판사 관계자분에게도 진심으로 감사의 마음을 전한다.

차례

지은이 소개 6
기술 감수자 소개 7
옮긴이 소개 8
옮긴이의 말 9
들어가며 27

1장 첫 코틀린 애플리케이션: Hello Kotlin   33
IDE 설치: 안드로이드 스튜디오 33
안드로이드 디바이스 연결 35
첫 코틀린 앱 시작하기 37
에뮬레이터 설정 및 사용 38
HelloKotlin 앱 계속하기 40
커맨드 라인 사용하기 44

2장 클래스와 객체: 객체지향 철학   47
코틀린과 객체지향 프로그래밍 50
    클래스 선언 50
    연습문제 1 52
    프로퍼티 선언 52
    연습문제 2 53
    연습문제 3 54
    클래스 초기화 54
    연습문제 4 55

연습문제 5 56
코틀린에서의 송장 56
다른 송장 프로퍼티 57
송장 초기화 58
연습문제 6 58
코틀린의 인스턴스화 59
송장에 함수 추가하기 60
연습문제 7 62
전체 송장 클래스 63
간단한 숫자 맞추기 게임 64
생성자 73
연습문제 8 75
생성자 호출 75
연습문제 9 76
연습문제 10 76
명명된 생성자 매개변수 76
연습문제 11 77
연습문제 12 77
생성자 기본 값 78
연습문제 13 79
연습문제 14 79
부 생성자 79
연습문제 15 81
클래스가 필요 없다면: 싱글턴 객체 82
연습문제 16 85
연습문제 17 85

상태가 중요하지 않은 경우: 동반자 객체 85
　　　　연습문제 18 88
　　　　연습문제 19 88
　　계약 설명: 인터페이스 88
　　　　연습문제 20 95
　　　　연습문제 21 95
　　　　연습문제 22 95
　　구조화와 패키지 96
　　　　구조화된 프로젝트 96
　　　　연습문제 23 98
　　　　네임스페이스와 임포트 98
　　　　연습문제 24 100

3장　클래스의 작동: 프로퍼티와 함수　101

　　프로퍼티와 프로퍼티의 타입 101
　　　　단순 프로퍼티 102
　　　　연습문제 1 104
　　　　프로퍼티 타입 104
　　　　프로퍼티 값 할당 106
　　　　연습문제 2 108
　　　　리터럴 108
　　　　연습문제 3 110
　　　　프로퍼티 가시성 110
　　　　NULL 값 111
　　　　연습문제 4 112

프로퍼티 선언 수정자 112
멤버 함수 113
　값을 반환하지 않는 함수 114
　연습문제 5 116
　연습문제 6 117
　값을 반환하는 함수 117
　연습문제 7 118
　연습문제 8 119
　연습문제 9 119
　마스킹된 프로퍼티에 접근하기 119
　연습문제 10 120
　함수 호출 121
　연습문제 11 121
　함수의 명명된 매개변수 122
　연습문제 12 122
　함수의 기본 매개변수 123
　연습문제 13 124
　함수의 가변 매개변수 124
　연습문제 14 126
　추상 함수 127
　다형성 128
　로컬 함수 129
　상속 129
　다른 클래스를 상속하는 클래스 130
　생성자 상속 131
　연습문제 15 132

함수 재정의	133
프로퍼티 재정의	134
연습문제 16	134
연습문제 17	135
수퍼클래스 애셋에 접근하기	135
로컬 변수	**137**
연습문제 18	137
클래스와 클래스 멤버의 가시성	**138**
자기 참조: this	**143**
클래스를 문자열로 변환하기	**145**
연습문제 19	145

4장 클래스와 객체: 확장 기능 147

익명 클래스	**147**
내부 클래스	**149**
클래스 외부의 함수와 프로퍼티	**150**
연습문제 1	151
함수와 프로퍼티 임포트	**152**
연습문제 2	152
데이터 클래스	**153**
연습문제 3	154
연습문제 4	154
열거형	**155**
연습문제 5	157
사용자 정의 프로퍼티 접근자	**157**

연습문제 6	159
연습문제 7	159
연습문제 8	159
코틀린 확장	**160**
확장 함수	161
확장 프로퍼티	**162**
널 가능 리시버를 사용하는 확장	162
확장 캡슐화	163
꼬리 재귀를 사용하는 함수	**164**
이항 연산자	**165**
연산자 재정의	**167**
연습문제 9	170
위임	**170**

5장 표현식: 데이터 작업 ... 173

표현식 예제	**173**
표현식의 편재성	**174**
수치 표현식	**175**
연습문제 1	177
불리언 표현식	**177**
문자열과 문자 표현식	**180**
비트와 바이트	**182**
다른 연산자	**183**
연습문제 2	185
변환	**185**

6장 코틀린 파일의 주석 — 189

- 패키지 주석 … 190
- 마크다운 … 193
- 클래스 주석 … 196
- 함수와 프로퍼티 주석 … 199
  - 연습문제 1 … 200
- 자체 API 문서 생성 … 200

7장 구조적 구조 — 205

- If와 When … 205
- 레인지 … 210
- For와 While 루프 … 211
- 스코핑 함수 … 212
- apply 함수 … 213
- let 함수 … 215
- with 함수 … 216
- also 함수 … 217
- run 함수 … 218
- 조건별 실행 … 219

8장 예외: 뭔가 잘못된다면 — 221

- 코틀린과 예외 … 221
- 다른 예외 유형 … 224

예외 던지기	225
연습문제 1	226
표현식에서의 예외	227

9장 데이터 컨테이너 — 229

배열의 정의와 사용	230
배열 인스턴스화	231
연습문제 1	233
연습문제 2	235
배열 작업	235
세트, 리스트 및 맵	236
세트	237
연습문제 3	241
리스트	242
맵	248
페어와 트리플	250
데이터 컨테이너를 이용한 루프	251
배열과 컬렉션 정렬	253
연습문제 4	256
연습문제 5	257
그룹핑, 폴딩, 리듀싱 및 집핑	257
그룹핑	257
연습문제 6	259
폴딩	259
리듀싱	260

연습문제 7	261
집핑	261
연습문제 8	263
배열과 컬렉션의 탐색	263
스프레드 연산자	264
큐와 스택: 데크	265
NumberGuess 앱을 위한 통계 클래스	267
앱에 액션 바 추가하기	267
통계 액티비티	273
통계의 상태 관리	275
액티비티 사이의 소통	277
통계 계산 구현	278

10장 참, 거짓 그리고 미정: 널 가능성   283

NULL이란?	283
코틀린 내부에서 널 가능성이 처리되는 방식	286

11장 동등성 처리   289

코틀린의 동일성	289
코틀린의 동등성	290
equals와 해시 코드	291
연습문제 1	294
연습문제 2	294

12장 다시 수학으로: 함수형 프로그래밍 — 295

- 코틀린과 함수형 프로그래밍 — 298
- 이름 없는 함수: 람다 함수 — 300
    - 연습문제 1 — 302
    - 연습문제 2 — 302
- 루프 다시 살펴보기 — 302
- 리시버가 있는 함수 — 304
- 인라인 함수 — 305
- 필터 — 308
    - 연습문제 3 — 309

13장 타입 안전성에 대해: 제네릭 — 311

- 단순 제네릭 — 313
    - 연습문제 1 — 314
- 선언 지점 가변성 — 314
- 불변 컬렉션에 대한 가변성 — 318
- 타입 프로젝션 — 318
- 스타 프로젝션 — 320
- 제네릭 함수 — 320
- 제네릭 제약 — 321
    - 연습문제 2 — 324

14장　힌트 추가: 애너테이션　325

　　코틀린의 애너테이션 327
　　애너테이션의 성질 328
　　애너테이션 적용하기 330
　　배열 매개변수를 갖는 애너테이션 333
　　애너테이션 읽기 334
　　내장 애너테이션 336
　　커스텀 애너테이션 337
　　　　연습문제 1 339

15장　자바와 코틀린 API의 사용　341

　　코틀린과 자바 라이브러리 342
　　온라인 리소스 사용 342
　　문서의 로컬 사본 만들기 343

16장　컬렉션 API　345

　　인터페이스 345
　　클래스 348
　　제너레이터 함수 349
　　컬렉션과 맵 세터 및 리무버 351
　　결정적 게터 352
　　컬렉션과 맵 특성 353
　　컬렉션과 맵 순회 354

변환 355
    연습문제 1 358
    연습문제 2 358
    연습문제 3 358
    연습문제 4 359
필터링 359
    연습문제 5 360
가변성 변경하기 360
요소 검사 360
    연습문제 6 361
요소 찾기 361
    연습문제 7 362
집계, 폴딩 및 리듀싱 362
    연습문제 8 365
결합 365
그룹핑 367
집핑 368
윈도잉 369
시퀀스 370
연산자 374

17장 다른 API들   377

수학 API 377
날짜와 시간 API, API 레벨 25 이하 379
날짜와 시간 API, API 레벨 26 이상 383

로컬 날짜와 시간	384
인스턴트	387
오프셋 날짜와 시간	388
구역 날짜와 시간	390
듀레이션과 피리어드	393
클락	396
연습문제 1	397
입력과 출력	398
테스트 파일 만들기	399
파일 이름	399
디렉터리 나열	400
파일에 쓰기	401
파일에서 읽기	403
파일 삭제	405
임시 파일 다루기	406
다른 파일 작업	406
URL 읽기	408
리플렉션 사용	409
정규 표현식	414
패턴	414
일치 확인	417
연습문제 2	417
문자열 자르기	419
하위 문자열 추출하기	419
대치	422

18장　병렬 작업: 멀티스레딩　425

- 자바 멀티스레딩 기초　426
- 자바의 고급 멀티스레딩　434
- 특수한 동시성 컬렉션　434
- 잠금　435
- 원자적 변수 타입　438
- 익스큐터, 퓨처 및 콜러블　439
  - 연습문제 1　445
- 코틀린 코루틴　445
- 기본 코루틴　450
- 코루틴 컨텍스트　456
- delay()가 하는 일　457
- 일시 중단 함수　458
- 잡 기다리기　459
- 코루틴 취소하기　460
- 타임아웃　461
- 디스패처　462
- 예외 처리　464
  - 연습문제 2　467

19장　외부 라이브러리 사용하기　471

- 외부 라이브러리 추가하기　471
- 의존성 관리　476
- 미해결 로컬 의존성　476

| 외부 라이브러리와 널 가능성 | 477 |
| 자체 라이브러리 만들기 | 477 |

20장 XML과 JSON — 481

XML 처리	482
XML 데이터 읽기	483
XML 데이터 변경	487
새로운 DOM 생성	491
연습문제 1	492
JSON 처리	492
JSON 헬퍼 함수	493
JSON 데이터 읽고 쓰기	498
새로운 JSON 트리 생성	500
연습문제 2	500

부록 연습문제 답안 — 503

2장	503
3장	516
4장	521
5장	524
6장	524
8장	524
9장	525

11장	528
12장	528
13장	529
14장	530
16장	530
17장	532
18장	533
20장	536
찾아보기	538

들어가며

컴퓨터 프로그램은 입력 데이터를 사용해 출력 데이터를 생성하는 작업을 실행하고 때로는 해당 작업을 할 때 데이터베이스에서 가져온 데이터를 조작하기도 한다. '데이터베이스'라는 단어는 가장 일반적인 의미로 사용된다. 이는 파일이 될 수도 있고 메모리 스토리지나 완전한 데이터베이스 제품일 수도 있다.

오늘날에는 각각 자신만의 장·단점이 있는 여러 프로그래밍 언어가 존재한다. 일부는 안정적인 실행을 목표로 하고 일부는 고성능, 어떠한 것은 특정 작업을 해결하기 위해 만들어졌으며 일부는 회사가 강력한 시장 입지를 구축하길 원하기 때문에 존재한다. 프로그래밍 언어가 시간이 지나면서 발전한 방식을 살펴보는 것은 그 자체로 흥미로운 주제이며 정보기술의 다양한 측면에 영향을 미친다. 누군가는 이에 대해 별도의 책을 쓸 수 있겠지만 이 책에서는 단지 컴퓨터 언어 발달에 대한 한 가지 중요한 사실을 강조하려고 한다. 이는 현대 컴퓨터 프로그램이 작성되는 방식에 직접적인 영향을 미친다. 컴퓨터 언어의 역사적 발전을 살펴보면 언어가 나타내는 추상화 수준에 상당한 변화가 있음을 발견할 수 있다. 업계 초기에는 프로그래머가 컴퓨터 하드웨어를 매우 잘 알고 있어야 했지만 이제는 언어에 다른 수준의 추상화가 도입돼 하드웨어 기능으로부터 개념적이고 언어적인 거리가 멀어졌다. 이로 인해 소프트웨어 개발자는 컴퓨터의 중앙처리장치^{CPU}에서 무슨 일이 일어나고 있는지 알아야 한다는 요구 사항이 점점 완화됐다.

추상화 정도가 증가함에 따라 현대의 컴퓨터 언어(때로는 묵시적, 때로는 명시적으로)는 언어 구조의 표현성이라는 두드러진 새로운 특징을 보여준다. 이를 슈도코드$^{pseudo\text{-}code}$로 작성된 예를 사용해 설명하려고 한다. 항목 목록이 있고 각 항목에 대해 작업을 수행하려고 한다고 가정해보자. 컴퓨터 내부 기능에 대한 지식이 있다면 프로그래머는 다음과 같은 코드 스니펫을 작성할 수 있다.

- 메모리에 데이터 배열을 만든다.
- 첫 요소에 대한 포인터를 할당한다.
- 배열을 반복한다.
    - 포인터를 역참조해 리스트 요소를 조회한다.
    - 해당 요소로 뭔가를 수행한다(예: 출력).
    - 포인터를 증가시켜 다음 항목을 가리키도록 한다.
    - 마지막 요소를 넘어가면 루프를 빠져나간다.
- 반복 종료

복잡해 보이지만 컴퓨터가 저 밑에서 하고 있는 일과 매우 밀접하게 연관돼 있으며 초기 언어는 이와 다소 비슷했다. 첫 번째 추상화로 그리고 가독성을 향상시킬 방법으로 "포인터" 요소를 제거해 다음과 같이 작성할 수 있다.

- 변수 `theList` = [어떻게든 항목 리스트를 만든다]
    - `"theList"`를 반복하고 각 항목을 반복 변수 `"item"`에 할당한다:
    - `"item"`으로 뭔가를 수행한다. 예를 들어 `"item"`을 출력한다.
- 반복 종료

이는 이미 첫 번째 버전에 비해 더 표현적으로 보이며 현재 많은 프로그래밍 언어가 이러한 종류의 프로그래밍 스타일을 따르고 있다. 하지만 이를 더 개선할 수 있다. 루프에서 처리되는 리스트가 분리돼 리스트 정의가 한 줄로 작성되는 것을 볼 수 있다. 리스트 정의와 루프 사이에 복잡한 코드가 작성되는 것을 막는 것은 아무 것도 없으며 이는 매우 자주 목격할 수 있는 것으로 프로그램을 읽기 어렵게 만들고 이해하기 어렵게 만든다. 이러한 모든 것이 하나의 구문으로 작성된다면 낫지 않을까? 좀 더 표현적인 스니펫을 사용하면 이렇게 결합된 구문을 작성할 수 있다. 슈도코드로는 다음과 같이 보일 수 있다.

[어떻게든 항목 리스트를 만든다].
    [필터를 추가할 수 있음].

```
forEach { item ->
  "item"으로 뭔가를 수행한다. 예를 들어 "item"을 출력한다.
}
```

이는 여러분이 점 "."을 일종의 "그것으로 뭔가를 수행" 명령으로 그리고 "{ … }"을 뭔가를 수행하는 코드 블록으로(이러한 경우 루프 변수를 나타내는 -> 앞의 식별자를 갖고) 봤을 때 얻을 수 있는 최대한의 표현이다.

> **참고** 처음부터 코드를 표현력 있게 만드는 것은 좋은 코드를 작성하는 데만 도움을 주지 않으며 프로그래밍 스킬을 평균 이상으로 발전시키는 데도 도움을 준다. 표현력 있는 코드는 유지·보수와 확장이 더 쉽고 재사용이 더 쉬우며 다른 사람이 이해하기 더 쉽고 프로그램에 결함이 있는 경우 디버깅하기 더 쉽다.

프로그래밍 언어인 코틀린은 이러한 표현력을 제공할 수 있으며 이 책에서는 코틀린을 안드로이드용 프로그래밍 언어로 사용해 표현적이고 간결한 방식으로 작업을 수행하려고 한다. 실제로 코틀린에서 필터를 추가한 작은 반복 예제는 다음과 같다.

```
arrayOf("Blue", "Green", "Yellow", "Gray").
  filter { it.startsWith("G") }.
  forEach { item ->
    println(item)
  }
```

이를 실행하면 콘솔에 두 줄로 Green Gray 문구를 출력한다. 둥근 괄호 안에 매개변수가 배치된다는 개념으로 코틀린 관용구를 모르더라도 이러한 스니펫을 이해할 수 있어야 한다.

> **참고** 이를 작성하고 실행하는 방법을 모르더라도 걱정하지 말라. 1장에서 곧 시작할 것이다.

이 책의 끝에 도달하면 특히 안드로이드 문제에 관심을 갖고 코틀린 언어로 문제를 해결할 수 있는 발전된 개발자가 돼야 한다. 물론 특정 문제를 해결하기 위해 라이브러리를 전부 알 수는 없다. 이때는 오직 경험만 도움이 된다. 하지만 대부분의 언어 구조를 알고 프로그래밍 기술에 대한 좋은 아이디어를 갖는다면 전문적인 안드로이드 프로그래머가 될 수 있다.

이 책에서 언급된 코틀린 버전은 1.3이다. 대부분의 예제와 여기서 설명된 내용은 후속 버전에서도 유효하다.

대상 독자

프로그래밍 지식이 거의 없거나 전혀 없는 초보 소프트웨어 개발자와 향후 안드로이드 프로젝트에 코틀린을 사용하려는 다른 언어 지식이 있는 개발자용이다. 대상 플랫폼은 안드로이드 디바이스다. 안드로이드에 대한 철저한 소개를 제공하기 위해 쓰이지 않았다. 그 대신 이 책은 안드로이드를 플랫폼으로 사용하고 코틀린 프로그래밍 언어와 코틀린이 안드로이드에 사용되는 방법을 철저하게 소개한다.

프로그램 설치 및 시작을 포함해 데스크톱이나 랩톱 컴퓨터를 사용하는 방법의 기본 지식이 필요하다. 사용하려는 운영 체제는 중요한 역할을 하지 않지만 안드로이드 스튜디오를 개발 환경으로 사용하므로 이 통합 개발 환경^{IDE}을 실행할 수 있는 운영 체제를 선택해야 한다. 이러한 운영 체제로는 리눅스, 윈도우, 맥 OS가 있다. 스크린샷은 우분투 리눅스에서 찍었다.

결국 초급부터 중급 수준 복잡성의 안드로이드용 코틀린 프로그램을 작성하고 실행할 수 있을 것이다.

소스 코드

이 책에 사용된 소스 코드는 에이프레스 깃허브 저장소(https://github.com/Apress/learn-kotlin-for-android-development)와 에이콘출판사의 깃허브 저장소(https://github.com/AcornPublishing/learn-kotlin)에서 다운로드할 수 있다.

이 책을 읽는 방법

이 책을 처음부터 끝까지 순차적으로 읽으면 최대 이익을 낼 수 있다. 기본적인 개발 지식이 이미 있다면 원하는 대로 절과 장을 건너뛸 수 있는 것은 물론 책을 진행하면서 항상 한걸음 뒤로 물러나 절과 장을 다시 읽을 수 있다.

문의

정오표는 에이콘출판사의 도서정보 페이지 http://www.acornpub.co.kr/book/learn-kotlin에서 찾아볼 수 있으며 이 책과 관련해 질문이 있다면 이 책의 옮긴이나 에이콘출판사 편집 팀(editor@acornpub.co.kr)으로 문의해주길 바란다.

1장

첫 코틀린 애플리케이션: Hello Kotlin

1장에서는 간단한 코틀린 프로그램을 작성하고 실행하기 위해 안드로이드 스튜디오 IDE를 사용하는 방법을 배운다.

IDE 설치: 안드로이드 스튜디오

텍스트 편집기로 프로그램을 작성하고 터미널에서 명령을 내려 준비 및 실행을 할 수 있지만 IDE는 프로젝트 파일을 함께 유지하고 다양한 개발 관련 행위를 단순화시켜 준다.

> **참고** 컴퓨터 언어는 두 가지로 나뉜다. 프로그램이 실행되는 동안 실행 엔진에 의해 해석돼 CPU에서 실행되는 프로그램 코드이거나 특별한 명령으로 프로그램 코드를 컴파일된 프로그램으로 변환하고 운영 체제 또는 특별하게 제작된 실행 엔진으로 컴파일된 프로그램을 직접 실행할 수 있는 컴파일 언어 둘 중 하나다. 코틀린은 컴파일 언어에 속한다. 안드로이드 스튜디오 같은 IDE를 사용한다면 컴파일 과정은 보통 자동으로 이뤄진다.

이 책에서는 안드로이드 스튜디오Android Studio IDE를 사용한다. 안드로이드 스튜디오는 구글에서 개발했으며 인텔리제이IntelliJ IDEA 커뮤니티 에디션에 기반한다. 자유롭게 받아 설치하고 사용할 수 있다. 다운로드 페이지는 https://developer.android.com/studio/였다. 이 링크에 접근할 수 없다면 검색 엔진에서 'android studio download'로 검색하면 다운로드 가능한 곳을 쉽게 찾을 수 있다. 안드로이드 스튜디오는 개인 또는 상용 프로젝트와 상관없이 라이선스를 구매할 필요가 없다. PC에 안드로이드 스튜디오를 설치하려면 다음과 같이 하길 바란다.

1. PC의 OS에 적합한 인스톨러를 다운로드한다. 리눅스(우분투 14.04에서 테스트했으며 상위 버전에서도 잘 작동할 것이다), 윈도우(7 버전부터), 맥 OS(맥 OS X 10.10부터).
2. 인스톨러를 실행한다. 리눅스의 경우 인스톨러 ZIP을 압축 해제한 후 터미널에서 bin 폴더로 이동해 studio.sh를 실행한다. 윈도우 시스템의 경우 .exe 파일을 실행한다. 맥 OS X 시스템의 경우 .dmg 파일을 실행하고 안드로이드 스튜디오를 Applications 폴더로 드래그하고 드롭한다. Applications 폴더에 있는 안드로이드 스튜디오를 실행한다.

참고 우분투에서 터미널은 Ctrl+Alt+T를 눌러 열 수 있다. 터미널에서는 키보드를 사용해 명령을 입력해야 한다. 디렉터리를 바꾸려면 cd /path/to/directory를 입력한다. .sh 파일을 실행하려면 ./name.sh를 입력하면 된다.

OS 버전과 다운로드할 안드로이드 스튜디오 버전을 포함한 설치의 내용은 OS에 따라 각각 다르다. 안드로이드 스튜디오를 다운로드한 페이지에서 더 자세한 내용과 함께 설치 과정에 대한 동영상까지 제공해줄 것이다.

안드로이드 스튜디오 인스톨러가 추가적인 요소를 다운로드할 경우가 있다. 프로젝트 마법사로 새 프로젝트를 만들 때도 프로젝트에서 필요한 기능에 따라 이미 설치된 요소를 기반으로 추가적인 요소를 다운로드할 수 있다. 오래 걸릴 수도 있으므로 첫 프로젝트를 시작하기 전에 인내심을 가져야 한다. 물론 이후에는 더 빠를 것이다.

새로운 프로젝트 생성을 묻는 화면이 나올 때까지 인스톨러를 계속 진행한다. 리눅스의 경우는 그림 1-1과 같으며 다른 OS의 경우도 이와 비슷하다.

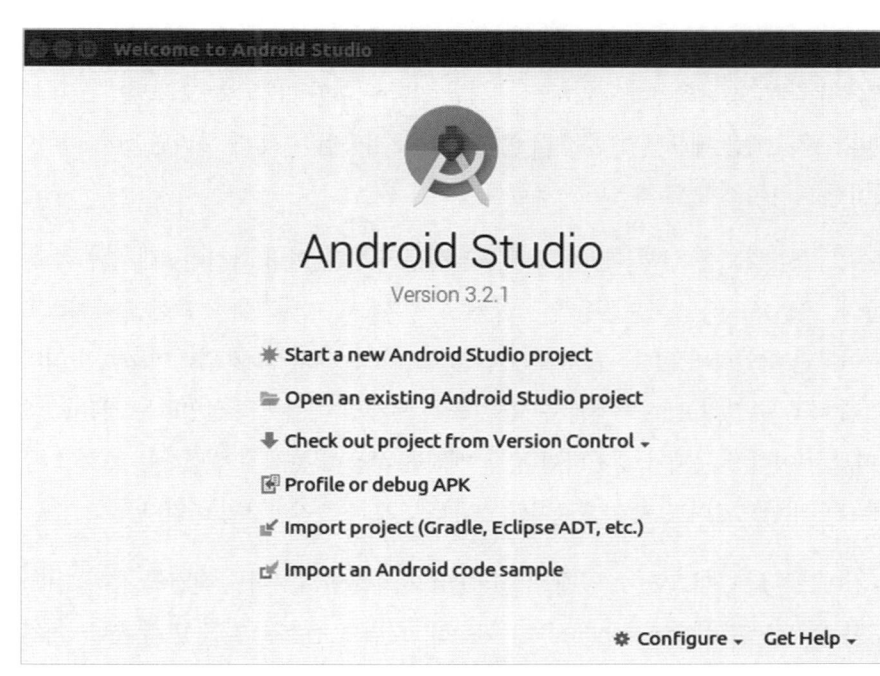

▲ 그림 1-1 프로젝트 생성 마법사

안드로이드 디바이스 연결

먼저 안드로이드 앱을 개발하면서 실제 하드웨어 디바이스가 굳이 필요하지 않다는 점을 말하고 싶다. 1장의 '에뮬레이터 구성 및 사용' 절에서는 안드로이드 디바이스를 시뮬레이션하기 위해 에뮬레이터를 사용하는 방법을 설명하고 있다. 하지만 어느 정도 수준이 요구되는 앱의 경우 안드로이드 하드웨어 디바이스를 최소한 하나 정도 보유하고 개발하는 것이 좋다.

안드로이드 스튜디오는 실제 디바이스와 시뮬레이션 디바이스로 작업할 수 있다. 스마트폰 같은 실제 디바이스로 개발하면 앱이 잘 실행되는지 가장 확실하게 확인할 수 있다. 하지만 해당 스마트폰에서 앱이 잘 실행되는지 여부만 알려줄 뿐이며 다른 디바이스에서 잘되는지는 확신할 수 없다. 당연한 말이지만 다양한 스마트폰과 안드로이드 디바이스를 구입하고 싶지는 않을 것이다. 마찬가지로 실제 디바이스가 아닌 시뮬레이션된 디바이스로만 작업해도 실제 모든 디바이스에서 애플리케이션이 작동하는지는 100% 확신할 수 없다.

따라서 실제 디바이스와 시뮬레이션 디바이스를 모두 사용해 개발할 것을 제안한다. 모든 개발 과정에서 각각 모두 확인하지 않아도 되지만 일단 어떠한 마일스톤에 도달하면 더블 체크해야 한다. 물론 앱을 배포하기 전에 더 많은 사람이 사용할 수 있게 하려면 실제 디바이스와 시뮬레이션 디바이스 모두 테스트해야 한다.

안드로이드 스튜디오를 실제 디바이스에 연결하는 방법은 여러 가지이지만 일반적으로 PC나 랩톱의 USB 포트에 스마트폰을 연결만 해도 충분하며 디버그가 가능한 디바이스로 연결됐는지 여부만 확인하면 된다. 운영 체제나 안드로이드 스튜디오를 업데이트하면 이러한 부분이 쉽게 바뀔 수 있으므로 발생할 수 있는 모든 문제의 해결책을 설명하는 것은 별 의미가 없다. 따라서 어떠한 문제가 생긴다면 검색 엔진을 사용해 문제에 해당하는 블로그 글을 찾아보거나 공식 안드로이드 및 안드로이드 스튜디오 문서를 찾아보길 바란다.

1. 스마트폰을 디버그할 수 있게 만들려면 4.2 이상 안드로이드 버전의 경우 Settings 대화 상자를 열어 About phone으로 이동한 후 빌드 번호를 일곱 번 누른다. 이전 버전의 경우에는 Settings > Develop Option > "USB debugging."을 체크한다.
2. USB 케이블을 사용해 랩톱이나 PC에 스마트폰을 연결한다.

안드로이드 스튜디오가 실제로 디바이스에 연결됐는지 확인하려면 Tools > Android > Android Device Monitor로 이동한다. 그림 1-2처럼 Device Monitor의 Devices 섹션에 표시되는 디바이스를 볼 수 있다.

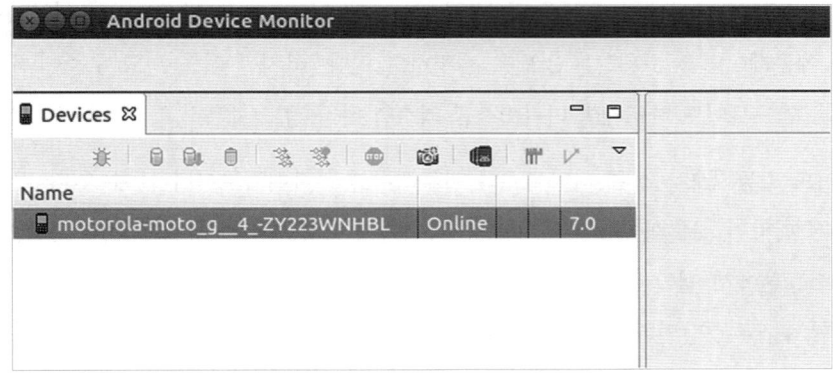

▲ 그림 1-2 하드웨어 안드로이드 디바이스

첫 코틀린 앱 시작하기

안드로이드 스튜디오를 이용해 첫 코틀린 애플리케이션을 작성할 시간이다. 설치 단계나 안드로이드 스튜디오 인스턴스를 처음 실행하는 경우 새 프로젝트를 만들 것인지 물어볼 수 있으며 그렇지 않고 설치된 안드로이드 스튜디오를 이미 실행 중이라면 메뉴에서 **File > New > New Project**를 선택해 다음과 같이 진행한다.

1. Start a New Android Studio Project를 선택한다.
2. **프로젝트 마법사**Project Wizard에서 애플리케이션 이름을 HelloKotlin으로 입력한다. 반드시 그러한 것은 아니지만 이름에 공백 문자는 사용하지 않는 것이 좋다.
3. 회사 도메인은 example.com을 입력한다. 공백을 사용하지 않는 것뿐만 아니라 여기에 입력하는 내용은 여러분에게 달려 있다. 하지만 여러분이나 회사가 소유한 실제 도메인 이름을 입력하는 것이 좋다. 배포하지 않을 프로젝트라면 뭐든지 사용해도 좋다.
4. 안드로이드 스튜디오가 제안하는 프로젝트 경로가 적당하지만 원한다면 다른 경로를 사용해도 된다.
5. **코틀린 지원 포함**Include Kotlin support이 선택됐는지 확인한다.
6. 폼팩터로 **폰**Phone과 **태블릿**Tablet을 선택한다.
7. 최소 소프트웨어 개발 키트SDK로 API 19를 선택한다.
8. Empty Activity를 선택한다. 액티비티 이름으로는 제시된 MainActivity를 사용한다. Generate Layout File이 선택됐는지 확인하고 레이아웃 이름으로는 제시된 activity_main을 그대로 사용한다. Backwards Compatibility가 선택됐는지도 확인한다.

프로젝트를 처음 생성한다면 안드로이드 스튜디오는 필요한 추가 요소를 다운로드하고 설치하며 그런 다음 초기 빌드를 수행한다. 이는 수 분이 걸리므로 여기서는 인내심이 필요하다.

모두 잘 진행됐다면 안드로이드 스튜디오의 메인 윈도우가 그림 1-3처럼 보일 것이다.

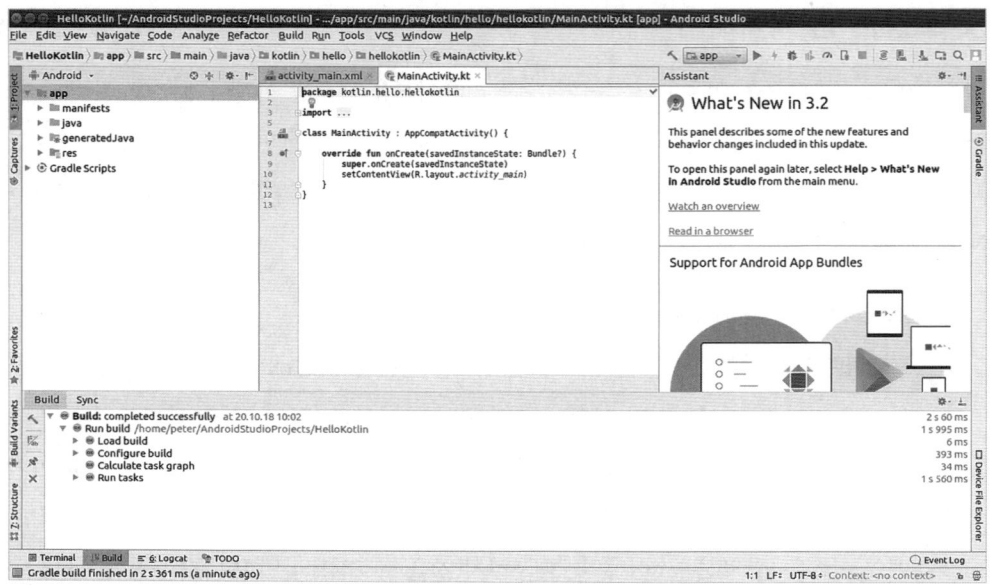

▲ 그림 1-3 안드로이드 스튜디오 메인 윈도우

에뮬레이터 설정 및 사용

이제 디바이스 에뮬레이터를 설치할 시간이다. 에뮬레이터는 실제 디바이스를 연결하지 않고도 안드로이드 앱을 개발할 수 있게 해주므로 매우 유용하다. 에뮬레이터는 여러분의 PC 화면에서 안드로이드 디바이스를 시뮬레이션한다. 몇 가지 사용 가능한 에뮬레이터 중 하나를 설치하려면 Tools > AVD Manager로 이동한다. Your Virtual Devices 타이틀을 보여주는 화면이 나타난다. Create Virtual Device를 클릭한다. 이어지는 화면에서 그림 1-4와 같이 디바이스 목록을 보여준다.

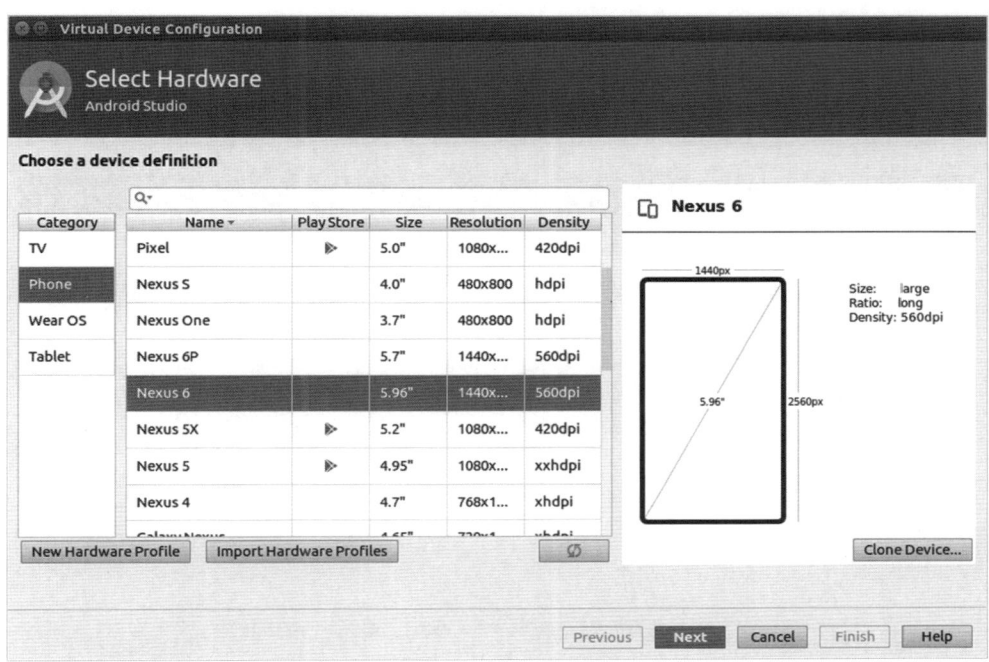

▲ 그림 1-4 에뮬레이트된 디바이스

카테고리에서 **Phone**이 선택돼 있는지 확인한다. 중간 구획에서는 **Nexus 6** 항목을 선택한다. 다음을 클릭한다. 다음 화면에서는 API 27 Oreo 다운로드 링크를 클릭한다. 그런 다음 나타나는 하위 마법사를 진행한다. 여기서는 시스템 이미지가 다운로드된다. 시스템 이미지는 에뮬레이터 디바이스를 위한 OS와 같다. 시스템 이미지 화면을 보면 이제 **API 27 Oreo** 항목이 선택돼 **Next**를 클릭할 수 있다. **Next**를 클릭하고 다음 화면에서 **Finish**를 클릭한다.

Your Virtual Devices 화면은 이제 그림 1-5에 표시된 것처럼 하나의 항목을 보여준다. 이제 화면을 닫아도 된다.

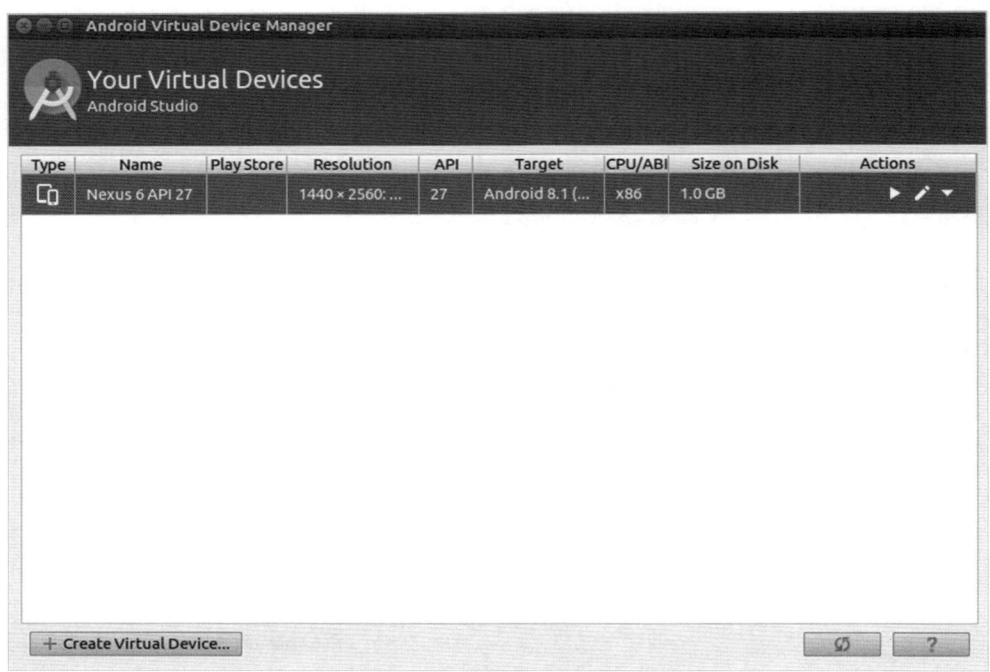

▲ 그림 1-5 하나의 항목이 있는 에뮬레이트된 디바이스

HelloKotlin 앱 계속하기

안드로이드 스튜디오 메인 화면으로 돌아와 애플리케이션의 왼쪽에서 이름 옆에 있는 작은 삼각형을 클릭하면 다음과 같은 파일을 탐색할 수 있다(그림 1-6을 보길 바란다).

app → java →

　com.example.hellokotlin → MainActivity

app → res →

　layout → activity_main.xml

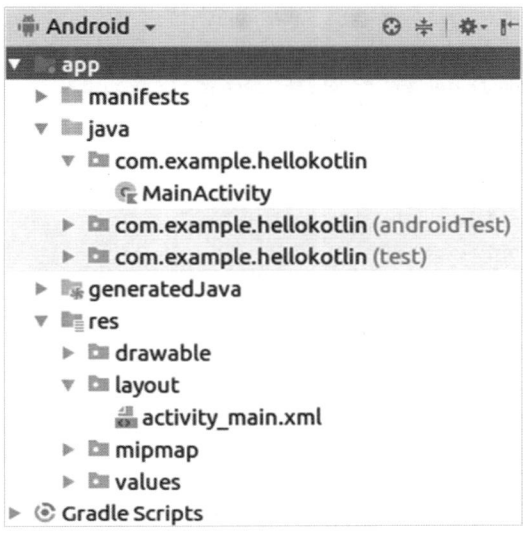

▲ 그림 1-6 HelloKotlin 앱

아무 파일이나 더블 클릭하면 윈도우의 중앙 구획에 있는 에디터에 파일이 표시된다. MainActivity와 activity_main.xml이 첫 코틀린 앱을 만들면서 다뤄야 할 주요 파일이다. activity_main.xml 파일은 스마트폰의 화면 레이아웃을 정의한다. 버튼과 텍스트 영역을 보여주기 위해 사용할 것이다. 이를 위해 해당 파일을 열어 구획 하단에 있는 **Text** 탭을 선택해 에디터를 텍스트 뷰로 전환한 다음 그 내용을 다음과 같이 작성한다.

```
<?xml version="1.0" encoding="utf-8"?>
<android.support.constraint.ConstraintLayout
    xmlns:android=
        "http://schemas.android.com/apk/res/android"
    xmlns:tools=
        "http://schemas.android.com/tools"
    xmlns:app=
        "http://schemas.android.com/apk/res-auto"
    android:layout_width="match_parent"
    android:layout_height="match_parent"
    tools:context=".MainActivity">
<LinearLayout
    android:layout_width="match_parent"
    android:layout_height="match_parent"
```

1장_ 첫 코틀린 애플리케이션: Hello Kotlin   41

```
                android:orientation="vertical"
                app:layout_constraintBottom_toBottomOf="parent"
                app:layout_constraintLeft_toLeftOf="parent"
                app:layout_constraintRight_toRightOf="parent"
                app:layout_constraintTop_toTopOf="parent">
            <Button android:layout_width="wrap_content"
                    android:layout_height="wrap_content"
                    android:text="Go"
                    android:onClick="go"/>
            <EditText
                    android:id="@+id/text"
                    android:layout_width="wrap_content"
                    android:layout_height="wrap_content"
                    android:inputType="textMultiLine"
                    android:ems="10"
                    tools:layout_editor_absoluteY="286dp"
                    tools:layout_editor_absoluteX="84dp"/>
    </LinearLayout>
</android.support.constraint.ConstraintLayout>
```

그래픽 디자인은 이 정도로 끝이다. 프로그램은 MainActivity.kt 파일에 위치한다. 파일 이름을 더블 클릭해 MainActivity.kt를 연다.

내용을 다음과 같이 작성한다.

```
package kotlin.hello.hellokotlin

import android.support.v7.app.AppCompatActivity
import android.os.Bundle
import android.view.View
import kotlinx.android.synthetic.main.activity_main.*
import java.util.*

class MainActivity : AppCompatActivity() {
  override fun onCreate(savedInstanceState: Bundle?) {
      super.onCreate(savedInstanceState)
      setContentView(R.layout.activity_main)
  }
```

```
    fun go(v:View) {
        text.setText("Hello Kotlin!" + "\n" + Date())
    }
}
```

윈도우 상단에 있는 태스크 버튼 바^{bar}에서 녹색 삼각형을 클릭해 앱을 시작한다. Available Virtual Devices 목록에서 Nexus 6 API 27을 선택하고 OK를 클릭한다. 처음에는 Instant Run 이라는 기능을 설치할지 물어볼 수 있다. 필요하다면 설치하고 계속 진행하길 바란다.

이제 에뮬레이터 윈도우가 나타난다. 앱이 빌드돼 에뮬레이터로 보내지고 그림 1-7처럼 시작된다.

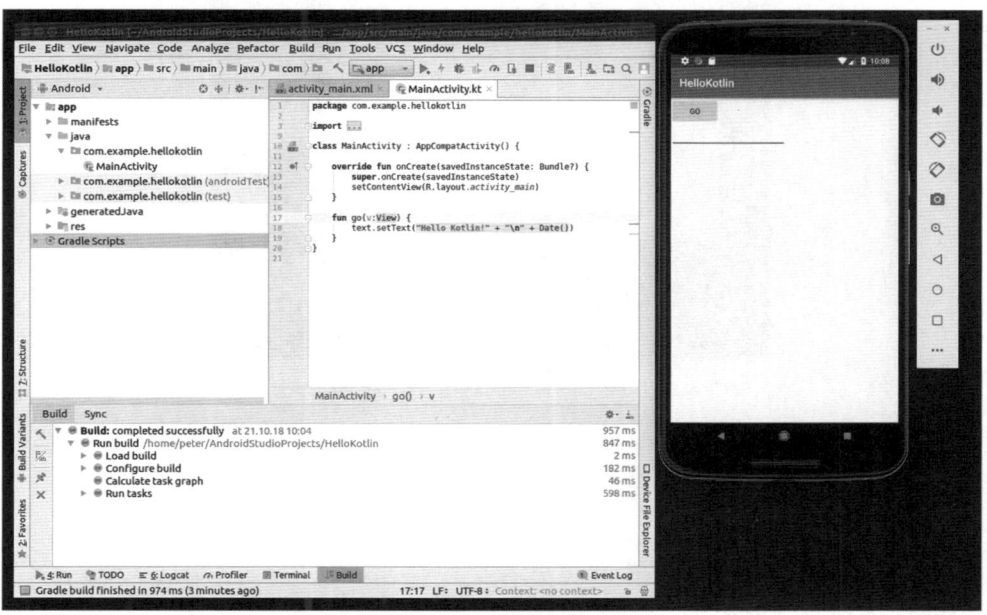

▲ 그림 1-7 HelloKotlin 앱이 시작된 모습

Go를 클릭하면 에뮬레이트된 디바이스의 화면이 업데이트돼 그림 1-8과 같이 "Hello Kotlin!" 문구와 함께 현재 날짜를 보여준다.

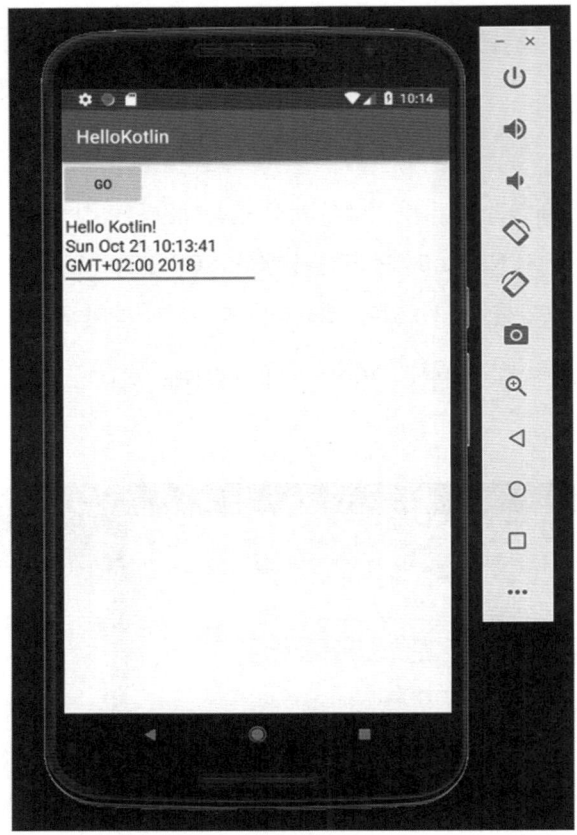

▲ 그림 1-8 디바이스에서 실행되는 HelloKotlin 앱

축하한다! 여러분은 첫 코틀린 애플리케이션을 작성하고 컴파일하고 실행했다!

커맨드 라인 사용하기

안드로이드 스튜디오만으로도 프로젝트를 진행하는 데 전혀 무리가 없지만 앱을 빌드하고 실행하는 데 커맨드 라인을 사용할 수도 있다. 안드로이드 스튜디오만 이용하려면 1장을 넘겨도 상관 없다. 그렇지 않은 사람을 위해 커맨드 라인을 사용해 앱(정확하게 말해 앞 절에서 만든 HelloKotlin 앱)을 빌드하는 방법을 설명하겠다.

> **참고** 서버와 같이 데스크톱 환경이 없는 경우에는 커맨드 라인을 사용하면 유용하다. 이는 자동 빌드 환경에도 사용할 수 있으며 이러한 경우 안드로이드 디바이스에서 실행되는 프로그램은 자동으로 생성된다.

흥미롭게도 안드로이드 스튜디오는 빌드 스크립트를 직접 만들 필요가 없다. 안드로이드 스튜디오로 어떠한 프로젝트를 성공적으로 빌드하면 프로젝트 파일을 포함하고 있는 폴더에는 안드로이드 스튜디오를 사용하지 않고 앱을 빌드할 수 있도록 특별하게 맞춰진 빌드 스크립트가 만들어진다.

먼저 터미널을 연다. 우분투 리눅스에서는 **Ctrl+Alt+T**를 누른다. 윈도우에서는 시스템 메뉴에서 **CMD**를 검색해 터미널을 찾는다. 애플 맥 OS의 경우 스팟라이트^{Spotlight}에서 Terminal을 검색해 열 수 있다. 그런 다음 프로젝트 파일이 어디에 위치하는지 알아야 한다. 프로젝트를 생성할 때 안드로이드 스튜디오가 제시한 경로를 사용했다면 그 경로는 다음과 같을 것이다.

```
/home/[USER]/AndroidStudioProjects/HelloKotlin
        리눅스의 경우
/Users/[USER]/AndroidStudioProjects/HelloKotlin
        맥 OS X의 경우
C:\Users\[USER]\AndroidStudioProjects\HelloKotlin
        윈도우의 경우
```

여기서 [USER]는 로그인 사용자 이름이다. 다른 프로젝트 경로를 사용한다면 해당 경로를 사용해야 한다.

터미널을 능숙하게 사용하는 것은 어려우며 여기서 자세하게 설명하지 않을 것이다. 하지만 다음 커맨드는 시작점을 제공한다. 터미널에서 다음과 같이 프로젝트 폴더를 변경한다.

```
cd [PATH]      # 리눅스와 맥 OS X와 윈도우
```

여기서 [PATH]는 프로젝트 폴더다. 이제 다음과 같이 입력해 앱을 빌드할 수 있다.

```
./gradlew app:build      # 리눅스와 맥 OS X
gradlew    app:build     # 윈도우
```

> **참고** gradlew 커맨드는 Gradle 빌드 시스템에 속한 커맨드다. Gradle은 안드로이드 스튜디오 전반에서 실행 가능한 앱을 빌드하는 데 사용된다.

최종 앱인 APK 파일이 .apk 확장자를 달고 app/build/outputs/apk/debug/에 나타날 것이다. APK는 안드로이드 패키지^{Android PacKage}다. APK 파일은 앱을 디바이스에 설치하는 데 필요한 모든 파일을 압축된 형태로 갖는다. gradlew 래퍼 스크립트는 프로젝트를 빌드하고 조사하는 데 사용할 수 있는 더 많은 옵션을 갖고 있다. -help나 tasks를 인수로 넘기면 이러한 옵션을 확인할 수 있다.

```
./gradlew -help      # 리눅스와 맥 OS X
./gradlew tasks      # 리눅스와 맥 OS X
gradlew -help        # 윈도우
gradlew tasks        # 윈도우
```

tasks 커맨드의 경우 특정 앱의 태스크를 보려면 app:을 앞에 붙여야 하며 이는 앞의 build 태스크에서 본 적이 있다.

> **참고** 빌드 결과물인 APK 파일로 무엇을 할 수 있는지는 안드로이드 책에 설명돼 있다. 힌트를 주자면 SDK에서 제공하는 툴(특히 adb 플랫폼 도구)을 어떻게 사용하는지 배우라는 것이다.

2장

클래스와 객체: 객체지향 철학

이 책 전반부에서 프로그램은 입력을 받고 그 입력으로부터 출력을 만들어내고 파일이나 데이터베이스 같이 데이터를 보유한 인스턴스의 상태를 바꾸기도 한다고 말했다. 이는 분명한 사실이지만 모든 것을 설명하지는 못한다. 현실세계의 시나리오에서 컴퓨터 프로그램은 실용적이어야 하므로 실제 사건^{events}과 사물을 모델링하는 또 다른 특성을 보인다.

예를 들어 종이 송장을 등록하고 매일 그 금액을 합산하는 단순한 프로그램을 작성한다고 가정해보자. 입력은 명확하다. 전자양식으로 된 종이 송장이다. 출력은 일별 합산이며 그와 함께 데이터베이스는 등록된 모든 송장을 데이터베이스에 계속 기록한다. 모델링 측면에서 보면 이는 다음 객체를 처리한다. 전자 양식으로 된 송장, 레코드를 기록하는 데이터베이스, 데이터베이스에 접근해 합산 연산을 수행하는 계산 엔진이다. 이러한 객체가 실용적이 되려면 다음과 같은 특색을 보여야 한다.

첫째, 이러한 객체는 각자에게 걸맞는 상태를 가질 수 있다. 예를 들어 송장 객체는 판매자 이름, 구매자 이름, 날짜, 물품 이름, 금액적 부분을 가질 수 있다. 이러한 상태 요소를 흔하게 프로퍼티^{properties}라고 한다. 말할 필요도 없이 데이터베이스는 데이터베이스에 담긴 내용을 상태로 갖는다. 계산 엔진은 엄밀하게 말해 자체 상태가 필요하지 않으며 다른 객체의 상태를 사용한다.

객체의 두 번째 특색은 객체에 수행할 수 있는 연산이며 흔하게 메서드Methods라고 한다. 예를 들어 송장 객체는 송장 객체의 상태를 설정하고 알려주는 메서드를 가질 수 있으며 데이터베이스 객체는 저장 공간에 데이터를 저장하고 가져올 수 있는 메서드가 필요하고 계산 엔진은 당연하게 일별 합산을 수행할 수 있는 메서드가 있어야 한다.

현실세계를 컴퓨터 세계로 맵핑하는 방법을 사용해 이해도를 높이기 전에 지금까지 확인한 것을 요약해보자.

- **객체**: 컴퓨터 프로그램에 모델링하려는 현실세계의 사물과 동일시하기 위해 객체를 사용한다.
- **상태**: 대부분의 객체는 상태를 갖는다. 상태는 각 객체가 수행할 작업이 다뤄야 할 특성을 설명한다.
- **프로퍼티**: 객체의 상태는 프로퍼티의 집합으로 구성된다. 따라서 프로퍼티는 상태의 하나의 요소다.
- **메서드**: 객체에 접근하는 수단이다. 이는 상태 변경 및 질의를 포함해 수행해야 할 작업을 처리하기 위해 객체가 보여야 할 기능적 측면을 설명한다.

참고 사용된 용어에 따라 메서드는 연산(operations)이나 함수로 불리며 프로퍼티는 애트리뷰트(attributes)로 불리기도 한다. 이 책에서는 프로퍼티라는 용어를 계속 사용하겠지만 메서드를 지칭할 때는 함수를 사용할 것이다. 그러한 이유는 코틀린 문서에서 함수라는 용어를 사용하기 때문이며 코틀린 문서를 볼 때 혼선을 줄이기 위해서다.

이해가 필요한 중요한 개념 중 하나는 Invoice가 객체가 아니라는 점이다. Person과 Triangle도 마찬가지다. 왜 그러할까? 송장invoices은 객체라고 했지만 Person과 Triangle은 왜 객체가 아니라는 걸까? 이러한 모순은 일종의 언어적 부드러움fluffiness에서 비롯된다. 우리는 지금 송장an invoice이 아닌 Invoice를 얘기하고 있다.

그들 사이에는 큰 차이점이 존재한다. 송장 더 정확하게 말해 특정 송장은 객체이지만 Invoice는 분류나 부류class를 나타낸다는 점에서 차이가 있다. 모든 삼각형triangles이 Triangle 부류에 속하듯이 모든 송장은 Invoice 부류의 자격을 공유하고 모든 사람persons은

Person 부류의 자격을 공유한다. 이것이 이론적 얘기이거나 심지어 트집에 불과할까? 그럴지도 모르지만 이는 중요한 실용적 의미를 지니므로 이러한 부류 개념을 정말 이해해야 한다. 어느 날 송장 수천 개가 도착했다고 가정해보자. 컴퓨터 프로그램을 다음과 같이 작성해야 할까?

```
object1 = Invoice(Buyer=Smith,Date=20180923,Good=Peas,Cost=$23.99), object2 = Invoice(...),
..., object1000 = Invoice(...)
```

이처럼 거대한 프로그램을 매일 새로 작성하는 것은 말이 안 된다. 그 대신 모든 송장을 설명하는 Invoice 부류가 있어야 한다. 이 부류로부터 주어진 송장 양식의 입력으로 구체적인 송장을 만들 수 있어야 한다.

```
data = [인입되는 송장 데이터]
```

이는 특정 종이 송장에 대해 인입되는 송장 데이터를 제공한다. 해당 데이터를 Invoice 부류의 추상 특성으로 표현될 수 있도록 만든다. 따라서 해당 데이터는 구매자, 날짜, 상품 또는 서비스 등을 포함한다. 이는 Invoice 부류가 모든 가능한 입력 데이터의 유효한 분류라고 하는 것과 동일하다.

```
object = 해당 데이터를 사용하는 구체적인 객체
```

주어진 송장 분류와 송장 데이터로 구체적인 송장 객체를 만들 수 있다. Invoice 부류로부터 구체적인 송장 객체를 만드는 것을 "Invoice 클래스로부터 객체를 생성한다" 또는 "Invoice 인스턴스를 생성한다"라고 달리 말할 수 있다.

2장의 주요 주제인 객체지향은 클래스, 인스턴스화, 객체에 대한 것이다. 세부적인 내용이 더 있지만 지금까지 배운 내용을 요약하면 다음과 같다.

- **클래스**: 어떠한 종류에 대해 가능한 모든 객체를 특성화^{characterize}한다. 따라서 추상적인 개념이며 이러한 클래스에 의해 특성화된 모든 객체는 해당하는 특정 클래스에 속

한다고 한다.
- **인스턴스**: 클래스의 인스턴스는 해당 클래스에 속하는 정확하게 하나의 객체를 나타낸다. 클래스와 실제 데이터로 객체를 생성하는 과정을 인스턴스화라고 한다.
- **생성**: 클래스로부터 객체를 만드는 과정이다.

이러한 객체지향 개념으로 이제 코틀린이 객체, 클래스, 인스턴스화를 어떻게 처리하는지 살펴볼 수 있다. 이어지는 절에서는 아직 설명하지 않은 객체지향의 다른 측면도 말할 것이다. 이번 절에서 이론적인 것을 모두 설명할 수 있었지만 코틀린 언어를 직접 확인하면서 이해하는 것이 더 쉬울 것 같아 그러지 않았다.

코틀린과 객체지향 프로그래밍

이번 절에서는 클래스와 객체가 코틀린에서 어떠한 주요 특징을 갖는지 말한다. 코틀린 프로그래밍을 할 때 필요한 기본 사항을 살펴보고 그중 일부는 이어지는 절에서 더 자세하게 살펴본다.

클래스 선언

참고 여기서 선언(declaration)이라는 용어는 클래스의 구조와 구성 요소를 기술하는 것이다.

코틀린에서 클래스를 선언하려면 기본적으로 다음과 같이 작성하면 된다.

```
class ClassName(Parameter-Declaration1, Parameter-Declaration2, ...) {
        [클래스 바디]
    }
```

각 부분을 살펴보자.

- `ClassName`: 클래스의 이름이다. 공백을 포함할 수 없으며 코틀린에서는 규약[convention]에 따라 캐멀케이스[CamelCase]로 표기해야 한다. 즉 `EmployeeRecord`처럼 대문자로 시작하고 단어 사이에 공백을 사용하지 않으며 다음 단어의 첫 문자를 대문자로 표기해야 한다.
- `Parameter-Declaration`: 주 생성자[primary constructor]를 선언하고 클래스를 인스턴스화하는 데 필요한 데이터를 기술한다. 매개변수[parameter]와 매개변수 타입은 나중에 다시 말할 것이므로 지금은 이러한 매개변수 선언이 3가지 형태로 나뉜다는 정도만 알아두자.
  - `Variable-Name: Variable-Type`: `userName: String`이 하나의 예다. 클래스를 인스턴스화하는 데 사용할 수 있는 매개변수를 전달하려면 이러한 방법을 사용하길 바란다. 이러한 인스턴스화는 `init{}` 블록이라는 특별한 구조[construct] 내부에서 일어난다. 나중에 초기화를 살펴본다.
  - `val Variable-Name: Variable-Type`(예를 들어 `val userName: String`): 이는 `init{}` 블록 내부에서 사용할 수 있는 매개변수를 전달할 뿐만 아니라 불변(변경 불가) 프로퍼티도 함께 정의한다. 따라서 이 매개변수는 객체의 상태 부분을 직접 설정하는 데 사용된다.
  - `var Variable-Name: Variable-Type`(예를 들어 `var userName: String`): 이는 `init{}` 블록 내부에서 사용할 수 있는 매개변수를 전달할 뿐만 아니라 객체의 상태 부분 설정을 위한 가변(변경 가능) 프로퍼티도 함께 정의한다.

  변수 이름은 캐멀케이스를 사용해 표기한다. `nameOfBuyer`처럼 시작은 소문자로 시작한다. 변수 타입은 다양하게 사용할 수 있다. 예를 들어 정수의 경우 `Int`를 사용할 수 있으며 이를 선언하면 `val a:Int`와 같다. 타입은 3장에서 더 자세하게 살펴본다.
- [클래스 바디]: 여기에는 여러 함수와 프로퍼티, 클래스를 인스턴스화하면서 작동하는 `init { ... }` 블록이 위치한다. 추가로 부[secondary] 생성자와 동반자[companion] 객체(나중에 살펴본다), 내부 클래스를 가질 수 있다.

연습문제 1

다음 중 어느 것이 유효한 클래스 선언일까?

```
1.    class Triangle(color:Int) (
          val coordinates:Array<Pair<Double,Double>>
              = arrayOf()
      )
2.    class Triangle(color:Int) {
          val coordinates:Array<Pair<Double,Double>>
              = arrayOf()
      }
3.    class simple_rectangle() {
          val coordinates:Array<Pair<Double,Double>>
              = arrayOf()
      }
4.    class Colored Rectangle(color:Int) {
          val coordinates:Array<Pair<Double,Double>>
              = arrayOf()
      }
```

프로퍼티 선언

프로퍼티는 3장에서 상세히 설명할 것이므로 여기서는 프로퍼티 선언을 간략하게 살펴본다. 프로퍼티 선언은 기본적으로 다음과 같다.

```
val Variable-Name:Variable-Type = value
```

위의 경우는 불변 프로퍼티를 선언한 것이고

```
var Variable-Name:Variable-Type = value
```

이것은 가변 프로퍼티를 선언한 것이다. init { }에서 변수 값을 설정해주면 = value는 필요 없다.

```
class ClassName(Parameter-Declaration1,
        Parameter-Declaration2, ...) {
    ...
    val propertyName:PropertyType = [init-value]
    var propertyName:PropertyType = [init-value]
    ...
}
```

가변성을 말하자면 불변은 val로 선언된 변수로 이후 어떠한 곳에서 값에 접근할 수 있지만 변경은 할 수 없다. 반면 가변은 var로 선언된 변수로 어디서든 마음대로 값을 변경할 수 있다. 불변 변수는 프로그램의 안정성과 관련해 일부 장점을 갖는다. 따라서 경험상 가변한 변수보다 불변한 변수를 항상 우위에 두고 사용해야 한다.

연습문제 2

다음 중 어느 것이 유효한 클래스일까?

```
1.  class Invoice() {
        variable total:Double = 0.0
    }
2.  class Invoice() {
        property total:Double = 0.0
    }
3.  class Invoice() {
        Double total =
        0.0
    }
4.  class Invoice() {
        var total:Double = 0.0
    }
5.  class Invoice() {
        total:Double = 0.0
    }
```

연습문제 3

다음 클래스는 어느 부분이 문제일까(기술적인 부분을 떠나 기능적 관점에서)?

```
class Invoice() {
    val total:Double = 0.0
}
```

어떻게 고칠 수 있을까?

클래스 초기화

클래스 바디에 있는 init { } 블록은 클래스가 인스턴스화될 때 작동하는 구문을 포함할 수 있다. 이름에서 알 수 있듯이 인스턴스가 사용되기 전에 초기화할 목적으로 사용해야 한다. 이런 초기화는 인스턴스가 제대로 작동할 수 있도록 인스턴스 상태를 설정하는 것을 포함한다. init { } 블록은 클래스 내부에 여러 개가 존재할 수 있으며 이러한 경우 클래스에 나타나는 순서대로 작동하게 된다. init { } 블록을 사용할 것인지는 선택 사항이며 특히 단순한 클래스의 경우에는 해당 블록을 사용하지 않아도 된다.

```
class ClassName(Parameter-Declaration1,
        Parameter-Declaration2, ...) {
    ...
    init {
        // 초기화 작업들...
    }
}
```

참고 //는 라인 주석이라고 한다. //로 시작하는 줄은 코틀린 언어에 의해 무시된다. 주석 처리나 문서화를 위해 사용할 수 있다.

init { } 블록 내부에서 프로퍼티를 설정한다면 프로퍼티를 선언할 때 = [값]과 같이 작성할 필요가 없다.

```
class ClassName(Parameter-Declaration1,
        Parameter-Declaration2, ...) {
    val someProperty:PropertyType
    ...
    init {
        someProperty = [어떠한 값]
        // 다른 초기화 작업들...
    }
}
```

프로퍼티를 선언할 때 값을 지정하고 이후 init { } 내부에서 프로퍼티 값을 변경하면 init { } 블록이 시작되기 전까지는 선언할 때의 값으로 초기화되고 이후 init { } 내부에서 프로퍼티 값이 변경된다.

```
class ClassName {
        var someProperty:PropertyType = [초기 값]
        ...
        init {
            ...
            someProperty = [어떠한 새로운 값]
            ...
        }
}
```

연습문제 4

다음 클래스는 어느 부분이 잘못됐을까?

```
class Color(val red:Int,
            val green:Int,
            val blue:Int)
{
    init {
        red = 0
        green = 0
```

```
        blue = 0
    }
}
```

연습문제 5

다음 클래스는 어느 부분이 잘못됐을까?

```
class Color() {
    var red:Int
    var green:Int
    var blue:Int
    init {
      red = 0
      green = 0
    }
}
```

코틀린에서의 송장

이론적인 부분은 충분하게 살펴봤다. 앞에서 살펴본 Invoice 클래스를 다시 살펴보자. 간결함을 위해 구매자의 이름과 성, 날짜, 상품 이름, 금액 프로퍼티만 가질 것이다. 실제로는 더 많은 프로퍼티가 필요하겠지만 이 정도만으로도 배운 것을 충분하게 설명할 수 있으며 나중에 쉽게 확장할 수 있다. 실제 Invoice의 초안은 다음과 같다.

```
class Invoice(val buyerFirstName:String,
     val buyerLastName:String,
     val date:String,
     val goodName:String,
     val amount:Int,
     val pricePerItem:Double) {
}
```

데이터 타입은 2장 후반부에서 얘기할 것이므로 String은 임의의 문자열, Int는 정수, Double은 부동 소수라는 것 정도만 알면 된다. 클래스로 전달된 모든 매개변수에 val ... 형식을 사용한 것을 알 수 있을 것이다. 이렇게 해서 인스턴스화하면 모든 매개변수가 불변(변경 불가) 프로퍼티가 된다. 이는 매개변수가 송장 인스턴스의 특성이나 상태를 나타내므로 많은 의미가 있다.

> **참고** 코틀린에서는 빈 블록을 모두 생략할 수 있다. 따라서 Invoice 클래스 선언에서 { }를 제거할 수 있다. 그럼에도 불구하고 남겨둔 이유는 바디에 내용을 추가할 것이기 때문이다.

다른 송장 프로퍼티

클래스 바디는 아직 비어 있지만 추가할 만한 프로퍼티가 있는지 생각해볼 수 있다. 예를 들어 구매자 이름과 모든 항목에 대한 총 금액을 가질 수 있을 것이다. 다음과 같이 해당 프로퍼티를 추가할 수 있다.

```kotlin
class Invoice(val buyerFirstName:String,
    val buyerLastName:String,
    val date:String,
    val goodName:String,
    val amount:Int,
    val pricePerItem:Double)
{
    val buyerFullName:String
    val totalPrice:Double
}
```

= something으로 프로퍼티를 초기화해야 할까? 그렇기도 하고 아니기도 하다. 프로퍼티를 초기화해야 하지만 init{ } 블록을 곧 추가할 것이므로 문제가 안 된다.

송장 초기화

곧바로 해당하는 init{ } 블록을 추가한다.

```
class Invoice(val buyerFirstName:String,
      val buyerLastName:String,
      val date:String,
      val goodName:String,
      val amount:Int,
      val pricePerItem:Double)
{
    val buyerFullName:String
    val totalPrice:Double
    init {
        buyerFullName = buyerFirstName + " " +
            buyerLastName
        totalPrice = amount * pricePerItem
    }
}
```

프로퍼티를 한 줄로 초기화하는 더 짧은 방법을 사용할 수도 있다.

```
...
val buyerFullName:String = buyerFirstName + " " + buyerLastName
val totalPrice:Double = amount * pricePerItem
...
```

이렇게 하면 init{ } 블록이 필요 없다. 하지만 기능적으로 init{ } 블록과 다르지 않으며 init{ } 블록은 한 줄로 처리하기 힘든 복잡한 계산이 가능하다.

연습문제 6

전체 기능을 유지하면서 init{ } 블록 없이 Invoice 클래스를 작성하길 바란다.

코틀린의 인스턴스화

클래스 선언이 모두 된 상태에서 해당 클래스로 Invoice 객체를 만들려면 다음과 같이 작성해야 한다.

```kotlin
val firstInvoice = Invoice("Richard", "Smith", "2018-10-23", "Peas", 5, 2.99)
```

이러한 모든 것을 프로그램에 어떻게 넣어야 할지 모르겠다면 코틀린에서는 다음과 같이 모든 것을 하나의 파일에 넣을 수 있다.

```kotlin
class Invoice(val buyerFirstName:String,
    val buyerLastName:String,
    val date:String,
    val goodName:String,
    val amount:Int,
    val pricePerItem:Double)
{
    val buyerFullName:String
    val totalPrice:Double
    init {
        buyerFullName = buyerFirstName + " " +
            buyerLastName
        totalPrice = amount * pricePerItem
    }
}

fun main(args:Array<String>) {
    val firstInvoice = Invoice("Richard", "Smith",
      "2018-10-23", "Peas", 5, 2.99)
    // 뭔가를 수행...
}
```

main() 함수는 코틀린 애플리케이션의 진입점이다. 하지만 안드로이드의 경우에는 다르다. 안드로이드는 앱을 시작하는 데 다른 방법을 사용하기 때문이다. 곧 살펴본다.

> **참고** 첨언하자면 다양한 클래스나 내용이 긴 함수를 하나의 파일에 작성하지 않는 것이 좋다. 2장 후반부의 '구조화와 패키지' 절에서 프로그램 구조를 얘기할 것이다. 지금은 단지 식별 가능한 작은 코드 단위가 좋은 소프트웨어를 작성하는 데 도움을 준다는 것만 기억하길 바란다.

송장에 함수 추가하기

Invoice 클래스는 아직 명시적인 함수를 갖고 있지 않다. 명시적이라는 말을 의도적으로 사용했다. 생성자 프로퍼티와 클래스 바디 내부에 추가한 프로퍼티로 인해 코틀린은 objectName.propertyName 형태로 묵시적인 접근자 함수를 제공해주기 때문이다. 예를 들어 다음과 같이 수행할 수 있다.

```kotlin
...
val firstInvoice = Invoice("Richard", "Smith",
    "2018-10-23", "Peas", 5, 2.99)
val fullName = firstInvoice.buyerFullName
```

firstInvoice.buyerFullName은 객체에서 구매자의 이름을 읽는다. 다른 상황에서 접근자를 다음과 같이 사용하면 프로퍼티에 쓰기를 수행할 수도 있을 것이다.

```kotlin
...
val firstInvoice = Invoice("Richard", "Smith",
    "2018-10-23", "Peas", 5, 2.99)
firstInvoice.buyerLastName = "Doubtfire"
```

왜 이렇게는 하지 못할까? buyerLastName을 불변 키워드인 val로 선언했기 때문이다. 따라서 변경할 수 없다. val을 var로 대체하면 변수는 가변이 되고 값을 할당할 수 있게 된다.

명시적인 함수의 예로 객체의 상태를 알려주는 함수를 만들 수 있을 것이다. 이러한 함수를 getState()라고 하면 구현은 다음과 같을 것이다.

```
class Invoice( [생성자 매개변수] ) {
    val buyerFullName:String
    val totalPrice:Double
    init { [초기화 코드] }

    fun getState(): String {
        return "First name: ${firstName}\n" +
               "Last name: ${lastName}\n" +
               "Full name: ${buyerFullName}\n" +
               "Date: ${date}\n" +
               "Good: ${goodName}\n" +
               "Amount: ${amount}\n" +
               "Price per item: ${pricePerItem}\n" +
               "Total price: ${totalPrice}"
    }
}
```

fun getState(): String에서 :String은 이 함수가 문자열을 반환한다는 의미다. 실제로 return ...은 문자열 반환을 수행한다. 문자열 내부의 ${someName}은 someName 값으로 대체되며 \n은 줄 바꿈을 나타낸다.

> **참고** 개발자는 구현(implementation)이라는 용어를 아이디어에서 아이디어를 수행하는 코드로의 전환을 설명하기 위해 매우 자주 사용한다.

클래스 외부에서 함수를 호출하려면 객체 이름과 함수 이름을 사용해 다음과 같이 작성하면 된다.

```
objectName.functionName(parameter1, parameter2, ...)
```

getState()는 아무 매개변수도 갖지 않으므로 다음과 같이 해야 할 것이다.

```
...
val firstInvoice = Invoice("Richard", "Smith",
    "2018-10-23", "Peas", 5, 2.99)
```

```
val state:String = firstInvoice.getState()
```

하지만 클래스 내부 예를 들어 `init{ }` 블록이나 클래스 내부의 다른 함수에서는 함수 이름만 사용하면 된다.

```
...
// Invoice 클래스 내부에서 호출하는 경우
val state:String = getState()
```

함수는 2장 후반부에서 자세하게 설명한다. 지금은 함수가 매개변수를 가질 수 있다는 점만 말하고 싶다. 예를 들어 세율을 매개변수로 해 세금을 계산하는 `Invoice` 클래스의 메서드는 다음과 같을 것이다.

```
fun tax(taxRate:Double):Double {
    return taxRate * amount * pricePerItem
}
```

매개변수 항목 뒤에 있는 `:Double`은 부동 소수를 반환하는 것을 나타내며 `return`문은 실제로 부동 소수를 반환하고 있다. 매개변수 항목이 여러 개라면 콤마(,)를 사용해 구분한다. 별표(*)는 곱셈 연산을 기술하는 데 사용된다.

`tax` 메서드를 호출하려면 다음과 같이 작성하면 된다.

```
...
val firstInvoice = Invoice("Richard", "Smith", "2018-10-23", "Peas", 5, 2.99)
val tax:Double = firstInvoice.tax(0.11)
```

연습문제 7

"5 pieces of Apple." 같이 반환하는 `goodInfo()` 메서드를 작성하길 바란다.

힌트: 총계^{amount}를 문자열로 변환하려면 amount.toString()을 사용하길 바란다.

전체 송장 클래스

지금까지 말한 모든 프로퍼티, 메서드, 호출 코드까지 포함한 Invoice 클래스는 다음과 같다.

```
class Invoice(val buyerFirstName:String,
     val buyerLastName:String,
     val date:String,
     val goodName:String,
     val amount:Int,
     val pricePerItem:Double)
{
    val buyerFullName:String
    val totalPrice:Double

    init {
        buyerFullName = buyerFirstName + " " +
            buyerLastName
        totalPrice = amount * pricePerItem
    }

    fun getState():String {
        return "First name: ${buyerFirstName}\n" +
               "Last name: ${buyerLastName}\n" +
               "Full name: ${buyerFullName}\n" +
               "Date: ${date}\n" +
               "Good: ${goodName}\n" +
               "Amount: ${amount}\n" +
               "Price per item: ${pricePerItem}\n" +
               "Total price: ${totalPrice}"
    }

    fun tax(taxRate:Double):Double {
        return taxRate * amount * pricePerItem
    }
}

fun main(args:Array<String>) {
```

```
    val firstInvoice = Invoice("Richard", "Smith", "2018-10-23", "Peas", 5, 2.99)
    val state:String = firstInvoice.getState()
    val tax:Double = firstInvoice.tax(0.11)
    // 뭔가를 수행...
}
```

이는 해당 클래스를 데스크톱이나 서버 애플리케이션으로 만들었을 경우 찾아볼 수 있는 애플리케이션 스타일 호출에 작동한다. 단순하게 `main()` 메서드를 호출하는 것과 비교하면 앱을 시작하고 하드웨어와 통신하는 절차가 일반 애플리케이션과 많이 다르기 때문에 안드로이드에서는 실행되지 않을 것이다. 따라서 2장의 나머지에서는 안드로이드 스타일의 앱을 개발할 것이다.

간단한 숫자 맞추기 게임

안드로이드에서는 애플리케이션이 사용자의 작업 흐름 관점에서 봤을 때 특정 책임에 해당하는 식별 가능한 코드 조각인 액티비티[Activities]를 중심으로 돌아간다. 이러한 각각의 책임은 화면 레이아웃에 그래픽 객체가 배치돼 구성된 별도 화면으로 처리될 수 있다. 앱은 리소스 및 설정 파일과 함께 별도 클래스로 표현된 하나 이상의 액티비티를 가질 수 있다. 1장에서 이미 살펴봤듯이 안드로이드 스튜디오는 필요한 모든 파일을 준비하고 조정하는 데 도움을 준다.

2장의 나머지 이후 대부분의 장에서는 간단한 숫자 맞추기 게임을 만들 것이다. 매우 단순하다고 생각할 수 있지만 코틀린 언어의 기본 구조를 보여주기에는 충분하게 복잡하며 이 책을 진행하는 동안 언어 기능의 대부분을 설명하기 위해 쉽게 확장할 수 있다. 따라서 처음부터 가장 효율적인 방법으로 시작하지도 않고 가장 성능이 좋은 코드를 제시하지도 않을 것이다. 목적은 앱을 시작하는 것이고 새로운 기능을 차례대로 소개하는 것이며 그로 인해 코틀린 언어에 대한 능력치를 높일 수 있을 것이다.

게임의 상세 내용은 다음과 같다. 사용자는 처음에 정보성 문구를 넣고 시작 버튼을 누른다. 게임이 시작되면 앱은 내부적으로 1~7 사이의 숫자를 무작위로 하나 고른다. 사용자는 숫자를 맞출 때마다 숫자를 맞췄는지 너무 큰지 너무 작은지 안내를 받는다. 숫자를 맞추면 게임은 끝나고 사용자는 새로운 게임을 시작할 수 있다.

앱 개발을 시작하기 위해 안드로이드 스튜디오를 연다. 마지막 프로젝트가 1장 HelloKotlin 앱이면 해당 앱의 파일이 나타난다. 새로운 프로젝트를 시작하려면 **메뉴 > New > New Project**를 선택한다. 애플리케이션 이름에 NumberGuess를 입력하고 회사 도메인에는 book.kotlinforandroid를 입력한다. 제시된 프로젝트 위치를 사용하거나 원하는 위치를 선택한다. **코틀린 지원 포함**Include Kotlin support이 선택돼 있는지 확인한다. **다음**Next을 누른다. 폼팩터로는 **폰**과 **태블릿**을 선택하고 API 19를 **최소 소프트웨어 개발 키트**sdk로 선택한다. 제시된 액티비티 이름인 MainActivity와 activity_main을 그대로 사용한다. **레이아웃 파일 생성**Generate Layout File과 **하위 호환**Backwards Compatibility이 선택돼 있는지 확인한다. **마침**Finish을 누른다.

안드로이드 스튜디오는 숫자 맞추기 게임에 필요한 빌드 파일과 기본 템플릿 파일을 생성할 것이다. res 폴더에서는 사용자 인터페이스에서 사용하는 이미지와 텍스트 파일을 비롯해 여러 리소스 파일을 찾아볼 수 있다. 지금 당장은 이미지가 필요 없으며 레이아웃 파일과 코딩에 사용할 텍스트 항목을 정의할 것이다. 더블 클릭해 res/values/strings.xml 파일을 연다. 파일을 다음과 같이 만든다.

```xml
<resources xmlns:tools="http://schemas.android.com/tools"
    tools:ignore="ExtraTranslation">
  <string name="app_name">
      NumberGuess</string>
  <string name="title.numberguess">
      NumberGuess</string>
  <string name="btn.start">
      Start</string>
  <string name="label.guess">
      Guess a number:</string>
  <string name="btn.do.guess">
      Do guess!</string>
  <string name="edit.number">
      Number</string>
  <string name="status.start.info">
      Press START to start a game</string>
```

```xml
<string name="label.log">
    Log:</string>
<string name="guess.hint">
    Guess a number between %1$d and %2$d</string>
<string name="status.too.low">
    Sorry, too low.</string>
<string name="status.too.high">
    Sorry, too high.</string>
<string name="status.hit">
    You got it after %1$d tries!
    Press START for a new game.</string>
</resources>
```

레이아웃 파일은 res/layout/activity_main.xml에 있다. 파일을 연 다음 중앙 구획 아래에 있는 텍스트 탭을 클릭해 텍스트 뷰로 전환하고 내용을 다음과 같이 작성한다.

```xml
<?xml version="1.0" encoding="utf-8"?>
<LinearLayout
    xmlns:android=
        "http://schemas.android.com/apk/res/android"
    xmlns:tools=
        "http://schemas.android.com/tools"
    xmlns:app=
        "http://schemas.android.com/apk/res-auto"
    android:orientation="vertical"
    android:layout_width="match_parent"
    android:layout_height="match_parent"
    android:padding="30dp"
    tools:context=
        "kotlinforandroid.book.numberguess.MainActivity">

    <TextView
        android:layout_width="wrap_content"
        android:layout_height="wrap_content"
        android:text="@string/title.numberguess"
        android:textSize="30sp" />

    <Button
```

```xml
        android:id="@+id/startBtn"
        android:onClick="start"
        android:layout_width="match_parent"
        android:layout_height="wrap_content"
        android:text="@string/btn.start"/>

<Space android:layout_width="match_parent"
    android:layout_height="5dp"/>

<LinearLayout
        android:orientation="horizontal"
        android:layout_width="wrap_content"
        android:layout_height="wrap_content">
    <TextView android:text="@string/label.guess"
            android:layout_width="wrap_content"
            android:layout_height="wrap_content"/>
    <EditText
            android:id="@+id/num"
            android:hint="@string/edit.number"
            android:layout_width="80sp"
            android:layout_height="wrap_content"
            android:inputType="number"
            tools:ignore="Autofill"/>
    <Button
            android:id="@+id/doGuess"
            android:onClick="guess"
            android:text="@string/btn.do.guess"
            android:layout_width="wrap_content"
            android:layout_height="wrap_content"/>
</LinearLayout>

<Space android:layout_width="match_parent"
    android:layout_height="5dp"/>

<TextView
        android:id="@+id/status"
        android:text="@string/status.start.info"
        android:textColor="#FF000000" android:textSize="20sp"
        android:layout_width="wrap_content"
        android:layout_height="wrap_content"/>
```

```
    <Space android:layout_width="match_parent"
        android:layout_height="5dp"/>

    <TextView android:text="@string/label.log"
            android:textStyle="bold"
            android:layout_width="wrap_content"
            android:layout_height="wrap_content"/>
    <kotlinforandroid.book.numberguess.Console
            android:id="@+id/console"
            android:layout_height="100sp"
            android:layout_width="match_parent" />

</LinearLayout>
```

이러한 파일은 아직 존재하지 않는 kotlinforandroid.book.numberguess.Console 클래스를 참조하므로 오류가 뜰 것이다. 잠시 후에 고치고 지금은 오류를 무시한다. 레이아웃 파일의 다른 모든 요소는 안드로이드 개발자 문서나 안드로이드 책에 자세하게 설명돼 있지만 그래도 몇 가지를 살펴보자.

- 파일의 에디터 뷰에서 텍스트 탭으로 전환하지 않으면 디자인 뷰가 보인다. 후자의 경우 사용자 인터페이스 항목을 화면에서 조정할 수 있다. 이 책에서는 그래픽 디자인 에디터를 사용하지 않겠지만 한 번 시도해보는 것은 여러분의 자유다. 결과 XML에 다소 차이가 있을 수 있다는 점만 인지하길 바란다.
- 나는 레이아웃 컨테이너를 사용하지 않는다. 그 대신 XML 코드를 봤을 때 작성하기 쉽고 이해하기 쉬운 것을 선호한다. 나를 따라할 필요는 없으며 상황에 따라 다른 방법이 더 좋을 수도 있으니 다른 레이아웃 방식을 자유롭게 사용해보길 바란다.
- XML 코드에서 @string/...은 strings.xml에 있는 항목 중 하나를 참조한다.
- kotlinforandroid.book.numberguess.Console 요소는 커스텀 뷰를 참조한다. 튜토리얼에서는 흔하게 볼 수 없지만 커스텀 뷰는 더 간결한 코딩을 가능하게 하고 재사용성이 향상되므로 다른 프로젝트에서도 쉽게 사용할 수 있다. Console은 곧 작성할 커스텀 클래스를 나타낸다.

코틀린 코드는 java/kotlinforandroid/book/numberguess/MainActivity.kt에 들어간다.
이 파일을 열어 다음과 같이 내용을 작성한다.

```kotlin
package kotlinforandroid.book.numberguess

import android.content.Context
import android.support.v7.app.AppCompatActivity
import android.os.Bundle
import android.util.AttributeSet
import android.util.Log
import android.view.View
import android.widget.ScrollView
import android.widget.TextView
import kotlinx.android.synthetic.main.activity_main.*

class MainActivity : AppCompatActivity() {
    var started = false
    var number = 0
    var tries = 0

    override fun onCreate(savedInstanceState: Bundle?) {
     super.onCreate(savedInstanceState)
        setContentView(R.layout.activity_main)
        fetchSavedInstanceData(savedInstanceState)
        doGuess.setEnabled(started)
    }

    override fun onSaveInstanceState(outState: Bundle?) {
        super.onSaveInstanceState(outState)
        putInstanceData(outState)
    }

    fun start(v: View) {
        log("Game started")
        num.setText("")
        started = true
        doGuess.setEnabled(true)
        status.text = getString(R.string.guess_hint, 1, 7)
        number = 1 + Math.floor(Math.random()*7).toInt()
        tries = 0
```

```kotlin
    }

    fun guess(v:View) {
        if(num.text.toString() == "") return
        tries++
        log("Guessed ${num.text} (tries:${tries})")
        val g = num.text.toString().toInt()
        if(g < number) {
            status.setText(R.string.status_too_low)
            num.setText("")
        } else if(g > number){
            status.setText(R.string.status_too_high)
            num.setText("")
        } else {
            status.text = getString(R.string.status_hit,
                tries)
            started = false
            doGuess.setEnabled(false)
        }
    }

    /////////////////////////////////////////////////
    /////////////////////////////////////////////////

    private fun putInstanceData(outState: Bundle?) {
        if (outState != null) with(outState) {
            putBoolean("started", started)
            putInt("number", number)
            putInt("tries", tries)
            putString("statusMsg", status.text.toString())
            putStringArrayList("logs",
                ArrayList(console.text.split("\n")))
        }
    }

    private fun fetchSavedInstanceData(
            savedInstanceState: Bundle?) {
        if (savedInstanceState != null)
        with(savedInstanceState) {
            started = getBoolean("started")
            number = getInt("number")
```

```
            tries = getInt("tries")
            status.text = getString("statusMsg")
            console.text = getStringArrayList("logs")!!.
                joinToString("\n")
        }
    }

    private fun log(msg:String) {
        Log.d("LOG", msg)
        console.log(msg)
    }
}

class Console(ctx:Context, aset:AttributeSet? = null)
        : ScrollView(ctx, aset) {
    val tv = TextView(ctx)
    var text:String
        get() = tv.text.toString()
        set(value) { tv.setText(value) }
    init {
        setBackgroundColor(0x40FFFF00)
        addView(tv)
    }

    fun log(msg:String) {
        val l = tv.text.let {
            if(it == "") listOf() else it.split("\n")
        }.takeLast(100) + msg
        tv.text = l.joinToString("\n")
        post(object : Runnable {
            override fun run() {
                fullScroll(ScrollView.FOCUS_DOWN)
            }
        })
    }
}
```

파일에 있는 모든 내용이 이해되지 않더라도 걱정할 필요는 없다. 2장의 나머지와 후속 장에서 이러한 프로젝트를 계속 참조할 것이고 결국 이해하게 될 것이다. 지금 당장 알아야 할 것은 다음과 같다.

- 이 파일의 상단에 있는 `package ...`은 파일에 선언된 요소에 대한 네임스페이스 정의와 함께 파일 계층 구조상의 위치를 나타낸다. 프로젝트 구조는 나중에 살펴본다. 지금은 이것이 점 `.`을 구분자로 해 java 폴더 내부의 위치를 반영해야 한다는 것만 알아두자.
- 이 파일은 2개 클래스를 포함하고 있다. 다른 언어라면 각자의 파일에 각각의 클래스가 있어야 한다. 실제로 `Console` 클래스 선언을 `Console.kt` 파일로 이동할 수 있다. 코틀린에서는 하나의 파일에 여러 선언을 원하는 만큼 할 수 있다. 그래도 너무 남용하면 안 되며 하나의 파일에 너무 많은 내용을 작성하면 코드가 지저분해지기 쉽다. 하지만 소규모 프로젝트이고 단순함을 위해서라면 하나의 파일에 여러 선언을 넣어도 된다.
- `import ...`문은 다른 프로젝트의 클래스나 코틀린으로 만들어진 클래스를 참조한다. `import`문을 사용하면 임포트된 요소를 단순한 이름으로 사용할 수 있다. 그렇지 않으면 이러한 요소를 사용하기 위해 패키지 이름을 앞에 붙여야 한다. 코드 가독성을 유지하기 위해 임포트를 최대한 많이 사용하는 것이 일반적인 관례다.
- `kotlinx.android.synthetic.main.activity_main.*` 임포트문은 레이아웃 파일로부터 파생된 사용자 인터페이스 관련 클래스를 안드로이드 스튜디오가 임포트하기 때문에 특별하다. 코틀린과는 관계 없다. 안드로이드 스튜디오에 의해 제어되는 일종의 자동화다.
- `var started = false`, `var number = 0` 및 `var tries = 0` 프로퍼티는 타입이 누락된 것처럼 보이지만 코틀린은 할당의 오른쪽에서 타입을 자동으로 추론할 수 있다. `false`는 불리언[boolean]에 해당하며 나머지는 정수[integer]에 해당한다. 따라서 이러한 경우에는 `:PropertyType`을 생략할 수 있다.
- `class MainActivity : AppCompatActivity() { ... }` 선언은 `MainActivity`가 `AppCompatActivity` 클래스에서 파생 또는 상속[inherits]한 클래스임을 나타낸다. 상속은 나중에 자세하게 살펴본다. 지금은 `MainActivity`가 일부 재정의된 `AppCompatActivity`의 복사본 정도로 생각하길 바란다.

- 사용자 인터페이스가 생성되면 안드로이드에 의해 onCreate() 함수가 호출된다. Bundle 타입의 매개변수는 사용자 인터페이스의 재시작으로부터 저장된 데이터를 포함하거나 그렇지 않을 수 있다. 이는 안드로이드 앱에서 흔하게 일어나는 일로 해당 매개변수를 사용하면 액티비티가 재시작될 때마다 액티비티 상태를 재구성할 수 있다.
- 액티비티가 일시적으로 중단될 때 onSaveInstanceState()가 호출된다. 액티비티 상태를 저장할 때 사용한다.
- start()와 guess()는 사용자 인터페이스에서 버튼을 클릭할 때 호출된다. 버튼은 레이아웃 파일에서 확인할 수 있다. 이들을 게임 액션으로 사용해 그에 따라 사용자 인터페이스와 액티비티 객체 상태를 업데이트한다.
- private으로 표기된 함수는 같은 클래스 내부에서만 사용할 수 있다. 이러한 함수는 클래스 외부에서 보이지 않는다. 가시성은 나중에 살펴본다. 그 사실을 강조하기 위해 나는 보통 모든 프라이빗 함수를 클래스 끝에 놓고 두 줄 주석 //////....로 일반 함수와 프라이빗 함수를 구분한다.
- Console은 커스텀 뷰 객체다. 이 뷰 객체는 안드로이드가 제공하는 다른 모든 내장 뷰처럼 어떠한 레이아웃에도 배치할 수 있다.
- 간결함을 위해 인라인 문서는 추가하지 않았다. 문서화는 3장 이후에서 다시 살펴본다.

이제 게임을 시작할 수 있다. 안드로이드 스튜디오의 상단 툴바에 있는 녹색 화살 모양을 클릭하고 앱을 실행할 에뮬레이터나 연결된 하드웨어 디바이스를 선택한다.

생성자

인스턴스화가 일어날 때 클래스 이름 이후의 괄호 내부에 선언된 매개변수가 클래스에 전달된다는 것을 이미 배웠다.

```
class ClassName(Parameter-Declaration1,
        Parameter-Declaration2, ...) {
    [클래스 바디]
}
```

또한 init{ } 블록 내부에서 매개변수 접근이 가능하며 매개변수 앞에 val이나 var를 붙이면 프로퍼티가 함께 만들어진다는 것을 알고 있다.

Variable-Name:Variable-Type

---

init{ } 블록에만 필요한 매개변수는 위와 같이 선언한다.

---

val Variable-Name:Variable-Type

추가적으로 매개변수가 불변 프로퍼티로 변환되길 원한다면 위와 같이 선언한다.

---

var Variable-Name:Variable-Type

그리고 매개변수가 가변 프로퍼티로 변환되길 원한다면 위와 같이 선언한다.

이러한 매개변수 선언 방식을 코틀린에서는 주 생성자라고 한다. 예상했겠지만 부 생성자도 있다. 아직 살펴보지 못한 특징이 있으니 주 생성자를 먼저 살펴보자.

전체 주 생성자 선언은 실제로 다음과 같다.

```
class ClassName [수정자] constructor(
        Parameter-Declaration1,
        Parameter-Declaration2, ...)
{
    [클래스 바디]
}
```

매개변수 앞에 있는 constructor는 수정자[modifiers]가 없다면 생략 가능하다(공백 문자도 함께). 수정자의 경우 다음과 같은 가시성 수정자를 붙일 수 있다.

- public: 프로그램 내·외부 어디서든 인스턴스화가 가능하다. 기본 수정자다.
- private: 동일한 클래스 또는 객체 내에서만 인스턴스화가 가능하다. 부 생성자를

사용한다면 의미가 있다.
- `protected`: `private`과 동일하지만 인스턴스화가 서브클래스에서도 가능하다. 서브클래스는 상속에 해당하며 3장에서 설명한다.
- `internal`: 모듈 내부 어디서든 인스턴스화가 가능하다. 코틀린에서 모듈은 함께 컴파일된 파일 집합을 의미한다. 다른 프로그램이나 프로젝트에서 생성자에 접근하길 원하지 않고 여러분의 프로그램 내부에 있는 클래스나 객체에서 생성자에 자유롭게 접근하길 원한다면 이 수정자를 사용하길 바란다.

> **참고** 다른 언어에서 생성자는 인스턴스화할 때 실행될 구문이나 코드를 포함한다. 코틀린 설계자는 (주)생성자에 매개변수를 기입하고 클래스 초기화는 `init{ }` 블록에서 하도록 설계했다.

`NumberGuess` 게임의 `MainActivity` 클래스는 생성자를 갖지 않는다. 실제로는 선언할 필요가 없는 아무 것도 하지 않는 기본 생성자를 암묵적으로 갖고 있다. 사실 안드로이드의 특별한 점은 액티비티가 명시적 생성자를 갖지 않아야 한다는 것이다. 이는 코틀린과 관련 없다. 안드로이드가 객체의 라이프 사이클을 처리하는 방식일 뿐이다. 그 대신 `Console` 클래스는 생성자를 갖는다. 이는 안드로이드가 뷰 요소에 요구하는 사항이다.

연습문제 8

`firstName`(문자열), `lastName`(문자열), `ssn`(문자열), `dateOfBirth`(문자열) 및 `gender`(문자)를 생성자 매개변수로 갖는 `Person` 클래스를 만들길 바란다. 매개변수는 인스턴스 프로퍼티로 접근할 수 있어야 하며 변경이 가능해야 한다.

생성자 호출

앞 절에서 이미 주요 사용 패턴을 적용했다. 예를 들어 다음 클래스가 주어진 경우

```
class GameUser(val firstName:String,
     val lastName:String,
```

```
        val birthday:String,
        val userName:String,
        val registrationNumber:Int,
        val userRank:Double) {
}
```

다음을 통해 클래스를 인스턴스화할 수 있다.

```
...
val firstUser = GameUser("Richard", "Smith",
    "2008-10-23", "rsmith", 123, 0.0)
```

클래스 정의와 완전하게 동일한 순서로 매개변수를 지정해야 한다는 것을 알 수 있다.

연습문제 9

연습문제 8의 Person 클래스를 갖고 이름은 John Smith, 생일은 1997-10-23, SSN은 0123 456789, 성별은 M을 사용해 인스턴스화하길 바란다. 해당 인스턴스를 val person1에 할당하길 바란다.

힌트: Char 리터럴의 경우 'A' 또는 'B'처럼 홑따옴표를 사용하면 된다.

연습문제 10

이번 절에서 살펴본 NumberGuess 게임에 GameUser 클래스를 추가하길 바란다. 지금은 추가만 하고 게임 로직에 사용자를 포함하기 위한 코드는 작성하지 않는다.

명명된 생성자 매개변수

선언된 순서대로 매개변수를 나열하는 것보다 가독성이 좋으면서 문제가 덜 생기는 방식으로 객체를 생성할 수 있다. 인스턴스화할 때 명시적으로 매개변수 이름을 지정해 원하는 대로 순서를 적용할 수 있다.

```
val instance = TheClass(
    parameterName1 = [어떠한 값],
    parameterName2 = [어떠한 값],
    ...)
```

마지막 연습문제에서 만든 `GameUser`는 다음과 같이 인스턴스화할 수 있다.

```
...
val user = GameUser(
    lastName = "Smith",
    firstName = "Richard",
    birthday = "2098-10-23",
    userName = "rsmith",
    registrationNumber = 765,
    userRank = 0.5)
```

이름이 주어지므로 호출 매개변수 순서는 사실상 의미가 없다. 코틀린은 넘겨진 매개변수를 어떻게 분배해야 할지 안다.

연습문제 11

연습문제 9의 `Person` 인스턴스화를 명명된 매개변수를 사용해 재작성하길 바란다.

연습문제 12

`MainActivity`에 `var gameUser` 프로퍼티를 추가하고 이름은 `John Doe`, 사용자 이름은 `jdoe`, 생일은 `1900-01-01`, 등록번호는 `0`, 사용자 순위는 `0.0`으로 초기화하길 바란다.

힌트: 선언과 함께 프로퍼티를 초기화하려면 `var gameUser = GameUser(...)`과 같이 하면 된다.

생성자 기본 값

생성자 매개변수는 기본 값을 가질 수 있다. 예를 들어 중요하지 않은 경우 생일에는 "", 순위에는 0.0을 기본 값으로 사용할 수 있다. 이렇게 하면 생일을 지정하지 않은 게임 사용자와 랭킹이 0.0으로 시작하는 새로운 사용자의 생성을 단순화시킬 수 있다. 이러한 기본 값을 선언하려면 다음과 같이 작성하면 된다.

```
class GameUser(val firstName:String,
      val lastName:String,
      val userName:String,
      val registrationNumber:Int,
      val birthday:String = "1900-01-01",
      val userRank:Double = 0.0) {
}
```

일반적으로 매개변수가 기본 값을 갖는다면 매개변수 항목 끝으로 보낸다. 그래야만 호출할 때 넘겨진 매개변수의 분배가 유일하다. 이전처럼 생성을 수행할 수 있지만 변경된 순서에 유의하길 바란다.

```
...
val firstUser = GameUser("Richard", "Smith", "rsmith", 123, "2008-10-23", 0.4)
```

이제 기본 매개변수 덕분에 매개변수를 생략하는 것이 가능하다.

```
...
val firstUser = GameUser("Richard", "Smith", "rsmith", 123, "2008-10-23")
```

위의 경우 랭킹 값은 0.0이 적용된다.

```
...
val firstUser = GameUser("Richard", "Smith", "rsmith", 123)
```

위의 경우 랭킹 값이 0.0이 되는 것은 물론 생일은 1900-01-01이 사용된다.

가독성을 더 높이기 위해 다음과 같이 기본 매개변수와 명명된 매개변수를 섞어 사용할 수 있다.

```
...
val firstUser = GameUser(firstName = "Richard",
    lastName = "Smith",
    userName = "rsmith",
    registrationNumber = 123)
```

이렇게 할 경우 매개변수 순서는 원하는 대로 지정해도 된다.

연습문제 13

연습문제 12의 Person 클래스를 업데이트한다. ssn 매개변수의 기본 값으로 ""를 추가한다(빈 문자열). SSN의 기본 값이 적용되게 한 상태에서 명명된 매개변수를 사용해 인스턴스화를 수행한다.

연습문제 14

NumberGuess 게임의 GameUser 클래스를 업데이트한다. birthday 매개변수의 기본 값으로 "", userRank 매개변수의 기본 값으로 0.0을 추가한다.

부 생성자

명명된 매개변수와 기본 매개변수를 사용해 여러 조건의 생성을 수행할 수 있다. 이러한 방법으로 충분하지 않다면 부 생성자라는 다른 방식의 생성자를 사용할 수 있다. 부 생성자는 주 생성자의 매개변수 여러 개를 가질 수 있지만 주 생성자의 매개변수와 달라야 하며 부 생성자끼리도 달라야 한다.

> **참고** 더 정확하게 말해 주 생성자와 부 생성자는 서로 다른 매개변수 시그니처(signatures)를 가져야 한다. 시그니처는 순서가 고려된 매개변수 유형의 집합이다.

부 생성자를 선언하려면 클래스 바디 내부에 다음과 같이 작성하면 된다.

```
constructor(param1:ParamType1,
            param2:ParamType2, ...)
{
    // 뭔가를 수행...
}
```

클래스가 명시적 주 생성자를 갖고 있다면 다음과 같이 주 생성자 호출에 위임해야 한다.

```
constructor(param1:ParamType1,
            param2:ParamType2, ...) : this(...) {
    // 뭔가를 수행...
}
```

this(...)에는 주 생성자에 필요한 매개변수가 지정돼야 한다. 여기에는 또 다른 부 생성자를 매개변수와 함께 지정할 수 있으며 결국 주 생성자에 위임된다.

GameUser 예제의 경우 기본 매개변수 값을 주 생성자에서 제거하고 부 생성자를 다음과 같이 작성할 수 있다.

```
constructor(firstName:String,
            lastName:String,
            userName:String,
            registrationNumber:Int) :
    this(firstName = firstName,
         lastName = lastName,
         userName = userName,
         registrationNumber = registrationNumber,
         birthday = "",
         userRank = 0.0
```

```
        )
{
    // 생성자 바디
    // 뭔가를 수행...
}
```

그리고 다음과 같이 클래스를 인스턴스화할 수 있다.

```
...
val firstUser = GameUser(firstName = "Richard",
    lastName = "Smith",
    userName = "rsmith",
    registrationNumber = 123)
```

부 생성자의 바디 내부에서는 임의의 계산을 수행하고 기타 작업을 수행할 수 있다. 이는 매개변수가 다르거나 짧은 경우를 제외하고 부 생성자를 사용할 수 있는 것에 해당한다.

firstName = firstName, lastName = lastName, userName = userName, registrationNumber = registrationNumber는 조금 혼란스러워 보일 수 있지만 등호의 왼쪽은 주 생성자의 매개 변수 항목을 가리키고 오른쪽은 constructor(...)의 매개변수 값임을 생각하면 이해하기 쉽다.

> **참고** 기본 값과 부 생성자를 사용해 동일한 결과를 얻을 수 있다면 기본 값을 사용하는 것이 표현력이 더 좋고 간결하다.

연습문제 15

연습문제 14의 Person 클래스에 firstName: String, lastName: String, ssn: String 및 gender:Char 매개변수를 갖는 부 생성자를 추가하길 바란다. 주 생성자를 호출하게 하고 누락된 매개변수 dateOfBirth는 0000-00-00으로 지정한다. 해당 부 생성자를 사용해 인스턴스를 생성하길 바란다.

클래스가 필요 없다면: 싱글턴 객체

때에 따라 객체와 관련된 다른 상태가 전혀 없다는 것을 알기 때문에 클래스가 필요 없다. 이를 달리 말하면 다음과 같다. 애플리케이션 생애 동안 어떻게든 상태가 동일하게 유지돼 구분되지 않는다면 해당 클래스는 하나의 인스턴스 이상으로 더 많은 인스턴스가 필요 없다.

이해를 돕기 위해 코틀린은 이러한 객체를 생성하기 위해 다음과 같은 구문을 사용한다.

```
object ObjectName { [객체 바디]
}
```

객체 바디는 프로퍼티 선언, init{ } 블록 및 함수를 포함할 수 있다. 주 생성자와 부 생성자는 사용할 수 없다. 나머지 절에서는 이러한 객체와 클래스 인스턴스화로 만들어진 객체를 구별하기 위해 싱글턴^{singleton} 객체라는 용어를 사용할 것이다.

싱글턴 객체의 프로퍼티와 함수에 접근하려면 클래스 인스턴스화로 만들어진 객체와 유사한 접근법을 사용하면 된다.

```
ObjectName.propertyName
ObjectName.function([함수 매개변수])
```

싱글턴 객체는 자주 사용하지 않을 것이다. 클래스가 없는 객체지향은 전혀 의미가 없고 싱글턴 객체를 너무 많이 사용하는 것은 종종 애플리케이션 설계 문제로 나타나기 때문이다. 하지만 싱글턴 객체 선언이 알맞은 몇 가지 예를 들면 다음과 같다.

- **상수**: 애플리케이션에 필요한 모든 상수를 담을 수 있는 단일 객체가 필요한 경우를 생각할 수 있다.
- **환경 설정**: 애플리케이션이 시작되면 파일에 있는 환경 설정을 읽어 들일 하나의 객체가 필요한 경우를 생각할 수 있다.
- **데이터베이스**: 애플리케이션이 데이터베이스를 사용하고 해당 애플리케이션이 다른 데이터베이스에 절대로 접근하지 않는다면 데이터베이스 접근 함수를 하나의 객체로

만들 수 있다.
- **유틸리티**: 유틸리티 함수는 출력이 입력에만 의존하고 어떠한 상태와도 연관되지 않으므로 어떠한 면에서는 함수형^{functional}이다. 예를 들어 `fun degreeToRad(deg: Double) = deg * Math.PI / 180` 같은 함수를 말한다. 또한 공통 목적을 갖고 있으며 특정 클래스에 추가하는 것도 개념적인 관점에서 보면 이치에 안 맞다. 따라서 `Utility`라는 이름의 싱글턴 객체에 이러한 유틸리티 함수를 담는 것이 합리적이다.

다른 사용 형태도 가능하다. 클래스나 싱글턴 객체를 사용하기로 한 결정에 합당한 근거가 있는지 여부만 따지면 된다. 의심의 여지가 있다면 경험상 클래스를 사용하는 것이 낫다.

`NumberGuess` 게임의 경우 `MainActivity.kt` 파일을 살펴보면 게임 로직의 하한과 상한을 두기 위해 1과 7이라는 숫자를 사용하는 것을 알 수 있다. 이 숫자는 사용자 인터페이스에 문구를 보여주기 위해 `fun start(...)` 함수에 사용되며 임의의 숫자를 만드는 데도 사용된다.

```
status.text = getString(R.string.guess_hint, 1, 7)
number = 1 + Math.floor(Math.random()*7).toInt()
```

이러한 상수는 그들만의 파일로 만드는 것이 낫다. 그러면 필요한 경우 나중에 바꾸기도 쉽고 다른 클래스에서 사용하기도 쉽다. `Constants` 싱글턴 객체가 가장 적합해 보인다. 프로젝트 뷰에서 `kotlinforandroid.book.numberguess` 패키지에 오른쪽을 클릭해 새로운 파일을 만든다(▶ New ▶ Kotlin File/Class). 이름으로 `Constants`를 입력하고 드롭다운 목록에 File이 선택됐는지 확인하길 바란다. 파일이 생성되면 `package` 선언 밑에 다음과 같이 작성한다.

```
object Constants {
    val LOWER_BOUND = 1
    val UPPER_BOUND = 7
}
```

코틀린은 1과 7이 `Int` 타입인 것을 추론할 수 있기 때문에 프로퍼티 타입을 생략했다.

> **참고** 이러한 자동 추론은 다른 타입에 대해서도 작동한다. 따라서 타입 지정을 생략하는 것이 일반적인 관행이다. 타입 지정이 필요하거나 가독성을 높여야 할 경우에만 타입을 추가하길 바란다.

어쩌면 다른 점 하나를 눈치챘는지도 모르겠다. val에 사용된 네이밍 스키마가 다르다. 언더스코어(_)와 함께 모두 대문자를 사용하는 이러한 표기법은 이 상수가 정말 불변한 인스턴스 독립 상수임을 나타낸다.

MainActivity.kt로 돌아가 start() 함수는 이제 다음과 같이 작성할 수 있다.

```
status.text = getString(R.string.guess_hint,
    Constants.LOWER_BOUND,
    Constants.UPPER_BOUND)
val span = Constants.UPPER_BOUND -
    Constants.LOWER_BOUND + 1
number = Constants.LOWER_BOUND +
    Math.floor(Math.random()*span).toInt()
```

사용자 인터페이스에 표시할 문구와 비밀번호 부분을 위와 같이 작성했으며 이제 함수는 전체적으로 다음과 같다.

```
fun start(v: View) {
    log("Game started")
    num.setText("")
    started = true
    doGuess.setEnabled(true)
    status.text = getString(R.string.guess_hint,
        Constants.LOWER_BOUND,
        Constants.UPPER_BOUND)
    val span = Constants.UPPER_BOUND -
        Constants.LOWER_BOUND + 1
    number = Constants.LOWER_BOUND +
        Math.floor(Math.random()*span).toInt()
    tries = 0
}
```

연습문제 16

다음 중 참인 것을 고르시오.

1. 싱글턴 객체를 많이 사용하면 코드의 질을 높이는 데 도움이 된다.
2. 싱글턴 객체를 인스턴스화하는 것이 가능하다.
3. 싱글턴 객체를 선언하려면 object, singleton, singleton object 중 아무 거나 사용해도 된다.
4. 싱글턴 객체는 상태를 갖지 않는다.
5. 싱글턴 객체는 생성자를 가질 수 있다.

연습문제 17

numberOf-Tabs = 5, windowTitle = "Astaria", prefsFile = "prefs.properties"를 프로퍼티로 갖는 Constants 싱글턴 객체를 만들길 바란다. 진단 목적으로 모든 상수를 출력하는 코드를 작성하길 바란다.

힌트: 줄 바꿈을 하려면 문자열 내부에 \n을 사용하면 된다.

상태가 중요하지 않은 경우: 동반자 객체

전혀 눈치채지 못한 사이 여러분의 클래스는 프로퍼티와 함수가 2개 카테고리로 나뉜다. 이 2개 카테고리는 상태와 관련된 것과 그렇지 않은 것이다. 프로퍼티의 경우 상태와 관련되지 않았다는 것은 모든 가능한 인스턴스에 대해 그 값이 항상 동일하다는 것을 의미한다. 함수의 경우 모든 가능한 인스턴스에 대해 정확하게 동일한 기능을 수행한다는 것을 의미한다. 어떻게 보면 싱글턴 객체와 연관된다. 싱글턴 객체는 구별 가능한 상태를 전혀 신경 쓰지 않기 때문이다. 그러한 이유로 코틀린은 동반자 객체 companion object 구조를 사용한다. 이러한 동반자 객체는 이들이 동반되는 특정 클래스의 모든 인스턴스가 구분이 안 되는 상태를 가지며 이름에 있는 "동반자 companion"는 여기서 유래됐다.

동반자 객체를 선언하려면 클래스 바디 내부에서 다음과 같이 작성하면 된다.

```
companion object ObjectName {
    ...
}
```

ObjectName은 선택 사항이다. 대부분의 경우 이를 생략할 수 있다. 동반자 객체의 바디 내부에서는 싱글턴 객체에서 추가할 수 있는 요소를 동일하게 추가할 수 있다(앞 절을 보길 바란다).

> **참고** 선언된 클래스 외부에서 전용 이름(ClassName.ObjectName)으로 동반자 객체를 사용하길 원하는 경우에만 동반자 객체에 이름이 필요하다. 생략하면 ClassName.Companion으로 접근할 수 있다.

동반자 객체는 동반자 객체를 선언하고 있는 클래스에서 사용하는 상수를 선언하기에 매우 좋은 곳이다. 그런 다음 클래스 자체에 선언된 것처럼 클래스 내부 어디서든 상수를 사용할 수 있다.

```
class TheClass {
    companion object ObjectName {
        val SOME_CONSTANT: Int = 42
    }
    ...
    fun someFunction() {
        val x = 7 * SOME_CONSTANT
        ...
    }
}
```

NumberGuess에서 Console 클래스에는 2개 상수가 있다. init{ } 함수를 보면 백그라운드 컬러로 0x40FFFF00(옅은 노랑)이 지정돼 있다. 또한 fun log(...) 함수를 보면 100을 확인할 수 있으며 이는 기억된 라인 번호의 제한을 지정한다. 이 새로운 두 상수는 Console 클래스에 더 밀접하다고 생각했고 공통 상수 파일에 잘못 배치될 수 있다고 생각돼 의도적으로 Constants 객체에는 이 상수를 제외했다.

색상과 라인 번호 제한 값은 Console 클래스의 모든 인스턴스에서 공유되고 인스턴스 내부에서 변경되지 않으므로 실제로 동반자 객체로 옮기는 것이 좋다. 이에 따라 재작성된 Console 클래스는 다음과 같다.

```kotlin
class Console(ctx:Context, aset:AttributeSet? = null)
    : ScrollView(ctx, aset) {
  companion object {
      val BACKGROUND_COLOR = 0x40FFFF00
      val MAX_LINES = 100
  }
  val tv = TextView(ctx)
  var text:String
      get() = tv.text.toString()
      set(value) { tv.setText(value) }
  init {
      setBackgroundColor(BACKGROUND_COLOR)
      ddView(tv)
  }
  fun log(msg:String) {
      val l = tv.text.let {
        if(it == "") listOf() else it.split("\n") }.
            takeLast(MAX_LINES) + msg
      tv.text = l.joinToString("\n")
      post(object : Runnable {
          override fun run() {
              fullScroll(ScrollView.FOCUS_DOWN)
          }
      })
  }
}
```

동반자 객체 프로퍼티와 함수는 다음과 같이 클래스 외부에서도 접근할 수 있다.

```kotlin
TheClass.THE_PROPERTY
TheClass.someFunction()
```

이처럼 연관된 동반자 객체의 프로퍼티나 함수를 직접 사용할 수 있다. 물론 함수는 매개변수를 가질 수 있다.

연습문제 18

Triangle 클래스를 만들길 바란다. 생성자 매개변수와 프로퍼티를 자유롭게 추가하고 NUMBER_OF_CORNERS = 3을 상수로 갖는 동반자 객체를 만든다. 클래스에 모서리 개수를 표시하는 info() 함수를 만든다.

연습문제 19

main() 함수에서 연습문제 18의 Triangle 클래스를 인스턴스화한 다음 모서리 개수를 val numberOfCorners로 할당하길 바란다.

계약 설명: 인터페이스

소프트웨어 개발은 수행해야 할 것에 대한 것이며 객체지향 개발에서 곧 클래스 내부에 설명된 대로 객체에서 수행해야 할 것을 의미한다. 하지만 지금까지 말하지 않았던 객체지향의 특징으로 의도와 구현의 분리가 있다.

예를 들어 2차원 그래픽 객체 정보를 수집하는 하나 또는 몇 개의 클래스가 있고 이러한 그래픽 객체를 제공하는 하나 또는 몇 개의 클래스가 있다고 생각해보자. 이는 자연스러운 클래스 분리로 이어진다. 클래스의 정보 수집 부분을 수집기 모듈이라고 하며 그래픽 객체를 제공하는 부분을 클라이언트 모듈이라고 한다. 여러 클라이언트 모듈을 허용해 이러한 아이디어를 확장하려고 한다. 그리고 최종적으로 정보 수집기 모듈이 얼마나 많은 클라이언트가 있는지 신경 쓰지 않게 만들려고 한다(그림 2-1 참조).

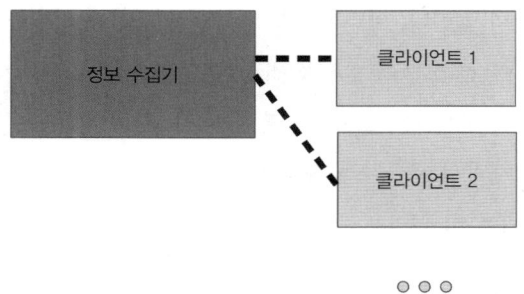

▲ 그림 2-1 수집기 모듈과 클라이언트

> **참고** 경로를 벗어나 NumberGuess 게임을 잠시 떠날 생각이다. 인터페이스는 여러 클래스가 특정 기능을 공유한다면 설명하기 더 쉽지만 NumberGuess 게임의 경우에는 이러한 부분이 없는 것 같다. 하지만 연습문제로 NumberGuess에서 인터페이스를 사용하는 가능한 확장을 제안할 것이다.

여기서 가장 중요한 질문은 "그래픽 객체를 모듈 사이에서 어떻게 전달할 수 있을까?"다. 그에 대한 아이디어는 다음과 같다. 클라이언트가 그래픽 객체를 만들기 때문에 클라이언트가 이들을 위한 클래스를 제공하지 못할 이유가 없다. 이 아이디어는 얼핏 보면 나쁘지 않아 보이지만 단점이 있다. 정보 수집기 모듈이 각 클라이언트의 그래픽 객체 클래스를 어떻게 처리하는지 알아야 하며 새로운 클라이언트가 그들의 객체를 넘겨주길 원하는 경우 정보 수집기 모듈도 업데이트돼야 한다는 것이다. 그래서 이 전략은 좋은 프로그램을 만들기 위한 목적으로는 충분하게 유연하지 못하다.

다른 방향으로 생각해보자. 정보 수집기 모듈이 모든 그래픽 객체 클래스를 제공하고 클라이언트가 이를 사용해 데이터를 전달한다면? 이는 수집기 모듈에서 여러 클래스에 대응하는 데는 유리하겠지만 이 접근 방식은 다른 문제가 있다. 예를 들어 정보 수집기가 업데이트되고 수정된 버전의 그래픽 객체 클래스를 제공한다고 가정해보자. 그렇다면 클라이언트도 모두 업데이트해야 하며 일이 많아지고 프로젝트 비용도 증가한다. 따라서 이 방법도 좋은 방법이 아니다. 어떠한 방법이 있을까?

우리는 해야 할 것을 설명하는 것이 아니라 무엇을 해야 하는지를 설명하는 개념을 새로 도입할 수 있다. 이는 어떻게든 서로 다른 프로그램 구성 요소 사이를 중재하며 이러한 이유로

이를 인터페이스^{interface}라고 한다. 이러한 인터페이스가 구현에 의존하지 않고 클라이언트가 인터페이스에만 의존한다면 정보 수집기가 변경되더라도 클라이언트가 변경돼야 할 가능성이 현저하게 낮아진다. 여러분은 인터페이스를 두 당사자 사이에 맺은 계약으로 생각할 수도 있다. 실생활에서처럼 계약서 문구가 충족되면 계약이 수행되는 방식이 어떠한 종류의 다양성에 종속되더라도 계약은 이행된다.

더 자세하게 설명하기 전에 그래픽 수집기 예제의 세부 사항을 더 살펴보자. 그래픽 수집기에 다음과 같은 책임을 부여했다. 그래픽 수집기는 다음을 수행하는 폴리곤 객체를 받을 수 있어야 한다.

- 가지고 있는 모서리 개수를 알려준다.
- 각 모서리의 좌표를 알려준다.
- 채움 색상을 알려준다.

자유롭게 확장할 수 있지만 우리의 목적에는 3가지 특성만으로도 충분하다. 인터페이스 선언은 다음과 같다.

```
interface GraphicsObject {
    fun numberOfCorners(): Int
    fun coordsOf(index:Int): Pair<Double, Double>
    fun fillColor(): String
}
```

Pair<Double, Double>는 한 점의 xy 좌표에 대한 부동 소수 숫자 쌍을 나타낸다. 그래픽 수집기 모듈에 인터페이스를 정의해야 한다. 이 인터페이스는 클라이언트가 그래픽 수집기 모듈과 소통하면서 클라이언트가 알아야 하는 것이기 때문이다. 하지만 세 함수를 구현하는 것은 전적으로 클라이언트의 몫이다. 그래픽 수집기 모듈의 경우 계약 이행 방법이 중요하지 않기 때문이다. 인터페이스 자신은 의도에 대한 선언일 뿐이므로 클라이언트 모듈이 계약을 이행하기 위해 무엇을 해야 하는지를 정의해야 한다. 달리 말하면 "클라이언트가 인터페이스 함수를 구현해야 한다"가 된다. 그 내용이 그림 2-2에 묘사돼 있다.

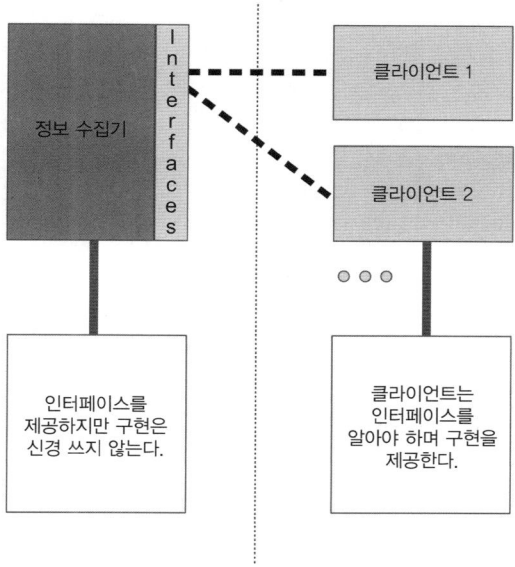

▲ 그림 2-2 인터페이스를 사용한 모듈 소통

예를 들어 삼각형의 경우 클라이언트는 다음을 제공할 수 있다.

```
class Triangle : GraphicsObject {
    override fun numberOfCorners(): Int {
        return 3
    }
    override fun coordsOf(index:Int):
            Pair<Double,Double> {
        return when(index) {
            0 -> Pair(-1.0, 0.0)
            1 -> Pair(1.0, 0.0)
            2 -> Pair(0.0, 1.0)
            else throw RuntimeException(
                "Index ${index} out of bounds")
        }
    }
    override fun fillColor(): String {
        return "red"
    }
}
```

코틀린에서는 함수의 결과가 단일 표현식으로 계산할 수 있다면 함수를 " = ..."와 같이 작성할 수 있다.

```
class Triangle : GraphicsObject {
    override fun numberOfCorners() = 3
    override fun coordsOf(index:Int) =
        when(index) {
            0 -> Pair(-1.0, 0.0)
            1 -> Pair(1.0, 0.0)
            2 -> Pair(0.0, 1.0)
            else -> throw RuntimeException(
                "Index ${index} out of bounds")
        }
    override fun fillColor() = "red"
}
```

또한 여기서는 코틀린이 여러 경우에 자동으로 반환 타입을 추론할 수 있다는 사실을 이용했다. 클래스 선언에 있는 : GraphicsObject는 Triangle이 GraphicsObject 계약과 부합하는 것을 표현하며 각 함수 앞에 있는 override는 해당 함수가 인터페이스의 함수를 구현하는 것을 표현한다. 물론 Triangle 클래스는 비인터페이스^{noninterface} 함수를 포함할 수도 있다. 하지만 이 예제에서는 비인터페이스 함수가 필요 없다.

참고 클래스 헤더에 있는 :는 오른쪽에 인터페이스 이름이 있는 경우 "implements" 또는 "is a ..."으로 해석할 수 있다.

---

coordsOf() 함수 내부에서는 지금까지 본 적 없는 새로운 구조 몇 가지를 사용하고 있다. 지금은 when(){ }이 인수에 따라 x -> ... 분기 중 하나를 선택한다고 생각하면 되고 throw RuntimeException()은 프로그램 흐름을 중단시키고 터미널에 오류 메시지를 표시한다고 보면 된다. 이러한 구조는 3장에서 자세하게 살펴본다.

참고 Triangle 예제에서 모서리 인덱스에 0, 1, 2를 사용한 것을 알 수 있다. 0으로 시작하는 인덱싱은 여러 언어에서 일반적이며 코틀린도 예외는 아니다.

수집기 모듈 클래스 중 하나의 내부에 클라이언트가 그래픽 객체를 등록하는 데 접근자[accessor] 함수가 여전하게 필요하다. 이를 add()라고 하며 코드는 다음과 같다.

```
class Collector {
    ...
    fun add(graphics:GraphicsObject) {
        // 뭔가를 수행...
    }
}
```

클라이언트는 이제 다음과 같이 작성할 수 있다.

```
...
val collector = [get hold of it]
val triang:GraphicsObject = Triangle()
collector.add(triang)
...
```

val triang:Triangle = Triangle()과 같이 작성할 수도 있고 프로그램은 오류 없이 실행될 것이다. 하지만 이들 사이에는 커다란 개념적 차이가 존재한다. 어떠한 차이가 있을까? 답은 다음과 같다. val triang:Triangle = Triangle()로 작성하면 수집기에 Triangle 클래스를 전달하는 것을 표현하므로 이는 실제로 우리가 원하는 것이 아니다. 수집기와 클라이언트가 GraphicsObject 인터페이스를 통해서만 소통해 적절하게 분리되길 원했기 때문이다. 이를 표현하는 유일한 방법은 val triang:GraphicsObject = Triangle()과 같이 작성하는 것이다.

> **참고** triang:Triangle 또는 triang:GraphicsObject를 수집기에 넘기면 내부적으로 동일한 객체가 수집기에 전달된다. 하지만 프로그램을 작성하는 것은 그냥 그렇게 작동하라고만 작성하는 것이 아니다. 무엇을 하는지 적절하게 표현해야 한다. 이러한 이유로 triang:GraphicsObject가 더 나은 방법이다.

여러분이 실험을 시작할 수 있도록 다음에서 이 인터페이싱 절차의 기본 구현을 제공하고 있다. 먼저 하나의 파일 안에 그래픽 객체 수집기를 작성하고 인터페이스도 추가한다.

```kotlin
interface GraphicsObject {
    fun numberOfCorners(): Int
    fun coordsOf(index:Int): Pair<Double, Double>
    fun fillColor(): String
}

object Collector {
    fun add(graphics:GraphicsObject) {
        println("Collector.add():")
        println("Number of corners: " +
            graphics.numberOfCorners())
        println("Color: " +
            graphics.fillColor())
    }
}
```

접근을 단순하게 만들기 위해 싱글턴 객체를 사용한 것을 알 수 있다. 다른 파일에서 GraphicsObject를 만들고 수집기에 접근한다.

```kotlin
class Triangle : GraphicsObject {
    override fun numberOfCorners() = 3
    override fun coordsOf(index:Int) =
        when(index) {
            0 -> Pair(-1.0, 0.0)
            1 -> Pair(1.0, 0.0)
            2 -> Pair(0.0, 1.0)
            else -> throw RuntimeException(
                "Index ${index} out of bounds")
        }
    override fun fillColor() = "red"
}

fun main(args:Array<String>) {
    val collector = Collector
    val triang:GraphicsObject = Triangle()
    collector.add(triang)
}
```

2장 전반부에서 설명한 대로 싱글턴 객체 접근 표기법을 사용해 직접 접근할 수 있지만 이러한 싱글턴 객체를 val에도 할당할 수 있다는 것을 알 수 있다.

초보 개발자는 인터페이스 개념이 어려울 수 있지만 이해하려고 노력하고 가능하면 많이 사용해보는 것이 좋은 소프트웨어를 만드는 데 큰 도움이 된다.

연습문제 20

소립자는 질량, 전하, 스핀 3가지 최소 공통점이 있다. mass():Double, charge():Double 및 spin():Double 함수를 갖는 ElementaryParticle 인터페이스를 만들길 바란다. 이러한 인터페이스를 구현하는 Electron과 Proton 클래스를 만든다. 전자의 질량은 $9.11 \cdot 10^{-31}$을 반환하며(9.11e-31로 기입) 전하는 -1.0, 스핀은 0.5다. 양성자의 질량은 $1.67 \cdot 10^{-27}$을 반환하며(1.67e-27로 기입) 전하와 스핀은 0.5다.

연습문제 21

연습문제 20의 인터페이스와 클래스를 갖고 봤을 때 다음 중 참인 것은?

1. ElementaryParticle은 var p = ElementaryParticle()로 인스턴스화할 수 있다.
2. Electron은 val electron = Electron()으로 인스턴스화할 수 있다.
3. Proton은 val proton = Proton()으로 인스턴스화할 수 있다.
4. var p:ElementaryParticle = Electron() 같은 초기화가 가능하다.
5. p = Proton()처럼 재할당이 가능하다.
6. var p:Proton = Electron()처럼 초기화가 가능하다.

연습문제 22

NumberGuess 게임에서 다른 랜덤 숫자 생성 함수를 사용한다고 가정해보자. fun rnd(minInt:Int, maxInt:Int): Int 함수만 갖는 RandomNumberGenerator 인터페이스를 만들길 바란다. MainActivity 클래스에 있는 코드 val span = maxInt - minInt + 1; return minInt +

`Math.floor(Math.random()*span).toInt()`를 사용해 `RandomNumberGenerator` 인터페이스를 구현하는 `StdRandom` 클래스를 만들길 바란다. 또한 해당 인터페이스를 구현하는 또 다른 `RandomRandom` 클래스를 만들길 바란다. 이 클래스는 `val rnd:Random = Random()` 프로퍼티가 있어야 하며(임포트에 import java.util.*를 추가한다) 다음 코드 `minInt + rnd.nextInt( maxInt - minInt + 1 )`를 사용해야 한다. 구현 중 하나를 사용해 액티비티에 `RandomNumberGenerator` 타입의 프로퍼티를 추가한다. 해당 인터페이스를 사용하도록 액티비티의 `start()` 함수를 수정한다.

구조화와 패키지

코틀린 애플리케이션은 주 폴더인 java 폴더 안에 하나의 파일로 모든 클래스, 인터페이스, 싱글턴 객체를 작성할 수 있다. 시험삼아 해보거나 소규모 프로젝트에는 적합하지만 큰 프로젝트에는 이렇게 하면 안 된다. 중간 규모부터 대규모에 이르는 프로젝트에는 필연적으로 서로 다른 모듈로 그룹화될 수 있는 클래스, 인터페이스, 싱글턴 객체가 존재한다. 크기가 큰 파일이 존재한다는 것은 잘 구조화된 프로젝트에는 실제로 존재하지 않는 일종의 개념적 평탄flatness이 있다는 것을 암시한다.

참고 항목을 일일이 반복하지 않기 위해 앞으로 클래스, 싱글턴 객체, 동반자 객체, 인터페이스는 구조 단위(structure unit)라는 용어를 사용한다.

이러한 이유로 코틀린은 구조 단위를 다른 폴더에 해당하고 다른 네임스페이스에 걸쳐 있는 다른 패키지로 배치할 수 있다. 먼저 정해야 할 것은 계층 구조다. 이는 트리에서 다른 노드에 구조 단위를 할당하겠다는 의미다. 따라서 각각의 노드는 높은 응집성을 보이는 여러 구조 단위를 포함하며 서로 강하게 연관돼 있다는 것을 의미한다.

구조화된 프로젝트

구조화가 실제로 무엇을 의미하는지 NumberGuess 예제를 살펴보자. 지금까지 모든 개선 사항과 연습문제를 포함해 다음과 같이 클래스, 인터페이스, 싱글턴 객체를 갖고 있다. 액티비티, 콘솔 클래스, 상수 객체, 랜덤 숫자를 만들기 위한 2개 클래스와 1개 인터페이스, 사용자 데이터를 위한 1개 클래스가 있다. 이로부터 다음 패키지를 확인할 수 있다.

- 액티비티의 루트 패키지
- 랜덤 숫자를 위한 random 패키지. 랜덤 숫자를 위한 인터페이스는 바로 이 패키지에 들어가며 2개의 구현은 하위 패키지인 impl로 들어간다.
- Console 뷰 요소를 위한 gui 패키지
- 사용자 데이터 클래스를 위한 model 패키지. 개발자는 데이터 구조 및 데이터 관계를 나타내기 위해 종종 모델이라는 용어를 사용한다.
- Constants 싱글턴 객체를 위한 common 패키지

이를 src 밑에 해당하는 디렉터리와 하위 디렉터리에 넣으면 그림 2-3에 표시된 패키지와 폴더 구조가 된다.

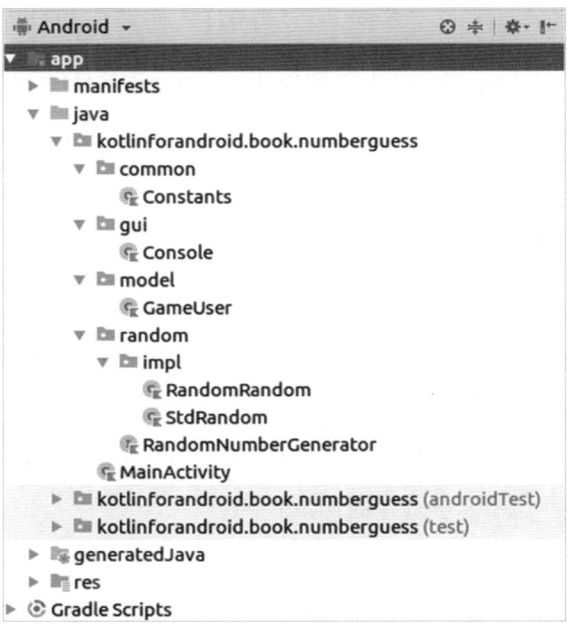

▲ 그림 2-3 패키징

규칙상 이러한 패키징 구조를 반영해 각각의 파일에 패키지 선언을 추가해야 한다. 구문은 다음과 같다.

```
package the.hierarchical.position
...
```

예를 들어 RandomRandom.kt는 다음과 같이 시작해야 한다.

```
package kotlinforandroid.book.numberguess.random.impl
class RandomRandom {
    ...
}
```

연습문제 23

이 구조를 안드로이드 스튜디오 프로젝트에 준비하길 바란다. 빈 파일로 시작한다.

힌트: 패키지(폴더), 클래스, 인터페이스, 싱글턴 객체는 모두 안드로이드 스튜디오 메인 윈도우의 왼쪽 패키지 구조에서 오른쪽을 클릭해 New를 선택하면 초기화할 수 있다.

네임스페이스와 임포트

이미 언급했듯이 계층 구조는 네임스페이스와도 이어진다. 예를 들어 Console 클래스는 kotlinforandroid.book.numberguess.gui 네임스페이스의 kotlinforandroid.book.numberguess.gui 패키지 선언으로 인해 존재한다. 이는 동일한 패키지 안에 또 다른 Console 클래스가 존재할 수 없다는 것을 의미한다. 하지만 다른 패키지 내부에는 존재할 수 있다. 모두 서로 다른 네임스페이스를 갖기 때문이다.

> **주의** 코틀린은 파일 시스템 계층 구조와 다른 package 선언을 사용할 수 있다. 하지만 파일 경로와 동일하게 유지하는 것이 좋으며 그렇지 않으면 완전하게 엉망이 될 것이다.

구조 단위(클래스, 인터페이스, 싱글턴 객체, 동반자 객체)는 단순하게 그들의 이름을 사용해 동일한 패키지의 다른 구조 단위를 사용할 수 있다. 다른 패키지의 구조 단위라면 정규화된 이름을 사용해야 하며 이는 점을 구분자로 한 패키지 이름을 앞에 붙여야 한다는 의미다. 예를 들어 Console의 정규화된 이름은 kotlinforandroid.book.numberguess.gui.Console이다. 하지만 다른 패키지의 구조 단위를 참조하기 위해 긴 이름을 사용하는 것을 피할 방법이 있다. 바로가기처럼 import 구문을 사용해 참조하는 구조 단위를 임포트할 수 있다. 설명은 자세하게 하지 않았지만 이미 여러 예제에서 본 적이 있다. 예를 들어 Console 클래스를 임포트하려면 package 선언 밑에 바로 다음과 같이 작성하면 된다.

```
package kotlinforandroid.book.numberguess

import kotlinforandroid.book.numberguess.gui.Console

class Activity {
    ...
}
```

이러한 경우 kotlinforandroid.book.numberguess.gui.Console을 사용하려면 이 파일의 어디서든 그냥 Console을 사용하면 된다. 파일은 이러한 임포트 구문 여러 개를 가질 수 있다. Constants 클래스를 추가로 임포트하려면 다음과 같이 하면 된다.

```
package kotlinforandroid.book.numberguess
import kotlinforandroid.book.numberguess.gui.Console
import kotlinforandroid.book.numberguess.common.
        Constants

class Activity {
    ...
}
```

| 참고 | 안드로이드 스튜디오 같은 IDE를 사용하면 이러한 임포트를 쉽게 작성할 수 있다. 이름의 일부를 입력하면 안드로이드 스튜디오는 어떠한 패키지를 의도하는지 찾으려고 한다. 그런 다음 마우스를 올린 채 Alt+Enter를 누르면 임포트가 작성된다. |

또한 별표(*)를 와일드카드로 사용하면 패키지의 모든 구조 단위를 임포트할 수 있다. 예를 들어 kotlinforandroid.book.numberguess.random.impl 패키지의 모든 클래스를 임포트하려면 다음과 같이 작성할 수 있다.

```
package kotlinforandroid.book.numberguess

import kotlinforandroid.book.numberguess.
        random.impl.*

class Activity {
    ...
}
```

NumberGuess 게임의 모든 패키지가 공통 부분으로 kotlinforandroid.book.numberguess를 갖고 있다는 것을 알 수 있다. 프로젝트를 초기화할 때 안드로이드 스튜디오가 그렇게 만들었다. 개발자, 교육기관, 회사를 가리키는 뒤집힌 도메인 이름과 프로젝트 이름을 앞에 추가하는 것이 일반적인 관행이다. 예를 들어 여러분의 도메인이 john.doe.com이고 프로젝트 이름이 elysium이라면 루트 패키지로 com.doe.john.elysium을 사용하게 된다.

| 참고 | 도메인이 실제로 존재하지 않아도 된다. 기존 도메인을 사용할 수 없다면 하나 만들면 된다. 기존 프로젝트와 충돌할 가능성이 낮으면 된다. 소프트웨어를 배포할 생각이 없다면 도메인 루트를 전혀 사용하지 않거나 원하는 것을 사용할 수 있다. |

연습문제 24

NumberGuess 게임의 모든 코드를 앞 절의 새로운 구조의 파일로 옮기길 바란다.

3장

클래스의 작동: 프로퍼티와 함수

클래스와 객체를 2장에서 배웠으므로 이제 프로퍼티와 프로퍼티의 타입, 함수를 선언하는 방법, 함수 내부에서 할 수 있는 것을 살펴본다. 3장에서는 프로퍼티와 함수 선언을 얘기한다. 객체지향의 중요 기능인 상속도 얘기한다. 상속을 통해 어떠한 클래스의 프로퍼티와 함수를 변경하거나 재정의할 수 있다. 가시성과 캡슐화도 살펴본다. 가시성과 캡슐화는 프로그램 구조를 개선하는 데 도움이 된다.

프로퍼티와 프로퍼티의 타입

프로퍼티는 데이터 보유자 또는 객체의 상태를 정의하는 변수다. 클래스 내부의 프로퍼티 선언은 선택적으로 가시성 유형과 수정자를 사용하고 val은 불변(변경 불가) 변수, var는 가변(변경 가능) 변수에 사용하는 키워드이고 이름, 타입, 초기 값으로 이뤄진다.

```
[가시성] [수정자] val propertyName:PropertyType = initial_value
[가시성] [수정자] var propertyName:PropertyType = initial_value
```

이와 별개로 클래스 생성자 매개변수에 val 또는 var가 붙은 매개변수는 자동으로 동일한 이름을 사용하는 프로퍼티가 된다. 다음 단락에서는 클래스 바디 내부의 프로퍼티에 가능한 것을 모두 살펴본다.

단순 프로퍼티

단순 프로퍼티는 가시성이나 어떠한 수정자도 제공하지 않는다. 따라서 단순 프로퍼티 선언은 다음과 같다.

```
val propertyName:PropertyType = initial_value
var propertyName:PropertyType = initial_value
```

각각 불변 변수와 가변 변수다. 다음은 프로퍼티 선언의 몇 가지 부가적인 규칙이다.

- 클래스, 싱글턴 객체 또는 동반자 객체의 `init{ }` 블록에서 값이 할당된다면 `= initial_value`를 생략할 수 있다.
- 코틀린이 주어진 초기 값에 따라 타입을 추론할 수 있다면 `:PropertyType`을 생략할 수 있다.

이러한 단순 프로퍼티는 클래스의 경우 `instanceName.propertyName`을 통해 외부에서 접근할 수 있으며 싱글턴 객체의 경우 `ObjectName.propertyName`을 통해 외부에서 접근할 수 있다. 클래스나 싱글턴 객체 내부에서는 그냥 `propertyName`을 사용해 접근하면 된다.

2장 `NumberGuess` 프로젝트의 `GameUser` 클래스에 2개의 단순 프로퍼티를 추가하자. 생성자의 성과 이름을 이용해 다음과 같이 이니셜과 성명을 추가하면 재밌을 것이다.

```
class GameUser(val firstName:String,
               val lastName:String,
               val userName:String,
               val registrationNumber:Int,
               val birthday:String = "",
               val userRank:Double = 0.0) {
    val fullName:String
    val initials:String
```

```
    init {
        fullName = firstName + " " + lastName
        initials = firstName.toUpperCase() +
                   lastName.toUpperCase()
    }
}
```

fullName과 initials가 val로만 선언됐으므로 이들에 값을 재할당할 수 없다. init{ } 블록에서 먼저 할당했기 때문이다. init{ } 블록에서 값을 할당했기 때문에 프로퍼티 선언에서 = initial value를 생략하는 것이 가능하다. 그리고 모든 생성자 매개변수 앞에 val이 붙었기 때문에 해당하는 프로퍼티(firstName, lastName, userName, registrationNumber, birthday, userRank)가 만들어진다. 이들에 접근하려면 다음과 같이 하면 된다.

```
val user = GameUser("Peter", "Smith", "psmith", 123, "1988-10-03", 0.79)
val firstName = user.firstName
val fullName = user.fullName
```

불변인 val이 붙었기 때문에 user.firstName = "Linda"처럼 값을 할당하는 것은 불가능하다. var였다면 값을 할당할 수 있었을 것이다.

```
class GameUser(var firstName:String,
               var lastName:String,
               var userName:String,
               var registrationNumber:Int,
               var birthday:String = "",
               var userRank:Double = 0.0) {
    var fullName:String
    var initials:String
    init {
        fullName = firstName + " " + lastName
        initials = firstName.toUpperCase() +
                   lastName.toUpperCase()
    }
}
```

```
// MainActivity 클래스의 함수 내부 어디선가
val user = GameUser("Peter", "Smith", "psmith",
          123, "1988-10-03", 0.79)
user.firstName = "Linda"
console.log(user.fullName)
```

출력이 어떻게 나올까? 이름을 Linda로 바꿨지만 프로그램은 Peter Smith를 출력한다. 그 이유에 대한 답은 성명이 init{ } 블록에서 만들어진다는 것이며 이름을 변경한 이후 init{ }가 다시 호출되지 않았기 때문이다. 이러한 부분을 조심해야 한다.

> **참고** 예를 들어 setFirstName() 같은 새로운 함수를 만들어 이름을 업데이트하고 성명과 이니셜을 각각 업데이트할 수 있을 것이다. 더 깔끔한 방법은 별도의 프로퍼티를 사용하지 않고 성명을 즉석으로 만드는 것일 것이다. fun fullName() = firstName + " " + lastName처럼 말이다.

이것이 바로 가능하면 var보다 val을 사용해야 하는 이유 중 하나다. 상태가 오염되는 것을 더 쉽게 피할 수 있다.

연습문제 1

다음 코드는 무엇이 잘못됐을까?

```
class Triangle(color: String) {
    fun changeColor(newColor:String) {
        color = newColor
    }
}
```

프로퍼티 타입

프로퍼티에 사용할 수 있는 여러 타입을 예제 코드에서 확인할 수 있었다. 다음은 타입 목록이다.

- String: 문자열이다. 기본 다국어 평면^{Basic Multilingual Plane}(오리지널 유니코드 규격)의 각 문자는 Char 타입이다(나중에 살펴본다). 보조 문자는 2개의 Char 요소를 사용한다. 가장 현실적인 목적으로 대부분의 언어는 각 문자열의 요소를 단일 Char로 가정하는 것이 무난한 접근 방식이다.
- Int: 정수다. 값 범위는 −2,147,483,648~2,147,483,647이다.
- Double: 양수와 음수 범위 모두 $4.94065645841246544 \cdot 10-324 \sim 1.79769313486231570 \cdot 10+308$인 부동 소수다. 형식적으로는 IEEE 754 사양의 64비트 부동 소수 값이다.
- Boolean: 참 또는 거짓이 될 수 있는 불리언 값이다.
- Any 클래스: 모든 클래스의 인스턴스 또는 싱글턴 객체의 인스턴스를 담을 수 있다. 이러한 클래스는 내장 클래스, 라이브러리(다른 주체에 의해 만들어진 소프트웨어)의 클래스, 여러분이 직접 만드는 클래스를 포함한다.
- Char: 단일 문자다. 코틀린의 문자는 UTF-16 인코딩 포맷(오리지널 유니코드 규격의 문자)을 사용한다.
- Long: 값 범위가 −9,223,372,036,854,775,808~9,223,372,036,854,775,807인 확장 정수다.
- Short: 값 범위가 좁은 정수다. 값 범위는 −32,768~32,767이다. 실전에서는 대부분 Int를 사용하는 것이 낫기 때문에 흔하게 볼 수 없을 것이다.
- Byte: −128~127의 매우 작은 범위를 갖는 정수다. 저수준 시스템 함수 호출에 자주 사용되는 타입이다. 여러분의 경우 파일 I/O 작업을 수행할 때를 제외하면 사용할 일이 거의 없을 것이다.
- Float: 낮은 정밀도의 부동 소수다. 양수 및 음수에 대해 $1.40129846432481707 \cdot 10^{-45} \sim 3.40282346638528860 \cdot 10^{+38}$의 범위를 갖는다. 형식적으로 IEEE 754 사양의 32비트 부동 소수 값이다. 저장 공간이나 성능이 큰 이슈가 안 된다면 일반적으로 Float보다 Double을 사용하는 것이 낫다.
- [모든 클래스]: 모든 클래스 또는 인터페이스를 타입으로 사용할 수 있다. 코틀린에서 제공하는 것, 다른 프로그램에서 제공하는 것, 여러분의 프로그램에 있는 것을 포함

한다.
- [열거형]: 순서가 없는 텍스트 값 집합에서 가능한 값을 갖는 데이터 객체다. 더 자세한 내용은 4장을 보길 바란다.

프로퍼티 값 할당

프로퍼티는 네 곳에서 값을 할당할 수 있다. 첫 번째 장소는 다음과 같이 프로퍼티 선언부다.

```
class TheClassName {
    val propertyName1:PropertyType1 = initial_value
    var propertyName2:PropertyType2 = initial_value
    ...
}

object SingletonObjectName {
    val propertyName1:PropertyType1 = initial_value
    var propertyName2:PropertyType2 = initial_value
    ...
}

class TheClassName {
    companion object {
        val propertyName1:PropertyType1 = initial_value
        var propertyName2:PropertyType2 = initial_value
        ...
    }
}
```

initial_value는 프로퍼티 타입으로 변환될 수 있는 어떠한 표현식이나 리터럴이다. 3장 후반부에서 리터럴과 타입 변환을 얘기할 것이다.

값을 할당할 수 있는 두 번째 장소는 init{ } 블록 내부다.

```
// 클래스, 싱글턴 객체, 동반자 객체의 내부
```

```
init {
    propertyName1 = initial_value
    propertyName2 = initial_value
    ...
}
```

이는 프로퍼티가 클래스, 싱글턴 객체 또는 동반자 객체 내부에 선언됐거나 주 생성자에 `var`로 선언된 경우에만 가능하다.

`init{ }` 블록 내부에서 프로퍼티에 값을 할당하는 경우에만 프로퍼티 선언에서 초기 값 할당을 생략할 수 있다. 즉 다음과 같이 작성할 수 있다.

```
// 클래스, 싱글턴 객체, 동반자 객체의 내부
val propertyName1:PropertyType1
var propertyName2:PropertyType2
init {
    propertyName1 = initial_value
    propertyName2 = initial_value
    ...
}
```

프로퍼티에 값을 할당할 수 있는 세 번째 장소는 함수 내부다. 가변 `var` 변수만 가능하다. 이러한 변수는 앞에서 `var propertyName:PropertyType = ...` 같이 선언돼 있어야 하며 함수 내부에서 할당할 때는 `var`를 생략해야 한다.

```
// 클래스, 싱글턴 객체, 동반자 객체의 내부
var propertyName1:PropertyType1 = initial_value
...
fun someFunction() {
    propertyName1 = new_value
    ...
}
```

값이 할당될 수 있는 네 번째 장소는 클래스, 싱글턴 객체, 동반자 객체의 외부다. 다음과 같이 `instanceName.` 또는 `ObjectName.`를 사용해 프로퍼티 이름을 붙인다.

```
instanceName.propertyName = new_value
ObjectName.propertyName = new_value
```

이는 가변 `var` 프로퍼티만 가능하다.

연습문제 2

하나의 프로퍼티 var a:Int를 갖는 클래스 A를 만들길 바란다. 그리고 할당을 수행한다: (a) 선언부에서 1을 할당하고 (b) init{ } 블록에서 2를 할당하고 (c) fun b(){ ... } 함수에서 3을 할당하고 (d) main 함수에서 4를 할당한다.

리터럴

리터럴은 프로퍼티 할당과 표현식에서 사용할 수 있는 고정 값을 표현한다. 숫자는 리터럴이며 문자열과 문자도 그러하다. 다음은 몇 가지 예다.

```
val anInteger = 42
val anotherInteger = anInteger + 7
val aThirdInteger = 0xFF473
val aLongInteger = 700_000_000_000L
val aFloatingPoint = 37.103
val anotherFloatingPoint = -37e-12
val aSinglePrecisionFloat = 1.3f
val aChar = 'A'
val aString = "Hello World"
val aMultiLineString = """First Line
    Second Line"""
```

표 3-1은 코틀린 프로그램에서 사용할 수 있는 모든 리터럴 목록을 보여준다.

▼ 표 3-1 리터럴

리터럴 타입	설명	입력
십진수	정수 0, ± 1, ± 2, …	0, 1, 2, …, 2147483647, -1, -2, …, -2147483648 2_012처럼 천 단위 구분자로 언더스코어를 사용할 수 있다.
배정도 부동소수	양수 및 음수가 $4.94065645841247 \cdot 10^{-324}$ ~ $1.79769313486232 \cdot 10^{+308}$ 범위를 갖는 부동소수다.	점 표기법: [s]III.FFF [s]는 없을 수도 있으며 양수의 경우 +, 음수의 경우 -가 위치한다. III는 정수부이고(임의 자릿수) FFF는 소수부다(임의 자릿수). 과학적 표기법: [s]CCC.FFFe[t]DDD [s]는 없을 수도 있으며 양수의 경우 +, 음수의 경우 -가 위치한다. CCC.FFF는 가수(한 자리 이상)이며 .FFF는 필요 없으면 생략할 수 있다)이며 [t]는 없을 수도 있고 양의 지수는 +, 음의 지수는 -가 위치한다. 그리고 DDD는 (십진) 지수다(한 자리 이상).
Char	단일 문자	val someChar = 'A'처럼 홑 따옴표를 사용한다. 여러 특수문자가 존재한다. 탭은 \t, 백스페이스는 \b, 개행은 \n, 캐리지 리턴은 \r, 홑 따옴표는 \', 백슬래시는 \\, 달러 부호는 \$다. 그리고 유니코드 값으로 \uXXXX를 사용할 수 있으며 XXXX는 16진수 값이다. 예를 들어 \u03B1는 α에 해당한다.
String	문자열	val someString = "Hello World"처럼 겹 따옴표를 사용한다. 홑 따옴표의 경우 백슬래시를 사용하지 않는다는 점을 제외하면 내부에 있는 문자는 Char와 동일한 규칙이 적용된다. 하지만 겹 따옴표는 백슬래시를 사용해야 한다("Don't say \"Hello\""). 코틀린의 경우 멀티라인 원시(raw) 문자열 리터럴이 존재하며 삼중 겹 따옴표를 사용해 """Here goes multiline contents"""처럼 표현할 수 있다. 이 안에서는 문자에 대한 이스케이핑 규칙이 적용되지 않는다(이름에 원시가 붙은 이유이기도 하다).
16진 정수	16진법을 사용하는 정수 0, ± 1, ± 2, …	0×0, 0×1, 0×2, …, 0×9, 0×A, 0×B, 0×C, 0×D, 0×E, 0×F, 0×10, …, 0×7FFFFFFF, -0×1, -0×2, …, -0×80000000
롱(Long)형 십진수	확장된 한계를 갖는 롱형 정수 0, ± 1, ± 2, …	0, 1, 2, …, 9223372036854775807, -1, -2, …, -9223372036854775808 2_012L처럼 천 단위 구분자로 언더스코어를 사용할 수 있다.
롱(Long)형 16진수	확장된 한계를 갖고 16진법을 사용하는 정수 0, ± 1, ± 2, …	0×0, 0×1, 0×2, …, 0×9, 0×A, 0×B, …, 0×F, 0×10, …, 0×7FFFFFFFFFFFFFFF, -0×1, -0×2, …, -0×8000000000000000
Float	단정도 부동 소수	배정도 부동 소수와 같지만 val f = 3.1415f처럼 끝에 f를 붙인다.

> **참고** 십진법에서 214는 2 · 10²+1 · 10¹+4 · 10⁰을 의미한다. 16진법에서 0x13D는 2 · 16²+3 · 16¹+13 · 16⁰을 의미한다. 문자 A, B, …, F는 각각 10, 11, …, 15에 해당한다.

타입 호환성으로 인해 일반 정수를 롱형 정수 프로퍼티에 할당할 수 있지만 그 반대는 할 수 없다. 단정도 부동 소수를 배정도 부동 소수 프로퍼티에 할당할 수 있지만 그 반대는 할 수 없다. 허용되지 않는 할당은 변환이 필요하다(5장을 보길 바란다).

Short와 Byte 프로퍼티에 리터럴을 할당하려면 정수를 사용하면 된다. 하지만 범위를 초과하지 않는지 확인해야 한다.

겹 따옴표와 삼중 겹 따옴표 모두 String 문자열 리터럴 표현에 문자열 템플릿 기능을 제공한다. 달러 부호로 시작해 중괄호로 둘러싸인 이 표현식은 실행돼 문자열에 전달된다. 따라서 "4+1=${4+1}"는 "4+1=5"로 평가된다. 단일 프로퍼티 이름으로 구성된 단순한 표현식은 "The value of a is $a"처럼 중괄호를 생략할 수 있다.

연습문제 3

"..." + "..." 같은 문자열 접합을 사용하지 않고 더 짧게 작성하길 바란다.

```
val a = 42
val s = "If we add 4 to a we get " + (a+4).toString()
```

프로퍼티 가시성

가시성은 프로그램의 어느 부분이 다른 클래스, 인터페이스, 객체, 동반자 객체의 함수와 프로퍼티에 접근할 수 있는지에 대한 것이다. 3장 후반부의 "클래스와 클래스 멤버의 가시성" 절에서 가시성을 자세하게 살펴본다.

NULL 값

특수 키워드 null은 널 가능^{nullable} 프로퍼티에 사용할 수 있는 값을 의미한다. null 값은 초기화되지 않은 것, 아직 결정되지 않은 것, 정의되지 않은 것과 같다고 볼 수 있다. 모든 프로퍼티는 널 가능이 될 수 있지만 선언의 타입 지정자에 물음표를 붙여야 한다.

```
var propertyName:PropertyType? = null
```

모든 타입을 널 가능으로 만들 수 있다. 클래스도 마찬가지로 다음과 같이 작성할 수 있다.

```
var anInteger:Int? = null
var anInstance:SomeClass? = null
```

가변 널 가능 var 프로퍼티는 언제든지 null 값을 할당할 수 있다.

```
var anInteger:Int? = 42
anInteger = null
```

자바 같은 다른 언어는 모든 객체 타입에 널 가능을 허용한다. 이는 null이 프로퍼티나 함수를 갖지 않기 때문에 종종 문제를 일으킨다. 예를 들어 someInstance.someFunction()이 있다고 했을 때 someInstance가 실제 객체를 가리키면 잘 동작하지만 someInstance = null로 설정된 경우에는 이후의 someInstance.someFunction()이 호출 불가능하므로 예외적인 상태로 이어진다. 코틀린은 일반 프로퍼티와 널 가능 프로퍼티를 구별하므로 코틀린 컴파일러는 이러한 상태 불일치를 더 쉽게 피할 수 있다.

함수와 프로퍼티에 접근하기 위해 역참조 연산자(.)를 많이 사용했다. 안정성을 높이기 위해 코틀린은 널 가능 변수에 대해(또는 표현식에 대해) . 연산자 사용을 불허한다. 그 대신 이러한 경우에는 안전 호출 "?."을 사용해야 한다. 이러한 경우 역참조는 연산자의 왼쪽에 있는 값이 null이 아닌 경우에만 일어난다. null이면 연산자는 이를 null로 계산한다. 다음 예제를 살펴보길 바란다.

```
var s:String? = "Hello"
val l1 = s?.length() // -> 5
s = null
val l2 = s?.length() // -> null
```

연습문제 4

다음 중 참인 것은?

1. `val a:Int = null`처럼 할당을 수행할 수 있다.
2. `val a:Int? = null; val b:Long = a.toLong()`처럼 작성하는 것이 가능하다.
3. `val a:Int? = null; val b:Long? = a.toLong()`처럼 작성하는 것이 가능하다.
4. `val a:Int? = null; val b:Long? = a?.toLong()`처럼 작성하는 것이 가능하다.

프로퍼티 선언 수정자

프로퍼티 선언에 다음 수정자를 추가할 수 있다.

- **const**: 프로퍼티를 컴파일 타임 상수로 변환하려면 다음과 같이 선언에 const를 추가한다.

  ```
  const val name = ...
  ```

  이것이 작동하려면 프로퍼티의 타입은 반드시 Int, Long, Short, Double, Float, Byte, Boolean, Char 또는 String이어야 한다. 이를 사용하면 동반자 객체에 상수를 넣지 않아도 된다. 사용성 측면에서 const를 사용하는 것과 사용하지 않는 것의 차이는 없다.

- **lateinit**: 다음과 같이 Type이 클래스, 인터페이스 또는 String(Int, Long, Short, Double, Float, Byte, Boolean, Char는 안 된다)인 것에 lateinit를 추가하면 코틀린 컴파일러는 var가 null인지 여부와 상관 없이 선언을 허용한다.

```
lateinit var name:Type
```

따라서 다음과 같이 작성할 수 있다.

```
class TheClass {
    lateinit var name:String
    fun someFunction() {
        val stringSize = name.length
    }
}
```

이는 컴파일 타임 오류를 내지 않지만 런타임 오류를 야기하며 코틀린의 널 가능성 체크 시스템을 무력화시킨다. `lateinit`를 사용하는 것은 코틀린 컴파일러가 감지하지 못하는 방식으로 변수가 초기화되는 경우에 알맞다(예를 들어 리플렉션). 하지만 `::name.isInitialized`를 사용하면 `lateinit var`가 초기화됐는지 확인할 수 있다.

멤버 함수

멤버 함수는 클래스, 싱글턴 객체, 동반자 객체에 접근할 수 있게 해주는 요소다. 함수 내부에서는 구조 단위의 상태가 질의, 변경되거나 2가지 모두 일어난다. 입력을 취해 그 입력과 상태를 기반으로 출력을 생성함으로써 상태에 기반한 계산이 일어날 수 있다. 또한 함수는 상태를 사용하지 않는 순수 함수가 될 수 있으며 이는 주어진 입력 매개변수로 항상 동일한 출력을 생성한다는 것을 의미한다. 그림 3-1은 이들을 보여준다.

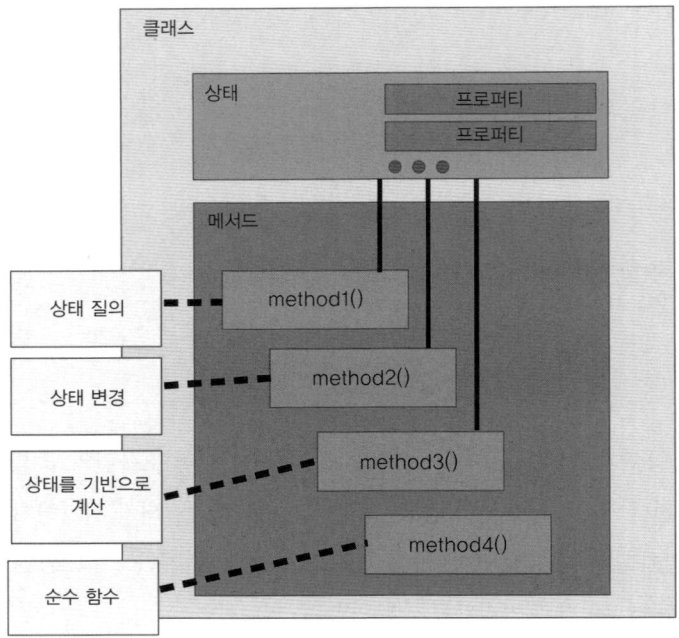

▲ 그림 3-1 함수

사용되는 용어에 따라 함수를 연산 또는 메서드라고 부르기도 한다.

값을 반환하지 않는 함수

코틀린에서 아무 것도 반환하지 않는 함수를 선언하려면 클래스, 싱글턴 객체, 동반자 객체의 바디 내부에 작성하면 된다.

```
[수정자]
fun functionName([매개변수]) {
    [함수 바디]
}
```

함수 바디 내부에는 여러 개의 return문이 존재할 수 있다. 바디 끝에서 return문이 허용되지만 필수는 아니다.

함수는 입력 매개변수를 가질 수도 갖지 않을 수도 있다. 입력 매개변수가 없는 경우 functionName() { ... } 같이 작성하면 된다. 입력 매개변수가 있는 경우 입력 매개변수를 다음과 같이 선언할 수 있다.

```
parameterName1:ParameterType1,
parameterName2:ParameterType2, ...
```

> **참고** 코틀린에서는 함수 인수를 함수 바디 내부에서 재할당할 수 없다. 어쨌든 함수 매개변수를 함수 내부에서 재할당하는 것은 나쁜 관례이므로 재할당할 수 없는 것이 단점은 아니다.

또한 함수는 가변 가능한 인수를 가질 수 있다. 이를 가변 인수라고 하며 나중에 살펴본다. 나중에 살펴볼 또 다른 기능으로 기본 인수가 있다. 기본 인수는 함수 호출에서 매개변수가 지정되지 않은 경우 사용될 기본 값의 사양을 정의한다.

매개변수를 갖거나 갖지 않은 함수 선언의 예는 다음과 같다.

```
fun printAdded(param1:Int, param2:Int) {
    console.log(param1 + param2)
}
fun printHello() {
    console.log("Hello")
}
```

인터페이스(어떻게가 아니라 무엇을 해야 하는지를 설명하기 위해 사용한다) 내부에서 함수는 구현을 갖지 않으므로 바디를 선언하는 것이 허용되지 않는다. 아무 것도 반환하지 않는 함수의 경우 인터페이스에서 함수 선언은 다음과 같다.

```
fun functionName([매개변수])
```

함수의 동작을 미세 조정하기 위해 함수 선언 앞에 추가할 수 있는 선택적 [수정자]는 다음과 같다.

- `private, protected, internal, public`: 가시성 수정자다. 가시성은 3장 후반부의 '클래스와 클래스 멤버의 가시성' 절에 설명돼 있다.
- `open`: 클래스에 있는 함수가 서브클래스에 의해 재정의될 수 있는 것을 표시하기 위해 사용한다. 자세한 것은 3장 후반부의 '상속' 절을 보길 바란다.
- `override`: 클래스에 있는 함수가 인터페이스 또는 수퍼클래스의 함수를 재정의했다는 것을 표시하기 위해 사용한다. 자세한 것은 3장 후반부의 '상속' 절을 보길 바란다.
- `final override`: override와 동일하지만 추가적인 서브클래스에서 재정의가 금지된다.
- `abstract`: 추상 함수는 바디를 가질 수 없으며 추상 함수를 갖는 클래스는 인스턴스화를 할 수 없다. 서브클래스에서 이러한 함수를 재정의해 구체화된 것(^{"비추상화} ^{unabstract"를 의미한다})으로 만들어야 한다. 자세한 것은 3장 후반부의 '상속' 절을 보길 바란다.

수정자를 자유롭게 섞어 사용할 수는 없다. 특히 가시성 수정자의 경우 하나만 허용된다. 하지만 가시성 수정자는 여기서 설명된 다른 수정자와 조합할 수 있다. 하나 이상의 수정자를 사용해야 한다면 공백 문자를 구분자로 사용하면 된다.

인터페이스에서는 일반적으로 수정자가 필요 없으므로 사용하지 않는다. `public` 외에는 가시성 수정자가 허용되지 않는다. 인터페이스의 함수는 `public`이 기본이다. 인터페이스 자체에 구현을 갖지 않기 때문이다. `abstract`가 기본인 것으로 간주할 수 있으므로 명시적으로 `abstract`를 추가할 필요가 없다.

연습문제 5

다음 함수는 무엇이 잘못됐을까?

```
fun multiply10(d:Double):Double {
    d = d * 10
    return d
}
```

연습문제 6

다음 함수는 무엇이 잘못됐을까?

```
fun printOut(d:Double) {
    println(d)
    return
}
```

값을 반환하는 함수

코틀린에서 값을 반환하는 함수를 선언하려면 클래스, 싱글턴 객체, 동반자 객체의 바디 내부에 작성하며 함수 헤더에 : ReturnType을 추가해 다음과 같이 작성하면 된다.

```
[수정자]
fun functionName([매개변수]): ReturnType {
    [함수 바디]
    return [표현식]
}
```

함수 매개변수와 수정자는 앞에서 설명했듯이 값을 반환하지 않는 함수의 경우와 동일하다. 반환되는 값 또는 표현식의 경우 표현식의 타입을 함수 반환 타입으로 변환할 수 있어야 한다. 이러한 함수의 예는 다음과 같다.

```
fun add37(param:Int): Int {
    val retVal = param + 37
    return retVal
}
```

바디 내부에 하나 이상의 return문을 가질 수 있지만 모두 함수가 기대하는 타입의 값을 반환해야 한다.

> **참고** 코드 품질을 향상시키려면 경험상 마지막에 하나의 return문만 사용하는 것이 좋다.

가능한 경우 단일 표현식으로 바디를 대체할 수도 있다.

```
[수정자]
fun functionName([매개변수]): ReturnType = [표현식]
```

여기서 : ReturnType은 표현식의 타입이 기대하던 함수 반환 타입이라면 생략할 수 있다. 즉 코틀린은 다음 경우처럼 함수 반환 타입이 Int라고 추론할 수 있다.

```
fun add37(param:Int) = param + 37
```

인터페이스의 경우 함수는 구현을 갖지 않으며 이러한 경우 함수 선언은 다음과 같다.

```
fun functionName([매개변수]): ReturnType
```

> **참고** 사실 코틀린은 내부적으로 모든 함수가 값을 반환하도록 한다. 반환 값이 필요 없다면 코틀린은 Unit이라는 특별한 void 타입을 사용한다. : ReturnType을 생략하고 값을 반환하지 않거나 함수 바디가 return문을 아예 갖고 있지 않은 경우 Unit을 사용한다. 필요하다면 fun name(…) : Unit { …} 같이 작성해 함수가 아무 값도 반환하지 않는다는 것을 표현해 가독성을 높일 수도 있다.

연습문제 7

다음은 참일까?

```
fun printOut(d:Double) {
    println(d)
}
```

위의 함수와 다음 함수는 같다.

```
fun printOut(d:Double):Unit {
    println(d)
}
```

연습문제 8

다음 클래스를 짧게 만들길 바란다.

```
class A(val a:Int) {
    fun add(b:Int):Int {
        return a + b
    }
    fun mult(b:Int):Int {
        return a * b
    }
}
```

연습문제 9

연습문제 8의 클래스 A의 모든 것을 기술하는 `AInterface` 인터페이스를 만들길 바란다.

마스킹된 프로퍼티에 접근하기

이름 충돌이 일어난 경우 함수 매개변수가 클래스 프로퍼티를 마스킹할 수 있다. 예를 들어 다음과 같이 클래스가 프로퍼티 *xyz*를 갖고 있고 함수 매개변수가 완전하게 같은 이름인 *xyz*를 갖고 있다고 가정해보자.

```
class A {
    val xyz:Int = 7
    fun meth1(xyz:Int) {
```

```
        [함수 바디]
    }
}
```

매개변수 xyz는 함수 바디 내부의 프로퍼티 xyz를 마스킹한다. 즉 함수 내부에서 xyz는 프로퍼티가 아닌 매개변수를 사용한다는 것을 의미한다. 하지만 이름 앞에 this.를 붙이면 프로퍼티를 사용할 수도 있다.

```
class A {
    val xyz:Int = 7
    fun meth1(xyz:Int) {
        val q1 = xyz // 매개변수
        val q2 = this.xyz // 프로퍼티
        ...
    }
}
```

this는 현재 객체를 참조하므로 this.xyz는 함수의 매개변수 xyz가 아닌 현재 객체의 프로퍼티 xyz를 의미한다.

참고 어떠한 사람들은 이러한 프로퍼티를 마스킹이라는 용어 대신 쉐도우(shadowed)라는 용어를 사용해 지칭한다. 2가지 용어의 뜻은 동일하다.

연습문제 10

다음의 출력 결과는 무엇일까?

```
class A {
    val xyz:Int = 7
    fun meth1(xyz:Int):String {
        return "meth1: " + xyz +
            " " + this.xyz
    }
```

```
}
fun main(args:Array<String>) {
    val a = A()
    println(a.meth1(42))
}
```

함수 호출

인스턴스, 싱글턴 객체 또는 동반자 객체가 있다면 다음과 같이 함수를 호출할 수 있다.

```
instance.functionName([parameters]) // 클래스 외부
functionName([parameters]) // 클래스 내부
Object.functionName([parameters]) // 객체 외부
functionName([parameters]) // 객체 내부
```

또한 클래스 내부에서 동반자 객체의 함수를 호출하려면 functionName([매개변수])을 사용하면 된다. 클래스의 외부에서라면 ClassName.functionName([매개변수])을 사용해야 한다.

연습문제 11

다음 클래스가 있을 때

```
class A {
    companion object {
        fun x(a:Int):Int { return a + 7 }
    }
}
```

이러한 클래스 외부의 println() 함수에서 42를 매개변수로 해 x() 함수에 접근하려면 어떻게 해야 하는지 설명하길 바란다.

함수의 명명된 매개변수

함수를 호출할 때는 인수 이름을 사용해 가독성을 높일 수 있다.

```
instance.function(par1 = [value1], par2 = [value2], ...)
```

또는 다음과 같이 클래스나 객체 내에서 사용할 수 있다.

```
function(par1 = [value1], par2 = [value2], ...)
```

여기서 parN은 함수 선언에서 사용된 매개변수 이름과 완전하게 같다. 명명된 매개변수가 갖는 또 다른 장점은 매개변수 순서를 원하는 대로 사용할 수 있다는 것이다. 코틀린은 매개변수를 올바로 배치하는 방법을 알고 있어 가능한 것이다. 또한 명명된 매개변수와 명명되지 않은 매개변수를 섞어 사용할 수도 있다. 하지만 이러한 경우 매개변수의 마지막까지 명명된 매개변수가 전부 필요하다.

연습문제 12

다음 클래스가 있을 때

```
class Person {
    var firstName:String? = null
    var lastName:String? = null
    fun setName(fName:String, lName:String) {
        firstName = fName
        lastName = lName
    }
}
```

인스턴스를 생성한 후 명명된 매개변수를 사용해 이름을 John Doe로 설정하길 바란다.

> **주의** 함수 호출에 명명된 매개변수를 사용하면 코드 가독성이 상당하게 향상된다. 하지만 다른 프로그램의 코드를 사용하는 경우 새로운 버전에서 매개변수 이름이 변경될 수 있으므로 조심해야 한다.

함수의 기본 매개변수

함수 매개변수는 함수를 호출할 때 값이 생략되면 적용되는 기본 값을 가질 수 있다. 기본 값을 지정하려면 함수 선언 내부에 다음과 같이 선언하면 된다.

```
parameterName:ParameterType = [기본 값]
```

함수 매개변수는 여러 기본 값을 가질 수 있지만 매개변수의 마지막까지 전부 기본 값을 가져야 한다.

```
fun functionName(
    param1:ParamType1,
    param2:ParamType2,
    ...
    paramM:ParamTypeM = [default1],
    paramM+1:ParamTypeM+1 = [default2],
    ...) { ... }
```

기본 값이 적용되게 하려면 단순하게 함수 호출에서 매개변수를 생략하면 된다. 매개변수 목록 마지막에서 x 매개변수를 생략하면 생략된 x 매개변수는 그들의 기본 값을 취한다. 이러한 매개변수 순서에 따른 정렬 순서 의존성은 기본 값 사용을 다소 번거롭게 만든다. 하지만 명명된 매개변수와 기본 값 매개변수를 섞어 사용하면 기본 값을 사용하는 데 함수에 다양성을 줄 수 있다.

연습문제 13

다음 함수 선언에

```
fun set(lastName:String,
    firstName:String,
    birthDay?:String,
    ssn:String?) { ... }
```

lastName = "", firstName = "", birthDay = null, ssn = null을 기본 값으로 주길 바란다. 그런 다음 명명된 매개변수를 사용해 lastName = "Smith"와 ssn = "1234567890"만 지정해 함수를 호출하길 바란다.

함수의 가변 매개변수

함수는 입력 데이터를 받아 객체의 상태를 바꾸거나 특정 출력 데이터를 만들기 위해 존재한다는 것을 배웠다. 지금까지 사용 가능한 모든 형태의 여러 부분집합으로 커버되는 고정된 매개변수 목록만 배웠다. 하지만 매개변수 목록을 알 수 없거나 그 개수에 제한이 없다면 어떠할까? 이러한 목록을 배열이나 컬렉션이라고 하며 현대의 컴퓨터 언어는 단일 데이터 요소를 보유하는 타입 외에도 이러한 데이터를 처리할 수 있는 방법을 제공해야 한다. 9장에서 배열과 컬렉션을 자세하게 살펴볼 것이며 지금은 단지 배열과 컬렉션이 완전한 타입이며 …, someArray:Array<String>, … 같이 단일 생성자 및 함수 매개변수에 사용할 수 있다는 것만 알면 된다.

하지만 여기에는 여러 가지 서로 다른 단일 값 매개변수를 사용하는 것과 배열 또는 컬렉션 매개변수를 사용하는 것 사이에 구조가 존재하며 이를 가변 인수 varargs라고 한다. 가변 인수의 아이디어는 다음과 같다. 다음과 같이 함수 선언 매개변수 목록의 마지막에 있는 요소에 vararg 구분자를 추가한다.

```
fun functionName(
    param1:ParamType1,
```

```
    param2:ParamType2,
    ...
    paramN:ParamTypeN,
    vararg paramV:ParamTypeV) { ... }
```

그 결과 함수는 N + x 매개변수를 받을 수 있으며 여기서 x는 0에서 무한 개수의 매개변수다. 하지만 모든 vararg 매개변수가 ParamTypeV로 특정된 타입으로 제공된다. 물론 N은 0이 될 수 있으며 그렇게 되면 함수는 하나의 vararg 매개변수를 가질 수 있다.

```
fun functionName(varargs paramV:ParamTypeV) {
    ...
}
```

> 참고 코틀린은 실제로 매개변수 목록 어디서든 vararg 매개변수가 출현하는 것을 허용한다. 하지만 코틀린은 vararg 이후의 다음 매개변수가 다른 타입을 갖는 경우에만 함수 호출 시 전달된 매개변수를 배치할 수 있다. 따라서 이러한 vararg 구조는 호출 구조를 복잡하게 만들기 때문에 피하는 것이 좋다.

이러한 함수를 호출하려면 호출할 때 vararg가 아닌 매개변수를 제공한 다음 필요한 수만큼 vararg 매개변수를 제공하면 된다(아예 제공하지 않을 수도 있다).

```
functionName(param1, param2, ..., paramN,
    vararg1, vararg2, ...)
```

간단한 예로 String으로 된 date를 받은 다음 String으로 된 여러 이름을 받는 함수를 만들었을 때 그 선언은 다음과 같다.

```
fun meth(date:String, vararg names:String) {
    ...
}
```

호출은 다음과 같이 할 수 있다.

```
meth("2018-01-23")
meth("2018-01-23", "Gina Eleniak")
meth("2018-01-23", "Gina Eleniak",
     "John Smith")
meth("2018-01-23", "Gina Eleniak",
     "John Smith", "Brad Cold")
```

이름 매개변수 목록을 마음대로 확장할 수 있다.

여기서 다음과 같은 의문이 든다. 함수 내부에서 vararg 매개변수를 어떻게 처리할 수 있을까? 그에 대한 답은 vararg 매개변수가 특정 타입의 배열이라는 데서 찾을 수 있으며 size 프로퍼티와 [0], [1]처럼 접근해 요소를 가져오는 접근 연산자 [ ] 등을 포함해 9장에서 설명하는 모든 기능을 갖고 있다. 즉 (date:String, vararg names:String) 매개변수를 갖는 예제 함수를 다음과 같이 호출하면

```
meth("2018-01-23", "Gina Eleniak",
     "John Smith", "Brad Cold")
```

해당 함수 내부에서 date = "2018-01-23"이 되고 vararg 매개변수는 다음과 같이 된다.

```
names.size = 3
names[0] = "Gina Eleniak"
names[1] = "John Smith"
names[2] = "Brad Cold")
```

연습문제 14

Club 클래스를 만들고 하나의 vararg 매개변수 names를 갖는 addMembers 함수를 추가하길 바란다. 함수 내부에서 다음 코드를 사용해 매개변수를 출력하길 바란다.

```
println("Number: " + names.size)
println(names.joinToString(" : "))
```

클래스 외부에 main(args:Array<String>) 함수를 만들고 Club을 인스턴스화해 "Hughes, John", "Smith, Alina", "Curtis, Solange"으로 addMembers() 함수를 호출하길 바란다.

추상 함수

클래스 내부의 함수는 바디 없이 abstract로 표시해 선언할 수 있다. 이는 클래스를 추상 클래스로 변환할 뿐만 아니라 컴파일이 가능하려면 클래스를 abstract로 표시해야 한다.

```
abstract class TheAbstractClass {
    abstract fun function([parameters])
    ... 다른 함수들 ...
}
```

추상 클래스는 인터페이스와 일반 클래스 사이의 클래스다. 추상 클래스의 일부 함수는 구현을 제공하지만 그 외 함수는 구현되지 않은 추상이다. 이는 구현을 다양화할 기회를 준다. 따라서 추상 클래스는 종종 '기초basis' 구현을 제공하며 추상 함수를 구현하는 하나 이상의 클래스에 상세 구현을 맡겨 둔다.

또한 추상 함수는 이러한 함수를 갖는 클래스를 인스턴스화할 수 없다는 사실을 포함해 함수를 인터페이스 함수처럼 행동하게 만든다. 이러한 추상 클래스는 서브클래스를 만들고 모든 추상 함수를 구현해 인스턴스화될 수 있게 해야 한다.

```
abstract class TheAbstractClass {
    abstract fun function([parameters])
    ... 다른 함수들 ...
}

// TheAbstractClass의 서브클래스 ->
class TheClass : TheAbstractClass() {
    override fun function([parameters]) {
```

```
        // 뭔가를 수행...
    }
}
```

TheClass는 추상 함수를 구현했기 때문에 인스턴스화할 수 있다. 더 자세한 설명은 3장 후반부의 '상속' 절에서 확인하길 바란다.

다형성

클래스, 싱글턴 객체, 동반자 객체, 인터페이스 내부에서는 여러 함수가 동일한 이름에 서로 다른 매개변수를 갖게 만들 수 있다. 대단한 마법이 있는 것은 아니지만 이 기능은 객체지향 이론에서 다형성이라는 고유한 이름을 갖는다.

일부 함수가 동일한 이름을 갖고 있다면 코틀린은 매개변수를 살펴본다. 그리고 호출 코드는 실제로 사용할 함수를 특정한다. 보통 이러한 배정 절차는 잘 작동하며 문제가 없을 것이다. 하지만 기본 인수를 갖는 복잡한 매개변수 목록, 인터페이스 및 가변 인수와 같이 특정 클래스에 여러 가지 가능성이 있는 경우 호출할 함수를 결정하는 것이 명확하지만은 않다. 이러한 경우 컴파일러는 오류 메시지를 발생하며 여러분은 모든 것이 잘 작동하도록 함수 호출 또는 클래스를 재설계해야 한다.

다형성의 이용 사례는 다양하다. 단순한 예제로 Int 매개변수, Double 매개변수, String 매개변수를 허용하는 여러 add() 함수를 갖는 클래스가 있다고 가정해보자. 그에 대한 코드는 다음과 같다.

```
class Calculator {
    fun add(a:Int) {
        ...
    }
    fun add(a:Double) {
        ...
    }
    fun add(a:String) {
        ...
```

```
        }
}
```

어떠한 인수로 calc.add(...)를 호출하면 코틀린은 어떠한 함수를 호출할지 찾기 위해 인수의 타입을 취한다.

> **주의** 함수 네이밍에 유의하길 바란다. 다형성(동일한 이름을 갖는 여러 함수)은 우연이나 단지 기술적인 이유로 일어나면 안 된다. 그 대신 하나의 특정 이름을 사용하는 모든 함수가 기능적 관점에서 동일한 목적을 수행해야 한다.

로컬 함수

코틀린에서 함수는 함수 내부에서 선언될 수 있다. 이러한 함수를 로컬 함수라고 하며 선언된 시점부터 로컬 함수를 감싸고 있는 함수가 끝날 때까지 사용할 수 있다.

```
fun a() {
    fun b() {
        ...
    }
    ...
    b()
    ...
}
```

상속

실생활에서 상속은 자신의 소유물을 다른 누군가에게 남기는 것을 의미한다. 코틀린 같은 객체지향 컴퓨터 언어에서의 상속도 실생활에서의 상속과 비슷하다. 클래스 A가 있을 때 class B : A와 같이 작성하면 클래스 A의 모든 애셋^{asset}을 클래스 B에게 제공한다는 것을 나타낸다. 이름을 바꾼 A의 사본을 갖는 것 외에 어떠한 이점이 있을까? 바로 클래스 A로부터 상속한 애셋의 일부를 무효화하거나 재정의할 수 있다는 점이다. 상속은 새로운 행위를 만들기 위해 클래스가 상속하는 일부 측면을 변경하는 데 사용할 수 있다.

실생활의 상속을 함수와 프로퍼티의 재정의에 비유한 것이 다소 어긋나지만 클래스를 상속해 특정 함수와 프로퍼티를 재정의하는 것은 객체지향 언어의 중요한 측면 중 하나다.

다른 클래스를 상속하는 클래스

상속의 정확한 구문은 다음과 같다.

```
open class A { ... }
class B : A() {
    [애셋 재정의]
    [자체 애셋]
}
```

위의 경우는 A가 빈 기본 생성자를 갖는 경우다.

```
open class A([생성자 매개변수]) { ... }
class B : A([생성자 매개변수]) {
    [애셋 재정의]
    [자체 애셋]
}
```

위의 경우는 A가 매개변수가 있는 기본 생성자를 갖는 경우다. 클래스 B는 다음과 같이 자체 생성자를 가질 수도 있다.

```
open class A([생성자 매개변수]) { ... }
class B([자체 생성자 매개변수]) :
        A([생성자 매개변수])
{
    [애셋 재정의]
    [자체 애셋]
}
```

클래스 선언에 있는 open은 코틀린의 특수 키워드다. open으로 표시된 클래스만 상속할 수 있다.

> **참고** 이는 코틀린 제작자의 다소 이상한 설계 결정이다. 상속에 사용할 수 있는 모든 클래스에 open을 추가하지 않는 이상 기본적으로 상속을 사용할 수 없다. 실생활에서 개발자는 그들이 만든 모든 클래스에 open을 추가하는 것을 잊을 것이다. 아니면 귀찮은 느낌이 들어 모든 곳에 추가하는 것을 거부할 수도 있다. 따라서 프로그램에서 다른 프로그램이나 라이브러리의 클래스를 사용하면 상속이 중단될 가능성이 크다. 불행하게도 다른 방안이 없어 감수해야 한다. 물론 여러분이 만든 클래스에서는 필요한 곳에 open을 추가하면 된다.

각자의 관계를 봤을 때 상속의 기초로 사용된 클래스를 수퍼클래스라고 부르며 이 수퍼클래스를 상속하는 클래스를 서브클래스라고 한다. 즉 앞의 코드에서 A는 B의 수퍼클래스이며 B는 A의 서브클래스라고 할 수 있다.

예를 들어 NumberGuess 예제를 보면 알겠지만 MainActivity는 AppCompatActivity를 상속받는다. 이러한 내장 액티비티 클래스에 대한 서브클래싱은 안드로이드에서 작동하는 앱에게 중요하다.

생성자 상속

서브클래스 생성의 맨 처음에서 init{ } 블록을 포함해 수퍼클래스의 생성자가 호출된다. 수퍼클래스가 부 생성자를 제공하면 서브클래스는 수퍼클래스가 제공하는 부 생성자 중 하나를 호출할 수 있다. 이는 단순하게 수퍼클래스에 있는 부 생성자의 매개변수 시그니처를 사용해 호출하면 된다.

```
open class A([생성자 매개변수]) {
    constructor([매개변수2]) { ... }
}
class B : A([매개변수2]) {
    ...
}
```

부 생성자는 항상 주 생성자를 호출하므로 상속은 어떠한 경우든 항상 수퍼클래스의 주 생성자와 init{ } 블록을 호출한다. 이는 서브클래스가 자신의 init{ } 블록을 제공하는 경우에도 성립하며 수퍼클래스 호출에 이어 2순위로 호출된다. 초보자는 이 사실을 잊기 쉽지만 염두에 두면 어려운 상황을 피할 수 있다.

코틀린에서 서브클래스는 수퍼클래스 생성자의 프로퍼티를 훔칠 수 있다. 그렇게 하려면 다음과 같이 val 또는 var 앞에 open을 붙여야 한다.

```
open class A(open val a:Int) {
}
```

서브클래스는 문제의 매개변수를 재정의할 수 있다.

```
open class A(open val a:Int) {
}
class B(override val a:Int) : A(42) {
    ...
}
```

이렇게 재정의된 프로퍼티는 수퍼클래스의 코드에서 원래의 프로퍼티를 사용했던 것처럼 사용할 수 있다.

연습문제 15

다음의 출력은 무엇일까?

```
open class A(open val a:Int) {
    fun x() {
        Log.d("LOG",
            "A.x() -> a = ${a}")
    }
    fun q() {
        Log.d("LOG",
```

```
            "A.q() -> a = ${a}")
    }
}

class B(override val a:Int) : A(37) {
    fun y() {
        Log.d("LOG",
                "B.y() -> a = ${a}")
        q()
    }
}

// 어떠한 액티비티 함수 내부
val b = B(7)
b.y()
```

Log.d("TAG", ...)는 두 번째 인수를 콘솔로 출력한다는 데 유의하길 바란다.

함수 재정의

수퍼클래스의 함수를 재정의하려면 서브클래스에서 override 수정자를 사용해 다음과 같이 작성해야 한다.

```
open class A {
    open fun function1() { ... }
}
class B : A() {
    override
    fun function1() { ... }
}
```

마찬가지로 상속에 적합하게 만들기 위해 수퍼클래스에 있는 함수에 open을 추가해야 한다. 재정의 함수도 매개변수 목록을 가질 수 있으며 올바로 재정의하려면 수퍼클래스와 서브클래스에 있는 함수의 매개변수 타입이 동일해야 한다. 재정의된 함수는 서브클래스에서 새로운 버전이 되지만 원래 버전도 함께 공존한다. 다음과 같이 작성해 서브클래스에서 원래 함수를 호출할 수 있다.

```
super.functionName(param1, param2, ...)
```

프로퍼티 재정의

코틀린은 다른 객체지향 언어에서 찾아볼 수 없는 특별한 기능이 있다. 함수뿐만 아니라 프로퍼티도 재정의할 수 있다. 이를 위해서는 수퍼클래스에 있는 해당 프로퍼티가 다음과 같이 open으로 표시돼야 한다.

```
open class A {
    open var a:Int = 0
}
```

이 수퍼클래스에서 상속하는 클래스는 다음과 같이 선언해 프로퍼티를 재정의할 수 있다.

```
class B : A() {
    override var a:Int = 0
}
```

프로퍼티 재정의를 사용하면 클래스 B와 A 내부에서 사용하는 해당 프로퍼티는 클래스 B에 선언된 프로퍼티로 커버된다. 해당 프로퍼티는 클래스 A에 프로퍼티 선언이 없는 것처럼 행동하며 클래스 A에 있는 '그들의' 프로퍼티를 사용하던 함수는 클래스 B의 프로퍼티를 대신 사용한다.

연습문제 16

다음의 출력은 무엇일까?

```
open class A() {
```

```
    private var g:Int = 99
    fun x() {
        Log.d("LOG", "A.x() : g = ${g}")
    }
    fun q() {
        Log.d("LOG", "A.q() : g = ${g}")
    }
}

class B : A() {
    var g:Int = 8
    fun y() {
        Log.d("LOG", "B.y() : g = ${g}")
        q()
    }
}

// 어떠한 액티비티 함수 내부
val b = B()
b.x()
b.y()
```

Log는 안드로이드 라이브러리에 의해 제공돼 여러분의 프로젝트에 자동으로 포함된다. 처음에 오류가 발생하면 Log에 커서를 위치시키고 Alt+Enter를 누르면 해결된다. 클래스 A에 있는 프로퍼티 g가 다른 클래스에서 볼 수도 사용할 수도 없는 private으로 선언돼야 하는 이유를 생각해보길 바란다.

연습문제 17

연습문제 16의 프로퍼티 선언에서 private을 제거하고 클래스 B가 클래스 A의 프로퍼티 g를 재정의하게 만들길 바란다.

수퍼클래스 애셋에 접근하기

함수나 프로퍼티가 서브클래스에서 재정의돼도 앞에 super를 붙이면 원래 수퍼클래스를 사용할 수 있다. 예를 들면 다음과 같다.

```
open class A() {
    open var a:Int = 99
    open fun x() {
        Log.d("LOG", "Hey from A.x()")
    }
}
class B : A() {
    override var a:Int = 77
    override fun x() {
        Log.d("LOG", "Hey from A.x()")
    }
    fun show() {
        Log.d("LOG", "Property: " + a)
        Log.d("LOG", "Formerly: " + super.a)
        Log.d("LOG", "Function: ")
        x()
        Log.d("LOG", "Formerly: ")
        super.x()
    }
}
// 어떠한 액티비티 함수 내부
val b = B()
b.show()
```

서브클래스 B의 출력은 서브클래스에서 재정의된 것과 수퍼클래스의 원래 프로퍼티 및 함수를 사용할 수 있다는 것을 보여준다.

```
Property: 77
Formerly: 99
Function:
Hey from B.x()
Formerly:
Hey from A.x()
```

로컬 변수

로컬 변수는 함수 내부에서 val 또는 var로 선언돼 사용된다. 예를 들면 다음과 같다.

```
class TheClass {
    fun function() {
        ...
        var localVar1:Int = 7
        val localVar1:Int = 8
        ...
    }
}
```

이러한 로컬 변수는 선언된 지점부터 함수가 끝날 때까지 유효하다. 로컬이라고 부르는 이유이기도 하다. 물론 반환이 이뤄지기 전까지 파괴되지 않으므로 함수에서 반환할 필요가 있는 모든 표현식에 사용할 수 있다.

코드 품질을 이유로 로컬 변수는 함수 매개변수를 마스킹하면 안 된다. 함수가 어떠한 타입의 xyz 매개변수를 갖는 경우 xyz라는 이름의 로컬 변수를 함수 내부에서 선언하면 안 된다는 말이다. 컴파일러는 이를 허용하지만 쉐도잉에 대한 경고가 발생할 것이다.

연습문제 18

다음 클래스 중 유효한 클래스는 무엇일까? 유효하지 않은 클래스가 있다면 문제점을 설명해보길 바란다.

```
1.  class TheClass {
        var a:Int = 7
        fun function() {
            val a = 7
        }
    }
2.  class TheClass {
        fun function(a:String) {
            val a = 7
```

```
3.    class TheClass {
          fun function() {
              println(a)
              val a = 7
          }
      }
4.    class TheClass {
          fun function():Int {
              val a = 7
              return a - 1
          }
      }
5.    class TheClass {
          fun function1():Int {
              val a = 7
              return a - 1
          }
          fun function2():Int {
              a = 8
              return a - 1
          }
      }
```

클래스와 클래스 멤버의 가시성

주로 클래스, 싱글턴 객체, 동반자 객체, 그들의 프로퍼티와 함수에 대해 말 그대로 자유로운 방식으로 살펴봤다.

```
class TheName { // 또는 객체나 동반자 객체
    val prop1:Type1
    var prop2:Type2
    fun function() {
        ...
    }
}
```

여기서 '자유로운'은 말 그대로 이러한 방식으로 선언된 구조 단위, 함수, 프로퍼티를 어디서든 자유롭게 접근할 수 있다는 뜻이다. 코틀린에서는 이러한 종류의 접근성을 퍼블릭 가시성이라고 부른다. 퍼블릭 가시성을 기술하기 위해 다음과 같이 명시적으로 public 키워드를 모두 추가할 수도 있다.

```
public [클래스 또는 (동반자) 객체] TheName {
    public val prop1:Type1
    public var prop2:Type2
    public fun function() {
        ...
    }
}
```

하지만 보통 간결함을 위해 생략한다. 코틀린에서는 public이 기본 가시성이기 때문이다.

코틀린에서는 가시성에 제약을 주는 것이 가능하다. 기본 가시성인 퍼블릭 가시성을 모든 곳에 적용하면 어디서든 접근할 수 있고 제약을 생각하지 않아도 돼 언뜻 좋아 보일 수도 있다. 하지만 규모가 있는 프로젝트의 경우 가시성을 고려할 만한 이유가 있다. 가시성과 관련된 핵심 용어는 캡슐화다. 이것은 무슨 의미일까? 아날로그 시계를 떠올려보자. 아날로그 시계는 시간을 보여주며 조작을 통해 시간을 조정하는 수단을 제공한다. 이를 두 함수 time()과 setTime()으로 모델링할 수 있다.

```
class Clock {
    fun time(): String {
        ...
    }
    fun setTime(time:String) {
        ...
    }
}
```

사용자 관점에서 이것은 시계와 '소통'하는 데 필요한 모든 것이다. 시계 내부에서 일어나는 일은 다른 이야기다. 먼저 시간을 조정하려면 현재 보이는 시간에서 일정 시간을 추가하거나 빼야 한다. 이는 시계의 조작 다이얼을 돌려 수행할 수 있다. 그리고 시계의 현재 상태는 시, 분, 초 침의 각도로 완벽하게 재현된다. 또한 매초마다 반응하는 기술적 장치가 존재한다. 이는 시계의 기어에 해당한다. 그리고 아날로그 시계 안에 있는 스프링처럼 매초마다 이벤트를 발생시키는 타이머도 필요하다. 마지막으로 타이머 초기화 코드도 init{ } 블록 내부에 추가해야 한다. 모두 종합하면 클래스를 다음과 같이 재작성해야 한다.

```
class Clock {
    var hourAngle:Double = 0
    var minuteAngle:Double = 0
    var secondsAngle:Double = 0
    var timer:Timer = Timer()
    init {
        ...
    }
    fun time(): String {
        ...
    }
    fun setTime(time:String) {
        ...
    }
    fun adjustTime(minutes:Int) {
        ...
    }
    fun tick() {
        ...
    }
}
```

이제 2가지 유형의 클래스 접근 애셋이 생겼다. 하나는 사용자가 신경써야 할 외부 애셋이고 또 하나는 사용자가 알 필요 없는 내부 애셋이다. 캡슐화는 또 다른 가시성 부류인 **private**을 사용해 클라이언트로부터 내부를 숨길 수 있다. 이름에서 유추할 수 있듯이 프라이빗 프로퍼티와 함수는 구조 단위에 대해 비공개이므로 외부에서 관심을 가질 필요가 없으며 접근할 수도 없다. 프로퍼티나 함수가 비공개임을 나타내려면 단순하게 **private** 키워드를 앞에 붙이면 된다. 따라서 Clock 클래스를 다음과 같이 작성할 수 있다.

```
class Clock {
    private var hourAngle:Double = 0
    private var minuteAngle:Double = 0
    private var secondsAngle:Double = 0
    private var timer:Timer = Timer()
    init {
        ...
    }
    fun time(): String {
        ...
    }
    fun setTime(time:String) {
        ...
    }
    private fun adjustTime(minutes:Int) {
        ...
    }
    private fun tick() {
        ...
    }
}
```

이와 같이 함수와 프로퍼티를 분리하면 다음과 같은 이점이 생긴다.

- 클라이언트는 클래스나 객체 내부 기능의 상세를 알 필요가 없다. private으로 표시된 것은 모두 무시할 수 있으며 산만함을 줄여줘 클래스나 객체를 이해하고 사용하기 더 쉽게 만든다.
- 클라이언트는 퍼블릭 프로퍼티와 함수만 알면 되므로 모든 프라이빗 프로퍼티와 함께 프라이빗 함수의 구현은 퍼블릭으로 제공되는 프로퍼티와 함수의 원래 기능을 유지한 채 언제든지 자유롭게 변경할 수 있다. 따라서 클래스를 더 쉽게 개선하거나 결함을 수정할 수 있다.

NumberGuess 게임으로 돌아가 private을 가시성 지정자로 이미 사용했다. 액티비티 클래스의 함수 시그니처를 보면 다음을 확인할 수 있다.

```
class MainActivity : AppCompatActivity() {
    override fun onCreate(savedInstanceState: Bundle?)
    override fun onSaveInstanceState(outState: Bundle?)
    fun start(v: View)
    fun guess(v:View)

    //////////////////////////////////////////////////
    //////////////////////////////////////////////////

    private fun putInstanceData(outState: Bundle?)
    private fun fetchSavedInstanceData(
        savedInstanceState: Bundle?)
    private fun log(msg:String)
}
```

여기서 안드로이드 런타임이 라이프사이클 처리를 위해 외부에서 접근해야 하므로 onCreate() 및 onSaveInstanceState()가 공개돼야 한다는 것을 분명하게 알 수 있다. 또한 버튼 눌림에 따라 외부에서 접근하므로 start()와 guess()도 공개돼야 한다. 남은 3개 함수는 클래스 내부에서만 접근하므로 이들은 private 가시성을 갖는다.

public 및 private과 별개로 2개의 가시성 수정자 internal과 protected가 더 존재한다. 표 3-2는 이들을 설명하고 있다.

▼ 표 3-2 가시성

가시성	애셋	설명
public	함수 또는 프로퍼티	기본 가시성이며 함수나 프로퍼티는 구조 단위 내부 및 외부 모든 곳에서 접근할 수 있다.
private	함수 또는 프로퍼티	함수나 프로퍼티는 동일한 구조 단위 내부에서만 접근할 수 있다.
protected	함수 또는 프로퍼티	함수나 프로퍼티는 동일한 구조 단위 및 직계 서브클래스 내부에서 접근할 수 있다. 서브클래스는 class TheSubclassName : TheClassName { … }를 통해 선언되며 상속받을 클래스의 모든 퍼블릭과 프로텍티드 프로퍼티 및 함수를 상속한다.
internal	함수 또는 프로퍼티	함수와 프로퍼티가 동일한 프로그램에 있는 구조 단위에 대한 퍼블릭이다. 다른 컴파일을 통해 만들어지는 프로그램 특히 해당 프로그램이 여러분이 만든 소프트웨어를 포함하는 경우 internal은 private처럼 취급된다.

public	클래스, 싱글턴 객체 또는 동반자 객체	기본 가시성이며 이 구조 단위는 프로그램의 내부와 외부 모든 곳에서 사용할 수 있다.

private	클래스, 싱글턴 객체 또는 동반자 객체	이 구조 단위는 동일한 파일의 내부에서만 사용할 수 있다. 내부 클래스의 경우 해당 구조 단위를 감싸고 있는 구조 단위에서만 사용할 수 있다. 예를 들어 다음과 같다.
		`class A {`
		    `private class B {`
		        `... }`
		    `fun function() {`
		        `val b = B()`
		    `}`
		`}`

protected	클래스, 싱글턴 객체 또는 동반자 객체	이 구조 단위는 이를 감싸고 있는 구조 단위 또는 해당 구조 단위의 서브클래스에서만 사용할 수 있다. 예를 들면 다음과 같다.
		`class A {`
		    `protected class B {`
		        `... }`
		    `fun function() {`
		        `val b = B()`
		    `}`
		`}`
		`class AA : A {`
		`// A의 서브클래스`
		    `fun function() {`
		        `val b = B()`
		    `}`
		`}`

> **참고** 소규모 프로젝트의 경우 기본 퍼블릭 가시성을 제외한 다른 가시성 수정자를 신경쓰지 않아도 된다. 큰 프로젝트의 경우 가시성 제약을 추가하면 소프트웨어 품질을 향상시키는 데 도움이 된다.

자기 참조: this

클래스 함수 내부에서 this 키워드는 현재의 인스턴스를 참조한다. 클래스 내부에서는 동일한 클래스에 있는 함수와 프로퍼티를 참조하기 위해 해당 이름만 사용할 수 있다. 클래스 외부에서 이들을 참조하려면 가시성이 있는 경우 인스턴스 이름을 앞에 붙여야 한다. this는 클래스 내부에서 사용할 수 있는 인스턴스 이름으로 간주할 수 있다. 따라서 우리가 어떠한 함수 내부에 있을 때 동일한 클래스의 프로퍼티나 함수를 참조하기 위해 다음을 동등하게 사용할 수 있다.

```
functionName()      -다음과 동일-    this.functionName()
propertyName        -다음과 동일-    this.propertyName
```

동일한 클래스의 프로퍼티 이름과 같은 이름을 사용하는 함수의 인수가 있는 경우 매개변수가 프로퍼티를 마스킹한다는 것을 이미 알고 있다. 또한 this를 앞에 붙이면 여전하게 해당 프로퍼티에 접근할 수 있다는 것도 알고 있다. 사실 이는 this를 사용하는 주요 이용 사례다. 어떠한 상황에서는 this.를 함수나 프로퍼티 이름 앞에 붙이면 가독성을 향상시킬 수 있다. 예를 들어 인스턴스 프로퍼티를 설정하는 함수에서 this를 사용하면 프로퍼티를 설정하는 것이 해당 함수의 주 목적이라는 것을 표현하는 데 도움을 준다.

다음을 보길 바란다.

```
var firstName:String = ""
var lastName:String = ""
var socialSecurityNumber:String = ""
...
fun set(fName:String, lName:String, ssn:String) {
    this.lastName = lName
    this.firstName = fName
    this.socialSecurityNumber = ssn
}
```

기술적으로 3개의 this. 인스턴스가 없어도 작동하지만 표현력이 떨어진다.

클래스를 문자열로 변환하기

코틀린에서 모든 클래스는 자동으로 묵시적으로 내장 클래스 Any를 상속한다. 명시적으로 Any를 명시할 필요가 없으며 상속을 막을 방법은 존재하지 않는다. 이러한 초 수퍼클래스는 2개 함수를 제공한다. 그중 하나의 함수 이름과 반환 타입은 toString():String과 같다. 이 함수는 인스턴스 상태를 텍스트 표현으로 알려주기 위해 자주 사용되는 일종의 다용도 진단 함수다. 함수는 open이며 이 함수를 재정의해 편한 방법으로 인스턴스 상태를 나타낼 수 있다.

재정의된 toString() 내부에서 무엇을 해도 좋지만 대부분 다음 예와 같이 하나 또는 다른 속성이 반환된다.

```
class Line(val x1:Double, val y1:Double,
           val x2:Double, val y2:Double) {
{
    override fun toString() =
        "(${x1},${y1}) -> (${x2},${y2})"
}
```

수퍼클래스의 toString() 구현을 놓치고 싶지 않다면 다음과 같이 작성하는 것이 좋다.

```
class Line(val x1:Double, val y1:Double,
           val x2:Double, val y2:Double) {
{
    override fun toString() = super.toString()
        " (${x1},${y1}) -> (${x2},${y2})"
}
```

super.는 재정의되지 않은 프로퍼티와 함수를 사용한다는 것을 기억하길 바란다.

연습문제 19

다음과 같이 작성하면 어떻게 될까?

```
class Line(val x1:Double, val y1:Double,
           val x2:Double, val y2:Double) {
{
    override fun toString() = toString() +
        " (${x1},${y1}) -> (${x2},${y2})"
}
```

여러 내장 클래스는 이미 유용한 출력을 제공하도록 toString()이 구현돼 있어 대부분의 경우 의미 있는 toString() 출력을 제공하기 위해 내장 클래스를 재정의할 필요가 없다. 일부 다른 내장 클래스 및 toString() 구현을 갖지 않는 클래스에서 toString()은 인스턴스의 메모리 지점을 나타낸다. 예를 들어 다음과 같다.

```
class A
val a = A()
println(a.toString())
```

상황에 따라 A@232204a1과 같이 전혀 유용하지 않은 정보를 출력할 것이다. 따라서 진단 출력이 목적이라면 toString() 구현을 제공하는 것이 좋다.

4장

클래스와 객체: 확장 기능

4장에서는 프로그램이 작동하는 데 반드시 필요하지는 않지만 가독성과 표현력을 향상시키는 확장된 객체지향 기능을 다룬다. 4장은 여러분이 2장을 읽었다고 가정하며 2장의 `NumberGuess` 샘플 앱을 사용한다.

익명 클래스

코딩을 하다 보면 어떠한 인스턴스 내부에서 인터페이스의 일회성 구현이나 클래스의 일회성 서브클래스를 만들고 싶을 수도 있다. 코틀린에서는 이를 다음과 같이 작성할 수 있다.

```
class A : SomeInterface {
    // 인터페이스 함수 구현 ...
}
val inst:SomeInterface = A()
// inst 사용 ...
```

또는 다음과 같이 할 수 있다.

```
open class A : SomeBaseClass() {
    // 함수 재정의 ...
}
val inst:SomeBaseClass = A()
// inst 사용 ...
```

함수 내부에는 이러한 일회성 인스턴스를 만들어 사용하는 더 간결한 방법이 존재한다.

```
val inst:SomeInterface = object : SomeInterface {
    // 인터페이스 함수 구현 ...
}
// inst 사용 ...
```

또는 다음과 같이 할 수 있다.

```
val inst:SomeBaseClass = object : SomeBaseClass() {
    // 함수 재정의 ...
}
// inst 사용 ...
```

후자의 코드에서 수퍼클래스는 추상 클래스가 될 수도 있다. 하지만 인스턴스화가 가능하려면 모든 추상 함수를 구현해야 한다. 인터페이스 구현 이름이나 서브클래스의 이름을 지정하거나 필요하지 않아 이러한 클래스를 익명 클래스라고도 한다. 중괄호 사이에 있는 클래스 바디 내부에는 명명된 클래스 바디에서 작성했던 내용을 똑같이 작성할 수 있다.

> **참고** 선언 내부의 `object :`는 단 한 번의 인스턴스화만 있다는 것을 시사한다. 익명 클래스의 인스턴스를 여러 개 가질 수 없다.

우리는 `this`가 실제 인스턴스를 참조한다는 것을 알고 있다. 이는 익명 클래스 내부에서도 마찬가지이며 여기서 `this`는 익명 클래스의 인스턴스를 참조한다. `this`에는 감싸고 있는 클래스의 인스턴스를 가져올 수 있는 확장이 존재한다. `this`에 `@ClassName`을 추가하면 된다.

예를 들어 다음과 같다.

```
interface X {
    fun doSomething()
}
class A {
    fun meth() {
        val x = object : X {
            override doSomething() {
                println(this)
                println(this@A)
            }
        }
    }
}
```

첫 this는 익명 클래스를 참조하며 this@A는 클래스 A의 인스턴스를 참조한다.

내부 클래스

클래스와 싱글턴 객체도 다른 클래스나 싱글턴 객체 내부에 선언할 수 있으며 함수 내부에서도 가능하다. 이들은 자신이 속한 스코프 내부에서 접근할 수 있으므로 클래스나 싱글턴 객체가 클래스 A 내부에 선언됐다면 A 내부에서 인스턴스화할 수 있다. 함수 내부에서 선언됐다면 선언 시점부터 함수가 끝날 때까지 사용할 수 있다.

```
class A {
    class B { ... }
    // B는 이제 A 내부 어디서든
    // 인스턴스화될 수 있다.
    fun meth() {
        ...
        class C { ... }
        // C는 이제 함수의 끝까지
        // 사용될 수 있다.
        ...
```

        }
}

다른 클래스나 객체 내부에 있는 클래스와 객체는 패키지와 유사한 경로 지정을 사용해 외부에서 사용할 수 있다. X가 A 내부에 선언된 클래스나 객체라면(클래스 또는 싱글턴 객체) 외부에서 접근하기 위해 A.X 같이 작성할 수 있다. 하지만 내부 클래스가 캡슐화 원칙을 위반하지 않도록 감싸고 있는 클래스에 일종의 인터페이스를 제공하는 경우에만 이렇게 해야 할 것이다.

```
class A {
    class B { ... }
}
fun main(args:Array<String>) {
    val ab = A.B()
    // 뭔가를 수행 ...
}
```

클래스 외부의 함수와 프로퍼티

프로젝트에 클래스, 인터페이스, 객체를 포함하지 않으면서 val과 var 프로퍼티 및 함수를 포함한 단일 파일을 만들 수 있다. 얼핏 객체지향에서 벗어나 보이지만 사실 코틀린은 패키지 이름에 기반해 묵시적으로 보이지 않는 싱글턴 객체를 만들고 해당 객체 안에 이러한 프로퍼티와 함수를 집어넣는다.

> **참고** 매우 작은 프로젝트는 명시적 클래스와 싱글턴 객체를 사용하지 않아도 상관 없다. 프로젝트가 커져도 이러한 넌클래스(nonclass) 파일을 사용하는 것이 유효하지만 결국 혼란스럽고 가독성이 떨어지는 코드가 될 위험성이 있다.

이러한 프로퍼티와 함수에 적용되는 규칙은 다음과 같다.

- 파일에서 val과 var 프로퍼티 및 함수가 선언되는 위치는 중요하지 않다. 파일의 어디서든 사용할 수 있다.
- 이러한 프로퍼티와 함수는 다른 클래스 또는 싱글턴 객체에서 사용할 수 있다. 그렇게 하려면 import the.package.name.name 같이 임포트하면 되며 여기서 마지막의 name은 프로퍼티와 함수 이름을 참조한다.
- 패키지 내부에 이러한 형태의 파일을 여러 개 만들 수 있다. 코틀린 컴파일러는 순차적으로 이러한 파일을 파싱해 클래스나 싱글턴 객체 내부에 위치하지 않는 프로퍼티와 함수를 모은다. 파일 이름은 여기서 아무 역할도 하지 않는다.
- 서로 다른 패키지에 이러한 파일이 여러 개 있는 경우(파일 상단에 package 선언에 의해 정의됐듯이) 이름 충돌이 문제를 일으키지는 않는다. 동일한 이름을 사용하는 프로퍼티와 함수를 가질 수 있다. 하지만 코드 가독성을 유지하려면 이렇게 하는 것은 피해야 한다.
- 이러한 파일에 클래스, 인터페이스, 싱글턴 객체를 추가하는 것이 가능하다. 이러한 구조 단위는 선언 시점부터 파일 끝까지 사용할 수 있다.

그 외에 이러한 종류의 모든 파일에서 import the.package.name.*처럼 와일드카드 표기법을 사용해 특정 패키지 내부에 있는 프로퍼티와 함수를 임포트할 수 있다. 이는 자칫 길어질 수 있는 import 목록을 줄여주므로 유용하다.

연습문제 1

다음과 같은 싱글턴 객체와

```
package com.example.util

object Util {
    fun add10(a:Int) = a + 10
    fun add100(a:Int) = a + 100
}
```

다음과 같은 클라이언트가 있을 때

```
package com.example

import com.example.util.Util

class A(q:Int) {
    val x10:Int = Util.add10(q)
    val x100:Int = Util.add100(q)
}
```

object { } 선언을 사용하지 않고 Util.kt를 재작성하는 방법을 생각해보길 바란다. 클라이언트 코드는 어떻게 바뀔까?

함수와 프로퍼티 임포트

싱글턴 객체의 함수와 프로퍼티는 파일 상단에서 package 선언 다음에 클래스와 싱글턴 객체를 임포트하기 위한 import문을 사용해 다음과 같이 임포트할 수 있다.

```
import package.of.the.object.ObjectName.propertyName
import package.of.the.object.ObjectName.functionName
```

그런 다음 ObjectName을 앞에 붙이지 않고 함수나 프로퍼티 이름만으로 바로 사용할 수 있다.

참고 싱글턴 객체의 모든 프로퍼티와 함수를 임포트하기 위한 와일드카드는 없다. 일일이 import해야 한다.

연습문제 2

로그 값을 계산하는 Math.log()가 있고 Math는 java.lang 패키지 내부에 있을 때 Math.를 사용하지 않도록 다음과 같이 재작성하길 바란다.

```
package com.example
class A {
  fun calc(a:Double) = Math.log(a)
}
```

데이터 클래스

프로퍼티만 포함하고 함수가 아예 없거나 함수가 매우 적은 클래스를 데이터 클래스라고 한다. 데이터 클래스의 목적은 몇 가지 속성을 묶는 것이므로 이들은 다양한 속성을 모으는 일종의 컨테이너 역할을 한다. 사람 이름, 생일, 출생지, SSN 등을 모으는 Person 클래스를 생각해보길 바란다. 코틀린은 이러한 클래스를 위한 특별한 표기법을 갖는다. 즉 다음과 같이 data를 앞에 붙인다.

```
data class ClassName([생성자])
```

일반 클래스와 많이 달라 보이지 않는다. data를 앞에 붙이면 다음과 같은 결과가 나타난다.

- 클래스는 프로퍼티에 기반해 특별하게 맞춤 제작된 toString() 함수를 자동으로 갖는다. 별도로 작성하지 않아도 된다.
- 클래스는 프로퍼티만 기반으로 하는 분별력 있는 equals()와 hashCode() 함수를 자동으로 갖는다. 객체 동등성은 나중에 얘기할 것이다. 지금 알아야 할 것은 다음과 같다. 데이터 클래스의 두 인스턴스에 대한 동일성 확인 관계 a == b는 인스턴스가 동일한 데이터 클래스에 속하는 경우에만 참이 되며 프로퍼티도 모두 같아야 한다.

데이터 클래스는 구조화된 데이터나 복합 데이터를 반환하는 기능이 필요한 경우에 유용하다. 다른 언어에서는 이를 위해 클래스, 배열, 목록을 사용해야 하는데 이러한 목적으로 사용하기에는 다소 어색하게 느껴질 수 있다. 그 대신 코틀린에서는 다음과 같이 간결하게 작성할 수 있다.

```
data class Point(val x:Double, val y:Double)

fun movePoint(pt:Point, dx:Double, dy:Double):Point =
    Point(pt.x + dx, pt.y + dy)

// 함수의 어디선가 ...
val pt = Point(0.0, 1.0)
val pt2 = movePoint(pt, 0.5, 0.5)
```

상단에서 한 줄로 된 data class를 확인할 수 있으며 movePoint() 함수가 구조화된 데이텀 datum을 반환하게 만들 수 있다.

연습문제 3

다음과 같은 데이터 클래스가 있을 때 어느 것이 참일까(==은 같음을 나타낸다)?

```
data class Point2D(val x:Double, val y:Double)
data class Point3D(val x:Double, val y:Double, val z:Double)

1.   Point2D(0, 1) == Point2D(1, 0)
2.   Point2D(1, 0) == Point3D(1, 0, 0)
3.   Point2D(1, 0).x == Point3D(1, 0, 0).x
4.   Point2D(1, 0) == Point2D(1.0, 0)
5.   Point2D(1, 0) == Point2D(1, 0)
```

참 또는 참이 아닌 이유를 설명하길 바란다.

연습문제 4

NumberGuess 게임의 어떠한 클래스를 데이터 클래스로 간주할 수 있을까? 해당 클래스를 데이터 클래스로 변환하길 바란다.

열거형

기본적으로 열거형 타입은 주어진 집합 값을 갖는 비 수치 데이터 타입이다. 여기서 기본적이란 내부적으로 해당 타입이 정수로 기본 처리되지만 기본 사용 시나리오에서 이를 고려할 필요가 없다는 뜻이다. 집합이라는 용어는 수학적 의미로 사용됐는데 이는 값이 고유하고 정렬 순서를 갖지 않아야 한다는 뜻이다.

코틀린에서 열거형은 특수한 형태의 클래스다.

```
enum class EnumerationName {
    VALUE1, VALUE2, VALUE3, ...
}
```

EnumerationName의 경우 캐믈케이스 이름을 사용할 수 있으며 VALUEx는 문자나 _로 시작하는 문자 집합 A-Z0-9_로 이뤄진 문자열이다.

> **참고** 값의 경우 엄밀하게 따지면 더 많은 문자를 사용할 수 있지만 관례상 여기서 제시한 문자 조합을 사용해야 한다.

다른 클래스와 마찬가지로 열거형 타입을 선언하려면 다음과 같이 하면 된다.

```
val e1: EnumerationName = ...
var e2: EnumerationName = ...
```

할당의 오른쪽에는 열거형 값에 EnumerationName.을 붙여 사용한다. 예를 들어 과일을 값으로 갖는 열거형을 선언해 사용한 결과는 다음과 같을 것이다.

```
enum class Fruit {
    BANANA, APPLE, PINEAPPLE, GRAPE
}

val f1 = Fruit.BANANA
```

```
val f2 = Fruit.BANANA
val f3 = Fruit.APPLE
var fx:Fruit? = null

// 동등성을 검사할 수 있다
val b1:Boolean = f1 == f2   // -> true
val b2:Boolean = f1 == f3   // -> false

// var는 재할당할 수 있다
fx = Fruit.APPLE
fx = Fruit.BANANA

// toString()은 텍스트 값 이름을 준다
val s = fx.toString() // -> "BANANA"
```

==은 equals와 동일하다. 이는 아직 소개하지 않은 불리언[boolean] 표현식이다. 원한다면 열거형 값의 내부 데이터 타입을 직접 정의할 수 있다. enum 클래스에 주 생성자를 추가하고 이에 대한 값을 부여하면 된다.

```
enum class Fruit(val fruitName:String) {
    BANANA("banana"),
    APPLE("apple"),
    PINEAPPLE("pineapple"),
    GRAPE("grape")
}
```

그런 다음 해당 프로퍼티 이름을 사용해 사용자 정의된 내부 값을 가져올 수 있다.

```
val f1 = Fruit.BANANA
var internalVal = f1.fruitName // -> "banana"
```

열거형 클래스의 흥미로운 내장 함수는 동적 조회 함수인 valueOf()다. 문자열로부터 동적으로 값을 가져와야 한다면 다음과 같이 작성하면 된다.

```
val f1 = Fruit.valueOf("BANANA")
//      -> Fruit.BANANA와 동일하다
```

열거형에서 모든 값을 가져오려면(예를 들어 for 루프와 같은) 다음을 사용하길 바란다.

```
EnumerationName.values()
```

열거형 값 자체도 다음과 같은 2개의 내장 프로퍼티를 갖는다.

- enumVal.name은 문자열로 된 값의 이름을 가져오기 위해 사용한다.
- enumVal.ordinal은 열거형 값 목록에 있는 값의 인덱스를 가져오기 위해 사용한다.

연습문제 5

NumberGuess 게임 앱의 GameUser 클래스에 Gender 열거형을 추가하길 바란다. M, F, X를 열거형 값으로 추가한다. GameUser 생성자 매개변수에 X를 기본 값으로 하는 gender 생성자 매개변수를 추가하길 바란다.

사용자 정의 프로퍼티 접근자

우리는 var 프로퍼티가 기본적으로 다음과 같이 작성해 선언된다는 것을 알고 있다.

```
var propertyName:PropertyType = [초기 값]
```

또한 object.propertyName을 통해 var 변수를 가져오고 object.propertyName =...을 통해 var 변수를 설정한다는 것도 알고 있다.

코틀린에서는 프로퍼티를 가져오고 설정할 때 일어나는 일을 바꿀 수 있다. 이를 가져오는 부분에 적용하면 다음과 같다.

```
var propertyName:PropertyType = [초기 값]
    get() = [가져오기 표현식]
```

[가져오기 표현식] 내부에는 다른 함수와 프로퍼티에 접근하는 것을 포함해 원하는 내용을 작성할 수 있다. 더 복잡한 경우에는 다음과 같이 바디를 제공할 수 있다.

```
var propertyName:PropertyType = [초기 값]
    get() {
        ...
        return [표현식]
    }
```

propertyName = ...에 적용되는 설정 절차를 변경하려면 다음과 같이 작성하면 된다.

```
var propertyName:PropertyType = [초기 값]
    set(value) { ... }
```

set 바디 내부에서는 객체의 모든 함수와 프로퍼티에 접근할 수 있다. 또한 특수한 field 식별자를 사용해 프로퍼티에 해당하는 데이텀을 참조할 수 있다.

물론 다음과 같이 가져오는 부분과 설정하는 부분을 모두 만들 수 있다.

```
var propertyName:PropertyType = [초기 값]
    get() = [가져오기 표현식]
    set(value) { ... }
```

프로퍼티 게터와 세터의 가시성을 조정할 수 있으며 다음과 같이 작성하면 된다.

```
[수정자] var propertyName:PropertyType = ...
    private get
    private set
```

또는 다른 가시성 수정자를 사용해도 된다. 게터를 프라이빗으로 만들려면 해당 프로퍼티도 프라이빗으로 선언해야 한다. 그 대신 퍼블릭 프로퍼티에 대한 세터를 프라이빗으로 만드는 것은 유효하다.

흥미롭게도 클래스나 싱글턴 객체에 프로퍼티 데이터를 갖지 않는 프로퍼티를 정의하는 것이 가능하다. 프로퍼티의 게터 및 세터를 모두 정의하고 세터 코드 내에서 초기 값을 지정하지 않거나 `field`를 사용하지 않으면 해당 프로퍼티에 대한 데이터 필드가 생성되지 않는다.

연습문제 6

var 프로퍼티 대신 val 프로퍼티를 사용해 수행할 수 있는 작업은 무엇일까?

연습문제 7

toString() 함수와 동일한 일을 수행하는 str 프로퍼티를 작성하길 바란다(obj.toString() 대신 obj.str을 사용할 수 있어야 한다).

연습문제 8

NumberGuess 게임 앱을 보면

```
data class GameUser(var firstName:String,
            var lastName:String,
            var userName:String,
            var registrationNumber:Int,
            var gender:Gender = Gender.X,
            var birthday:String = "",
            var userRank:Double = 0.0) {
    enum class Gender{F,M,X}

    var fullName:String
    var initials:String
    init {
        fullName = firstName + " " + lastName
```

```
        initials = firstName.toUpperCase() +
                   lastName.toUpperCase()
    }
}
```

나중에 `firstName`이 변경됐을 때 `fullName`이 손상되는 문제가 있었다.

```
val u = GameUser("John", "Smith", "jsmith", 123)
u.firstName = "Linda"
val x = u.fullName // -> "John Smith" 잘못됨!
```

이러한 상태 손상을 피할 방법을 찾아내길 바란다.

힌트: 이후에는 `init{ }` 블록이 더 이상 필요 없다. 그에 따라 코드를 업데이트하길 바란다.

코틀린 확장

코틀린에서는 '동적으로' 클래스에 확장을 추가하는 것이 가능하다. '동적으로'를 강조한 것은 실행 전에 이러한 확장 사용이 코드에 정의돼야 하기 때문이다. 컴퓨터 언어 설계자는 보통 이러한 기능을 정적 기능으로 지칭한다.

우리가 말하는 확장은 다음과 같다. 클래스에 함수나 사용자 정의 프로퍼티를 추가할 수 있다면 멋지지 않을까? 예를 들어 다른 곳에서 제공하는 클래스에 부가적 기능을 추가하길 원한다면 매우 유용할 것이다. 상속을 사용하면 되지만 상황에 따라 불가능하거나 어설픈 구현이 될 수 있다.

> **주의** 확장 메커니즘은 매우 강력하다. 남용하지 않도록 주의하길 바란다. 남용하면 머리를 싸매고 확장 정의를 조사하지 않고는 아무도 이해할 수 없는 매우 우와한 코드를 작성하게 될 수도 있다.

확장 함수

내장 String 클래스 내부에 hasLength(l:Int): Boolean 함수를 만들고 싶다고 가정해보자. 상속을 사용해야 한다고 생각할 수도 있지만 String 클래스를 확장하는 것은 불가능하다. String을 확장하는 것이 설계적으로 금지됐기 때문이다. 따라서 상속으로는 해당 목적을 달성할 수 없다. 이러할 때 코틀린 확장 메커니즘을 사용하면 된다. 즉 다음과 같이 작성할 수 있다.

```
package the.ext.pckg

fun String.hasLength(len:Int) = this.length == len
```

==은 동등성 체크를 의미한다.

이제 해당 확장 함수를 모든 클래스 또는 싱글턴 객체에서 사용할 수 있다.

```
import the.ext.pckg.*

// 함수 내부 어디서든 ...
val hasLen10:Boolean = someString.hasLength(10)
```

여러분이 만든 클래스와 동반자 객체를 포함해 다른 클래스도 이러한 방식으로 확장할 수 있다. 동반자 객체의 경우 fun SomeClass.Companion.ext() { } 같이 작성해 ext 확장 함수를 정의할 수 있다. 여기서 Companion은 동반자 객체를 다루기 위해 사용하는 리터럴 식별자다.

> **참고** 확장 함수가 이미 존재하는 함수와 동일한 이름과 시그니처를 갖는다면 이미 존재하는 함수의 우선순위가 더 높다.

확장 프로퍼티

이러한 확장 방식은 프로퍼티에도 유효하다. String에 있는 .length()처럼 문자열 길이를 계산하는 l 프로퍼티를 추가하고 싶다고 가정해보자. 이는 다음과 같이 할 수 있다.

```
package the.ext.pckg

val String.l get() = this.length
```

확장 프로퍼티는 실제 데이터 필드를 만들 수 없는 기술적 이유 때문에 val String.l = this.length 같이 할 수가 없다. 따라서 초기화도 불가능하다. 실제로 초기화할 것이 없기 때문이다. 게터에서는 원하는 대로 할 수 있어 .length를 직접 참조할 수 있다. 이제 다음과 같이 작성할 수 있다.

```
import the.ext.pckg.*

// 함수 내부 어디서든 ...
val len1 = someString.length
val len2 = someString.l // 동일하다
```

널 가능 리시버를 사용하는 확장

> **참고** 리시버(Receiver)는 확장되는 클래스나 싱글턴 객체를 가리킨다.

확장에서 null 값을 캐치할 수 있다. 다음과 같이 물음표를 앞에 붙이면 바디 내부에서 this == null 여부를 체크할 수 있으며 결과에 따라 적절하게 대응할 수 있다.

```
fun SomeClass?.newFunction(...) { ... }
```

그러면 instance가 null이더라도 instance.newFunction(...) 같이 작성할 수 있으며 확장 함수로도 진입하게 된다.

확장 캡슐화

특정 클래스, 싱글턴 객체, 동반자 객체 내부에서 확장을 캡슐화하고 싶다면 다음과 같이 작성할 수 있다.

```
class SomeClass {
    fun SomeOtherClass.meth() {
        ...
    }
}
```

여기서 SomeOtherClass는 확장 함수를 수신하지만 해당 확장 함수는 SomeClass 내부에서만 사용할 수 있다. String 클래스의 hasLength()를 캡슐화해 확장하면 다음과 같다.

```
class SomeClass {
    fun String.hasLength(len:Int) = this.length == len
    fun function() {
        ...

        // 여기서는 hasLength()를 사용할 수 있다
        val len10:Boolean = someString.hasLength(10)
        ...
    }
}
class SomeClass2 {
    // 여기서는 String.hasLength()를 사용할 수 없다
}
```

비슷한 방법으로 확장 프로퍼티를 캡슐화할 수 있다. 이러한 프로퍼티는 다음과 같이 표현할 수 있다.

```
class SomeClass {
    val SomeOtherClass.prop get() = ...
}
```

따라서 `String.l`을 캡슐화하면 다음과 같다.

```
class SomeClass {
    val String.l get() = this.length
    fun function() {
        ...
        // 여기에 .l를 사용할 수 있다
        val len = someString.l
        ...
    }
}
```

캡슐화된 확장의 분명한 장점은 확장 파일을 임포트할 필요가 없다는 것이다. 여러 클래스에서 사용 가능한 확장을 정의하고 싶다면 캡슐화하지 않는 것이 나을 것이다.

꼬리 재귀를 사용하는 함수

재귀함수는 자신을 호출한다. 이는 특정 알고리듬에서 종종 사용된다. 예를 들어 n! = n · (n – 1) · (n – 2) · ...2 · 1 팩토리얼 함수는 다음과 같이 구현할 수 있다.

```
fun factorial(n:Int):Int {
    return if(n==1) n else n * factorial(n-1)
}
```

`if()` 표현식은 인수가 `true` 또는 `false`로 어떻게 평가되는가에 따라 `else`의 전 또는 후를 반환한다(분기는 이 책 후반부에서 살펴본다).

애플리케이션이 올바로 기능하려면 런타임 엔진이 함수 호출을 지속적으로 감시해야 한다.

factorial()을 호출하면 마치 factorial(factorial(factorial (...)))과 같을 것이다. 이는 재귀 호출 수준이 너무 높지 않으면 문제가 안 되지만 호출 수준이 너무 높으면 메모리 사용량과 속도 문제가 발생할 수 있다. 하지만 이러한 재귀함수를 꼬리 재귀$^{tail\ recursion}$함수로 바꿀 수 있으며 그렇게 하면 시스템 리소스를 과도하게 사용하는 일은 일어나지 않는다.

재귀함수를 꼬리 재귀함수로 바꾸려면 다음과 같이 fun 앞에 tailrec을 붙이면 된다.

```
tailrec fun factorial(n:Int) {
    return if(n==1) n else n * factorial(n-1)
}
```

이항 연산자

이항^{Infix} 연산자는 다음과 같이 표기되는 연산에 사용된다.

```
operand1    OPERATOR    operand2
```

이러한 이항 연산자는 매우 많다. 곱하기(3*4), 더하기(3+4) 등이 이항 연산에 해당한다. 코틀린에서는 이러한 이항 연산자가 상당수 미리 정의돼 있으며 이항 연산자를 정의할 수도 있다. 이항 연산자는 다음과 같이 작성할 수 있다.

```
infix operator
fun SomeClass1.oper(param:SomeClass2) = ...
```

oper는 연산자 이름이며 ...은 this(SomeClass1의 인스턴스)와 param을 사용해 계산을 수행하며 다음과 같이 사용할 수 있다.

```
[표현식1] oper [표현식2]
```

여기서 [표현식1]의 타입은 SomeClass1이고 [표현식2]의 타입은 SomeClass2다. 복잡한 계산은 항상 그랬듯이 함수 바디를 사용할 수 있다.

```
infix operator
fun SomeClass1.oper(param:SomeClass2):ResultType {
    ...
    return [결과 표현식]
}
```

TIMES라는 연산자를 사용해 문자열을 n번 반복하게 만들려면 다음과 같이 작성하면 된다
(두 번째 라인은 함수형 구조로 함수형 설계는 나중에 살펴본다).

```
infix operator fun String.TIMES(i:Int) =
    (1..i).map { this }.joinToString("")
```

그리고 다음과 같이 사용할 수 있다.

```
val s = "abc" TIMES 3 // -> "abcabcabc"
```

코틀린이 표준 연산자의 텍스트 대응을 갖고 있다는 것을 고려하면 이러한 작업을 더 똑똑하게 수행할 수 있다. 예를 들어 *의 텍스트 표현은 times이므로 다음과 같이 작성할 수 있다.

```
operator fun String.times(i:Int) =
    (1..i).map { this }.joinToString("")
```

그리고 이는 동일한 연산을 곱셈 연산[asterisk]을 사용해 수행할 수 있게 해준다.

```
val s = "abc" * 3 // -> "abcabcabc"
```

코틀린은 *가 이항 연산에 속하는지 알기 때문에 여기서 infix를 생략할 수 있었다.

사용자 정의 계산을 정의하기 위해 표준 연산자를 사용하는 것을 연산자 재정의라고 한다. 다음 절에서 모든 표준 연산자 목록과 텍스트 표현을 사용해 연산자 재정의를 더 자세하게 살펴본다.

연산자 재정의

연산자는 다음 표기처럼 1개 또는 2개 표현식을 취해 하나의 출력을 만든다.

```
[OPER] 표현식
[표현식] [OPER] [표현식]
```

하나의 표현식을 처리하는 것을 단항^{unary} 연산이라고 하며 그에 따른 해당 연산자를 단항 연산자라고 한다. 마찬가지로 2개 표현식을 처리하는 것을 이항^{binary} 연산이라고 하며 이항 연산자라고 한다.

수학에서는 -a, a+b, a*b, a/b 등의 여러 연산자가 존재한다. 코틀린도 이러한 연산자를 기본으로 내장하고 있으며 7+3과 5*4 등이 예상하는 그대로 작동한다. 이 책 후반부에서 연산자 표현식을 자세하게 살펴본다. 지금은 표준 연산자 기호를 사용해 여러분이 만든 클래스에 자체 연산자를 정의할 수 있는 연산자 재정의에 집중하려고 한다.

예를 들어 공간의 점 (x, y)를 나타내는 Point 클래스가 있고 두 점 사이의 직결을 나타내는 Vector 클래스가 있다고 가정해보자. 지금까지 배운 내용을 토대로 이러한 두 클래스는 다음과 같이 간결하게 선언할 수 있다.

```
data class Point(val x:Double, val y:Double)
data class Vector(val dx:Double, val dy:Double)
```

이제 점 P_1에서 P_2까지의 벡터는 $\vec{v}$으로 나타낼 수 있다.

이러한 공식에 대한 계산은 $dx = p2.x - p1.x$와 $dy = p2.y - p1.y$로 이뤄진다. 동일한 연산을 수행하는 데 다음과 같이 $v = p2 - p1$ 같이 작성할 수 있다면 좋지 않을까?

```
val p1 = Point(1.0, 1.0)
val p2 = Point(4.0, -2.0)
val v:Vector = p2 - p1
```

연산자 재정의를 사용하면 원하는 바를 손쉽게 정확하게 이룰 수 있다. 먼저 - 연산자의 텍스트 표현인 minus가 필요하며 이를 이용해 다음과 같이 작성할 수 있다.

```
data class Point(val x:Double, val y:Double) {
  operator fun minus(p2:Point) =
       Vector(p2.x-this.x, p2.y-this.y)
}
```

이것이 전부다. 컴파일러가 Point 인스턴스 사이에 있는 -를 발견할 때마다 둘을 결합해 벡터를 계산하므로 val v:Vector = p2 - p1는 이제 원하는 대로 작동한다.

단항 연산자의 경우 방식은 동일하지만 연산자 함수에 매개변수를 지정하지 않는다. 예를 들어 역벡터를 만들어주는 -Vector(1.0, 2.0)가 작동하길 원한다면 Vector 클래스에 다음과 같이 추가하면 된다.

```
operator fun unaryMinus() = Vector(-this.dx, -this.dy)
```

코틀린에서 인지하는 모든 연산자에 대해 연산자 재정의를 수행할 수 있다. 이러한 연산자에 대한 텍스트 표현은 표 4-1에 모두 나와 있다.

▼ 표 4-1 연산자

기호	항	텍스트	표준 의미
+	U	unaryPlus	데이터 재생산(예: +3)
-	U	unaryMinus	데이터 부정(예: -7)

!	U	not		논리적 데이터 부정(예: !true == false)
++	U	inc		데이터 증가(예: var a = 6; a++; // -> a == 7). 연산자는 연산자가 호출되는 객체를 변경하면 안 된다! 증가된 값의 할당은 내부적으로 일어난다.
--	U	dec		데이터 감소(예: var a = 6; a--; // -> a == 5). 연산자는 연산자가 호출되는 객체를 변경하면 안 된다! 감소된 값의 할당은 내부적으로 일어난다.
+	B	plus		두 값을 더한다.
-	B	minus		두 값을 뺀다.
*	B	times		두 값을 곱한다.
/	B	div		두 값을 나눈다.
%	B	rem		나머지(예: 5 % 3 = 2)
..	B	rangeTo		레인지를 만든다(예: 2..5 -> 2, 3, 4, 5)
in !in	B	contains		오른쪽이 왼쪽에 포함됐는지 여부를 확인한다.
[ ]	B+	get / set		인덱스 접근. q[5] = … 같이 할당의 왼쪽에 있는 경우 설정하려는 값을 마지막 매개변수로 해 set() 함수가 사용된다. get()과 set() 함수는 하나 이상의 매개변수를 허용하며 [ ] 내에 콤마로 구분된 인덱스와 대응한다. 예를 들어 q[i]→q.get(i), q[i,j]→q.get(i, j), q[i,j] = 7→q.set(i, j, 7)과 같다.
( )	B+	invoke		호출. 하나 이상의 매개변수를 허용하며 ( ) 내에 콤마로 구분된 매개변수와 대응한다. 예를 들어 q(a)→q.invoke(a) 및 q(a, b)→q.invoke(a, b)와 같다.
+=	B	plusAssign		plus()와 동일하지만 연산자가 호출된 인스턴스에 결과를 할당한다.
-=	B	minusAssign		minus()와 동일하지만 연산자가 호출된 인스턴스에 결과를 할당한다.
*=	B	timesAssign		times()와 동일하지만 연산자가 호출된 인스턴스에 결과를 할당한다.
/=	B	divAssign		div()와 동일하지만 연산자가 호출된 인스턴스에 결과를 할당한다.
%=	B	remAssign		rem()과 동일하지만 연산자가 호출된 인스턴스에 결과를 할당한다.
==	B	equals		동등성을 확인한다. !=는 부등호를 나타내며 false를 반환하는 equals()에 해당한다.
< > <= >=	B	compareTo		두 값을 비교한다. compareTo() 함수는 이 함수가 적용된 값보다 인수 값이 작거나 같거나 클 때에 따라 각각 -1, 0, +1을 반환한다.

참고	연산자 함수 바디 또는 표현식 내부에서 원하는 것을 계산할 수 있으므로 연산자가 이상한 작업을 수행하게 할 수 있다. 클래스 사용자는 연산자를 사용할 때 특정 행동을 예상하고 사용한다는 것을 명심하길 바란다. 따라서 내부에서의 계산은 합리적으로 이뤄져야 한다.

확장 파일에 연산자를 어렵지 않게 재정의할 수 있다. 단순하게 operator fun TheClass.[연산자 이름]([매개변수]) = ... 같이 작성하면 된다. 앞의 점과 벡터 예제를 다음과 같이 작성할 수 있다.

```
operator fun Point.minus(p2:Point) =
    Vector(p2.x-this.x, p2.y-this.y)
```

사용할 때 다른 확장처럼 확장 파일 임포트를 잊으면 안 된다.

연습문제 9

Vector 클래스에 -와 + 연산자를 추가하길 바란다. 이러한 계산은 v2가 연산자 함수 매개변수라고 했을 때 Vector(this.dx + v2.dx, this.dy + v2.dy) 및 Vector(this.dx - v2.dx, this.dy - v2.dy)처럼 dx와 dy 멤버를 더하거나 빼는 식으로 이뤄진다.

위임

class TheClass : SomeInterface { ... }를 통한 상속은 인터페이스가 추상적인 방식으로만 선언한 함수를 TheClass가 구현하게 만든다. 구현 코드는 TheClass에 재정의된 함수로 들어간다. 위임은 상속과 비슷하다. 시작은 class TheClass : SomeInterface ...처럼 동일하게 시작한다. 차이점은 구현 코드가 있는 곳이다. 위임의 경우 이미 인터페이스가 구현된 객체가 있는 것으로 간주하며 TheClass는 주로 해당 객체에 작업을 위임한다. 지금까지 배운 내용으로 다음과 같이 작성할 수 있다.

```kotlin
interface TheInterface {
    fun someMethod(i:Int):Int
    ...다른 함수들
}

class Implementor0 : SomeInterface {
    override fun someMethod(i:Int):Int = i*2
    ...다른 함수 구현들
}

class Implementor : TheInterface {
    val delegate = Implementor0()
    override fun someMethod(i:Int):Int = delegate(i)
    ...다른 함수들도 똑같이 한다
}
```

Implementor 클래스에 있는 someMethod()는 delegate에 위임되지만 다음과 같이 다른 작업도 수행할 수 있다.

```kotlin
override fun someMethod(i:Int):Int = delegate(i-1) + 1
```

코틀린은 위임 기본 패턴에 대한 간결한 표기법을 갖고 있으며 다음과 같이 작성할 수 있다.

```kotlin
class Implementor : TheInterface by Implementor0()
// 또는
val impl0 = Implementor0()
class Implementor : TheInterface by impl0
```

코틀린 컴파일러는 작업을 위임에 전달해 모든 인터페이스 메서드를 자동으로 구현한다. 여전하게 함수를 재정의해 변경할 수 있다.

```kotlin
class Implementor : TheInterface by Implementor0() {
    override fun someMethod(i:Int):Int = i * 42
}
```

위임 객체가 명시적으로 필요하다면 다음과 같이 생성자를 추가해야 한다.

```
val b = Implementor0()
class Implementor(val b:TheInterface) :
        TheInterface by b {
    override
    fun someMethod(i:Int):Int = b.someMethod(i-1) + 1
}
val instance = Implementor(b)
```

5장

표현식: 데이터 작업

표현식을 이미 여러 번 사용했다. 변수에 값을 할당해야 하거나 함수 호출 매개변수가 필요하거나 일종의 언어 구조에 값을 제공해야 할 때마다 표현식이 필요하다. 또한 표현식은 예상하지 못한 곳에서 나타나며 필요없으면 무시할 수 있다.

표현식 예제

표현식은 여러 가지 유형으로 세분화할 수 있다. 수치 표현식, 불리언 표현식, 문자열 및 문자 표현식, 비트와 바이트에 작용하는 표현식과 몇 가지 분류되지 않은 표현식이 있다. 이들을 자세하게 설명하기 전에 몇 가지 예를 들면 다음과 같다.

```
4 * 5       // 곱셈
3 + 7       // 덧셈
6 - 1       // 뺄셈
"a" + "b"   // 결합
( 1 + 2 )   // 그룹화
-5          // 부정
a && b      // 불리언 a AND b
"Hello"     // 상수(String)
```

```
78              // 또 다른 상수(Int)
3.14            // 또 다른 상수(Double)
'A'             // 또 다른 상수(Char)
arr[43]         // 인덱스 접근
funct(...)      // 함수 호출
Class()         // 인스턴스화
Obj             // 싱글턴 인스턴스 접근
q.a             // 역참조
q.f()           // 또 다른 역참조
if(){ }         // 언어 구조
when(){ }       // 또 다른 언어 구조
```

표현식의 편재성

다른 컴퓨터 언어와 달리 코틀린에서는 거의 모든 것이 표현식이다. 예를 들어 funct() 함수 호출을 보자. fun funct () {...}처럼 값의 반환을 선언하지 않은 함수는 변수에 할당할 수 없기 때문에 표현식이 아니라고 생각할 수 있다. 다음과 같이 해보자.

```
fun a() {
}

val aa = a()
```

놀랍게도 컴파일러는 이러한 코드를 오류가 있는 코드로 보지 않는다. 사실 이러한 함수는 실제로 값을 반환한다. 그러한 값은 Unit 클래스의 인스턴스이며 Unit 자체가 호출된다. 이러한 값으로는 아무 것도 할 수 없지만 명시적으로 아무 것도 반환하지 않는 함수가 묵시적으로 어떠한 값을 반환하게 만든다.

5장 나머지에서 다양한 표현식 유형과 이들 사이의 변환을 살펴본다.

수치 표현식

수치 표현식은 리터럴, 프로퍼티, 하위 표현식 같은 요소로 만들어진 구조이며 연산자에 의해 결합될 수 있고 표현식의 연산 결과는 숫자가 된다. 덧셈, 뺄셈, 곱셈, 나눗셈을 가리키는 일반적으로 알려진 연산자 집합을 산술이라고 한다. 컴퓨터 계산에서 이러한 표준 연산자 집합은 일반적으로 증가 및 감소 연산자 ++와 --, 정수 나머지 연산자 %에 의해 확장된다. 코틀린 내부에서 수치 표현식에 사용할 수 있는 요소의 전체 목록은 표 5-1에 나와 있다.

▼ 표 5-1 수치 표현식 요소

기호	의미	예
literal	리터럴	3 또는 7.5
variable	프로퍼티	val a = 7; val b = a + 3
funct( )	숫자를 반환하는 경우 함수의 값	fun a() = 7; val b = 3 + a()
[ ]	숫자 배열이나 리스트에 있는 요소에 접근한다.	arr[0] list[7]
( )	표현식 내의 결과로 대체한다.	7 * (a + b)
+	표현식 앞에서 사용되면 데이터를 재생산한다.	val a = +3 val a = +7.4
-	표현식 앞에서 사용되면 데이터를 부정한다.	val a = -(7+2)
++	var의 앞뒤에 사용할 수 있으며 앞에 사용된 경우 var + 1의 현재 값으로 평가하며 뒤에 사용된 경우 var의 현재 값으로 평가한다(사이드 이펙트로 var를 증가시킨다).	var a = 7 val b = 7 + ++a val c = 7 + a++
--	var의 앞뒤에 사용할 수 있으며 앞에 사용된 경우 var - 1의 현재 값으로 평가하며 뒤에 사용된 경우 var의 현재 값으로 평가한다(사이드 이펙트로 var를 감소시킨다).	var a = 7 val b = 7 + --a val c = 7 + a--
+	두 값을 더한다.	7 + 6
-	두 값을 뺀다.	7 - 6
*	두 값을 곱한다.	7 * 6
/	두 값을 나눈다. 부동 소수점이 아닌 값 사이의 나눗셈이라면 부동 소수점이 아닌 값을 반환하고 그렇지 않으면 Double 또는 Float를 반환한다.	7 / 6(결과는 1) 7.0 / 6.0(결과는 1.16667)
%	두 정수 값의 나눗셈 나머지다.	5 % 3(결과는 2)

| subexpr | 숫자를 반환하는 모든 표현식은 하위 표현식으로 사용할 수 있다. | 5 + a / 7에서 a / 7은 하위 표현식으로 생각할 수 있다. |

표현식에서 서로 다른 타입의 숫자를 섞어 사용하면 반환 값의 타입에는 더 큰 값의 범위를 갖는 타입이 사용된다. 따라서 Long을 Int로 나누면 Long이 반환된다.

```
val l1:Long = 234567890L
val i1:Int = 37
val x = l1 / i1 // -> Long이다
```

마찬가지로 단정도 Float 요소와 배정도 Double 요소를 표현식에 섞어 사용하면 Double을 반환한다.

```
val f1:Float = 2.45f
val d1:Double = 37.6
val x = f1 / d1 // -> Double이다
```

정수와 부동 소수를 섞어 사용하면 부동 소수를 반환한다.

```
val i1:Int = 33
val d1:Double = 37.6
val x = i1 * d1 // -> Double이다
```

다음과 같이 3개의 값(또는 하위 표현식)을 조합하고 2개의 연산자를 연속으로 배치해야 할 경우의 문제는 어떠한 연산자가 먼저 평가되느냐다.

```
expr 1 ° expr 2 ° expr 3
```

이를 연산자 우선순위라고 부르며 코틀린은 표 5-2에서처럼 우선순위를 정의하고 있다.

▼ 표 5-2 산술 연산자의 우선순위

우선순위	연산자	예
1	++ --를 후치로 사용한 경우	a++
2	- (표현식 앞에) + (표현식 앞에) ++ --를 전치로 사용한 경우	-(3 + 4) --a
3	* / %	7 * a
4	+ -	7 - a

연산자 평가 순서를 지정하기 위해 언제든지 괄호(...)를 사용할 수 있다. 수학에서처럼 괄호 안의 값은 괄호의 해^{solution}가 사용되기 전에 먼저 계산된다.

연습문제 1

제곱근 √를 나타내는 `Math.sqrt(...)`를 사용해 다음을 코틀린 코드로 작성하길 바란다.

$$\sqrt{\frac{a + \frac{b-x}{2}}{b^2 - 7 \cdot x}}$$

a, b, x는 이미 존재하는 프로퍼티라고 가정한다.

불리언 표현식

불리언 표현식은 `true` 또는 `false`로 평가되는 표현식이다. 프로그램 흐름에 관여하는 부분을 결정하기 위해 불리언 표현식을 자주 사용한다. 불리언 표현식에 관여하는 객체와 연산자는 표 5-3에 나와 있다.

▼ 표 5-3 불리언 표현식 요소

기호	의미	예
literal	리터럴	true 또는 false
variable	프로퍼티	val a = true; val b = a
funct()	불리언을 반환하는 경우의 함수 값	fun a() = true; val b = a()
[ ]	불리언 배열이나 리스트에 있는 요소에 접근한다.	arr[0] list[7]
( )	내부 표현식의 결과로 대체한다.	b1 && (a || b) (참고: && = AND, || = OR)
&&	AND 연산. a와 b 모두 참인 경우 a && b는 참이다. &&의 왼쪽이 false로 평가되는 경우 그 오른쪽은 평가되지 않는다.	true && true(true가 나온다)
||	OR 연산. 최소한 a와 b 둘 중 하나가 참인 경우 a || b는 참이다. ||의 왼쪽이 true인 경우 그 오른쪽은 평가되지 않는다.	true || false(true가 나온다)
!	다음에 오는 불리언 표현식을 부정한다.	val b = true; val r = !b (r은 false가 나온다)
a == b	a와 b가 같은 경우 true를 반환하고 그렇지 않으면 false를 반환한다. a와 b는 임의의 객체 또는 하위 표현식이다. 불리언 또는 수치 하위 표현식의 경우 그 값이 동일하면 같다. 객체 a와 b의 경우 hashCode() 함수가 동일한 값을 반환하고 a.equals(b)가 true를 반환한다면 같다. 두 문자열의 경우 모두 동일한 문자를 포함하고 있다면 같다. 특정 데이터 클래스의 두 인스턴스의 경우 프로퍼티가 모두 같다면 같다.	a == 3(a 값이 3을 갖는다면 true다) a == "Hello"(a의 문자열이 "Hello"라면 true다)
a != b	같지 않음. !(a == b)와 같다.	7 != "XYZ" (→ true) 7 != 7 (→ false)
a < b	숫자 a가 숫자 b보다 작으면 참이다. 또한 객체 a와 b가 Comparable 인터페이스를 정의하고 있다면 평가가 이뤄진다.	a < 7(a가 7보다 작다면 true다)
a > b	숫자 a가 b보다 크면 참이다. 또한 객체 a와 b가 Comparable 인터페이스를 정의하고 있다면 평가가 이뤄진다.	a > 3(a가 3보다 크다면 true다)
a <= b	숫자 a가 숫자 b보다 작거나 같으면 참이다. 또한 객체 a와 b가 Comparable 인터페이스를 정의하고 있다면 평가가 이뤄진다.	a <= 7(a가 7보다 작거나 같다면 true다)

a >= b	숫자 a가 숫자 b보다 크거나 같다면 참이다. 또한 객체 a와 b가 Comparable 인터페이스를 정의하고 있다면 평가가 이뤄진다.	a >= 3(a가 3보다 크거나 같다면 true다)
a is b	객체 a가 클래스 b 또는 인터페이스 b를 구현하고 있다면 참이다.	val a = 7; val b = a is Int (→ true)
a !is b	!(a is b)와 동일하다.	val a = 7; val b = a !is String (→ true)
a === b	참조 동등성을 검사한다. 객체가 동일하다면 true를 반환한다. ==보다 더 엄격한 비교다. == 연산자를 사용한 시맨틱 검사가 대부분 이해하기 더 쉬워 일반적으로 많이 사용되지 않는다.	class A val a = A(); val b = A() val c = a === b (→ false)

앞 절의 수치 표현식과 유사하게 표현식을 다른 연산자와 함께 사용하면 불리언 표현식 연산자도 우선순위를 갖는다. 불리언 연산자 우선순위의 코틀린 규칙은 표 5-4에 나와 있다.

▼ 표 5-4 불리언 연산자 우선순위

우선순위	연산자	예
1	! (표현식의 앞에서)	val a = true; val b = !a
2	is, !is	a in b && c
3	<, <=, >=, >	a < 7 && b > 5
4	==, !=	a == 7 && b != 8
5	&&	a == 4 && b == 3
6	||	a == 4 || a == 7

수치 표현식의 경우처럼 괄호를 사용해 우선순위 순서를 다르게 강제할 수 있다.

```
val b1 = a == 7 && b == 3 || c == 4
val b2 = a == 7 && (b == 3 || c == 4)
```

보면 알겠지만 이들은 서로 다르다. 첫 번째 줄에서는 ||보다 &&의 우선순위가 높기 때문에 &&이 먼저 계산된다. 두 번째 줄에서는 ||가 괄호 안에 있기 때문에 ||가 먼저 계산된다.

문자열과 문자 표현식

문자열을 위한 표현식 요소는 별로 많지 않다. 하지만 문자열을 결합하고 비교를 수행할 수 있다. 표 5-5에 문자열 표현식 요소가 모두 나와 있다.

▼ 표 5-5 문자열 표현식 요소

기호	의미	예
literal	리터럴	"Hello world" 또는 """Hello world"""
variable	프로퍼티	val a = "abc"; val b = a
funct()	함수가 문자열을 반환하는 경우의 함수 값	fun a() = "abc"; val b = a()
[ ]	문자열 배열이나 리스트에 있는 요소에 접근한다.	arr[0] list[7]
str[ ]	문자열에서 문자를 추출한다.	"Hello" [1] ("e"가 나온다)
( )	내부 표현식의 결과로 대체한다.	"ab" + ("cd" + "ef")
+	문자열 결합	val a = "Hello " + "world" ("Hello world"가 나온다)
a == b	동등성 검사. 모두 동일한 문자를 포함하고 있다면 두 문자열은 같다.	a == "Hello"(a가 문자열 "Hello"라면 true다)
a != b	같지 않음. !(a == b)와 동일하다.	"abc" != "XYZ" (→ true)
a < b	문자열 a가 사전적으로(lexicographically) 문자열 b보다 작은 경우 참이다.	"abc" < "abd" (→ true)
a > b	문자열 a가 사전적으로 문자열 b보다 큰 경우 참이다.	"cd" > "ad" (→ true)
a <= b	문자열 a가 사전적으로 문자열 b보다 작거나 동일한 경우 참이다.	"abc" <= "abc" (→ true) "abc" < "abc" (→ false)
a >= b	문자열 a가 사전적으로 문자열 b보다 크거나 동일하다면 참이다.	"abc" >= "abc" (→ true)
a in b	a가 Char이고 b가 a를 포함한다면 true다. a 자체가 문자열이고 문자열 b의 일부라면 true다.	'e' in "Hello" (→ true) 'lo' in "Hello" (→ true)
a !in b	!(a in b)와 동일하다.	'x' !in "Hello" (→ true)

문자열 리터럴은 몇 가지 특별한 경우가 있다.

- 큰따옴표 집합 3개를 사용하는 문자열 리터럴을 원시 문자열 raw strings이라고 한다. 원시 문자열은 줄 바꿈 및 백슬래시(\) 같은 특수문자를 포함해 모든 것을 포함할 수 있다. "Hello\n world"라고 작성하면 "Hello world"가 줄 바꿈으로 구분된다. 하지만 """Hello\n world"""라고 작성하면 출력은 글자 그대로 "Hello\n world"가 된다. $는 예외다. 오직 $가 되려면 ${'$'} 같이 작성해야 한다.
- 원시와 일반("이스케이프된") 문자열 모두 템플릿을 사용할 수 있다. ${}은 중괄호 안에 포함된 내용의 toString() 표현으로 대체된다. 예를 들어 "The sum of 3 and 4 is ${3+4}"는 문자열 "The sum of 3 and 4 is 7"이 된다. 프로퍼티 이름과 같이 단일 식별자라면 "And the value of a is $a"에서처럼 중괄호를 생략하고 $propertyName으로 작성할 수 있다.

문자는 문자 테이블character table 내부의 인덱스에 대응하므로 정수 표현을 갖는다. 이를 통해 문자를 가지고 몇 가지 산술과 비교 연산 작업을 수행할 수 있다. 문자 표현식 요소가 표 5-6에 나와 있다.

▼ 표 5-6 문자 표현식 요소

기호	의미	예
literal	리터럴	'A' 또는 '7'
variable	프로퍼티	val a = 'x'; val b = a
funct()	함수가 문자를 반환하는 경우의 함수 값	fun a() = 'x'; val b = a()
[ ]	문자 배열이나 리스트에 있는 요소에 접근한다.	arr[0] list[7]
-	문자 테이블에서의 거리	val d = 'c' - 'a'(2가 나온다)
a == b a != b a < b a > b a <= b a >= b	문자 비교. 문자 테이블 내부의 인덱스 비교	'c' > 'a' (true가 나온다)

비트와 바이트

바이트는 더 하드웨어지향적인 데이터 저장 단위다. Byte 타입이 −128~127 사이 값을 갖는다는 것을 알고 있다. 바이트는 매우 빠른 방식으로 접근해 사용할 수 있는 어떠한 하드웨어 스토리지와 처리 요소에 해당한다. 앱에서는 특히 하위 수준의 시스템 기능을 사용하거나 카메라나 스피커 같이 연결된 하드웨어 요소를 처리할 때 종종 바이트를 사용한다.

십진수 125가 실제로는 5·1 + 2·10 + 1·100을 의미한다는 것을 알고 있을 것이다. 컴퓨터는 내부적으로 십진수를 좋아하지 않는다. 예를 들어 7과 8 사이의 차이는 두 접점 사이의 전압과 같은 기술성 특성 때문에 확실하게 표현할 수 없기 때문이다. 컴퓨터가 실제로 잘하는 것은 0과 1처럼 뭔가 켜져 있는지 꺼져 있는지를 알아내는 것이다. 그래서 컴퓨터는 내부적으로 이진수 체계를 사용한다. 125는 이진수 01111101로 표현되며 이는 1·1 + 0·2 + 1·22 + 1·23 + 1·24 + 1·25 + 1·26 + 0·27과 같다. 이진수 안에 있는 숫자를 비트라고 하며 한 바이트의 가능한 모든 값을 나타내려면 8비트가 필요하다.

바이트는 수이므로 앞에서 설명한 수치 표현식으로 가능한 모든 것을 할 수 있다. 또한 바이트는 8개 비트로 구성돼 있으며 몇 가지 특수 연산을 비트 수준에서 수행할 수 있다(표 5-7 참조). Short, Int, Long은 각각 2, 4, 8바이트에 해당하므로 8, 16, 32비트가 된다. 비트 수준 연산은 바이트에만 수행할 수 있는 것은 아니며 다른 정수 타입에도 수행할 수 있다.

▼ 표 5-7 비트 표현식 요소

기호	의미	예
a and b	비트 수준의 AND다. a의 각 비트는 b에 해당하는 비트와 쌍을 이루고 양쪽 모두 1이면 결과는 1이 된다.	13 and 11 (9로 평가한다: 00001101 and 00001011 → 00001001)
a or b	비트 수준의 OR이다. a의 각 비트는 b에 해당하는 비트와 쌍을 이룬다. 하나 또는 양쪽 모두 1이면 결과도 1이 된다.	13 or 11 (15로 평가한다: 00001101 or 00001011 → 00001111)
a xor b	비트 수준의 XOR이다. a의 각 비트는 b에 해당하는 비트와 쌍을 이룬다. 둘 중 하나가 1이면 결과도 1이 된다.	13 xor 11 (6으로 평가한다: 00001101 xor 00001011 → 00000110)
inv a	a의 모든 비트를 0에서 1로, 1에서 0으로 전환한다.	inv 13 (114로 평가한다: inv 00001101 → 11110010 = 114)

a shl b	a의 모든 비트를 b 비트만큼 왼쪽으로 이동시킨다.	13 shl 2 (52로 평가한다: 00001101 → 00110100 = 52)
a ushr b	a의 모든 비트를 b 비트만큼 오른쪽으로 이동시킨다. 부호가 없는 오른쪽 시프트의 준말이며 맨 왼쪽 비트에 특별한 처리가 없다는 것을 의미한다.	13 shr 2 (3으로 평가한다: 00001101 → 00000011 = 3)
a shr b	a의 모든 비트를 b 비트만큼 오른쪽으로 이동시킨다. 맨 왼쪽 비트가 1이면 비트가 이동한 후 맨 왼쪽 비트도 1이 된다.	-7 shr 2 (−2로 평가한다: 11111001 → 11111110 = -2)

부호가 있는 오른쪽 이동 연산인 shr 연산자는 비트 표현으로 음수를 나타낸다. 이러한 음수는 다음과 같이 검증할 수 있다. 음수의 비트와 산술 역수의 비트를 함께 더해 오버플로우가 발생하는지 확인하면 된다. 즉 -3을 비트로 표현하면 11111101이 되고 이것과 00000011(+3의 경우)을 더하면 100000000이 된다. 오버플로우가 발생한 아홉 자리 비트에서 최상위 아홉 번째 비트는 소실돼 0이 된다. 이는 결국 이진 표현에서도 +3 + -3 = 0이라는 원하는 결과를 제공한다.

다른 연산자

코틀린은 표현식에서 사용할 수 있는 연산자가 몇 가지 더 있다. 수치, 불리언, 문자열과 문자 그리고 비트 표현식으로 구분하기에는 맞지 않아 표 5-8에 따로 제공한다.

▼ 표 5-8 다른 표현식 요소

기호	의미	예
a in b	a가 b에 포함돼 있는지 검사한다. b는 배열이거나 컬렉션일 수 있다. 일반적으로 in 연산자는 자체 클래스에 대해 operator fun contains (other:SomeClass): Boolean 함수를 정의하는 모든 객체에도 적용할 수 있다.	class B class A { operator fun contains(other:B):Boolean { ... } } val b = B() val a = A() val contained = b in a

a !in b	a in b의 반대다. a의 클래스에 operator fun contains(other:SomeClass): Boolean이 정의돼 있는 경우에도 작동한다.	다음과 함께 a in b의 내용을 참조하길 바란다. val notContained = b !in a
::	ClassName::class와 같이 사용했다면 이는 클래스에 대한 참조를 만든다. ClassName::funName 또는 ClassName::propertyName과 같이 사용했다면 함수나 프로퍼티에 대한 참조를 만든다.	val c = String::class val f = String::length
a .. b	정수 a(리터럴, Byte, Short, Int, Long 또는 Char)에서 b까지의 레인지를 만든다.	1..100
a ?: b	엘비스(Elvis) 연산자. a가 null이 아니면 a를 수용하고 그렇지 않으면 b를 수용한다.	var s:String? = ... var ss = s?:"default" (s가 null이면 대신 "default"를 수용한다)
a ?. b 또는 a ?. b()	안전 역참조 또는 안전 호출 연산자. a라는 객체가 있을 때 해당 객체가 null이 아닌 경우에만 프로퍼티 b를 조회하거나 함수 b()의 호출 결과를 가져온다. 그 외에는 null이 된다.	var i:Int? = ... var ss:String? = i?.toString()
a!!	a가 null이 아니라는 것을 확인하고 null이라면 예외를 발생한다.	var s:String? = ... var ss = s!!.toString()

마지막의 !! 연산자는 null이 아니지만 검사하지 않으며 널 불가능non-nullable 타입으로 변환하기도 한다.

```
val c:Int? = ...     // 정수 또는 null
val b = c!!          // b는 널 불가능이다!
// 동일한 표현: val b:Int = c!!
```

좋은 점은 c가 null이 될 수 없다는 것을 기억해 함수의 나머지 부분에서 c를 널 불가능 속성으로 간주한다는 것이다.

> **주의** !!는 코딩을 단순화시키는 다목적 도구 같지만 자주 사용하면 안 된다. 이 연산자는 코틀린의 널 가능 처리 방식을 저해하는 측면이 있다. !!는 널 불가능성을 해치며 널 가능 및 널 불가능 타입과 표현식을 구분해 얻는 이점을 숨겨버린다.

연습문제 2

add(s:String) 함수를 통해 문자열을 결합하는 Concatenator 클래스를 만들길 바란다. 다음 코드를 작성할 수 있도록 결합된 문자열에 부분 문자열이 포함돼 있는지 확인하는 또 다른 함수를 추가하길 바란다.

```
val c = Concatenator()
c.add("Hello")
c.add(" ")
c.add("world")
val contained = "ello" in c
```

변환

val이나 var 프로퍼티 또는 어떠한 타입의 함수 매개변수가 있을 경우의 문제는 할당에 다른 타입의 표현식이 제공된다면 어떻게 되느냐다. 이러한 타입 불일치가 큰 경우 예를 들어 Int가 필요하지만 String이 주어진 경우 컴파일러는 컴파일을 실패하는데 이러한 타입 불일치를 고쳐야 한다. 다른 경우 예를 들어 실제 Long이 필요한 상태에서 Int를 제공하면 두 타입 사이에 단순 변환이 일어나고 아무 문제가 없을 것이다.

코틀린은 타입 변환을 수동으로 수행하기 위한 몇 가지 함수를 제공한다. 다음은 타입이 일치하지 않는 경우 사용할 수 있는 옵션 목록이다.

- Int가 필요하다.
  - Byte, Short, Int, Long: 모두 직접 변환을 수행하는 toInt() 함수를 제공한다.
  - Char: 문자 테이블의 문자 인덱스를 제공하는 toInt() 함수를 갖고 있다.
  - Float, Double: 양수의 경우 주어진 부동 소수 아래에서 가장 가까운 Int를 반환하는 toInt() 함수를 제공한다. 음수의 경우 주어진 부동 소수 위에서 가장 가까운 Int가 반환된다. 그 외에 다음 정수로의 반올림을 제공하는 roundToInt() 함수를 갖고 있다.

- String: 주어진 문자열을 파싱해 Int로 변환하는 toInt() 함수를 제공한다. 문자열이 정수를 포함하지 않는 경우 실패하며 선택적인 부호와 함께 아라비아 숫자 0~9까지만 허용한다. 그 외에 동일한 변환을 수행하지만 변환이 실패해도 null을 대신 반환하는 toIntOrNull 함수가 있다. 그리고 변환에 다른 수 체계(기수)를 사용하는 toInt(radix:Int)와 toIntOrNull(radix:Int)가 있다. 예를 들어 16진수 기수의 경우(radix를 16으로 사용해) 아라비아 숫자 0~9와 문자 A~F가 허용된다.
- Boolean: 불리언은 정수로 변환할 수 없다.

- Long, Byte 또는 Short가 필요하다.

  Byte, Short, Int, Long, Char, Float, Double, String의 모든 타입이 toLong(), toByte(), toShort() 함수를 제공하며 다른 숫자 범위가 적용된다는 점을 제외하면 Int 대상 타입과 동일한 규칙을 따른다. 문자열의 경우 long 리터럴에 대한 L 접미사가 허용되지 않는다.

- Char가 필요하다.

  모든 정수 타입 Byte, Short, Int, Long은 제공된 숫자를 사용해 문자 테이블에서 인덱스 룩업을 수행하는 toChar() 함수를 제공한다. Char.toChar()는 인수를 그대로 반환한다. Float와 Double은 먼저 toInt()를 적용하고 문자 테이블 룩업을 수행하는 toChar() 함수를 제공한다. 문자열은 Char로의 변환을 제공하지 않지만 toCharArray()를 사용해 인덱스 연산자 []로 배열 요소에 접근할 수 있다(예: "123".toCharArray()[0]는 '1'을 가져온다).

- Double 또는 Float가 필요하다.
  - Byte, Short, Int, Long: 모두 명백한 변환을 수행하는 toFloat()와 toDouble() 함수를 제공한다.
  - Char: 문자도 toFloat()와 toDouble()을 제공한다. 하지만 문자 테이블의 인덱스를 부동 소수로 변환한 다음 반환한다.
  - Float, Double: 이들은 필요한 경우 정밀도 변환을 수행하는 toFloat()와 toDouble()을 제공한다.
  - String: Float나 Double로 변환하기 위해 제공된 문자열을 파싱하는 toFloat()

와 toDouble() 함수를 갖고 있다. String은 영국식 부동 소수 표현이나 과학 표기법을 사용할 수 있다. 예를 들어 27.48, -3.0, 1.8e4 같이 표기할 수 있다. 변환이 불가능하면 실패한다. toDoubleOrNull()과 toFloatOrNull()은 동일한 변환을 수행하지만 변환이 실패했을 때 오류가 발생하는 대신 null을 반환한다.
  - Boolean: 불리언은 부동 소수로 변환할 수 없다.
- String이 필요하다.

  코틀린의 모든 객체는 인간이 식별할 수 있는 표현으로 바꾸는 toString() 변환을 제공한다. 문자를 포함한 숫자의 변환은 명백하다. 부동 소수의 경우 영국식이 채택되며 불리언은 true 또는 false로 변환된다. Byte, Short, Int, Long 타입은 제공된 수 체계(기수)를 변환에 사용하는 toString(radix:Int) 함수를 갖고 있다.

몇 가지 자동 변환을 적용할 수 있으며 val l:Long = 7 같이 Int에서 Long으로 자동 변환하듯이 작성할 수 있다.

참고   경험상 코딩 도중 자동 변환이 가능한지 확인할 수 있지만 대부분 명시적인 변환을 선언하는 것이 좋다.

표현식에서 연산자가 작용하는 곳에는 다른 종류의 변환 규칙이 적용된다. 임의의 연산자에 대한 규칙은 다음과 같다.

---

a ° b

---

a가 AType 타입이고 b가 BType 타입인 경우 연산자 구현이 연산 결과 타입이 무엇인지 결정한다. 이것이 중요한 경우는 다음과 같다.

[Number]   °   [Number]

[Number]는 Byte, Short, Int, Long, Float 또는 Double이고 연산자는 임의의 수치 연산자(+ - / * %)다. 여기서 표현식에 의해 반환되는 타입은 대부분의 경우 더 높은 정밀도를 갖는 타

입이 된다. 정밀도 순서는 Byte < Short < Int < Long < Float < Double과 같다. 예를 들어 다음과 같다.

```
7 + 10_000_000_000L  -> Long
34 + 46.7            -> Double
```

또 다른 유형의 연산자 유발 변환은 다음과 같이 코틀린에서 자주 볼 수 있는 유형이다.

```
String + [Any]
```

여기서 결합은 문자열과 [Any]의 .toString() 결과로 이뤄진다. 예를 들어 다음과 같다.

```
"Number is " + 7.3              ->  "Number is 7.3"
"Number is " + 7.3.toString()   ->  "Number is 7.3"
"Hell" + 'o'                    ->  "Hello"
```

6장

코틀린 파일의 주석

컴퓨터 언어 파일에서 주석은 컴퓨터 언어 자체에 속하지 않으므로 프로그램 실행에 영향을 미치지 않지만 프로그램에서 사용된 요소와 구조에 대한 텍스트 설명을 제공한다. 주석은 코드를 읽는 사람이 프로그램을 이해할 수 있도록 도와준다.

기술적 관점에서 주석은 만들기 쉬우며 프로그램 구문 자체와 구별하기도 쉽다.

- //로(문자열 리터럴 내부가 아닌 곳에서) 시작해 줄이 끝나는 부분까지가 모두 주석이다.
- /*로 시작하고 */로(모두 문자열 리터럴 내부가 아닌 곳에서) 끝나는 모든 것이 주석이다. 몇 줄에 걸쳐 있는가와 상관 없이 모두 주석이다.

주석은 프로그램에서 있으나 마나한 기능처럼 보일 수 있고 주석을 추가하거나 생략하는 것은 각 개발자의 개인적인 결정처럼 보인다. 하지만 여기에는 더 얘기할 내용이 있다. 이러한 사안을 더 자세하게 살펴보면 주석은 2가지 한계 사이에서 처리된다는 것을 알 수 있다.

- **주석을 전혀 작성하지 않는 경우**: 주석을 전혀 작성하지 않는 것은 논쟁의 여지가 있지만 짧은 프로그램이고 구조가 매우 잘 잡혀 있어 그 자체로 설명이 된다면 유효하다. 이러한 접근법의 이점은 분명하다. 코드를 적게 작성하게 되고 주석과 소스 코드를 혼동할 위험이 없고 이러한 접근 방식을 제대로 따르면 전체적으로 고품질의 코드가

만들어진다. 하지만 단점도 있다. 코드가 자체적으로 설명이 되는지 잘못 평가될 수 있고 주석에 기반한 도구가 아웃풋을 제공하지 않거나 회사의 품질 보증 가이드라인을 위반할 수 있다.

- **장황한 주석**: 반면 프로그램의 모든 부분에 주석을 장황하게 작성하면 많은 부분을 작성해야 하며 구조적으로 모호하거나 혼동되는 부분이 주석에 의해 해소되므로 코드 품질을 높이기 위한 노력을 등한시할 수 있다.

가장 좋은 접근 방식은 이 둘 사이에 있다. 경험상 클래스, 인터페이스, 싱글턴 객체에는 이들이 무엇을 하는지에 대한 주석을 작성해야 하고 매개변수 설명과 함께 퍼블릭 함수에 주석을 작성해야 한다.

참고 한 가지 고백하면 5장, NumberGuess 게임 앱에서 제공한 소스에는 아무 주석도 달려 있지 않다. 주석은 보이는 소스를 작게 유지하기 위해 제외됐고 주변 문구가 이를 대신한다. 6장을 읽은 후 클래스, 인터페이스, 싱글턴 객체에 적절한 주석을 추가해보길 바란다.

주석으로 할 수 있는 것을 비롯해 주석을 코틀린 파일에 어떻게 추가하는지 6장에서 살펴본다.

패키지 주석

패키지는 파일의 목적과 기능을 강하게 응집한 파일에 해당한다고 배웠다. 기술적 관점에서 각 패키지는 운영 체제의 파일 계층 구조에서 디렉터리에 해당한다.

적절한 주석을 통해 패키지를 설명하는 것이 합리적일 것이며 코틀린에서 이를 수행하는 방법은 다음과 같다. 각 폴더 안에 있는 각 패키지에 `package-info.md` 파일을 만들길 바란다. 안드로이드 스튜디오에서 이를 수행하려면 프로젝트 탐색기(그림 6-1 참조)에서 Project Files 뷰 타입으로 전환해야 한다. 뷰 타입을 전환하려면 안드로이드 옆에 아래를 가리키는 작은 회색 삼각형을 클릭하길 바란다. 그런 다음 패키지 중 하나를 오른쪽 클릭해 쇼트컷 메뉴에서 **New > File**을 선택한다. 파일 이름으로 `package-info.md`를 입력한다.

.md 확장자를 갖는 파일은 마크다운Markdown 파일이다. 마크다운은 HTML과 유사한 스타일링 언어이지만 자신만의 간략한 구문을 사용한다. 곧 마크다운을 살펴볼 것이며 지금은 먼저 안드로이드 스튜디오에게 마크다운 파일을 어떻게 처리해야 하는지 알려줘야 한다. 그러기 위해 package-info.md 파일 중 하나를 더블 클릭한다. 안드로이드 스튜디오는 해당 파일을 그림 6-2에서처럼 기본 텍스트 편집기에 열지만 편집 패널 상단에 경고 메시지를 표시한다.

▲ 그림 6-1 Project Files 뷰

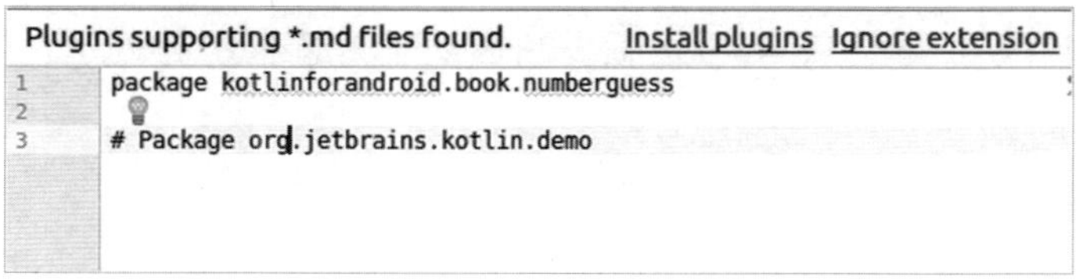

▲ 그림 6-2 마크다운 파일을 여는 안드로이드 스튜디오

Install plugins 링크를 클릭하길 바란다. 그런 다음 화면에서 라이선스 선언을 수락하고 마크다운 지원을 물어본다면 Use markdown support by JetBrains를 선택하길 바란다.

각 `package-info.md` 파일에서 첫 번째 줄은 다음과 같다.

```
# Package full.name.of.the.package
```

`full.name.of.the.package`를 각 패키지의 이름으로 대체하길 바란다. #으로 시작하는 줄은 수준 1에 해당하는 제목을 나타낸다.

파일의 나머지는 마크다운으로 구성된 텍스트를 포함한다. 예를 들어 `kotlinforandroid.book.numberguess.random` 패키지 내부의 `package-info.md` 파일은 다음과 같다.

```
# Package kotlinforandroid.book.numberguess.random
This package contains *interfaces* and *classes* for generating random numbers.
In your code you will write something like this:
    val rnd:RandomNumberGenerator = [ one of the 'impl' classes instantiated ]
For example
    val rnd:RandomNumberGenerator = StdRandom()
    // 또는
    val rnd:RandomNumberGenerator = RandomRandom()
```

이러한 `package-info.md` 파일과 여기서 살펴볼 다른 모든 문서화 구조는 프로젝트의 문서를 생성하는 데 사용할 수 있다. 이러한 과정에서 *interface*는 강조된 텍스트로 변환되고 줄 시작 부분에 4개 공백이 있는 구절은 코드 스타일 형식이 적용된다. 백틱 문자(`)` 내부에 있는 텍스트는 인라인 코드로 표시된다. 이러한 특별한 마크다운 파일은 그림 6-3과 같은 문서로 변환된다. 모든 표준 마크다운 구문이 다음 절에 설명돼 있다.

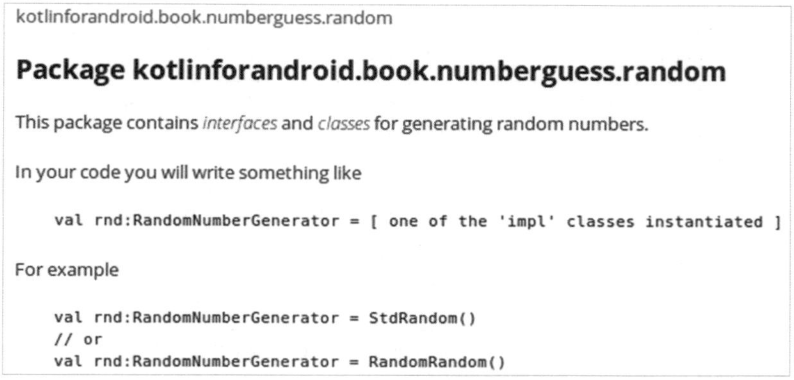

```
kotlinforandroid.book.numberguess.random
```

Package kotlinforandroid.book.numberguess.random

This package contains *interfaces* and *classes* for generating random numbers.

In your code you will write something like

```
val rnd:RandomNumberGenerator = [ one of the 'impl' classes instantiated ]
```

For example

```
val rnd:RandomNumberGenerator = StdRandom()
// or
val rnd:RandomNumberGenerator = RandomRandom()
```

▲ 그림 6-3 변환된 마크다운 코드

마크다운

패키지 설명에 사용된 마크다운과 코틀린 코드 파일 내부에 인라인 문서로 사용된 마크다운은 스타일링을 하는 데 공통적인 구문을 사용한다. 이러한 마크다운 구문은 표 6-1에 설명돼 있다.

▼ 표 6-1 마크다운 구문

스타일	마크다운 구문	힌트
제목 수준 1	# Heading	package-info.md 파일은 둘 이상의 수준 1 제목을 포함하면 안 된다. 제목 라인 끝에 #을 추가할 수 있다.
제목 수준 2-6	## Heading ### Heading …	# 개수는 수준을 나타낸다. 제목 끝에 동일한 개수의 #을 추가해 가독성을 향상시킬 수 있다.
순서가 없는 목록	- Item1 - Item2 …	또한 +이나 *를 항목 표시자로 사용할 수 있다.
순서가 있는 목록	1. Item1 2. Item2 …	연속적인 번호가 자동으로 매겨지므로 임의의 숫자를 사용할 수 있다("1."을 항상 사용하거나 원하는 숫자를 사용하면 된다).

강조	*some text* 또는 _some text_	텍스트에 별표(*)나 언더스코어(_)가 필요하다면 * 또는 _와 같이 작성하면 된다.
강한 강조	**some text** 또는 __some text__	텍스트에 별표(*)나 언더스코어(_)가 필요하다면 * 또는 _와 같이 작성하면 된다.
블록 인용	> some text	라인 시작에서 더 많은 > 문자를 사용해 수준을 증가시킬 수 있다. 블록 인용은 다른 마크다운 요소를 포함할 수 있다.
단락 구분자	〈빈 줄〉	텍스트 끝에서 줄 바꿈은 단락을 끝내지 않는다.
링크	아래를 참조하길 바란다.	–
인라인 코드	`some text`(백틱)	텍스트에서 백틱(`)이 필요하다면 \`과 같이 작성하길 바란다.
코드 블록	␣␣␣␣code line 1 ␣␣␣␣code line 2 …	빈 줄로 둘러싸여 있어야 한다. ␣는 공백 문자다(그 대신 탭 문자 1개를 사용할 수 있다).
선	--- ***	3개뿐만 아니라 그 이상 더 붙여 사용할 수 있고 구분자로 공백 문자를 사용할 수도 있다.
이스케이프	앞에 "\"를 붙인다.	표의 앞에서 설명했듯이 문자가 특별한 일을 수행하지 않게 하려면 사용하길 바란다. 이에 해당하는 문자는 \ * _ [ ] ( ) # + - . ! ` 다.

링크를 삽입하는 데는 여러 가지 방법이 있다. 첫 번째로 다음과 같이 인라인 링크를 만들 수 있다.

```
[link text](link-URL)
또는
[link text](link-URL "Title")
```

문서가 HTML로 변환되면 **"Title"**(생략 가능)은 제목^{title} 애트리뷰트가 된다. 제목 애트리뷰트는 사용자가 마우스를 링크에 올리면 보인다(이러한 동작은 사용하는 브라우저에 따라 다르다). 다음은 인라인 링크의 예제다.

```
Find the link here:
[Link](http://www.example.com/somePage.html "Page")
```

참조 링크는 참조 ID를 사용하므로 텍스트에서 동일한 링크를 여러 번 참조할 수 있다. 구문은 다음과 같다.

```
[link text][link ID]
```

`link ID`는 문자, 공백, 숫자, 구두점을 포함할 수 있으며 대·소문자를 구분하지 않는다. 텍스트 어딘가에 링크 정의 자체가 한 줄로 제공돼야 한다.

```
[link ID]: link-URL
또는
  [link ID]: link-URL "Title"
```

긴 URL 또는 긴 제목의 경우 **"Title"**을 다음 라인에 위치시킬 수 있다. 링크 정의는 아무 출력도 만들어내지 않는다. 마크다운 파일의 텍스트를 읽기 쉽게 만들 뿐이다.

다음과 같이 작성하면 링크 텍스트는 약어로서 텍스트와 ID 역할을 모두 제공한다.

```
[link text][]
```

정의는 다음과 같다.

```
[link text]: link-URL
또는
[link text]: link-URL "Title"
```

링크 텍스트가 필요 없고 URL을 그대로 보여주길 원한다면 `<http://www.apress.com>`처럼 꺾쇠 괄호로 둘러싸 해당 링크를 자동 링크로 변환해야 한다. 그러면 URL이 그대로 보이고 클릭할 수 있다.

방금 설명한 링크의 확장으로 클래스, 프로퍼티, 메서드를 묵시적인 링크인 것처럼 참조할 수 있다.

```
[com.example.TheClass]
[com.example.TheClass.property]
[com.example.TheClass.Method]
```

인터페이스와 싱글턴 객체에도 동일한 방식으로 수행할 수 있다. 원하는 링크 텍스트를 제공하고 싶다면 다음과 같이 작성한다.

```
[link text][com.example.TheClass]
[link text][com.example.TheClass.property]
[link text][com.example.TheClass.Method]
```

문서화되는 요소는 임포트돼 패키지 지정자를 생략할 수 있어 클래스, 인터페이스, 싱글턴 객체의 단순 이름을 사용할 수 있으며 [TheClass], [TheClass.property], [TheClass.Method] 같이 작성할 수 있다.

클래스 주석

멀티라인 주석은 /* ... */ 같이 작성할 수 있다는 것을 알고 있다. 이를 조금 변경해 코드 요소를 문서화하는 경우의 관례는 /** ... */처럼 왼쪽 주석 브래킷에 또 다른 별표를 추가하는 것이다. 그리고 다음과 같이 주석 내부의 모든 줄은 별표로 시작해야 한다.

```
/**
 * 주석 ...
 * ...
 */
```

이는 여전하게 별표로 시작하는 주석이지만 문서화 도구는 이를 문서화를 위해 처리가 필요한 요소로 인식한다. 여전하게 일반 멀티라인 주석 /* ... */을 사용할 수 있지만 문서화 도구는 해당 주석을 무시할 것이다.

클래스 주석은 이렇게 개조된 멀티라인 주석으로 /** ... */ class ... 선언 바로 앞에 작성된다. 클래스 설명 주석 내용은 앞에서 설명한 것과 같이 마크다운 코드다.

문서화 도구가 첫 문단을 목록에 사용할 수도 있으므로 이러한 문서의 첫 문단은 짧은 요약을 제공해야 한다. 표준 마크다운 요소 외에도 문서에는 다음과 같은 요소를 추가할 수 있다.

- @param <name> description: 클래스의 타입 매개변수 <name>을 설명한다. 클래스 타입 매개변수는 이 책 후반부에 설명돼 있다. @param[name] description 같이 작성할 수도 있다.
- @constructor description: 클래스의 주 생성자를 설명한다.
- @property <name> description: 주 생성자의 매개변수를 설명한다.
- @sample <specifier>: 지정된 함수의 코드를 삽입한다.
- @see <specifier>: 지정된 식별자에 대한(클래스, 인터페이스, 싱글턴 객체, 프로퍼티, 메서드) 링크를 추가한다.
- @author description: 작성자 정보를 추가한다.
- @since description: 문서가 언제부터 존재했는지에 대한 정보를 추가한다(버전 정보 등).
- @suppress: 문서에서 클래스, 인터페이스, 싱글턴 객체를 제외한다.

NumberGuess 게임의 MainActivity 클래스에 대한 문서화 예제는 다음과 같다.

```
/**
 * The main activity class of the NumberGuess game app.
 * Extends from the
 * [android.support.v7.app.AppCompatActivity]
 * class and is thus compatible with earlier
 * Android versions.
 *
 * The app shows a GUI with the following buttons:
 * - **Start**: Starts the game
 * - **Do Guess**: Used for guessing a number
 *
 * Once started, the game secretly determines a random
 * number the user has to guess. The user performs
 * guesses and gets told if the guessed number is too
```

```
 * low, too high, or a hit.
 *
 * Once hit, the game is over.
 *
  * @see Constants
 *
  * @author Peter Späth
  * @since 1.0
  */
class MainActivity : AppCompatActivity() {
    ...
}
```

문서화 도구에 의해 변환돼 나온 결과는 그림 6-4와 같다.

> kotlinforandroid.book.numberguess / MainActivity
>
> # MainActivity
>
> `class MainActivity : AppCompatActivity`
> The main activity class of the NumberGuess game app. Extends from the android.support.v7.app.AppCompatActivity class and is thus compatible with earlier Android versions.
>
> The app shows a GUI with the following buttons:
>
> - **Start**: Starts the game
> - **Do Guess**: Used for guessing a number
>
> Once started, the gam secretly determines a random number the user has to guess. The user performs guesses and gets told if the guessed number is too low, too high, or a hit.
>
> Once hit, the game is over.
>
> **See Also**
>
> Constants
>
> **Author**
> Peter Späth
>
> **Since**
> 1.0

▲ 그림 6-4 NumberGuess 액티비티에 대한 문서

함수와 프로퍼티 주석

함수와 프로퍼티의 경우에도 클래스처럼 기본적인 방법은 동일하다. 주석을 작성하길 원하는 함수 또는 프로퍼티 앞에 /** ... */를 추가하면 된다. 클래스 문서화의 경우처럼 각 라인은 공백과 별표로 시작한다. 마찬가지로 주석 내에서는 마크다운 코드를 사용한다. 다음은 그 예제다.

```
...
class SomeClass {
    /**
    * 프로퍼티 prop을 설명한다
    * ...
    */
    val prop:Int = 7
    /**
    * 함수 func를 설명한다
    * ...
    */
    fun func() {
        ...
    }
}
```

클래스, 인터페이스, 싱글턴 객체의 경우처럼 문서화 도구가 첫 문단을 목록에 사용할 수 있으므로 문서의 첫 문단은 짧은 요약을 제공해야 한다.

프로퍼티의 경우에는 추가적으로 사용할 수 있는 몇 가지 요소가 더 존재한다.

- @sample <specifier>: 지정된 함수의 코드를 삽입한다.
- @see <specifier>: 지정된 식별자에 대한(클래스, 인터페이스, 싱글턴 객체, 프로퍼티, 메서드) 링크를 추가한다.
- @author description: 작성자 정보를 추가한다.
- @since description: 이러한 문서가 언제부터 존재했는지에 대한 정보를 추가한다 (버전 정보 등).

- @suppress: 문서에서 프로퍼티를 제외한다.

함수 문서 스니펫은 함수의 매개변수와 반환 값도 설명해야 한다. 함수에 대한 전체 문서화 요소는 다음과 같다.

- @param <name> description: 함수 매개변수를 설명한다.
- @return description: 함수가 무엇을 반환하는지를 설명한다.
- @receiver description: 확장 함수의 리시버를 설명한다.
- @throws <specifier>: 지정자로 지정한 예외를 함수가 발생할 수 있다는 것을 나타낸다. 예외는 이 책 후반부에서 살펴본다.
- @exception <specifier>: @throws와 동일하다.
- @sample <specifier>: 지정된 함수의 코드를 삽입한다.
- @see <specifier>: 지정된 식별자에 대한(클래스, 인터페이스, 싱글턴 객체, 프로퍼티, 메서드) 링크를 추가한다.
- @author description: 작성자 정보를 추가한다.
- @since description: 이러한 문서가 언제부터 존재했는지에 대한 정보를 추가한다 (버전 정보 등).
- @suppress: 문서에서 함수를 제외한다.

연습문제 1

NumberGuess 게임 앱의 모든 패키지, 클래스, 퍼블릭 함수에 주석을 추가하길 바란다.

자체 API 문서 생성

프로그램의 모든 요소를 적절하게 문서화했다면 문서로 만들어낼 방법을 찾아야 한다. 예를 들어 내부적으로 연결된 HTML 문서처럼 말이다. 생성된 문서는 모든 클래스, 인터페이스와 싱글턴 객체, 퍼블릭 메서드, 프로퍼티를 설명해야 한다. 이러한 요소는 클라이언트 소프트웨어가 여러분의 프로그램과 상호작용하기 위해 알아둬야 할 내용이기 때문이다. 일반적으로 이러한 문서를 애플리케이션 프로그래밍 인터페이스API 문서라고 부른다.

도카Dokka는 정확하게 이러한 종류의 API 문서를 생성하기 위해 코틀린이 사용할 수 있는 도구다. 도카를 설치하려면 안드로이드 스튜디오를 열길 바란다. Gradle Scripts drawer(안드로이드 뷰 타입을 다시 전환해야 할 수도 있다)에 `build.gradle` 파일 2개가 존재한다. 하나는 Project NumberGuess로 레이블이 붙어 있고 또 하나는 Module: app으로 레이블이 붙어 있다(그림 6-5 참조). 이러한 두 빌드 파일은 앱이 올바로 실행되도록 빌드하는 방법을 기술한다. 이러한 파일은 여러분의 프로그램이 사용해야 하는 라이브러리 선언을 포함한다.

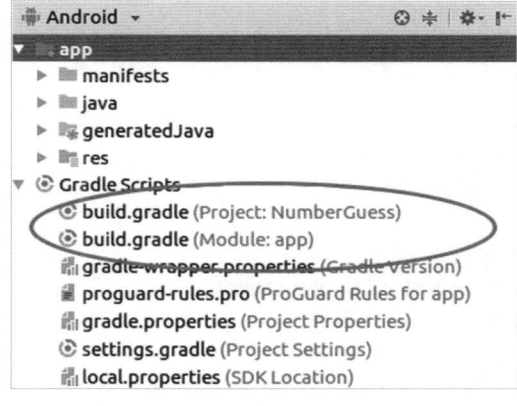

▲ 그림 6-5 빌드 스크립트

> **참고** 라이브러리(library)라는 용어는 일반적으로 다른 사람에 의해 만들어진 프로그램을 말하며 특정 작업을 수행하기 위해 여러분의 앱에서 사용하게 된다. 프로젝트에 라이브러리를 추가할 일이 많으며 다른 사람이 공개적으로 작업한 결과물을 사용하는 혜택을 누릴 수 있다.

프로젝트 `build.gradle`을 열어 `buildscript {` 밑에 다음과 같은 라인을 추가하길 바란다.

```
ext.dokka_version = '0.9.17'
```

동일한 파일에서 `dependencies` 블록 내부에도 다음과 같이 한 줄을 추가한다.

```
classpath "org.jetbrains.dokka:
        dokka-android-gradle-plugin:${dokka_version}"
```

이는 도카 라이브러리가 프로젝트에 추가되도록 한다.

이제 모듈 `build.gradle`을 열어 다른 모든 apply plugin 라인 밑에 다음을 추가한다.

```
apply plugin: 'org.jetbrains.dokka-android'
```

동일한 파일에서 하단에 다음을 추가한다.

```
task myDokka(type: org.jetbrains.dokka.gradle.
 DokkaAndroidTask) {
    outputFormat = 'html'
    outputDirectory = "dokka"
    includes = ['packages.md']
    doFirst {
        // packages.md 파일을 만든다
        def pckg = new File(projectDir.absolutePath +
            File.separator + "packages.md")
        pckg.text = ""
        def s = ""
        projectDir.eachFileRecurse(
              groovy.io.FileType.FILES) { f ->
            if(f.name == 'package-info.md') {
                s += "\n" + f.text
            }
        }
        pckg.text = s
    }
}
```

이는 도카를 구성하고 준비 단계를 추가한다.

> **참고** 도카는 기본적으로 package-info.md 파일을 어떻게 처리하는지 모른다. 단일 패키지 packages.md 파일이 필요하다. 준비 단계는 모든 package-info.md 파일을 수집해 packages.md 파일을 만든다. 이러한 작은 스크립트는 그루비(Groovy)로 작성됐으며 그루비는 그레이들(Gradle) 빌드 시스템이 사용하는 언어다.

문서 생성을 실제로 수행하려면 윈도우 맨 오른쪽에 있는 Gradle 탭을 열어 NumberGuess: > NumberGuess > Tasks > Documentation까지 타고 내려간다. myDokka를 더블 클릭한다(그림 6-6 참조).

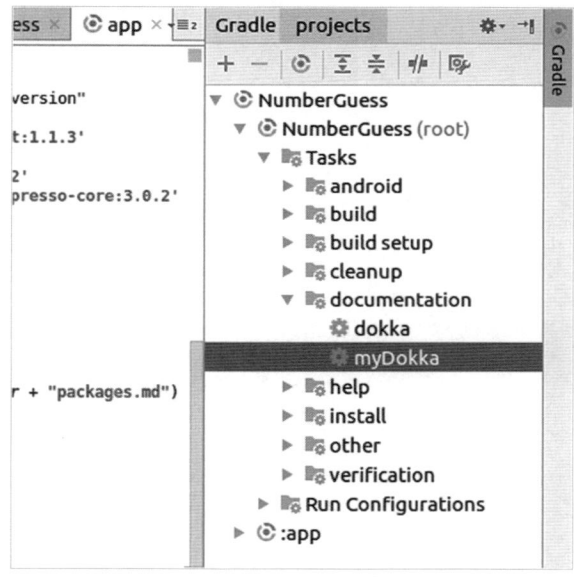

▲ 그림 6-6 도카 빌드 태스크

dokka 폴더 내부에서 내부 연결 HTML 파일 컬렉션 형태로 만들어진 API 문서를 찾을 수 있을 것이다(안드로이드 스튜디오에서 이를 확인하려면 Project Files 뷰 타입으로 전환하길 바란다).

7장

구조적 구조

컴퓨터 언어가 생겼을 때부터 프로그램 흐름의 조건 분기는 프로그램 코드가 표현할 수 있는 가장 기본적인 것 중 하나였다. 이러한 분기는 기능 내부에서 일어나므로 클래스와 싱글턴 객체 내부에서 일종의 부분 구조화를 유발한다. 7장에서는 이러한 분기 구조와 함께 코드 작성을 돕는 보조 부류를 살펴본다.

If와 When

실제 생활에서 많은 행위는 결정을 기반으로 일어난다. 어떠한 조건이 충족되면 행위 A가 일어나고 그렇지 않으면 행위 B가 일어난다. 프로그래밍 언어의 경우에도 이와 비슷한 뭔가가 필요하며 프로그램 흐름에 분기를 만드는 가장 기본적인 방법으로 너무나 익숙한 if-else if-else 구조가 있다. 어떠한 조건을 검사하고 조건이 맞으면 분기를 실행한다. 그렇지 않으면 선택적으로 또 다른 else if 조건을 검사하고 조건이 맞으면 해당하는 분기를 실행한다. 얼마나 될지 모르는 else if문을 실행한 후 if와 else if 검사를 true로 만족시키는 것이 아무 것도 없다면 마지막으로 else 블록을 실행한다.

코틀린에서도 if-else if-else 구조를 제공하는데 다음과 같다.

```
if( [조건] ) {
   [구문1]
} else if( [조건2] ) {
   [구문2]
} else if( [조건3] ) {
   [구문3]
... 다른 "else if" 들
} else {
   [else 구문]
}
```

모든 else if와 else문은 선택적이며 각 조건은 불리언 값으로 평가돼야 한다. 불리언 값 계산은 여러분이 어떻게 하느냐에 달려 있다. 상수, 변수, 복잡한 표현식이 될 수 있다. 예를 들어 어떠한 변수 v가 특정 상수와 같은지를 검사했는데 같다면 abc1()를 호출하고 그렇지 않다면 abc2()를 호출하는 코드를 작성하면 다음과 같이 할 수 있다.

```
if( v == 7 ) {
  abc1()
} else {
  abc2()
}
```

블록이 오직 하나의 구문을 포함한 곳에는 다음과 같이 중괄호 및 줄 바꿈을 생략할 수 있으며 다음은 유효한 코드다.

```
if( v == 7) abc1() else abc2()
```

특수하게도 코틀린의 다른 모든 구조가 그렇듯 이러한 조건부 구조는 값을 가질 수 있으며 표현식 내부에서 사용할 수 있다. 이를 위해서는 모든 구문 블록의 마지막 라인을 해당 데이터로 평가해야 한다.

```
val x = if( [조건] ) {
   [구문1]
```

```
    [값1]
} else if( [조건2] ) {
    [구문2]
    [값2]
} else if( [조건3] ) {
    [구문3]
… 다른 "else if" 들
} else {
    [else 구문]
    [else 값]
}
```

이번에는 else문이 선택 사항이 아니다. 그렇지 않고 else 값이 없다면 전체 구조의 결과가 정의되지 않은 것과 같다. 이러한 구조가 작동하려면 말할 것도 없이 블록의 마지막에 있는 모든 값이 동일한 타입을 가져야 한다.

비 표현식과 비슷하게 블록 내부에 구문이 없는 경우 중괄호와 줄 바꿈을 생략할 수 있으며 다음은 유효한 구문이다.

```
val x = if( a > 3 ) 27 else 28
```

여러 else if문으로 이뤄진 커다란 조건부 분기는 다소 투박하다. 그래서 간결한 표현을 위해 다음과 같이 또 다른 구조가 존재한다.

```
when( [표현식] ) {
    val1 -> { ... }
    val2 -> { ... }
        ...
        else -> { ... }
}
```

[표현식]이 -> 앞에 위치한 값을 만들어내면 해당하는 분기 { … }가 실행된다. 이것도 값으로 평가할 수 있다.

```
val x = when( [표현식] ) {
   val1 -> { ... }
   val2 -> { ... }
   ...
   else -> { ... }
}
```

각 { ... } 내부에 있는 마지막 요소는 해당하는 검사가 일치할 경우 반환하는 값으로 사용된다.

코드 블록이 반복되는 것을 피하려면 다음과 같이 평가 그룹을 정의할 수 있다.

```
when( [표현식] ) {
    val1       -> { ... }
    val2,val3  -> { ... }
    ...
    else -> { ... }
}
```

이는 값을 만들어내는 방식에도 작동한다.

-> 왼쪽에 있는 값의 경우 함수 호출을 포함해 임의의 표현식을 사용할 수 있다.

```
val x = when( [표현식] ) {
   calc(val1) + 7 -> { ... }
   val2,val3      -> { ... }
   ...
   else           -> { ... }
}
```

그 외에 포함 여부 검사는 in 연산자나 그 반대인 !in 연산자를 사용할 수 있다.

```
val l = listOf(...)
val x = when( [표현식] ) {
  in l          -> { ... }
  in 27..53     -> { ... }
  !in 100..110 -> { ... }
```

```
    ...
    else         -> { ... }
}
```

이는 배열에 대해서도 작동한다. `27..53`과 `100..110`은 레인지를 정의하는데 이는 주어진 제한과 그 사이의 모든 값을 나타낸다. 레인지[ranges]는 다음 절에서 자세하게 살펴본다.

또 다른 유용한 검사는 타입 검사를 수행하는 is 연산자다.

```
val q:Any = ... // 임의의 타입
val x = when(q) {
    is Int         -> { ... }
    is String      -> { ... }
    ...
    else           -> { ... }
}
```

is를 부정하는 연산자로 !is가 당연하게 존재한다. 마찬가지로 한 줄 블록은 다음과 같이 중괄호를 생략할 수 있다.

```
val q = ... // Int 값
val x = when( q ){ 1 -> "Jean" 2 -> "Sam" else -> "" }
```

내부 블록에서 평가를 위해 when(...) 내부에서 [표현식]이 필요한 경우 다음과 같이 캡처할 수 있다.

```
val x = when(val q = [어떠한 값]) {
    1 -> q * 3
    2 -> q * 4
    ...
    else -> 0
}
```

캡처된 변수는 when 블록 내부에서만 유효하다.

레인지

레인지는 루핑이 필요할 때 자주 사용된다. 루핑은 다음 절에서 살펴보며 이번 절은 준비 단계로 생각하면 된다. 레인지는 2가지 경계 값과 그 사이 값이 보간되는 방식으로 정의된다.

코틀린에는 Int, Long, Char 타입의 3가지 레인지가 존재한다. 이들은 다음과 같이 생성자를 사용해 레인지를 만들 수 있다.

```
val r1 = IntRange(1, 1000)
val r2 = LongRange(1, 10_000_000_000)
val r3 = CharRange('A', 'I')
```

그 외에 다음과 같이 레인지 연산자 ..을 사용해 동일하게 레인지를 만들 수 있다.

```
val r1 = 1..1000
val r2 = 1L..10_000_000_000L
val r3 = 'A'..'I'
```

마지막으로 몇 가지 코틀린 표준 라이브러리 함수가 레인지를 반환하거나 레인지와 함께 동작한다. 모든 정수 타입(예: Byte, Short, Int, Long, Char)은 레인지를 생성하기 위한 rangeTo() 함수를 갖고 있다. 따라서 7..77은 7.rangeTo(77) 같이 작성해 만들 수도 있다.

레인지는 레인지 경계 사이에서 값이 어떻게 보간되는지를 정의하는 step 프로퍼티를 갖고 있다. 기본 스텝은 +1이지만 다음과 같이 조정할 수 있다.

```
1..1000 step 5
(1..1000 step 5).reversed()
```

마지막 줄 reversed()는 경계를 맞바꾸고 스텝 부호를 반대로 바꾼다. 언어 설계에 의해 명시적인 음의 스텝은 허용되지 않지만 downTo 연산자를 사용할 수 있다.

```
1000 downTo 1 step 5
```

범위의 첫 번째 값과 마지막 값은 first 또는 last 프로퍼티를 통해 접근할 수 있다.

```
(1..1000 step 5).first          // -> 1
(1..1000 step 5).last           // -> 996
(1000 downTo 1 step 5).first    // -> 1000
(1000 downTo 1 step 5).last     // -> 5
```

For와 While 루프

프로그램에서 루프에 해당하는 부분은 여러 번 반복해 돌게 된다. 이러한 루프로 for 루프가 있으며 다음과 같다.

```
for( i in [루프 데이터] ) {
    // i를 갖고 뭔가를 수행
}
```

[루프 데이터]는 레인지, 컬렉션, 배열, next():E(E는 루프 변수 타입이다)와 hasNext():Boolean 함수가 있는 객체를 반환하는 iterator() 함수가 있는 객체다. 후자의 경우 3가지 함수 iterator(), next(), hasNext() 모두 operator로 표시돼야 한다.

for 루프와 유사한 루프로는 while과 do .. while이 있으며 조건식이 false를 만들어 내기 전까지 루프를 지속한다.

```
while( [조건] ) {
    // 뭔가를 수행
}
do {
```

```
// 뭔가를 수행
} while( [조건] )
```

첫 번째 경우에서 조건식은 맨 처음에서 처음으로 검사되며 두 번째 경우에는 반복의 끝에서 처음으로 조건식이 검사된다.

기본적으로 for와 while 루프 모두 break를 사용해 내부 프로그램 흐름을 빠져나갈 수 있다. 마찬가지로 루프에 있는 continue 구문은 그 다음 반복을 돌게 하며 continue 이후의 모든 것을 무시한다.

```
while( [조건] ) {
    ...
    break // -> 루프 탈출
    ...
    continue // -> 다음 반복
    ...
}
```

for와 do .. while 루프의 경우도 마찬가지다.

> **참고** For와 while 루프는 매우 오래된 부류로 간주된다. 컬렉션에 대해 forEach()를 사용하면 변환과 필터링 같은 루프 준비 동작을 할 수 있으므로 for와 while보다 forEach()를 사용하는 것이 좋다. 컬렉션과 컬렉션 데이터 반복은 나중에 자세하게 살펴본다.

스코핑 함수

코틀린의 표준 라이브러리 일부는 매우 강력하며 코드의 표현력을 끌어올려 준다. 이러한 5가지는 apply, let, also, run, with다. 함수 내부에 새로운 스코프를 만들기 때문에 스코핑 함수라고 부르며 프로그램 흐름 구조를 향상시킨다. 이들이 무엇을 하며 더 좋은 코드를 어떻게 만들 수 있게 하는지 살펴보자.

> **참고** 이들을 기억할 기억법이 필요하다면 "LET us ALSO RUN WITH APPLY."를 사용하길 바란다.

apply 함수

스코핑 함수 중 하나인 apply를 살펴보자. 다음과 같이 이 함수는 임의의 객체에 사용할 수 있다.

```
object.apply {
    ...
}
```

큰 장점이 없어 보이지만 apply의 중괄호 내부에서 객체 인스턴스에 일어나는 일을 보면 놀랍다. 즉 객체 인스턴스가 this로 전달된다. 또한 apply는 자동으로 객체 인스턴스를 반환한다. 따라서 this.someProperty, someProperty, this.someFunction() 및 그 별칭인 someFunction()은 apply를 둘러싸고 있는 컨텍스트가 아닌 apply 앞의 object를 참조한다. 무슨 의미일까? 다음과 같은 코드가 있다고 가정해보자.

```
class A { var x:Int, var y:Int }
val instance = A()
instance.x = 4
instance.y = 5
instance.y *= instance.x
```

이제 초기화된 객체 바로 뒤에 .apply{ ... }를 넣으면 인스턴스에 접근하기 위해 this를 사용할 수 있다.

```
class A { var x:Int, var y:Int }
val instance = A().apply{
    this.x = 4
```

```
    this.y = 5
    this.y *= this.x
}
```

this.는 생략할 수 있으므로 다음과 같이 더 단순화시킬 수 있다.

```
class A { var x:Int, var y:Int }
val instance = A().apply{
    x = 4
    y = 5
    y *= x
}
```

> **참고** propertyName과 functionName()은 this 인스턴스를 대상으로 하므로 this가 이러한 프로퍼티 및 함수 접근에 대한 리시버라고 할 수 있다. 스코핑 함수 없이 this는 감싸고 있는 클래스 인스턴스나 싱글턴 객체를 참조한다. .apply 앞의 인스턴스는 apply{ ... } 내부에서 this로 재정의돼 새로운 리시버가 된다.

apply{} 내부에서 사용된 프로퍼티나 함수 식별자가 리시버 객체에 존재하지 않는다면 주변 컨텍스트가 대신 사용된다.

```
var q = 37
class A { var x:Int, var y:Int }
val instance = A().apply {
    x = 4
    y = 5
    q = 44 // A에 없으므로 바깥에 있는 q가 사용된다
}
```

이처럼 apply{ ... }가 작동하는 객체에 대한 강한 결합 그리고 동일한 객체에 의해 수신되는 중괄호 내부의 this 스코프 함수와 프로퍼티는 apply{} 구조를 객체를 인스턴스화한 이후의 준비 작업을 하기에 좋은 최적의 후보로 만들어준다.

```
val x = SomeClass().apply {
    // SomeClass 인스턴스로 뭔가를 수행
    // 인스턴스를 x로 할당
}
```

주변 컨텍스트(클래스 또는 싱글턴 객체)의 this는 잃어버리지 않는다. 필요하다면 apply{} 내부에서 다음과 같이 @Class 한정자를 사용해 접근할 수 있다.

```
class A {
    fun goA() { ... }
    ...
    val x = SomeClass().apply {
        this.x = ...        // -> SomeClass.x
        x = ...             // -> SomeClass.x
        this@A.goA()        // -> A.goA()
        ...
    }
}
```

let 함수

let 스코핑 함수는 객체를 다른 객체로 변환하는 데 자주 사용된다. 전체적인 개요는 다음과 같다.

```
object.let { o ->
    [구문] // 'o'로 뭔가를 수행
    [값]
}
```

마지막 줄은 let{}이 반환해야 할 표현식을 포함해야 한다. let{} 구조는 함수를 매개변수로 가지며 여기서 보여준 대로 작성하고 익명 람다 함수를 o 매개변수와 함께 사용하면 이러한 매개변수 함수는 객체 자체를 매개변수로 얻는다. o ->를 생략할 수도 있으며 이러한 경우 it이라는 특수한 값이 대신 사용된다.

```
object.let {
    [구문] // 'it'으로 뭔가를 수행
    [값]
}
```

> **참고** 중괄호 내부의 x -> 없이 let { }을 작성하면 함수 블록처럼 보인다. 이는 구문상 우연의 일치다. 실제로는 자동 값 it을 매개변수로 갖는 람다 함수다.
>
> 다른 함수를 매개변수로 갖는 함수를 고차 함수라고 한다. 고차 함수는 12장에서 살펴본다.

간략한 예를 들면 문자열을 받아 let{}을 사용해 줄 바꿈 "\n"을 추가할 수 있다.

```
val s = "Hello World"
val s2 = s.let { it + "\n" }
// 또는 s.let { string -> string + "\n" }
```

with 함수

with 스코핑 함수는 apply{ ... }와 형제간이다. 차이점은 매개변수로 얻은 객체나 값을 리시버로 변환한다는 것이다.

```
val o = ... // 어떠한 값
with(o){
    // o는 이제 "this"다
    ...
}
```

with 함수는 객체를 반복적으로 사용하는 것을 피하기 위해 자주 사용된다.

```
with(object){ f1(37)
    f1(12)
    fx("Hello")
}
```

위의 예는 다음을 대신한다.

```
object.f1(37)
object.f1(12)
object.fx("Hello")
```

also 함수

also 스코핑 함수는 apply{ ... }와 관련 있지만 this를 재정의하지는 않는다. 그 대신 also 앞의 객체나 값을 람다 함수의 매개변수로 제공한다.

```
object.also { obj ->
    // 'obj'는 object다
    ...
}
```

또는

```
object.also {
    // 'it'은 object다
    ...
}
```

also{ }는 횡단 관심사에 사용할 수 있으며 이는 객체를 변경하지 않고(apply{ ... }가 하는 일이다) 현재 프로그램의 흐름과 주로 연관되지 않는 작업을 수행한다는 것을 의미한다. 캐싱, 로깅, 인증, 레지스트리 객체에 객체를 등록하는 것과 같은 작업이 적절한 예다.

run 함수

run 스코핑 함수는 `apply{ ... }` 함수와 유사하다. 하지만 리시버 객체를 반환하지 않으며 마지막 구문의 값을 반환한다.

```
val s = "Hello"
val x = s.run {
    // 'this'는 's'다
    ...
    [value]
}
// x는 이제 [value] 값을 갖는다
```

`run{ ... }`을 "객체로 뭔가를 수행하는" 범용 괄호로 볼 수 있다. null이 아닐 때 객체에 작업을 수행하는 것이 대표적인 사용 예다.

```
var v:String? = ...
...
if(v != null) {
    ...
}
```

위의 코드 대신 다음과 같이 작성할 수 있다.

```
var v:String? = ...
...
v?.run {
    ...
}
```

`?.`는 앞에 있는 객체가 null이 아닌 경우에만 프로퍼티에 접근하거나 함수를 호출할 수 있다. 경우에 따라 후자의 가독성이 더 좋을 수 있다.

조건별 실행

인스턴스 함수로 조건 분기를 작성할 수 있는 구문은 다음과 같다.

```
someInstance.takeIf { [불리언 표현식] }?.run {
    // 뭔가를 수행
}
```

불리언 표현식 내부에서 someInstance를 참조하려면 it을 사용하면 된다. 불리언 표현식이 true로 평가되면 takeIf() 함수는 리시버(이러한 경우에는 someInstance)를 반환한다. 그 외의 경우에는 null을 반환하며 모든 객체에 사용할 수 있다.

8장

예외: 뭔가 잘못된다면

매우 단순한 프로그램이라면 프로그램의 모든 부분이 잘 작동하게 만들기는 쉬울 것이다. 하지만 여러 개발자가 함께 만들거나 외부 프로그램(라이브러리)을 사용하는 등 더 복잡한 수준의 프로그램이라면 얘기가 달라진다. 예를 들어 리스트나 배열이 경계를 넘어 참조하거나 파일 또는 네트워크 I/O 접근이 실패하거나 객체가 결국 예상하지 못하거나 부정확한 상태가 되는 등의 문제가 발생한다.

바로 이런 것을 위해 예외가 존재한다. 예외는 예상하지 못한 심각한 문제가 발생한 경우에 생성되거나 던져지는 객체다. 프로그램의 특정 부분에서 이러한 예외 객체를 받아 적절한 작업을 수행할 수 있다.

코틀린과 예외

코틀린은 예외적인 상태를 처리하는 다소 자유로운 방법이 있지만 안드로이드는 그렇지 않다. 앱의 예외를 신경 쓰지 않고 프로그램 중간에 예외가 발생하면 안드로이드는 냉정하게 앱이 크래시됐다고 알려줄 것이다. 프로그램에서 의심스러운 부분을 try-catch 블록 내부에 넣으면 이를 방지할 수 있다.

```
try {
    // ... 구문들
} catch(e:Exception) {
    // 뭔가를 수행
}
```

또는

```
try {
    // ... 구문들
} catch(e:Exception) {
    // 뭔가를 수행...
} finally {
    // 어쨌든 수행한다 ...
}
```

두 경우 모두 예외를 캐치하면 구문이 호출된다. `finally` 블록은 선택적으로 사용할 수 있으며 예외의 발생 유무와 상관 없이 구문 마지막에서 실행된다. 이러한 블록은 보통 파일이나 네트워크 리소스를 닫는 작업과 함께 `try { }` 내부의 코드 때문에 발생하는 지저분한 것을 제거하는 데 사용할 수 있다.

> **참고** 경험상 try-catch를 많이 사용하면 코드 품질을 높이기 어렵다. 많이 사용하는 것은 좋지 않다. 앱에서 중요한 부분의 일부에만 제한적으로 사용하는 것이 좋다.

`try{ }` 블록 내부에서 예외가 발생하면(메서드 호출을 포함해) 프로그램 흐름은 곧바로 `catch{ }` 블록으로 흐른다. 특히 안드로이드의 경우 여기서 무슨 일이 일어나야 하는지 답하기 어렵다. 앱을 개발할 때는 로그를 기록하는 것이 좋다. 안드로이드는 코틀린 표준 라이브러리의 일부는 아니지만 로그를 기록할 수 있도록 `android.util.Log`라는 싱글턴 객체를 제공한다.

```
import android.util.Log
...
try {
    // ... 구문들
```

```
} catch(e:Exception) {
    Log.e("LOG", "Some exception occurred", e)
}
```

여기서 보여주듯이 문구를 기록하는 대신 더 구체적인 정보를 기록할 수 있다.

> **참고** android.util.Log 클래스를 살펴보면 해당 클래스는 자바 클래스이며 인스턴스가 필요 없는 정적 함수 e()를 갖고 있다. 엄밀하게 말해 싱글턴 객체라고 할 수 없지만 코틀린 관점에서는 싱글턴 객체처럼 취급한다.

앱을 개발하는 동안 에뮬레이터나 디버깅이 활성화된 하드웨어 장치가 연결되어 있는 경우 **로그캣**Logcat 탭에서 로깅되는 내용을 볼 수 있다. Log 클래스의 e()를 사용하면 스택 트레이스를 얻을 수 있는 장점이 있으며 줄 번호가 표시되고 프로그램에서 문제를 일으키는 부분에 대한 함수 호출이 나열된다.

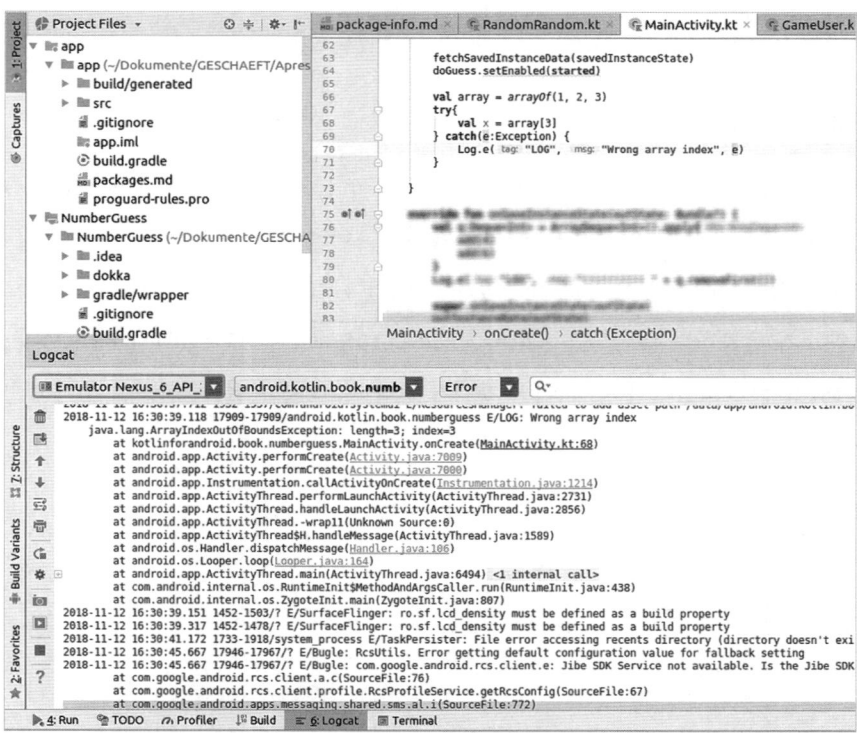

▲ 그림 8-1 안드로이드 스튜디오의 예외 로깅

엔드 유저의 경우 대부분 로깅 파일을 어떻게 보는지 모를 것이므로 이러한 방식의 로깅은 사용할 수 없다. 그 대신 다음과 같이 Toast 형태의 짧은 오류 메시지를 제공할 수 있다.

```
import android.util.Log
...
try {
    // ... 구문들
} catch(e:Exception) {
    Log.e("LOG", "Some exception occurred", e)
    Toast.makeText(this,"Error Code 36A",
            Toast.LENGTH_LONG).show()
}
```

물론 사용자에게 보여줘야 할 내용은 예외의 심각성에 달려 있다. 어떻게 하든 오류가 있는 상태를 해소하고 원래의 프로그램 흐름을 계속 진행할 수도 있다. 정말 심각한 경우에는 오류 메시지 대화 상자를 보여주거나 오류를 처리하는 액티비티로 이동하게 할 수 있다.

다른 예외 유형

지금까지 본 Exception 클래스는 예외의 일종일 뿐이다. catch 절에서 Exception을 사용하는 것은 형식적으로 매우 일반적인 종류의 예외를 표현한 것이다. 상황에 따라 앱은 예외의 경우 Exception 클래스만 사용할 수도 있다. 하지만 여기에 사용할 수 있는 여러 Exception 서브클래스가 존재한다. 예를 들어 ArrayIndexOutOfBounds, IllegalArgumentException, IllegalStateException 예외 등 여러 가지가 있다. catch{ } 절을 여러 번 추가해 한 번에 여러 가지를 사용할 수 있다.

```
try {
    // ... 구문들
} catch(e:ExceptionType1) {
    // 뭔가를 수행...
} catch(e:ExceptionType2) {
    // 뭔가를 수행...
```

```
... 캐치 절이 더 있을 수 있음
} finally {
    // 어쨌든 수행한다 ...
}
```

try{ } 내부에서 예외가 던져지면 catch 절이 하나씩 검사되고 그중 하나가 일치하면 해당하는 catch 절이 실행된다. 여러 예외를 캐치하는 경우라면 더 구체적인 캐치를 앞부분에 두고 더 일반적인 캐치는 뒤에 둬야 한다. 예를 들어 파일에 접근하고 배열을 처리하고 그 외에 어떠한 예외를 던질 수 있는 코드가 있다고 가정하면 다음과 같이 작성할 수 있다.

```
try {
    // ... 파일 접근
    // ... 배열 접근
} catch(e:IOException) {
    // 뭔가를 수행...
} catch(e:ArrayIndexOutOfBoundsException) {
    // 뭔가를 수행...
} catch(e:Exception) {
    // 뭔가를 수행...
} finally {
    // 어쨌든 수행한다 ...
}
```

finally 절은 항상 그랬듯이 선택 사항이다.

예외 던지기

예외를 던지려면 다음과 같이 작성하면 된다.

```
throw exceptionInstance
```

exceptionInstance는 다음에서처럼 예외 클래스의 인스턴스다.

```
val exc = Exception("The exception message")
throw exc
```

또는 다음과 같이 할 수 있다.

```
throw Exception("The exception message")
```

catch 절에서 사용된다는 점을 제외하면 예외는 일반 클래스이므로 예외 클래스를 직접 작성할 수 있다. Exception 클래스를 확장하거나 Exception 클래스의 서브클래스를 확장하면 된다.

```
class MyException(msg:String) : Exception(msg)
...
try {
    ...
    throw MyException("an error occurred")
    ...
} catch(e:MyException) {
    ...
}
```

연습문제 1

NumberGuess 앱에 Exception의 확장인 GameException 클래스를 정의하길 바란다. 사용자가 입력한 숫자를 검사하고 숫자가 최소 또는 최대 추측 가능 숫자를 넘기는 경우 GameException 예외를 던지길 바란다. guess() 함수에서 이러한 예외를 캐치하고 Toast 메시지를 보여주길 바란다.

힌트: 검사는 if (num.text.toString().toInt() < Constants.LOWER_BOUND) throw ...와 if(num.text.toString().toInt() > Constants.UPPER_BOUND) throw ...를 사용하면 된다.

표현식에서의 예외

코틀린에서 한 가지 재미 있는 기능은 try-catch 블록과 throw 절을 표현식에서 사용할 수 있다는 것이다. try-catch 블록의 결과 값은 예외가 발생했는지 여부에 따라 try{ } 또는 catch(...){ } 블록에 있는 마지막 줄의 값이 된다. 이는 다음과 같이 뭔가 잘못되면 기본 값을 제공하는 용도로 사용할 수 있다.

```
val x = try{ arr[ind] }
        catch(e:ArrayIndexOutOfBoundsException) { -1 }
```

arr로 명명된 IntArray가 있고 이러한 배열의 경계를 넘어 접근하면 변수 x 값은 기본 값 -1이 된다.

> **주의** 다소 예외적이더라도 예상되는 프로그램 흐름 경로에 대해 try-catch 블록을 남용하지 않도록 주의하길 바란다. 정말 예상하지 못한 문제에 대해서만 예외를 사용해야 한다.

throw someException도 값을 갖는다. 값의 타입은 Nothing이며 코틀린 타입 계층 구조에서 모든 것에 대한 서브클래스다. 따라서 다음과 같이 작성할 수 있다.

```
val v = map[someKey] ?: throw Exception("no such key in the map")
```

?: 연산자(엘비스 연산자라고 한다)는 왼쪽이 null인 경우에만 오른쪽을 평가한다. 그 외에는 왼쪽을 취한다. 즉 위의 경우 map[someKey]가 null로 평가되면 해당 맵은 키를 갖지 않으므로 예외가 던져진다.

9장

데이터 컨테이너

자연과 인간 문명은 집합과 밀접한 관계가 있다. 친척이 모여 가문이 되고 사람이 모여 도시가 되고 집에는 사람과 그들의 소유물이 모이고 수학 집합 이론은 관계식 모음을 사용하고 별이 모여 은하계가 되고 소립자가 모여 원자가 된다. 따라서 현실의 시나리오를 모델링하기 위해 만들어진 컴퓨터 언어가 집합을 모델링할 수 있어야 하는 것은 놀랄 일이 아니다.

이는 현실에서 별로 큰 주제가 아니지만 컴퓨터는 처음부터 고정 크기 집합과 가변 크기 집합을 확실하게 구분했다. 고정 크기 집합은 다루기 쉽고 속도가 빠른 반면 가변 크기 집합은 느리지만 상당한 유연성을 보여주며 상황에 따라 메모리 사용량이 더 적을 수 있다. 2가지 옵션 모두 여러 가지 집합 관련 작업에 필요하므로 개발자는 2가지 다 배워야 한다. 차이점을 명확하게 하기 위해 고정 크기 집합은 배열, 가변 크기 집합은 컬렉션이라는 용어를 사용하기로 한다.

코틀린의 내장 라이브러리는 배열과 컬렉션 사이를 중재하는 몇 가지 함수를 포함하고 있으며 개발자는 이들을 편리하게 사용할 수 있다. 또한 배열과 컬렉션 처리를 통합해 둘 사이를 전환하기 쉽다. 이후 절에서는 컴퓨터 언어 역사에 먼저 등장한 배열부터 살펴보고 컬렉션을 살펴본다.

배열의 정의와 사용

배열은 요소가 담긴 고정 크기의 컨테이너다. 요소는 객체 또는 원시 데이터 타입이 될 수 있다. 객체를 잘 알고 있지만 원시 데이터 타입은 아직 자세하게 살펴보지 않았다. 코틀린 관점에서 보면 객체를 다루거나 다루지 않는 이러한 구별이 전혀 없는 것이 나을 것이다.

그러면 원시 데이터 타입 같은 것은 왜 존재할까? 도대체 무엇이며 왜 사용해야 할까? 그것은 원시 데이터 타입이 컴퓨터 하드웨어에 직접 대입되는 데이터 타입이기 때문이다. 따라서 객체를 배열에 넣기 전에 객체의 인스턴스화를 수행할 필요가 없으며 배열 요소를 인스턴스와 연관 짓기 위해 일종의 참조를 사용할 필요도 없다(그림 9-1 참조).

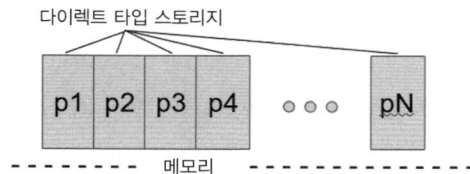

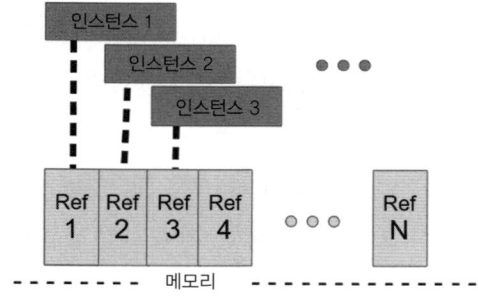

▲ 그림 9-1 원시 배열과 객체 배열

객체 배열은 Array 문자열 다음의 꺾쇠 괄호 안에 선언된 요소 타입을 타입으로 갖는다.

Array<ElementType>

ElementType은 임의의 클래스 또는 인터페이스가 될 수 있다. 이들은 코틀린의 여러 다른 타입처럼 일반적인 타입으로 취급되므로 다음 예와 같이 var와 val을 사용할 수 있다.

```
val someStringArray:Array<String> = ...
var someObjectArray:Array<Any> = ...
```

> **참고** Any는 코틀린 타입 계층 구조의 맨 꼭대기에 위치하며 모든 객체는 묵시적으로 자동으로 Any를 상속받는다. 따라서 어떠한 방식으로 선언하든 모든 객체는 자동으로 Any의 인스턴스가 된다.
> 꺾쇠 괄호는 제네릭 타입을 선언한다. 제네릭은 이 책 후반부에서 살펴본다.

원시 요소 배열은 Boolean, Byte, Char, Double, Float, Int, Long, Short 요소 타입을 위해 존재한다. 해당하는 타입의 배열은 다음과 같이 이들 타입에 Array를 붙여 사용한다.

```
val byteArr:ByteArray = ...
var intArr:IntArray = ...
...
```

배열 요소에 접근하려면 array[index] 같이 하면 되며 index 범위는 0부터 배열 길이에서 1을 뺀 값까지다. 길이 자체는 size 프로퍼티로 제공되며 마지막 인덱스는 lastIndex로 제공된다. val elem1 = array[0]에서처럼 배열 요소를 읽을 수 있으며 array[77] = ... 같이 할당할 수 있다. 배열 경계에서 벗어나는 요소에 접근하면 앱은 크래시되므로 인덱스가 경계에서 벗어나지 않도록 주의해야 한다.

배열 인스턴스화

배열을 어떻게 선언하는지 배웠으니 이제 배열을 어떻게 생성하고 인스턴스화하는지 살펴볼 차례다. 이는 val arr:IntArray = ...의 오른쪽에 해당한다.

먼저 코틀린이 배열을 생성하기 위해 제공하는 생성자를 사용할 수 있다. 이는 객체 요소 타입 배열 및 특수한 원시 요소 배열인 경우에 해당한다. 다음 예에서 생성자는 지정된 요소 개수(모두 7을 줬다)를 갖는 원시 요소 배열을 인스턴스화한다.

```
val byteArr:ByteArray = ByteArray(7)
val shortArr:ShortArray = ShortArray(7)
val intArr:IntArray = IntArray(7)
val longArr:LongArray = LongArray(7)
val doubleArr:DoubleArray = DoubleArray(7)
val floatArr:FloatArray = FloatArray(7)
val booleanArr:BooleanArray = BooleanArray(7)
```

이러한 배열 요소는 숫자 타입의 경우 모두 기본 값이 0, 불리언 배열의 경우 false로 초기화된다.

다른 생성자 집합은 개별적인 배열 멤버를 설정할 수 있다. 단지 생성자의 두 번째 매개변수로 함수를 추가하면 된다. 함수는 어떻게 생성자 매개변수가 될 수 있을까? 이는 다른 컴퓨터 언어 중에서도 코틀린이 제공하는 특징 중 하나다. 함수를 함수에 전달할 수 있는 객체로 취급하고 심지어 프로퍼티도 이러한 함수를 가리키게 할 수 있다. 이러한 부분은 12장에서 살펴본다. 현재 필요한 것은 함수 이름이 없는 소위 람다 함수다. 람다 함수는 다음과 같이 생겼다.

```
{ i ->
   [ 프로그램 코드 ]
   [ 표현식 ]
}
```

i는 배열 내부의 인덱스와 대응하는 매개변수다. i는 예를 들기 위한 것으로 ind, index 또는 원하는 이름을 사용할 수 있다. 마지막 줄 [표현식]은 배열 요소에 대해 선언된 타입 값으로 평가돼야 한다. 하지만 표현식 앞에서 수행할 작업은 여러분에게 달려 있다. [프로그램 코드]는 인덱스 매개변수를 사용하는 것을 포함해 뭐든지 작성할 수 있다. 예를 들어 1, 2, 4, 9, 16, … 같이 배열 요소가 index의 제곱 수를 갖는 크기가 10인 IntArray를 만든다고 가정해

보자. 이러한 경우 [프로그램 코드]는 필요 없으며 [표현식]은 (i + 1) -> (i + 1)이 돼야 한다 (i는 인덱스이므로 0부터 시작한다). 따라서 이러한 람다 함수는 다음과 같을 것이다.

```
{ i -> (i+1) * (i+1) }
```

그리고 전체 배열의 선언과 초기화는 다음과 같다.

```
val arr = IntArray(10, { i -> (i+1) * (i+1) })
```

초기화 함수를 사용해 객체 배열을 다음과 같이 생성할 수도 있다.

```
val objArr:Array<SomeType> =
        Array<SomeType>(7, { i -> ... })
```

SomeType을 기존에 존재하는 클래스로 대체하면 된다.

연습문제 1

요소가 100, 99, 98, ..., 0인 IntArray를 정의하고 초기화하길 바란다. 해당 배열을 val arr에 할당하길 바란다.

초기 값을 아는 경우 사용할 수 있는 다른 배열 초기화 방법이 존재한다. 예를 들어 5명의 나이 26, 56, 12, 17, 26이 있고 IntArray에 넣으려고 한다면 이러한 목적으로 사용할 수 있는 생성자는 없다. 물론 다음과 같이 작성할 수는 있다.

```
val ages = IntArray(5)
ages[0] = 26
ages[1] = 56
ages[2] = 12
ages[3] = 17
ages[4] = 26
```

하지만 다소 길어 보인다. 코틀린은 더 짧은 형태를 제공한다. 코틀린 표준 라이브러리에는 주어진 값으로 배열을 만들어주는 여러 함수가 포함돼 있다. IntArray의 경우 intArrayOf(...)가 있으며 여러 인수로 초기화할 수 있다.

```
val ages = intArrayOf(26, 56, 12, 17, 26)
```

훨씬 간결해 보인다. 모든 배열 타입에 대해 명명된 배열 초기화 함수가 있으며(intArrayOf(), longArrayOf(), doubleArrayOf() 등) 코드의 어디서든 사용할 수 있다.

그리고 2가지 특별한 배열 생성 함수가 더 존재한다. 첫 번째는 null 객체 참조에 대한 배열을 생성하며 다음과 같다.

```
val size = ...
val arr:Array<ElementType?> = arrayOfNulls(size)
```

ElementType을 필요한 실제 클래스로 대체하면 된다. 다른 하나는 객체 참조에 대한 빈 배열을 생성한다.

```
val arr:Array<ElementType?> = emptyArray()
```

마지막으로 세트와 리스트 같은(나중에 살펴본다) 컬렉션을 배열로 변환할 수 있다.

- coll.toTypedArray(): Array<ElementType>
  ElementType을 요소로 갖는 컬렉션을 객체 배열로 변환한다. 원시 요소 배열은 반환하지 않는다.

- coll.toXXXArray(): XXXArray
  XXX 타입(Int, Long, Byte, Short, Double, Float, Boolean, Char 중 하나)을 요소로 갖는 컬렉션을 해당하는 원시 요소 배열로 변환한다.

연습문제 2

true, false, true 값을 갖는 BooleanArray를 만들길 바란다.

배열 작업

요소에 접근하는 것 외에도 배열은 배열에 적용할 수 있는 몇 가지 작업을 제공한다(E는 요소 타입이다).

- first(): E
  배열의 첫 번째 요소다.
- last(): E
  배열의 마지막 요소다.
- copyOf(): Array<E>
  객체 배열의 복사본을 만든다. 얕은 복사이며 복사본은 원본 배열과 동일한 객체 참조를 포함한다.
- copyOf(): XXXArray
  XXX 타입의 원시 요소를 갖는 배열의 복사본을 만든다.
- fill(element:E>)
  배열 요소를 주어진 element로 설정한다.
- sliceArray(indices:IntRange)
  원본 배열의 일부로 새로운 배열을 만든다. IntRange는 1..100처럼 입력할 수 있다. 보통 0부터 시작하는 인덱스를 사용한다.
- contains(element:E): Boolean
  배열에 지정된 요소가 포함돼 있는지를 검사한다.
- all(predicate: (E) -> Boolean): Boolean
  술부^{predicate}가 모든 요소를 만족하는 경우 true를 반환한다. 술부는 각 요소를 받아 검사를 수행하는 함수다.

예를 들어 다음과 같다. { element -> ... [불리언 표현식] }

- any(predicate: (E) -> Boolean): Boolean
  술부가 임의의 요소를 만족한다면 true를 반환한다. 술부는 각 요소를 받아 검사를 수행하는 함수다. 예를 들어 다음과 같다. { element -> ... [불리언 표현식] }

위의 목록은 전부가 아니다. 다른 함수가 궁금하다면 온라인 API 문서를 참조하길 바란다.

> **참고** 이 책을 집필할 당시 API 문서는 https://kotlinlang.org/api/latest/jvm/stdlib/index.html에서 확인할 수 있었다. 링크가 존재하지 않는다면 "kotlin stdlib api documentation"을 검색하면 쉽게 찾을 수 있다. 안드로이드 스튜디오는 객체의 프로퍼티와 함수를 쉽게 찾을 수 있다. 객체 이름을 입력한 후 점을 찍고 필요한 경우 Alt+Enter를 입력하면 된다. 그러면 모든 프로퍼티와 함수가 보이며 위 아래 커서 키를 이용해 탐색할 수 있다(그림 9-2 참조). 커서를 클래스 이름 위에 두고 Ctrl+B를 누르면 소스로 이동할 수 있다.

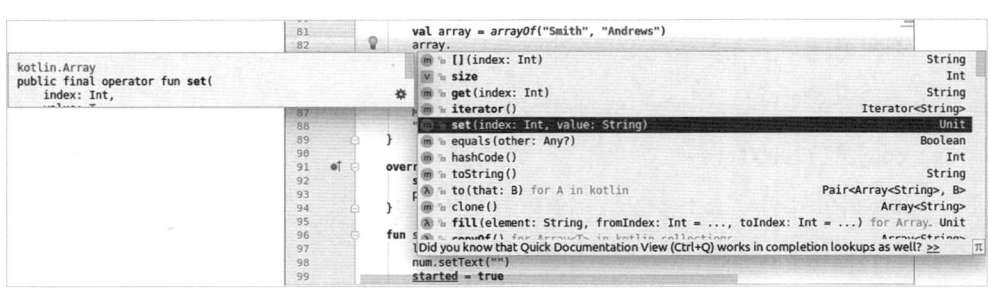

▲ 그림 9-2 자동 API 문서

세트, 리스트 및 맵

컬렉션은 크기를 알 수 없거나 크기를 지정하고 싶지 않은 여러 요소에 대해 데이터 컨테이너가 필요한 경우 사용된다. 기본적으로 3가지 유형의 컬렉션을 사용할 수 있다.

- **세트**: 고유한 요소에 대한 컬렉션이다. 여러 요소를 가질 수 있지만 중복되지 않는다. 따라서 [1, 27, 3]은 세트이지만 [5, 1, 5]는 세트가 아니다. 또한 세트는 순서를 갖

지 않으므로 [1, 3, 5]와 [1, 5, 3]은 동일한 세트다.
- **리스트**: 요소 순서가 있는 컬렉션이며 요소 중복이 허용된다. 따라서 [1, 2, 3, 1]과 [1, 1, 2, 3]은 둘 다 리스트이지만 동일하지 않다.
- **맵**: A → B 같이 매핑 연관 관계가 존재하고 순서가 없는 [A, B] 쌍의 컬렉션이다. 즉 맵 A1 → B1, A2 → B2, A3 → B3이 있을 때 매핑 함수 또는 연산자를 사용해 임의의 A를 이용해 해당하는 B를 알아낼 수 있다는 것이다. [A, B] 쌍을 흔하게 키/값 쌍이라고 하며 여기서 A는 키, B는 값을 나타낸다. 코틀린에서는 m이 맵이고 a가 키라고 했을 때 m[a]와 m.get(a)을 사용해 해당 값을 가져올 수 있다.

배열과 달리 컬렉션은 항상 2가지 형태가 존재한다. 컬렉션은 가변(변경 가능) 또는 불변(변경 불가)이 될 수 있다. 세트, 리스트, 맵은 불변과 가변이 각각 존재한다. 클래스로 말하면 다음과 같다.

```
Set<MemberType>
List<MemberType>
Map<KeyType, ValueType>

MutableSet<MemberType>
MutableList<MemberType>
MutableMap<KeyType, ValueType>
```

세트

세트의 경우 다음과 같은 생성자 또는 라이브러리를 사용해 생성할 수 있다.

```
val set1:Set<String> = HashSet()
val set2:MutableSet<String> = HashSet()

val set3 = setOf(4, 7, 55)
val set4 = setOf<Long>(4, 7, 55)
val set5 = mutableSetOf(4, 7, 55)
```

위의 코드를 설명하면 다음과 같다.

- Set은 클래스가 아니라 인터페이스다. 인스턴스화를 하려면 구현체가 필요하다. 여기서 사용한 HashSet은 표준 구현체이며 세트를 만드는 데 자주 사용된다.
- HashSet은 가변과 불변으로 사용할 수 있다. 프로퍼티 선언에서 이를 명시적으로 명시해야 한다. set1과 set2가 해당한다.
- setOf()와 mutableSetOf()는 매개변수로부터 요소 타입을 추론한다. 명확하지 않거나 변환이 필요한 경우 set4에서처럼 타입을 꺾쇠 괄호 안에 명시적으로 선언해야 한다.

다른 컬렉션 타입처럼 Set과 MutableSet 클래스는 수많은 프로퍼티와 함수를 포함하고 있다. 지면 관계상 모두 설명할 수는 없으므로 자주 사용하는 것만 살펴본다. 다른 모든 것은 온라인 API 문서를 참조하길 바란다.

참고 이 책을 집필할 당시 API 문서를 https://kotlinlang.org/api/latest/jvm/stdlib/index.html에서 찾을 수 있었다. 링크를 찾을 수 없다면 검색 엔진에서 "kotlin stdlib api documentation"으로 검색하면 쉽게 찾을 수 있다.
배열의 경우처럼 안드로이드 스튜디오에서 객체의 프로퍼티와 함수가 보이게 할 수 있다. 객체 이름을 입력한 후 점을 찍고 필요한 경우 Alt+Enter를 누르면 된다(그림 9-2 참조). 소스를 확인하려면 클래스 이름에 커서를 두고 Ctrl+B를 누르면 된다.

가장 자주 사용되는 Set과 MutableSet 인터페이스의 프로퍼티와 함수는 다음과 같다. 기본 프로퍼티와 함수부터 시작한다.

- size
  세트의 크기를 나타낸다.
- add(element:E): Boolean
  (MutableSet 전용) 요소를 추가한다. 요소가 실제로 추가되면(존재하지 않았다면) true를 반환한다.
- addAll(elements:Collection<E>): Boolean

(MutableSet 전용) 여러 요소를 추가한다. Collection은 또 다른 세트 또는 리스트다. 이러한 작업으로 세트가 수정되면 true를 반환한다.

- addAll(elements:Array<out E>): Boolean

    (MutableSet 전용) 지정된 배열에 있는 모든 요소를 추가한다. 배열 타입 매개변수 내부에 있는 out은 이 세트에 필요한 타입의 서브클래스 타입 요소로 이뤄진 배열도 추가할 수 있게 해준다. 이러한 작업으로 세트가 수정되면 true를 반환한다.

- intersect(other:Iterable<E>): Set<T>

    하나의 세트와 지정된 Iterable 모두에 포함된 요소의 세트를 반환한다. 세트와 리스트도 이터러블이다.

다음 프로퍼티 그룹과 함수는 빈^{empty} 세트를 처리하는 데 사용된다.

- clear()

    (MutableSet 전용) 모든 요소를 제거한다.

- isEmpty(): Boolean

    세트가 비어 있으면 true를 반환한다.

- isNotEmpty(): Boolean

    세트가 비어 있지 않으면 true를 반환한다.

다음 프로퍼티와 함수는 세트를 검사하는 데 사용된다.

- contains(element:E): Boolean

    지정된 요소가 세트에 포함돼 있는지를 검사한다.

- containsAll(elements:Collection<E>): Boolean

    지정된 모든 요소가 세트에 포함돼 있는지를 검사한다.

전체 세트에 작업을 수행하는 경우 다음 프로퍼티와 함수를 사용하면 된다.

- toMutableSet(): MutableSet<E>

    (MutableSet가 아닌 경우에만) 불변 세트 요소에 기반해 새로운 가변 세트를 반환한다.

- map(transform: (E) -> R): List<R>

  세트의 각 요소에 매핑 함수를 적용하고 적용된 리스트를 반환한다. 예를 들어 이름 세트가 주어졌을 경우 변환 함수 { s -> s + " (${s.length})" }는 이름 길이가 추가된 이름을 반환한다.

요소를 제거하려면 다음과 같은 프로퍼티와 함수를 사용하면 된다.

- remove(element:E): Boolean

  (MutableSet 전용) 세트에 요소가 존재하는 경우 지정된 요소를 제거한다. 요소가 존재하고 삭제한 경우에는 true를 반환한다.

- removeAll(elements:Collection<E>): Boolean

  (MutableSet 전용) 세트에 요소가 존재하는 경우 지정된 모든 요소를 제거한다. Collection은 또 다른 세트 또는 리스트다. 요소가 최소한 1개라도 제거됐다면 true를 반환한다.

- removeAll(elements:Array<E>): Boolean

  (MutableSet 전용) 세트에 요소가 존재하면 지정된 모든 요소를 제거한다. 최소한 하나라도 제거되면 true를 반환한다.

- retainAll(elements:Collection<E>): Boolean

  (MutableSet 전용) 지정된 요소 안에 없는 모든 요소를 제거한다. Collection은 또 다른 세트 또는 리스트다. 요소가 최소한 1개라도 제거됐다면 true를 반환한다.

- retainAll(elements:Array<E>): Boolean

  (MutableSet 전용) 지정된 배열에 없는 모든 요소를 제거한다. 요소가 최소한 1개라도 제거됐다면 true를 반환한다.

술부를 검사하려면 다음과 같은 프로퍼티와 함수를 사용하면 된다.

- all(predicate: (E) -> Boolean): Boolean

  술부가 모든 요소를 만족한다면 true를 반환한다. 술부는 { element -> ... [불리언 표현식] }처럼 각 요소를 받아 검사를 수행하는 함수다.

- any(predicate: (E) -> Boolean): Boolean

술부가 임의의 요소를 만족한다면 true를 반환한다. 술부는 { element -> ... [불리언 표현식] }처럼 각 요소를 받아 검사를 수행하는 함수다.

- `filter(predicate: (E) -> Boolean): List<E>`

  술부가 true를 반환하는 모든 요소를 세트에서 반환한다. 술부는 { element -> ... [불리언 표현식] }처럼 각 요소를 받아 검사를 수행하는 함수다.

마지막으로 루프를 도는 데 사용되는 함수다.

- `forEach(action: (E) -> Unit)`

  세트를 통해 루프를 돈다. 루프는 9장 후반부에서 살펴본다.

몇 가지 확장 함수로 +와 - 연산자가 지원되며 요소나 다른 컬렉션을 추가하거나 제거할 수 있다.

```
setOf(1, 2, 3) + setOf(2, 3, 4)    // -> [1, 2, 3, 4]
setOf(1, 2, 3, 4) + 5              // -> [1, 2, 3, 4, 5]
setOf(1, 2, 3) - setOf(3, 4)       // -> [1, 2]
setOf(1, 2, 3) - 2                 // -> [1, 3]
```

연습문제 3

Apple, Banana, Grape, Engine을 요소로 갖는 가변 세트 `val fruits`를 만들길 바란다. 별도 구문으로 Cherry를 세트에 추가하길 바란다. 또 다른 구문에서는 Engine을 제거한다. 이러한 세트로부터 문자가 5개인 요소를 필터링해 `val fruits5` 세트를 만든다.

참고 문자열 길이는 `length` 프로퍼티를 사용해 얻을 수 있다.

리스트

리스트는 세트와 유사하지만 고유성을 요구하지 않는다. 따라서 어떠한 요소는 몇 번이든 다시 출현할 수 있다. 또한 리스트는 순서를 갖는다.

리스트를 만들려면 마찬가지로 코틀린 표준 라이브러리의 리스트 구현 생성자와 함수를 사용한다.

```
val list1:List<Int> = ArrayList()
val list2:MutableList<Int> = ArrayList()

val list3 = listOf(4, 7, 55)
val list4 = listOf<Long>(4, 7, 55)
val list5 = mutableListOf(4, 7, 55)
```

앞의 세트 예제에서 살펴본 것이 리스트에도 적용된다.

- `List`는 인터페이스다. 여기서 사용된 `ArrayList` 구현은 가장 자주 사용되는 구현이다.
- `ArrayList`는 가변 및 불변 둘 다로 사용할 수 있다. 프로퍼티 선언에서 가변인지 아닌지 명시해야 한다. `list1`과 `list2`가 이에 해당한다.
- `listOf()`와 `mutableListOf()`는 매개변수로부터 요소 타입을 추론한다. 명확하지 않거나 변환이 필요한 경우 `list4`에서처럼 꺾쇠 괄호 안에 타입을 명시적으로 선언해야 한다.

추가적으로 배열은 `toList()` 또는 `toMutableList()` 함수를 사용해 리스트로 쉽게 변환할 수 있다.

```
val array = arrayOf(...)
val list = array.toList()
```

이들의 특성상 리스트와 세트는 프로퍼티와 메서드의 많은 부분을 공유하므로 다음 목록은 세트에서 이미 가능했던 메서드를 포함한다. 마찬가지로 전체 목록은 아니므로 자세한 내용은 온라인 문서를 참조하길 바란다.

> **참고** 이러한 공통성은 우연이 아니다. 실제로 Set와 List는 Collection 인터페이스를 확장한다. 때때로 특정 작업에 Collection 인터페이스가 사용되는 것을 볼 수 있지만 일반적으로 Set와 List의 개념적 차이를 유지하는 것이 좋다. 따라서 Collection 인터페이스보다 Set와 List 인터페이스가 더 자주 사용된다.

먼저 다음은 기본 프로퍼티와 함수다.

- size

  리스트의 크기를 나타낸다.

- lastIndex

  리스트 크기의 -1이다.

- add(element:E): Boolean

  (MutableList 전용) 리스트 끝에 요소를 추가한다. 요소가 실제로 추가됐다면 true를 반환한다. 항상 추가되므로 항상 true를 반환한다.

- addAll(elements:Collection<E>): Boolean

  (MutableList 전용) 여러 요소를 추가한다. Collection은 또 다른 리스트 또는 세트다. 이러한 작업으로 리스트가 수정되면 true를 반환한다. 제공된 매개변수가 빈 컬렉션에 해당하지 않는 한 이 함수는 항상 true를 반환한다.

- addAll(elements:Array<out E>): Boolean

  (MutableList 전용) 지정된 배열의 모든 요소를 추가한다. 배열 타입 매개변수 내부에 있는 out은 이 리스트에 필요한 타입의 서브클래스 타입 요소로 이뤄진 배열도 추가할 수 있게 해준다. 이러한 작업으로 리스트가 수정되면 true를 반환한다. 제공된 매개변수가 빈 배열에 해당하지 않는 한 이 함수는 항상 true를 반환한다.

- get(index:Int): E

  리스트에서 요소를 가져온다. index는 0부터 시작한다. 이 함수는 [ ] 연산자를 맵핑하므로 list[index]로 동일한 결과를 얻을 수 있다.

- set(index:Int, element:E): E

MutableList 전용이며 요소 하나를 리스트에 설정한다. index는 0부터 시작한다. 이 함수는 [ ] 연산자를 매핑하므로 list[index] = ...로 동일한 결과를 얻을 수 있다.

다음 프로퍼티 그룹 및 함수는 빈 리스트를 처리하는 데 사용된다.

- clear()

  (MutableList 전용) 모든 요소를 제거한다.

- isEmpty(): Boolean

  리스트가 비어 있으면 true를 반환한다.

- isNotEmpty(): Boolean

  리스트가 비어 있지 않으면 true를 반환한다.

다음 프로퍼티 및 함수는 포함을 검사하는 데 사용된다.

- contains(element:E): Boolean

  지정된 요소가 리스트에 포함돼 있는지를 검사한다.

- containsAll(elements:Collection<E>): Boolean

  지정된 모든 요소가 리스트에 포함돼 있는지를 검사한다.

- indexOf(element:E): Int

  리스트에서 지정된 요소의 인덱스를 가져온다. 못 찾으면 -1을 반환한다. 인덱스는 0부터 시작한다.

- lastIndexOf(element:E): Int

  리스트에서 지정된 요소의 마지막 인덱스를 가져온다. 못 찾으면 -1을 반환한다. 인덱스는 0부터 시작한다.

전체 리스트에 작업을 수행하려면 다음 프로퍼티와 함수를 사용하길 바란다.

- toMutableList(): MutableList<E>

  (MutableList가 아닌 경우에만) 불변 리스트 요소에 기반해 새로운 가변 리스트를 반환한다.

- subList(fromIndex:Int, toIndex:Int): List<E>

  fromIndex부터 toIndex(toIndex를 포함하지 않고)까지 리스트에 대한 뷰를 반환한다. 뷰는 반환된 리스트의 요소를 변경하면 변경이 원본 리스트에도 함께 일어난다.

- asReversed(): List<E>

  리스트에 대한 읽기 전용 뷰를 역순으로 반환한다. 원본 리스트에 일어난 변경은 역순의 리스트에도 반영된다.

- distinct(): List<E>

  중복을 제거해 새로운 리스트를 반환한다.

- shuffled(): List<E>

  원본 리스트의 요소로 뒤섞인 새로운 리스트를 반환한다.

- map(transform: (E) -> R): List<R>

  리스트의 각 요소에 매핑 함수를 적용하고 적용된 새로운 리스트를 반환한다. 예를 들어 이름 목록이 있을 때 변환 함수 { s -> s.length }는 이름 길이 리스트를 반환한다.

요소를 제거하려면 다음 프로퍼티와 함수를 사용하길 바란다.

- remove(element:E): Boolean

  (MutableList 전용) 지정된 요소가 존재하면 해당 요소를 제거한다. 요소가 존재하고 제거했다면 true를 반환한다.

- removeAt(index:Int): E

  (MutableList 전용) 지정된 인덱스(0부터 시작)의 요소를 삭제하고 삭제된 요소를 반환한다.

- removeAll(elements:Collection<E>): Boolean

  (MutableList 전용) 리스트에 지정된 요소가 존재하면 해당 요소를 모두 제거한다. Collection은 또 다른 리스트 또는 세트다. 요소가 최소한 하나라도 제거됐다면 true를 반환한다.

- removeAll(elements:Array<E>): Boolean

  (MutableList 전용) 리스트에 지정된 요소가 존재하면 해당 요소를 모두 제거한다. 요

소가 최소한 하나라도 제거됐다면 true를 반환한다.

- retainAll(elements:Collection<E>): Boolean

  (MutableList 전용) 지정된 요소에 없는 모든 요소를 제거한다. Collection은 또 다른 리스트 또는 세트다. 요소가 최소한 하나라도 제거됐다면 true를 반환한다.

- retainAll(elements:Array<E>): Boolean

  (MutableList 전용) 지정된 배열에 없는 모든 요소를 제거한다. 요소가 최소한 하나라도 제거됐다면 true를 반환한다.

리스트의 일부를 가져오려면 다음 프로퍼티와 함수를 사용하길 바란다.

- drop(n:Int): List<E>

  처음 n개 요소가 제거된 새로운 리스트를 반환한다.

- dropLast(n:Int): List<E>

  마지막 n개 요소가 제거된 새로운 리스트를 반환한다.

- first(): E

  첫 요소를 반환한다.

- take(n:Int): List<E>

  원본 리스트의 첫 n개 요소를 갖는 새로운 리스트를 반환한다.

- first(predicate: (E) -> Boolean): E

  술부를 만족하는 첫 요소를 반환한다. 술부는 { element -> ... [불리언 표현식] } 같이 각 요소를 갖고 검사를 수행하는 함수다.

- last(): E

  마지막 요소를 반환한다.

- takeLast(n:Int): List<E>

  원본 리스트의 마지막 n개 요소를 갖는 새로운 리스트를 반환한다.

- last(predicate: (E) -> Boolean): E

  술부를 만족하는 마지막 요소를 반환한다. 술부는 { element -> ... [불리언 표현식] } 같이 각 요소를 갖고 검사를 수행하는 함수다.

술부를 검사하려면 다음 프로퍼티와 함수를 사용한다.

- `all(predicate: (E) -> Boolean): Boolean`
  술부가 모든 요소를 만족한다면 `true`를 반환한다. 술부는 `{ element -> ... [불리언 표현식] }` 같이 각 요소를 갖고 검사를 수행하는 함수다.
- `any(predicate: (E) -> Boolean): Boolean`
  술부가 임의의 요소를 만족한다면 `true`를 반환한다. 술부는 `{ element -> ... [불리언 표현식] }` 같이 각 요소를 갖고 검사를 수행하는 함수다.
- `filter(predicate: (E) -> Boolean): List<E>`
  리스트에서 술부가 `true`를 반환하는 경우에 해당하는 모든 요소를 반환한다. 술부는 `{ element -> ... [불리언 표현식] }` 같이 각 요소를 갖고 검사를 수행하는 함수다.

다음 항목은 루핑에 사용된다.

- `forEach(action: (E) -> Unit)`
  이러한 메서드는 리스트를 갖고 루프를 돈다.
- `forEachIndexed(action: (index:Int,E) -> Unit)`
  이러한 메서드도 리스트를 갖고 루프를 돈다.

몇 가지 추가적인 함수로 리스트는 + 연산자를 처리할 수 있으며 해당 연산자를 사용해 요소나 컬렉션(다른 리스트 또는 세트)을 추가할 수 있다.

```
listOf(1, 2, 3) + listOf(2, 3)    // -> [1, 2, 3, 2, 3]
listOf(1, 2, 3, 4) + 5            // -> [1, 2, 3, 4, 5]
```

리스트는 `toArray()`, `toIntArray()`, `toDoubleArray()` 등을 사용해 배열로 변환할 수 있다. 원시 타입 배열로의 변환은 요소가 올바른 타입을 갖는 경우에만 성공적으로 이뤄진다.

맵

맵은 코틀린에서 가장 흥미롭지만 가장 복잡한 컬렉션 프레임워크다. 맵은 수학적 의미로 매핑이 필요할 때 사용된다. 즉 세트 {a0, a1, a2, ...}의 고유 요소는 컬렉션 B = {b0, b1, b2, ...}로 맵핑될 수 있다는 것을 의미한다. 결과적으로 ai가 있으면 맵핑된 bj(유일한)를 즉시 알아낼 수 있다. 컴퓨터 언어에서 맵핑하는 데이터를 키^{key}라고 하고 맵핑하려는 값을 밸류^{value}라고 한다.

맵을 주변에서 쉽게 찾아볼 수 있다. 지리적 좌표 한 쌍을 고도로, 뉴욕의 1월 23일 매 초를 대기 온도로, 주민등록번호를 이름으로, 시간을 지구의 궤도 위치로, 온도를 물의 응집 상태(고체, 유체, 기체)로, 악기로 연주한 음을 주파수로, 배열에 있는 요소의 인덱스를 어떠한 값으로 맵핑하는 것 등이다.

세트와 리스트처럼 맵도 가변(변경 가능)과 불변(변경 불가)으로 구분된다.

이어지는 코드 스니펫에서는 SSN → name 형태의 맵(임의로 만든 값이다)을 사용할 것이다.

```
152835937 -> Albert Einstein
273495357 -> John Smith
346068589 -> John Smith
484767775 -> Barbra Streisand
```

맵을 선언하려면 타입으로 `Map`이나 `MutableMap`을 사용하고 바로 다음의 꺾쇠 괄호 안에 키와 값의 타입을 추가한다.

```
val map1:Map<String,Int> = ...
var map2:Map<Int,Double> = ...
val map3:MutableMap<Int,String> = ...
```

맵을 만드는 첫 번째 방법은 생성자를 사용하는 것이다.

```
val map: MutableMap<Int,String> =
    HashMap<Int,String>().apply {
```

```
            this[152835937] = "Albert Einstein"
            this[273495357] = "John Smith"
            this[346068589] = "John Smith"
            this[484767775] = "Barbra Streisand"
    }
```

HashMap은 자주 사용되는 구현 중 하나다. 그리고 apply{...}가 사용됐다. 사실 임의의 인스턴스에 대해 사용할 수 있지만 여기서는 생성된 맵을 갖고 뭔가를 수행한다. this는 현재 apply가 위치한 클래스 인스턴스나 객체가 아니라 생성된 맵의 인스턴스를 참조한다. 여기서 apply{ ... }는 어떠한 키/값 쌍을 추가하는 데 사용하고 있다.

그리고 맵을 생성하고 초기화해주는 코틀린 표준 라이브러리 함수가 있다.

```
val map = mutableMapOf(
        152835937 to "Albert Einstein",
        273495357 to "John Smith",
        346068589 to "John Smith",
        484767775 to "Barbra Streisand"
    )
val map2 = mapOf(
    152835937 to "Albert Einstein",
    ... )
```

> **참고** 앞의 초기화에서 to는 Pair 클래스의 인스턴스를 생성하는 내장된 연산자다. 원한다면 명시적으로 val p1 = Pair(152835937, "Albert Einstein")처럼 정의하고 mapOf(p1, ...) 같이 사용할 수 있다.

맵은 리스트, 세트, 배열의 작업 결과가 될 수 있다. 이러한 경우 다음 함수를 사용할 수 있다(T는 요소 타입이다).

- associate(transform: (T) -> Pair<K, V>): Map<K,V>

    타입 K를 키로 갖고 타입 V를 값으로 갖는 맵을 생성한다. transform 함수는 원본 세트, 리스트 또는 배열의 각 요소로 Pair<K,V>를 만들어야 한다. 예를 들어 정수 세트(T = Int)가 주어진 경우 변환 함수를 { i -> Pair(i, i*i) } 같이 만들어 정수를 제

- `associateWith(ValueSelector: (K) -> V): Map<K,V>`
  associate()와 거의 동일하지만 단순하게 원본 요소를 키로 취한다. valueSelector는 값을 만들어내는 일만 한다. 예를 들어 정수 세트가 주어진 경우 람다 함수 { i -> i * i }는 정수를 제곱 수로 맵핑한다.
- `associateBy(keySelector: (T) -> K): Map<K,V>`
  associate()와 거의 동일하지만 단순하게 원본 요소를 값으로 취한다. keySelector는 키를 만들어내는 일만 한다. 예를 들어 배정도 부동 소수점^{double} 세트가 주어진 경우 람다 함수 { d -> Math.floor(d).toInt() }는 주어진 배정도 부동 소수점 이하에 있는 가장 가까운 정수를 키로 사용한다.
- `groupBy(keySelector: (T) -> K): Map<K, List<T>>`
  원본 컬렉션 또는 배열에서 요소를 수집하고 생성된 키에 결과 맵을 저장한다. 예를 들어 몇 가지 이름(John, Adam, Joe, Gabriel)이 있고 keySelector { s -> s.length }를 적용한다고 가정해보자. 결과 맵은 3 → ["Joe"], 4 → ["John", "Adam"] 및 7 → ["Gabriel"] 같이 이름 길이를 이름으로 맵핑한다.

associate()는 객체 생성을 내포해 성능이 다소 나쁘므로 가능하면 associate()보다 associateWith와 associateBy()를 사용하는 것이 좋다.

페어와 트리플

다른 유형의 데이터 컨테이너로 페어와 트리플이 있다. 페어는 이미 본 적이 있으며 Pair 클래스로 표시하고 맵핑하기 위해 사용했다. 트리플은 Triple 클래스를 사용하며 3개 멤버만 갖는다. 물론 무슨 작업을 하든 모두 사용할 수 있다. 선언과 초기화는 다음과 같이 할 수 있다.

```
val pair = Pair<FirstType, SecondType>(
        firstVal, secondVal)
val triple = Triple<FirstType, SecondType, ThirdType>(
        firstVal, secondVal, thirdVal)
```

항상 그랬듯이 타입 사양 < ... >은 값의 타입으로 추론할 수 있으면 생략할 수 있다. 예를 들어 String과 Double 쌍을 얻으려면 다음과 같이 작성할 수 있다.

```
val pair = Pair("Earth", 12800.0)
```

페어의 경우 첫 번째와 두 번째 요소를 가져오려면 pair.first와 pair.second처럼 first와 second 프로퍼티를 사용하면 된다. 트리플도 first, second, third 프로퍼티를 통해 요소에 접근할 수 있다.

데이터 컨테이너를 이용한 루프

데이터 컨테이너를 이용해 루프를 돈다는 것은 어떠한 작업을 수행하기 위해 각 멤버를 방문한다는 의미다. 데이터 컨테이너의 특성을 찾기 위해 데이터 컨테이너를 출력하거나 변환하거나 집계할 경우 루핑은 데이터 컨테이너의 중요한 유스 케이스가 된다. 합계를 구하거나 결합하거나 평균을 구한다고 생각해보길 바란다.

과거의 컴퓨터 언어는 인덱스 값으로 루핑을 도는 일종의 루핑 구조를 제공했으며 실제로 코틀린에서도 이러한 루핑이 가능하다. 이 책 전반부에서 이처럼 오래된 방식의 루핑을 살펴봤지만 코틀린의 컨테이너를 이용하는 더 우아하고 간단한 방법의 루프를 살펴본다.

배열, 세트, 리스트 같은 모든 컬렉션 타입 데이터 컨테이너는 forEach() 함수를 제공하며 루핑이 필요한 경우 간결하게 사용할 수 있다. 즉 다음과 같이 작성할 수 있다.

```
val container = ... // 배열이나 세트 또는 리스트
container.forEach { elem ->
    // elem으로 뭔가를 수행
}
```

블록이 있는 구문인데 왜 함수라고 부를까? 다소 우연의 일치가 존재한다. 앞의 예는 container.forEach({ ... })로 작성할 수 있으며 코틀린 컴파일러는 불필요한 둥근 괄호의

제거를 허용한다. 실제로 { ... }는 구문 블록이 아닌 함수 리터럴이며 람다 함수라고도 부른다. elem은 식별자이며 e 또는 element 등 원하는 것으로 사용할 수 있다. 어쨌든 배열 또는 컬렉션에서 현재 방문한 요소를 가져오며 자동으로 요소와 동일한 타입을 갖는다.

```
val container = listOf(1, 2, 3, 4, -1)
container.forEach { elem ->
    Log.d("LOG", elem.toString())
}
```

elem은 순서대로 1, 2, 3, 4, -1을 가져오며 컨테이너는 Int 요소에 대한 리스트이므로 자동으로 Int 타입을 갖는다.

> **참고** 사실 코드의 가독성을 향상시키는 데 도움이 된다면 forEach { elem:Int -> ... }에서처럼 :Int를 추가할 수도 있다.

함수 내부에서 반복 인덱스가 필요한 경우 다음과 같이 index 변수를 각 반복마다 증가시키게 할지도 모른다.

```
var index = 0
container.forEach { elem ->
    // ... elem으로 뭔가를 수행
    index++ // 허용되지 않는다!
}
```

하지만 이는 작동하지 않는다. 내부 함수가 '외부' 변수를 재할당하지 못하게 제한하기 때문이다. 인덱스가 필요하다면 forEach()의 변종인 forEachIndexed()를 사용할 수 있다. 이번에는 내부 함수가 Int 타입의 인덱스와 요소 값에 해당하는 2개의 인수를 받는다.

```
container.forEachIndexed { index, elem ->
    // ... elem으로 뭔가를 수행
}
```

index 변수는 0, 1, 2, ... 값을 가져오며 항상 Int 타입을 갖는다. 마찬가지로 index 이름은 원하는 대로 바꿀 수 있다.

맵의 루프를 도는 것은 다른 방식으로 일어나지만 복잡하지는 않다. 맵도 forEach() 함수가 있지만 다른 매개변수 유형을 갖는다.

- map.forEach { me -> ...}처럼 단일 매개변수를 사용한다면 이 매개변수 타입은 Map.Entry<K,V>가 되며 여기서 K는 키의 타입을 나타내고 V는 값의 타입을 나타낸다. me.key를 통해 키를 가져오고 me.value를 통해 값을 가져온다. me.toPair()로 Pair를 만들 수도 있다.
- map.forEach { k,v -> ... }처럼 2개의 매개변수를 사용하면 각 반복이 진행되는 동안 해당 매개변수로 키와 값을 받게 된다. 이는 안드로이드 API 레벨 24 이상만 해당한다.

배열과 컬렉션 정렬

배열, 리스트, 세트 같은 컬렉션을 정렬하는 것은 애플리케이션 사용자에게 데이터를 제공하기 전에 흔하게 수행하는 작업이다. 또한 정렬은 9장 후반부 '배열과 컬렉션 검색하기' 절에서 살펴볼 이진 탐색 알고리듬을 수행하기 전에 반드시 필요한 과정이다.

정렬은 제자리에서 일어날 수 있다. 즉 정렬하기를 원하는 배열이나 컬렉션이 변경될 수 있다는 의미다. 아니면 함수형 스타일이 있으며 이는 수행 결과가 정렬된 배열이나 컬렉션이며 원본 데이터 컨테이너가 그대로 유지된다. 제자리에서 일어나는 정렬이 더 빠르지만 프로그램의 다른 부분이 원본 배열이나 컬렉션에 대한 참조를 보유한 경우 문제가 생길 위험이 있다. 함수형 정렬은 프로그램의 안정성을 향상시킬 수 있지만 성능적인 페널티를 생각해야 하므로 현명하게 선택해야 한다.

원본 배열이나 컬렉션이 유지되는 함수형 스타일의 정렬은 다음과 같은 방식으로 수행할 수 있다.

- `Array.sorted() : List<T>`

  자연스러운 순서로 정렬된 배열의 요소로 이뤄진 List를 반환한다. 타입 T는 Comparable의 하위 인터페이스여야 하며 내장된 모든 숫자 타입과 문자열이 이에 해당한다. 배열의 경우 객체 배열이나 원시 요소 타입 배열(IntArray, DoubleArray 등)을 사용할 수 있다.

- `Array.sortedArray() : Array<T>`

  `Array.sorted()`와 동일하지만 배열을 반환한다. 항상 객체 배열을 반환하며 원시 타입 배열을 반환하지 않는다. 따라서 `arrayOf(1,2,3).sorted()`는 IntArray가 아닌 Array<Int>를 반환한다. 하지만 Int 객체 배열을 IntArray로 변환하기 위해 toIntArray() 메서드를 추가로 호출할 수 있다.

- `Collection.sorted() : List<T>`

  `Array.sorted()`와 동일하지만 세트 및 리스트 같은 컬렉션을 위한 함수다.

역순 정렬을 위해 이러한 모두에 Descending을 추가해 호출할 수 있다.

몇몇 메서드는 요소 정렬을 위해 비교 작업을 명시적으로 지정할 수 있다.

- `Array.sortedBy(selector: (T) -> R?) : List<T>`

  셀렉터 함수에 의해 반환된 값의 자연스러운 정렬 순서에 따라 정렬된 리스트를 만든다. 타입 R은 Comparable 인터페이스를 구현해야 한다. 예를 들어 data class Car(val make:Int, val name:String) 배열을 make를 기준으로 정렬한다고 가정해보자. 그렇다면 `array.sortedBy({ car -> car.make })` 같이 작성할 수 있다.

- `Collection.sortedBy(selector: (T) -> R?) : List<T>`

  앞의 `Array.sortedBy()`와 동일하지만 세트 및 리스트 같은 컬렉션을 위한 함수다.

- `Array.sortedWith(comparator: Comparator<in T>) : List<T>`

  제공된 비교기[comparator]에 따라 정렬된 리스트를 만든다. Comparator의 서브클래스 구현을 제공할 수 있지만 코틀린 표준 라이브러리는 몇 가지 Comparator 생성기[generator] 함수를 제공한다. 타입 지정자에 있는 in은 비교기가 T의 수퍼클래스도 충분하게 처리할 수 있다는 것을 나타낸다.

- Array.sortedArrayWith(comparator: Comparator<in T>) : Array<T>

    앞의 Array.sortedWith()와 동일하지만 배열을 반환한다.

- Collection.sortedWith(comparator: Comparator<in T>) : List<T>

    앞의 Array.sortedWith()와 동일하지만 세트 및 리스트 같은 컬렉션을 위한 함수다.

대부분 역순으로 정렬하기 위해 Descending을 추가해 호출할 수 있다(sortedWithDescending() 과 sortedArrayWithDescending()은 존재하지 않는다).

sortedWith() 함수에 필요한 비교기의 경우 코틀린은 이러한 비교기를 만들기 위해 사용할 수 있는 표준 라이브러리 함수를 제공한다.

- compareBy(vararg selectors: (T) -> Comparable<*>?): Comparator<T>와
- compareByDescending(selectors: (T) -> Comparable<*>?): Comparator<T>

    이는 sortedWith()에 사용할 수 있는 중요한 함수다. 이 함수는 Comparable로 평가되는 임의의 개수의 함수를 취한다. 이러한 함수는 순차적으로 작동한다. 같지 않은 Comparable 비교가 나타나면 체이닝을 중단하고 정렬 알고리듬의 다음 반복을 계속 진행한다. 프로퍼티가 Int나 String 같은 Comparable인 경우 {elem -> elem.someProperty} 같이 람다 함수를 작성할 수 있지만 T::propertyName 같이 프로퍼티 게터를 직접 참조할 수도 있다. 예를 들어 data class Car(val make:Int, val name:String)로 이뤄진 리스트를 취해 make를 기준으로 비교한다고 생각해보자. 정렬에 sortedWith()를 사용하면 list.sortedWith(compareBy(Car::make)) 같이 할 수 있다.

- compareBy(comparator: Comparator<in K>, selector: (T) -> K): Comparator<T>와
- compareByDescending(comparator: Comparator<in K>, selector: (T) -> K): Comparator<T>

    인입된 데이터에 셀렉터를 먼저 적용하고 제공된 비교기를 셀렉터의 결과에 적용하는 비교기를 만든다.

- nullsFirst(): Comparator<T>

    정렬된 배열이나 컬렉션에 null 값을 허용하면서 묵시적으로 사용된 자연 순서 비교

기를 확장하려면 compareBy()의 첫 번째 인자로 사용하길 바란다. null 값은 반환된 리스트의 처음에 나타난다. nullsFirst() 비교기는 Comparable 요소가 비교되는 컨텍스트에서만 사용할 수 있으며 compareBy()의 첫 번째 매개변수로 nullsFirst()가 사용되는 경우 자동으로 적용된다.

- nullsLast(): Comparator<T>
  nullsFirst와 비슷하지만 null 값이 반환된 리스트의 마지막에 나타난다.
- reverseOrder(): Comparator<T>
  묵시적으로 사용된 자연 순서 비교기의 순서를 역으로 만들려면 compareBy()의 첫 번째 인자로 사용하길 바란다. nullsFirst(reverseOrder())처럼 다른 비교기 확장과 혼합해 사용할 수 있다.
- then
  비교기를 체이닝하려면 이러한 함수를 이항 연산자로 사용하길 바란다. 예를 들어 sortWith() 내부에 compareBy(...) then compareBy(...) 같이 작성할 수 있다.

연습문제 4

sortWith()를 사용해 NumberGuess 게임 앱의 GameUser 인스턴스로 이뤄진 val gu1 = listOf(...) 리스트를 정렬하길 바란다. 먼저 이름으로 정렬한 후 성(first name)으로 정렬한다. 결과를 val sorted에 할당하길 바란다.

제자리 정렬은 정렬된 데이터를 포함하기 위해 원본 배열이나 컬렉션(리스트 또는 세트)이 변경된다는 점에서 지금까지의 정렬 함수와 다르다. 리스트와 세트의 경우 가변인 경우에만 해당한다. 다음은 제자리 정렬 함수다.

- sort()와 sortDescending()
  요소의 자연스러운 정렬 순서에 따라 배열이나 가변 컬렉션을 제자리에서 정렬한다. 이것이 작동하려면 요소는 Comparable 인터페이스를 구현해야 한다.
- sortBy(selector: (T) -> R?)와 sortByDescending(selector: (T) -> R?)
  제공된 셀럭터 함수(Comparable을 반환해야 한다)에 따라 배열이나 가변 컬렉션을 제자리에서 정렬한다.

- sortWith(comparator: Comparator<in T>)

    제공된 비교기에 따라 배열이나 가변 컬렉션을 제자리에서 정렬한다. 비교기 타입 지정자에 있는 in은 비교기가 해당 타입의 요소를 처리해야 한다는 것을 의미한다. 이러한 경우 요소 타입의 수퍼클래스도 처리할 수 있다. comparator 매개변수의 경우 앞에서 설명한 함수형 스타일 정렬 함수와 동일한 코틀린 표준 라이브러리 함수를 사용할 수 있다.

참고 성능과 리소스 관리가 중요한 문제가 아니라면 제자리 정렬보다 함수형 스타일 정렬을 사용하는 것이 좋다.

연습문제 5

연습문제 4와 동일한 일을 하지만 이번에는 제자리 정렬을 수행하길 바란다.

그룹핑, 폴딩, 리듀싱 및 집핑

그룹핑grouping, 폴딩folding, 리듀싱reducing 및 집핑zipping은 배열, 리스트, 세트 같은 컬렉션을 위한 고급 작업이다. 차례대로 살펴보자.

그룹핑

그룹핑은 데이터에서 데이터에 부과된 어떠한 키에 따라 데이터 그룹을 수집하는 방식으로 데이터를 이끌어내거나 재구성하는 것을 말한다. 다음과 같은 자동차 집합이 있다고 가정해 보자.

```
data class Car(id:Int,make:Int,name:String,vin:String)
val cars = listOf(
```

```
        Car(1, 1994, "Sirus",       "WXX 130 007-1J-582943"),
        Car(2, 1997, "Sirus",       "WXX 130 008-1J-582957"),
        Car(3, 2010, "Casto 4.0",   "WXQ 456 088-4K-005614"),
        Car(4, 2010, "Babo MX",     "WYY 518 004-55-171598"),
        Car(5, 1994, "Casto 4.0",   "WXQ 456 005-4K-005658"),
        Car(6, 2011, "Quasto",      "WA0 100 036-00-012378")
)
```

자동차 생산 연도가 어디에 속하는지 알고 싶다면? ID를 봤을 때 2대의 자동차가 1994년, 1대의 자동차가 1997년, 2대의 자동차가 2010년, 1대의 자동차가 2011년에 속한다는 것을 알 수 있다.

```
1994 -> [ 1, 5 ]
1997 -> [ 2 ]
2010 -> [ 3, 4 ]
2011 -> [ 6 ]
```

이러한 작업을 그룹핑이라고 하는데 이러한 것은 make를 기반으로 그룹핑한 경우다.

코틀린에서는 이러한 목적으로 사용할 수 있는 그룹핑 함수 groupBy(keysSelector: (T) -> K): Map<K, List<T>>를 제공한다. 여기서 keySelector는 그룹핑 키를 이끌어내야 한다. 타입 매개변수 T는 원본 요소의 클래스 또는 그 수퍼클래스다. 타입 K는 그룹핑 키를 위한 임의의 타입이다. 자동차 예제에 대한 그룹핑 함수는 다음과 같다.

```
data class Car(id:Int,make:Int,name:String,vin:String)
val cars = listOf( ... )
val groupedByMake = cars.groupBy(Car::make)
...
val group1997:List<Car> = groupedByMake[1997]
```

make에 대한 게터 함수(Car::make)를 적용한 곳에는 덜 간결하지만 다음과 같이 사용할 수도 있다.

```
val groupedByMake = cars.groupBy { car -> car.make }
```

연습문제 6

substring(0,3)으로 문자열에서 첫 세 문자를 추출하고 vin의 첫 세 문자를 키로 해 자동차 리스트에 대해 그룹핑을 수행하길 바란다. 그룹핑 결과를 val groupedByManufacturer라고 하고 해당 그룹핑 결과에서 제조업체 WXX를 추출하길 바란다.

그룹핑 함수는 3가지가 더 있다. 첫 번째는 매개변수 하나가 더 있는 groupBy()다. 이 매개변수는 그룹핑 결과에 값을 반영하기 전에 변환을 수행한다. 나머지 두 함수는 groupByTo()로 매개변수로 제공된 맵으로 그룹핑 결과를 저장한다. 이들은 다소 편리한 함수다. 자세한 내용은 공식 코틀린 API 문서를 참조하길 바란다.

폴딩

폴딩은 객체가 배열 또는 컬렉션(세트 또는 리스트)의 모든 요소를 스캔하고 각 반복마다 객체 자신을 업데이트하게 하는 것이다. 예를 들어 송장 리스트의 모든 금액을 합산한다고 생각해 보길 바란다. 특별한 것 없이 누군가는 다음과 같이 작성할 수 있을 것이다.

```
val someObject = ...
list.forEach { elem ->
    // elem을 사용해 someObj를 업데이트
    ...
}
```

하지만 해당 코드는 루프가 여러 이상한 일을 하기 전에 객체를 초기화할 수 있으므로 본질적인 위험이 존재한다. 따라서 하나의 구문을 사용해 이러한 작업을 수행할 수 있는 함수가 존재한다. 실제로는 함수의 집합이다.

- fold(initial: R, operation: (acc: R, T) -> R)): R
  이 함수는 각 루프마다 업데이트될 객체와 업데이트를 수행할 함수를 매개변수로 취

한다. 업데이트를 수행하는 함수는 누적 객체의 현재 버전과 현재 루프 요소를 매개
변수로 취한다. 이 함수는 모든 데이터 컨테이너 요소가 적용된 누적 객체를 반환한
다. 아마도 첫 번째 매개변수는 `list.fold(Gatherer(), ...)`처럼 새로 만든 객체가
대부분일 것이다.

- `foldRight(initial: R, operation: (T, acc: R) -> R)): R`
  fold()와 비슷하지만 배열이나 컬렉션을 역방향으로 반복한다. 이러한 역방향 스캐
  닝을 표현하기 위해 내부 함수의 매개변수 순서도 바뀌었다.
- `foldIndexed(initial: R, operation: (index:Int, acc: R, T) -> R)): R`
  fold와 동일하지만 내부 함수는 추가적인 첫 번째 매개변수로 루프 반복 인덱스를 갖
  는다.
- `foldRightIndexed(initial: R, operation: (index:Int, T, acc: R) -> R)): R`
  foldIndexed()와 유사하지만 배열이나 컬렉션을 역방향으로 반복한다. 마찬가지로
  역방향 스캐닝을 표현하기 위해 내부 함수의 두 번째와 세 번째 매개변수의 순서도
  바뀌었다.

또한 그룹핑 작업을 포함한 고급 폴딩 메커니즘이 존재한다. 배열이나 컬렉션(리스트 또는 세
트)에 `groupingBy()`를 사용하면 나중에 배열, 세트, 리스트 같은 컬렉션에 적용할 수 있는
Grouping 객체를 받게 된다. 이는 그룹핑과 폴딩을 수동으로 수행할 수 있어 매우 편리한 함
수다. 자세한 내용은 코틀린 API 문서를 참조하길 바란다.

리듀싱

리듀싱[Reducing]은 폴딩의 동생쯤 된다. 누적기가 명시적으로 지정되지 않으며 배열이나 컬렉
션의 첫 번째 요소가 대신 사용된다. 이후 폴딩 작업 또는 더 정확하게 말해 리덕션 작업은
당연하게도 두 번째 데이터 요소부터 시작한다. 다음은 리덕션 함수다.

- `reduce(operation: (acc: S, T) -> S): S`
  현재 누적기 값과 현재 루프 요소에 대해 제공된 리덕션 작업을 수행한다. 그런 다음
  리덕션 결과를 반환한다. 리덕션 함수는 원본 데이터 타입 T의 값 또는 그 서브클래스

의 값을 반환할 수 있다.

- reduceRight(operation: (T, acc: S) -> S): S

  reduce()와 유사하지만 역방향으로 스캔한다. 리덕션 함수의 매개변수 순서도 역방향이다.

- reduceIndexed(operation: (index: Int, acc: S, T) -> S): S

  reduce()와 동일하지만 리덕션 함수가 추가적인 첫 번째 매개변수로 현재 루핑 인덱스를 받는다.

- reduceRightIndexed(operation: (index: Int, T, acc: S) -> S): S

  reduceIndexed()와 유사하지만 데이터를 역방향으로 스캔한다. 리덕션 함수의 두 번째와 세 번째 매개변수도 역방향이다.

연습문제 7

리스트 [1, 2, 3, 4, ..., 100]을 만들고 reduce를 사용해 1*2*3*...*100을 계산하길 바란다.

힌트: 레인지(시작..끝)는 toList()를 통해 리스트로 변환할 수 있다.

집핑

루핑, 정렬, 폴딩, 리듀싱은 배열과 컬렉션을 처리하는 데 매우 다양한 도구 집합을 이미 제공한다. 하지만 아직 두 배열이나 컬렉션을 요소별로 합치는 도구가 없다. 코틀린에는 정확하게 이러한 종류의 작업을 처리하기 위한 일련의 함수가 존재한다.

여기서 말하는 주요 함수는 zip()과 unzip()이다. 먼저 zip()은 zip(other: Array<out R>): List<Pair<T, R>> 또는 zip(other: Iterable<R>): List<Pair<T, R>> 시그니처를 갖는다. 모두 이항 함수로 정의돼 있으며 다음과 같이 사용할 수 있다.

```
array.zip(otherArray)
    -또는- array zip otherArray
```

```
array.zip(list)
    -또는- array zip list
collection.zip(array)
    -또는- collection zip array
collection.zip(otherCollection)
    -또는- collection zip otherCollection
```

모두 그림 9-3에서처럼 Pair 인스턴스로 이뤄진 리스트를 반환한다. Iterable은 배열, 컬렉션, 레인지가 구현하는 인터페이스이므로 여기에도 레인지를 사용할 수 있다.

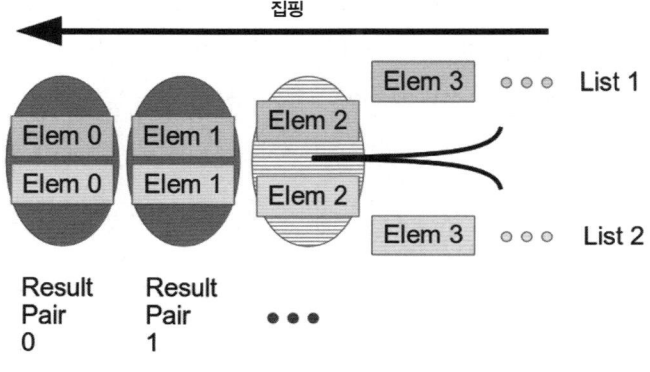

▲ 그림 9-3 집핑

예를 들어 [Bananas, Apples, Oranges]와 그에 해당하는 가격 [1.69, 2.19, 2.79] 두 리스트가 있다고 가정해보자. [Bananas, 1.69], [Apples, 2.19], [Oranges, 2.79]로 된 페어 리스트를 만들려면 다음과 같이 작성하면 된다.

```
val fruits = listOf("Bananas", "Apples", "Oranges")
val prices = listOf(1.69, 2.19, 2.79)
val fruitsAndPrices = fruits zip prices
// 또는 fruits.zip(prices)
...
fruitsAndPrices.forEach { p ->
    // p = Pair("Bananas", 1.69) aso.
}
```

길이가 다른 배열이나 컬렉션을 집^{zip}하려면 더 큰 것의 끝이 잘리고 결과 리스트는 작은 것의 크기를 갖게 된다.

unzip() 함수는 반대 작업을 수행한다. 페어 리스트를 취해 2개의 단일 요소 리스트를 페어로 패킹(unzip(): Pair<List<T>, List<R>>)해 추출한다. 여기서 T와 R은 원본 리스트 내부에 있는 페어의 첫 번째와 두 번째 요소 각각의 타입이다.

집핑의 경우 두 번째 매개변수를 추가한 대체 함수가 존재한다. 이 함수는 집핑 결과에 반영하기 전에 짝을 이루는 요소에 뭔가를 수행하는 변환 함수다. 예를 들어 list1.zip(list2, a,b ->) ...에서 a와 b는 리스트 1과 2의 동일 인덱스에 있는 요소다. 이는 필요없을 경우 페어 생성을 피하는 수단으로 사용된다. 배열의 경우에도 동일하게 사용할 수 있다.

연습문제 8

두 리스트 val fruits = listOf("Bananas", "Apples", "Oranges")와 val prices = listOf(1.69, 2.19, 2.79) 그리고 data class Fruit(val name:String, val price:Double)를 이용해 결과 리스트가 Fruit 요소를 포함하도록 집핑을 수행하길 바란다.

배열과 컬렉션의 탐색

indexOf()를 사용하면 배열이나 리스트에서 특정 요소의 인덱스를 찾을 수 있다. 매우 큰 배열이나 컬렉션의 경우(예를 들어 백만 개의 항목을 갖는) indexOf()는 요소를 빨리 찾을 수 있는 방법이 아닐 수도 있다. 내부적으로 indexOf()는 전체 배열 또는 리스트를 반복하며 동일한 값을 찾을 때까지 각 데이터 값을 검사한다.

정렬된 배열이나 리스트의 경우 이진 탐색이라는 더 나은 방법을 사용할 수 있다. 이진 탐색은 배열이나 리스트의 N개 요소를 대략 N/2 크기로 동일하게 나눈다. 그 다음 탐색 요소가 들어 있는 부분을 선택한다. 다시 더 작은 범위로 반을 나누고 또 다른 검사를 수행하는 식이다. 이러한 알고리듬을 사용하면 배열이나 리스트에서 백만 개의 요소를 탐색하는 데 채 20번의 검사밖에 필요없다.

이진 탐색의 함수 시그니처(E는 요소 타입이다)는 다음과 같다.

- binarySearch(element:E, fromIndex:Int = 0, toIndex:Int = size)

  이 함수는 자연스러운 순서를 사용해 배열이나 리스트에서 요소를 찾는다. 요소 타입은 Comparable 인터페이스를 가져야 하며 모든 숫자 타입과 문자열 타입은 자동으로 이에 해당한다. 배열이나 리스트에 요소가 존재하지 않으면 적절한 삽입 인덱스가 반환된다. [1, 2, 4, 5]에서 3을 찾는 경우 2를 반환하는데 그 이유는 [1, 2, 3, 4, 5]에서 3의 인덱스이기 때문이다. fromIndex와 toIndex는 적절한 기본 값을 가지므로 전체 리스트를 탐색하려면 이들을 생략할 수 있다.

- binarySearch(element:E, comparator: Comparator<in E> fromIndex:Int = 0, toIndex:Int = size)

  이 함수는 제공된 비교기를 사용해 배열이나 리스트에서 요소를 찾는다. 리스트나 배열은 제공된 비교기에 따라 미리 정렬돼 있어야 한다. 배열이나 리스트에 요소가 존재하지 않으면 적절한 삽입 인덱스가 반환된다. fromIndex와 toIndex는 적절한 기본 값을 가지므로 전체 리스트를 탐색하려면 이들을 생략할 수 있다. 타입 매개변수에 있는 in은 사용된 비교기의 타입을 나타내며 E의 수퍼클래스도 처리할 수 있다는 것을 나타낸다.

모든 경우에 배열이나 리스트를 오름차순으로 정렬하는 것은 필수다. 그렇지 않으면 결과를 예측할 수 없다.

스프레드 연산자

vararg 매개변수를 갖는 함수의 경우 해당 함수에 값을 넘기기 위해 배열을 사용할 수 있다.

```
function xyz(a:Int, vararg x:String) {
    ...
}

val arr = arrayOf("1", "2", "3", "4", "5")
```

```
xyz(42, *arr)
```

매개변수 앞에 있는 *를 스프레드^{spread} 연산자라고 한다. 모든 배열에 작동하지만 리스트와 세트의 경우 .toArray(), .toIntArray(), .toDoubleArray() 등을 통해 적절하게 변환해줘야 한다.

큐와 스택: 데크

사용할 수 있는 컬렉션 타입으로 세트와 리스트만 있는 것은 아니다. 코틀린은 세트와 리스트 이외의 컬렉션 타입을 명시적으로 취급하지는 않지만 자바 가상 머신^{JVM} 상단에 위치하는 모든 자바 컬렉션 타입을 비롯해 상당 부분의 자바 표준 라이브러리 하위 집합을 포함한다. 그중 일부는 다소 특수하고 일반적으로 필요 없어 모두 살펴보지는 않을 것이다. 살펴볼 만한 흥미로운 타입으로 데크^{deques}가 있다.

데크는 리스트와 매우 유사한 컬렉션이지만 헤드에 요소를 추가할 수 있으며 컬렉션 양쪽의 요소를 제거하는 기능을 제공한다. 데크가 제공하는 함수를 살펴보기 전에 용어 몇 개부터 명확하게 알아두자.

- 헤드^{Head}: 리스트의 헤드는 리스트의 맨 처음에 추가된 요소를 의미한다. 따라서 이 요소의 인덱스는 0이 된다. 데크는 헤드와 관련 있는 뭔가를 수행하려면 이름에 First가 포함된 함수를 사용하면 된다.
- 테일^{Tail}: 리스트의 테일은 add() 함수를 통해 추가된 요소가 위치한다. 데크는 테일과 관련 있는 뭔가를 수행하려면 이름에 Last가 포함된 함수를 사용하면 된다.

Deque는 인터페이스여서 구현이 필요하다. 몇 가지 구현이 있는데 java.util.ArrayDeque가 자주 사용되는 구현 중 하나일 것이다. ArrayDeque 클래스는 생성자 3개를 갖는다(E는 요소 타입이다).

- ArrayDeque<E>()

    이 생성자는 초기 용량이 16개인 E 타입 요소의 데크를 생성한다. 클라이언트 관점에서 성능이나 리소스 관리가 문제가 아니라면 용량을 신경 쓸 필요는 없다. 여러 요소가 예상된다면 다음과 같이 생성자에 더 큰 초기 용량을 지정할 수 있다.

- ArrayDeque<E>(numElements:Int)

    주어진 초기 용량으로 데크를 생성한다.

- ArrayDeque<E>(c:Collection<out E>)

    주어진 요소로 초기화된 데크를 생성한다. 타입 지정에서 out은 매개변수에 E의 서브 클래스도 허용한다는 것을 의미한다.

예를 들어 Int 타입을 담는 데크를 만들려면 val dq = ArrayDeque<Int>() 같이 작성할 수 있다. ArrayDeque 클래스는 내부 데이터 컨테이너가 필요에 따라 확장된다. 초기 용량은 힌트에 불과하다.

다음은 데크가 제공하는 프로퍼티와 함수의 일부 목록이다.

- addFirst(element:E)

    데크의 헤드에 요소를 추가한다.

- addLast(element:E)

    데크의 테일에 요소를 추가한다. 리스트의 add()에 해당한다.

- removeFirst(): E

    데크의 헤드에서 요소를 가져오고 제거한다. 데크가 비어 있으면 예외를 발생한다.

- removeLast(): E

    데크의 테일에서 값을 가져오고 제거한다. 데크가 비어 있으면 예외를 발생한다.

- getFirst(): E

    데크의 헤드에서 요소를 가져오지만 제거하지는 않는다. 데크가 비어 있으면 예외를 발생한다.

- getLast(): E

    데크의 테일에서 요소를 가져오지만 제거하지는 않는다. 데크가 비어 있으면 예외를 발생한다.

그 외에 데크가 빈 경우 예외를 던지는 대신 null을 반환하게 하려면 다음과 같은 함수를 사용할 수 있다.

- peekFirst():E?

  데크의 헤드에서 요소를 가져오지만 제거하지는 않는다. 데크가 비어 있으면 null을 반환한다.

- peekLast():E?

  데크의 테일에서 요소를 가져오지만 제거하지는 않는다. 데크가 비어 있으면 null을 반환한다.

- pollFirst():E?

  데크의 헤드를 가져오고 제거한다. 데크가 비어 있으면 null을 반환한다.

- pollLast():E?

  데크의 테일을 가져오고 제거한다. 데크가 비어 있으면 null을 반환한다.

데크는 addLast()와 removeFirst()를 사용하면 선입선출[FIFO] 큐를 흉내내 사용할 수 있다. 마찬가지로 addLast () 및 removeLast ()를 사용해 후입선출[LIFO] 스택을 시뮬레이션할 수 있다.

NumberGuess 앱을 위한 통계 클래스

지금까지 NumberGuess 게임 앱은 리스트 같은 구조를 포함하지 않아 통계를 언급하지 않았다. 통계는 쉽게 적용할 수 있으며 이를 위해 추가할 확장은 시도와 적중률을 계산하는 전용 통계 액티비티다.

앱에 액션 바 추가하기

첫 번째 할 일은 NumberGuess 앱에 액션 바를 추가하는 것이다.

1. AndroidManifest.xml 파일을 업데이트한다. <activity> 태그 안에 XML 애트리뷰트로 android:theme = "@style/AppTheme.NoActionBar"를 추가한다(android:name= ... 항목 다음에 새로운 줄로).

```
<activity
    android:name=...
        android:theme="@style/AppTheme.NoActionBar">
```

2. res/values/styles.xml 파일을 업데이트한다. <resources> 태그 안에 다음을 추가한다.

```
<resources>
  ...
  <style name="AppTheme.NoActionBar">
      <item name="windowActionBar">false</item>
      <item name="windowNoTitle">true</item>
  </style>
  <style name="AppTheme.AppBarOverlay"
      parent="ThemeOverlay.AppCompat.Dark.ActionBar"/>
  <style name="AppTheme.PopupOverlay"
      parent="ThemeOverlay.AppCompat.Light"/>
</resources>
```

3. res/layout/activity_main.xml 파일을 업데이트한다.

```
<?xml version="1.0" encoding="utf-8"?>
<android.support.design.widget.CoordinatorLayout
    xmlns:android=
            "http://schemas.android.com/apk/res/android"
    xmlns:app="http://schemas.android.com/apk/res-auto"
    xmlns:tools="http://schemas.android.com/tools"
    android:layout_width="match_parent"
    android:layout_height="match_parent"
    tools:context=".MainActivity">

    <android.support.design.widget.AppBarLayout
        android:layout_height="wrap_content"
```

```
            android:layout_width="match_parent"
            android:theme="@style/AppTheme.AppBarOverlay">
    <android.support.v7.widget.Toolbar
        android:id="@+id/toolbar"
        android:layout_width="match_parent"
        android:layout_height="?attr/actionBarSize"
        android:background="?attr/colorPrimary"
        app:popupTheme="@style/AppTheme.PopupOverlay"
        />
  </android.support.design.widget.AppBarLayout>

  <include layout="@layout/content_main"/>
</android.support.design.widget.CoordinatorLayout>
```

4. res/layout/content_main.xml 파일을 새로 만든다.

```
<?xml version="1.0" encoding="utf-8"?>
<android.support.constraint.ConstraintLayout
        xmlns:android=
            "http://schemas.android.com/apk/res/android"
        xmlns:app=
            "http://schemas.android.com/apk/res-auto"
        xmlns:tools=
            "http://schemas.android.com/tools"
        android:layout_width=
            "match_parent"
        android:layout_height=
            "match_parent"
        app:layout_behavior=
            "@string/appbar_scrolling_view_behavior"
        tools:showIn=
            "@layout/activity_main"
        tools:context=
            ".MainActivity">

<LinearLayout
      android:orientation="vertical"
      android:layout_width="match_parent"
      android:layout_height="match_parent"
      android:padding="30dp"
```

```xml
        tools:showIn="@layout/activity_main"
        tools:context=".MainActivity">
        <TextView
            android:layout_width="wrap_content"
            android:layout_height="wrap_content"
            android:text="@string/title.numberguess"
            android:textSize="30sp"/>

<Button
        android:id="@+id/startBtn"
        android:onClick="start"
        android:layout_width="match_parent"
        android:layout_height="wrap_content"
        android:text="@string/btn.start"/>

<Space android:layout_width="match_parent"
        android:layout_height="5dp"/>

<LinearLayout
        android:orientation="horizontal"
        android:layout_width="wrap_content"
        android:layout_height="wrap_content">
    <TextView
        android:text="@string/label.guess"
        android:layout_width="wrap_content"
        android:layout_height="wrap_content"/>
    <EditText
        android:id="@+id/num"
        android:hint="@string/edit.number"
        android:layout_width="80sp"
        android:layout_height="wrap_content"
        android:inputType="number"
        tools:ignore="Autofill"/>
    <Button
        android:id="@+id/doGuess"
        android:onClick="guess"
        android:text="@string/btn.do.guess"
        android:layout_width="wrap_content"
        android:layout_height="wrap_content"/>
</LinearLayout>
```

```xml
<Space android:layout_width="match_parent"
       android:layout_height="5dp"/>

<TextView
          android:id="@+id/status"
          android:text="@string/status.start.info"
          android:textColor="#FF000000"
          android:textSize="20sp"
          android:layout_width="wrap_content"
          android:layout_height="wrap_content"/>

<Space android:layout_width="match_parent"
       android:layout_height="5dp"/>

<TextView android:text="@string/label.log"
          android:textStyle="bold"
          android:layout_width="wrap_content"
          android:layout_height="wrap_content"/>
    <kotlinforandroid.book.numberguess.gui.Console
          android:id="@+id/console"
          android:layout_height="100sp"
          android:layout_width="match_parent"/>

    </LinearLayout>
</android.support.constraint.ConstraintLayout>
```

5. **MainActivity.kt** 파일이 임포트로 포함돼 있는지 확인한다.

```
import kotlinx.android.synthetic.main.activity_main.*
import kotlinx.android.synthetic.main.content_main.*
```

6. 또한 **MainActivity** 클래스 내부의 **onCreate()** 함수를 다음과 같이 맞춘다.

```
override fun onCreate(savedInstanceState: Bundle?) {
    super.onCreate(savedInstanceState)
    setContentView(R.layout.activity_main)
    setSupportActionBar(toolbar) // 새로 추가
    fetchSavedInstanceData(savedInstanceState)
    doGuess.setEnabled(started)
```

```
}
```

7. 메뉴 리소스 폴더를 만든다. 해당 폴더를 만들려면 res 폴더를 오른쪽 클릭한 후 New > Android Resource Directory를 선택한다. 디렉터리 이름은 menu를 입력하고 리소스 타입은 Menu를 선택한다.

8. 메뉴 리소스를 만든다. res/menu 폴더를 오른쪽 클릭한 후 New > Menu resource file을 선택한다. 파일 이름은 menu_options를 입력한다. 파일을 열어 에디터 뷰 하단의 탭을 눌러 텍스트 뷰로 전환한다. 내용을 다음과 같이 작성한다.

```xml
<?xml version="1.0" encoding="utf-8"?>
<menu xmlns:android=
            "http://schemas.android.com/apk/res/android"
      xmlns:app=
            "http://schemas.android.com/apk/res-auto">
    <item android:id="@+id/statistics"
          android:icon=
              "@android:drawable/ic_menu_info_details"
          android:title=
              "@string/statistics.menu_title"
          app:showAsAction="ifRoom"/>
</menu>
```

9. 문자열 리소스를 만든다. res/values/strings를 열어 추가한다.

```xml
<string name="statistics.menu_title">
    Statistics</string>
```

10. MainActivity 클래스에 추가한다.

```kotlin
override
fun onCreateOptionsMenu(menu: Menu): Boolean {
    val inflater: MenuInflater = menuInflater
    inflater.inflate(R.menu.menu_options, menu)
    return true
}
```

```
private fun openStatistics() {
    val intent: Intent = Intent(this,
            StatisticsActivity::class.java)
    startActivity(intent)
}
```

StatisticsActivity가 없기 때문에 메인 액티비티 클래스는 오류가 난다. 다음 절에서 StatisticsActivity 클래스를 만든다.

통계 액티비티

통계를 위한 액티비티 클래스를 다음과 같이 만든다.

1. app을 오른쪽 클릭한 후 New > Activity > Empty Activity를 선택한다. 액티비티 이름은 StatisticsActivity를 입력한다. Generate Layout file이 선택됐는지 확인하고 패키지 이름으로 kotlinforandroid.book.numberguess를 사용한다. 소스 언어로 코틀린을 선택하고 main을 타깃 소스로 선택한다. Finish를 클릭한다.
2. res/layout/activity_statistics.xml 파일을 열어 텍스트 뷰로 전환하고 내용을 다음과 같이 대체한다.

```xml
<?xml version="1.0" encoding="utf-8"?>
<LinearLayout
    xmlns:android=
        "http://schemas.android.com/apk/res/android"
    xmlns:tools=
        "http://schemas.android.com/tools"
    xmlns:app=
        "http://schemas.android.com/apk/res-auto"
    android:id="@+id/statisticsContainer"
    android:layout_width="match_parent"
    android:orientation="vertical"
    android:layout_height="match_parent"
    tools:context=".StatisticsActivity">
</LinearLayout>
```

3. **StatisticsActivity** 클래스를 새로 만들고 내용을 다음과 같이 대체한다.

```
package kotlinforandroid.book.numberguess

import android.support.v7.app.AppCompatActivity
import android.os.Bundle
import android.view.ViewGroup
import android.widget.TextView
import kotlinforandroid.book.numberguess.
        statistics.Statistics

class StatisticsActivity : AppCompatActivity() {

override
    fun onCreate(savedInstanceState: Bundle?) {
        super.onCreate(savedInstanceState)
        setContentView(R.layout.activity_statistics)
        showData(Statistics.getStatistics())
    }

    fun showData(s:List<String>) {
        val container = findViewById<ViewGroup>(
            R.id.statisticsContainer)
        container.removeAllViews()
        s.forEach {line ->
            container.addView(TextView(this).apply {
                text = line
            })
        }
    }
}
```

마지막 import는 보기와 다르게 하나의 줄로 입력해야 한다. 에디터는 이러한 클래스에 오류가 있다는 것을 보여주지만 곧 바로잡을 것이다.

4. **kotlinforandroid.book.numberguess.statistics** 패키지를 새로 만들고 그 안에 **Statistics** 객체를 만든다.

5. **Statistics**는 다음과 같다.

```
package kotlinforandroid.book.numberguess.statistics

object Statistics {
    fun getStatistics(): List<String> {
      return emptyList()
    }
}
```

StatisticsActivity 클래스에서 보였던 오류는 이제 사라져야 한다.

이제 에뮬레이터나 연결된 장치에서 앱을 실행할 수 있을 것이다. 태스크 바에 있는 (i) 버튼을 누르면 새로운 통계 액티비티가 나타날 것이다. 지금은 빈 화면을 보여주지만 나중에 이를 변경해 내용을 추가할 것이다(그림 9-4 참조).

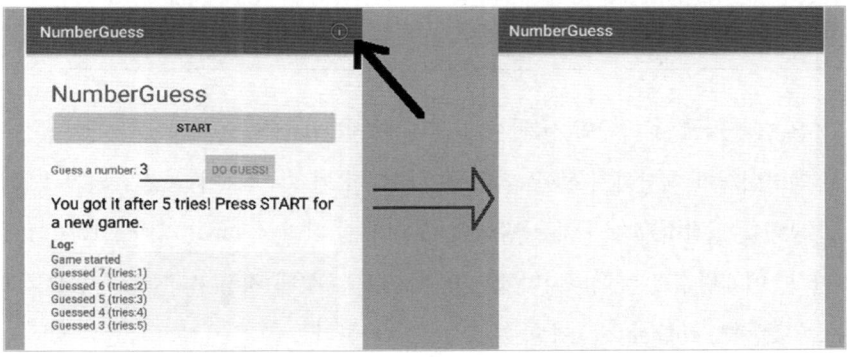

▲ 그림 9-4 비어 있는 통계 액티비티

통계의 상태 관리

Statistics 싱글턴 객체에서 모든 게임 세션의 결과를 리스트로 수집한다. 한 세션에 2가지 (맞출 숫자와 숫자를 맞추기 위해 시도한 횟수) 수치를 가지므로 결과 쌍을 갖는 GameSession Record 내부 클래스를 정의한다. 그리고 그에 따라 Statistics 객체를 업데이트한다.

```
package kotlinforandroid.book.numberguess.statistics
object Statistics {
    data class GameSessionRecord(val numberToGuess:Int,
```

```
        val tries:Int) : Serializable
    val data: ArrayList<GameSessionRecord> = ArrayList()

    fun getStatistics(): List<String> {
        return emptyList()
    }
}
```

여기서 `ArrayList<GameSessionRecord>`는 정확하게 이러한 세션 레코드로 이뤄진 가변 리스트를 원한다는 의미다. 즉 `Serializable`은 마커 인터페이스이며 이러한 클래스로부터 만들어진 객체는 언어에 구애받지 않는 표현으로 변환할 수 있다.

> **참고** 불행하게도 직렬화가 가능하지 않아 `val data = mutableListOf()` 같이 사용할 수 없다. 전체 목록에도 언어에 구애받지 않는 표현이 필요하므로 구체적인 구현을 사용해야 한다.

`data` 목록은 `Statistics` 객체의 전체 상태를 표현한다. `MainActivity`에서 확인했듯이 안드로이드는 액티비티가 예상하지 못한 일시 중단 상태가 될 수 있으며 그렇게 되면 프로퍼티를 잃으므로 상태를 저장하고 복구하는 방식이 필요하다. 따라서 `save()`와 `restore()` 두 함수를 추가한다. 매개변수로는 액티비티에 의해 제어되는 상태 저장 및 복원에 필요한 `Bundle` 인스턴스를 갖는다. `onCreate()`에 함수 호출을 추가한다.

```
override
fun onCreate(savedInstanceState: Bundle?) {
    super.onCreate(savedInstanceState)
    setContentView(R.layout.activity_statistics)

restoreData(savedInstanceState) // 새로 추가!
    showData(Statistics.getStatistics())
}
```

새로 추가되는 두 함수는 다음과 같다.

```
fun restoreData(savedInstanceState: Bundle?) {
    savedInstanceState?.run {
        getSerializable("statistics.data")?.run {
            Statistics.data.clear()
            Statistics.data.addAll( this as
                ArrayList<Statistics.GameSessionRecord>)
        }
    }
}

override fun onSaveInstanceState(outState: Bundle?) {
    super.onSaveInstanceState(outState)
    outState?.putSerializable("statistics.data",
        Statistics.data)
}
```

?.run{ } 구조는 앞의 값이 null이 아니면 run 블록이 실행되게 만든다. 실행되면 this는 앞의 값을 갖는다. 따라서 getSerializable()은 실제로 this.getSerializable()로 해석되므로 이는 savedInstanceState 객체의 getSerializable()이 된다. this as ...는 언어 설계에 의해 getSerializable()이 타입 정보를 잃으므로 명시적으로 타입을 알려주는 데 필요하다.

액티비티 사이의 소통

게임 자체는 MainActivity 클래스에 의해 처리되고 통계는 StatisticsActivity에서 담당한다. 동일한 프로세스에서 실행되므로 가장 단순한 소통 방식을 사용하기로 한다(데이터 공유에 싱글턴 객체를 사용한다). 아직 프로세스를 살펴보지 않았지만 대부분의 경우 프로세스는 앱 컴포넌트를 감싸는 기술적 계층이며 싱글턴 객체가 이러한 프로세스의 경계 안에 포함돼 있다고 이해하면 충분하다.

> **참고** 앱 컴포넌트 사이에서 데이터를 공유하는 더 복잡한 데이터 구조가 필요한 경우 내장된 안드로이드 데이터베이스 사용을 고려하길 바란다.

또한 게임 세션의 데이터를 통계 컴포넌트로 보내는 데 사용자 인터페이스 액션이 필요하지 않으므로 정교한 내부 애플리케이션 통신은 필요 없다. 따라서 Statistics 싱글턴 객체의 리스트에 레코드를 추가하기 위한 단순 함수를 추가한다.

```
object Statistics {
    ...
    fun register(numberToGuess:Int, tries:Int) {
        data.add(GameSessionRecord(numberToGuess,
                tries))
    }
}
```

이제 MainActivity에서 이 함수를 호출한다.

```
fun guess(v:View) {
    ...
    if (g < number) {
        ...
    } else if (g > number) {
        ...
    } else {
        Statistics.register(number, tries)
        ...
    }
    ...
}
```

이것이 작동하려면 Statistics 싱글턴 객체를 임포트해야 한다(import kotlinforandroid. book.numberguess.statistics.Statistics).

통계 계산 구현

통계 액티비티가 모두 구성되고 게임 액티비티의 데이터가 전달되면 Statistics 클래스 내부에서 데이터 계산을 할 수 있다. 게임 세션의 수 같은 단순한 것부터 시작한다.

```
private fun numberOfSessions() : Int =
  data.size
```

다음 계산은 숫자를 맞추기 위해 시도한 평균 횟수다.

```
private fun averageTriesNeeded() : Double =
    if(data.size > 0) data.map { rec -> rec.tries }
        .sum().toDouble() / data.size ;
    else 0.0
```

차례대로 살펴보자.

1. `if() ... ;else ...`는 데이터가 있는지를 검사한다. 레코드가 없으면 평균을 만들 수 없으며 `0.0`으로 나누는 것을 방지해야 한다. 데이터가 없는 경우 `0.0`을 반환한다.
2. `map()`은 제공된 람다 함수를 `data`의 각 요소에 적용하며 시도 횟수를 요소로 갖는 새로운 리스트를 반환한다.
3. `sum()`은 수치 타입 요소로 만들어진 모든 컬렉션에 사용할 수 있다. 여기서는 모든 시도 횟수를 더한다.
4. `Int`를 `Int`로 나누면 결과는 `Double`이 아닌 `Int`이므로 `toDouble()`이 필요하다.

결과를 얻기 위해 합한 값을 게임 세션 수로 나눈다.

다음 계산할 값은 비밀번호를 맞추기 위해 시도한 횟수의 표준편차다. 표준편차는 수의 거칠기를 알려준다. 즉 방금 계산한 평균과 얼마나 자주 얼마나 많은 숫자가 차이가 나는지를 알려준다. 표준편차 공식은 다음과 같다.

$$stddev(tries) = \sqrt{\frac{\sum_{i}^{N}\left(tries_i - \overline{tries}\right)^2}{N-1}}$$

여기서 $\overline{tries}$은 평균을 나타낸다. 이에 해당하는 함수는 다음과 같다.

```
private fun triesNeededStdDev() : Double {
    if(data.size < 2) return 0.0
    val avg = averageTriesNeeded()
    return Math.sqrt(
        data.map {
            rec -> Math.pow(rec.tries - avg, 2.0)
        }.sum() / (data.size - 1))
}
```

그리고 다음과 같은 특성을 갖는다.

- 루프 내부에서 평균이 필요하므로 평균 값을 갖는 `val` 변수를 만들었다. 따라서 `fun functName() = ...` 같은 표기법을 사용하지 못한다. 해당 변수는 단일 표현식에 넣을 수 없다. 할 수 있지만 성능적으로 불이익이 따른다.
- 표준편차는 레코드가 최소한 2개 필요하다. 더 적으면 함수를 조기에 종료하고 `0.0`을 반환한다.
- `Math.sqrt()`는 계산에 필요한 제곱근($\sqrt{x}$)을 계산한다.
- `Math.pow(x, 2.0)`는 제곱(x^2)을 계산한다.
- 평균 계산과 비슷하며 $(tries - \overline{tries})^2$을 추출한다. $\overline{tries}$는 평균을 나타낸다.
- 한 번 더 `sum()`을 적용해 결과 리스트로부터 합을 구한다.
- $size - 1$로 나누는 부분은 공식의 일부다.

다음으로 시도 횟수에 대한 히스토그램 계산을 작성한다. 가능한 각 k 시도에 대해 k가 얼마나 자주 통계 데이터에 나타나는지를 알아낸다. k를 빈도로 맵핑하는 `Int → Int` 맵은 일반적인 경우다. `Statistics` 클래스에서 이를 수행하는 코틀린 함수는 다음과 같다.

```
private fun neededTriesDistrib() : Map<Int, Int> =
    data.groupBy({rec -> rec.tries}).
    mapValues { me -> me.value.size }
```

이는 다음과 같은 방식으로 수행된다.

- groupBy()의 실제 구현을 확인했다. 어떠한 규칙에 기반해 뭔가를 셀 때마다 종종 groupBy()를 보게 된다. 여기서는 시도 횟수를 기반으로 레코드 객체를 센다. 이것이 바로 groupBy()의 함수 매개변수가 여기서 하는 일이다.
- groupBy() 함수의 결과는 Int → List<GameSessionRecord> 맵이다. 시도별 목록을 알 필요는 없고 레코드 수만 알면 된다. 이것이 바로 mapValues()가 하는 일이다. 여기서 mapValues()는 맵의 항목으로 맵핑된 각 값을 목록 크기로 변환해 리스트를 대체한다. mapValues()의 매개변수 내부에 있는 me의 타입은 Map.Entry다. 이는 mapValues()가 규정한 것이다. Map.Entry는 .key와 .value 2가지 프로퍼티를 갖는다. key는 시도 횟수이며 value는 리스트다. 이 value로 크기를 구한다. 결과는 우리가 원하는 맵이 된다.

마지막 함수는 숫자에 따라 숫자를 맞추는 데 필요했던 시도 횟수를 알아낸다. numberToGuess 기준에 따라 시도 횟수를 세고 평균을 구한다. 그러한 코드는 다음과 같다.

```
private
fun triesByNumberToGuess() : Map<Int, Double> =
    data.groupBy({rec -> rec.numberToGuess})
        .mapValues { me ->
                me.value.map{it.tries}.sum().toDouble()
                / me.value.size }
```

각각 살펴보자.

- 여기서도 groupBy() 함수를 사용한다. 하지만 이번에는 numberToGuess 멤버의 수치를 계산하므로 해당 프로퍼티를 groupBy 키로 해 추출한다.
- GameSessionRecord 요소로 이뤄진 리스트를 값으로 갖는 맵을 가져온다. 각 리스트로 평균 시도 횟수를 계산한다. 이를 위해 리스트를 시도 횟수만 포함한 새로운 리스트로 맵핑하고 합계를 가져와 배정도 부동 소수로 변환한 후 리스트의 크기로 나눈다.

이제 남은 일은 getStatistics() 함수를 수정해 새로운 계산 함수로부터 통계 수치를 포함시키는 것이다. 예를 들면 다음과 같다.

```
fun getStatistics(): List<String> {
    val twoDigits = DecimalFormat().
            apply{ maximumFractionDigits = 2 }
    val triesDistrib = neededTriesDistrib().
          toSortedMap().toString()
    val triesByNumber = triesByNumberToGuess().
          toSortedMap().mapValues {
              me -> twoDigits.format(me.value) }
        .toString()
    return listOf(
        "Sessions: ${numberOfSessions()}",
        "Average Tries: ${averageTriesNeeded()}",
        "Tries Standard Dev: ${triesNeededStdDev()}",
        "Tries Distrib: ${triesDistrib}",
        "Tries by Number: ${triesByNumber}"
    )
}
```

이것이 작동하려면 임포트 목록에 `import java.text.DecimalFormat`을 추가해야 한다. 여기서 처음 사용된 `NumberFormat`은 너무 많은 소수점 자리가 출력되는 것을 피하기 위해 사용된다. `.toSortedMap()`은 키를 기준으로 맵을 정렬한다.

앱을 시작해 게임을 몇 차례 수행한 후 통계 액티비티를 시작하면 그림 9-5에서 표시되는 것과 같은 출력을 볼 수 있다.

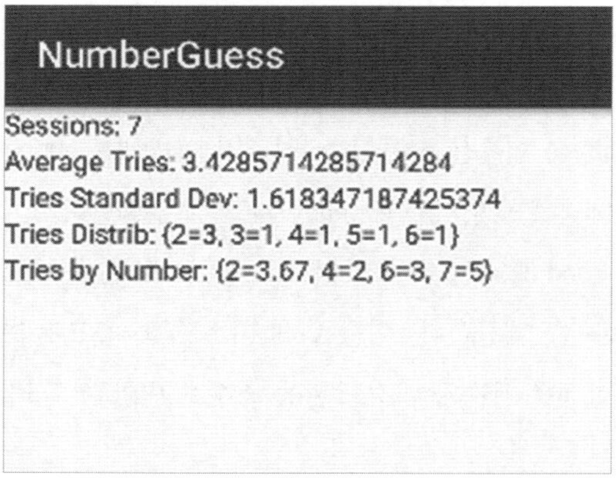

NumberGuess

Sessions: 7
Average Tries: 3.42857142857142845714284
Tries Standard Dev: 1.618347187425374
Tries Distrib: {2=3, 3=1, 4=1, 5=1, 6=1}
Tries by Number: {2=3.67, 4=2, 6=3, 7=5}

▲ 그림 9-5 NumberGuess 통계

10장

참, 거짓 그리고 미정: 널 가능성

학교에서 참과 거짓 이분법을 배우고 그 외에는 없다고 배웠을 것이다. 지금까지 이 책을 읽으면서 코틀린에는 정확하게 true와 false만 가능한 Boolean 타입이 있다는 것을 배웠다. 과연 true와 false만 존재할까?

실세계를 생각해보면 경험상 다른 뭔가가 있다는 것을 알 수 있다. 누군가 "내일 비가 올까요?"라고 묻는다면 답은 "네"와 "아니오"가 될 수 있다. 하지만 100% 확실한지는 아무도 모른다. 그래서 참^{true}, 거짓^{false}, 미정$^{undecided\ 또는\ unknown}$ 상태가 존재한다. 이러한 삼분법을 3진 논리$^{three\text{-}valued\ logic}$ 또는 삼항 로직$^{trinary,\ trivalent,\ ternary\ logic}$이라고 한다. 철학서도 아닌데 이런 얘기를 왜 할까? 클래스와 객체의 경우 컴퓨터 프로그램이 현실의 시나리오를 모델링해야 한다고 이미 말했다. 그래서 true도 false도 아닌 뭔가가 컴퓨터 프로그래밍에 있어야 한다.

NULL이란?

컴퓨터 언어 개발자는 실제로 철학자가 아니거나 삼분법을 몰랐더라도 미정은 컴퓨터 언어 역사의 맨 처음부터 존재해왔다. 그냥 그렇게 불리지 않았을 뿐이다. 예를 들어 어떠한 리스트의 크기를 나타내는 변수가 필요하다고 가정해보자. 상황에 따라 리스트의 크기는 0이 될 수 있고 코딩상의 이유로 리스트가 아직 정의되지 않았다는 것을 표현해야 할 수도 있다. 어떻게 해야 할까? 크기는 0, 1, 2, 3, …이 될 수 있으므로 일반적으로 가능하지 않은 숫자로 아직 정의되지 않았다는 것을 정의해야 한다. 어떠한 숫자로 정의할 수 있을까? 가능한 답은 -1이다.

배열의 경우 이야기는 더 복잡하다. 배열은 보통 컴퓨터 메모리에 있는 배열의 첫 번째 요소를 가리키는 포인터 변수로 정의된다. 배열이 아직 정의되지 않았다는 것을 표현하려면 일반적이지 않은 포인터 값을 사용해야 한다. 이는 -1이 될 수 있지만 0이 더 현실적이다. 기술적으로 메모리 주소 0에서 배열이 시작되는 것은 불가능하므로 미정 상태에 대해 0을 사용하는 것은 유효한 방법이다. 실제 메모리 주소와 미정의 차이를 명확하게 하기 위해 후자의 경우 0은 null이라는 새로운 이름을 갖게 된다. 더 재미있는 점은 객체지향에서도 클래스 인스턴스에 대한 포인터가 존재하며 이러한 인스턴스는 미정이거나 아직 정의되지 않았다는 것을 표현할 수 있을 뿐만 아니라 null이 될 수 있다는 점이다.

true와 false 다음의 의사 불리언$^{pseudo-boolean}$인 undecided 외에도 배열과 객체에는 또 다른 undecided가 존재한다. 어떠한 관계가 있을까? 다음 코드를 살펴보자.

```
val b:Boolean = ... // 어떠한 조건
if(b) {
    ... // 뭔가를 수행
} else {
    ... // 다른 뭔가를 수행
}
```

어떠한 조건이 맞느냐 아니냐에 따라 분기를 쳤다. 아직 정의되지 않았다는 것을 표현하기 위해 null이 될 수 있는 객체는 보통 다음과 같이 확장할 수 있을 것이다.

```
val instance = ... // 어떠한 객체
val b:Boolean = ... // 어떠한 조건
if(instance == null) {
    ... // 뭔가를 수행
} else if(b) {
```

```
        ... // 다른 뭔가를 수행
} else {
        ... // 다른 뭔가를 수행
}
```

여기서는 뭔가가 참이냐 거짓이냐, 미정이냐 아니냐에 따라 결정을 내린다. 이제 상상 속의 컴퓨터 언어에서 세 번째 불리언 값인 undecided가 존재한다면 그러한 코드는 다음과 같을 것이다.

```
val b:Boolean = ... // 어떠한 삼진 조건
ifundecided(b) {
        ... // 뭔가를 수행
} if(b) {
        ... // 다른 뭔가를 수행
} else {
        ... // 다른 뭔가를 수행
}
```

상상 속의 삼진 불리언과 null 객체 참조는 동일한 코드를 표현한다. 이것이 바로 2가지 미정의 공통점이다. 코틀린이나 내가 아는 다른 언어에서도 세 번째 불리언 값은 존재하지 않는다. 따라서 미정을 처리하려면 null을 사용해야 한다.

null은 심각한 문제가 존재한다. 역참조 연산자 .이 무엇을 하는지 기억하는가? 이 연산자는 .의 왼쪽 객체를 취해 프로퍼티나 함수에 접근하는 데 사용한다. 객체가 미정이거나 null인 것은 자연스럽게 역참조의 의미가 없다. 불행하게도 대부분의 컴퓨터 언어는 이 부분을 제대로 처리하지 못하며 null을 역참조하면 크래시가 나거나 최소한 프로그램 흐름을 끊고 유효하지 않은 프로그램 흐름이 있었다는 것을 알려준다. 이러한 널 가능성[nullability]은 프로그램을 불안정한 상태로 만들어 여러 세대의 개발자를 괴롭혔다. 문제점이 있지만 이득이 더 크므로 단순하게 널 가능성을 피하는 것은 현실적인 대안이 아니었다.

코틀린 내부에서 널 가능성이 처리되는 방식

코틀린은 널 가능성의 몇 가지 새로운 아이디어를 도입하고 있으며 널 가능성의 사용을 허용하지만 관련된 함정을 대부분 피한다. 먼저 코틀린은 기본적으로 다음과 같이 애플리케이션에서 null 값이 몰래 돌아다니는 것을 허용하지 않는다.

```
var p:SomeType = ...
...
p = null
```

어떠한 타입의 프로퍼티에도 허용되지 않는다. 생성자와 함수 호출도 마찬가지다.

```
class A(var p:SomeType) ...
A(null) // 컴파일하지 않음
fun f(p:SomeType) { ... }
f(null) // 컴파일하지 않음
```

이러한 널 불가능^{non-nullable} 프로퍼티는 .을 통한 역참조가 항상 성공한다. 그렇지 않고 프로퍼티, 생성자 매개변수 또는 함수 매개변수가 널 가능이 되려면 타입에 물음표(?)를 추가해야 한다.

```
var p:SomeType? = ...
p = null // OK

class A(var p:SomeType?) ...
A(null) // OK

fun f(p:SomeType?) { ... }
f(null) // OK
```

> **참고** 널 가능성을 허용하기 위해 뭔가를 추가해야 하므로 코틀린은 널 불가능성을 약간 더 선호한다. 실제로 대부분의 경우 null 값을 피할 수 있으며 그러한 경우 좋은 앱 설계가 될 가능성이 높다.

이러한 널 가능 타입의 경우 코틀린은 .property 또는 .function()을 통한 역참조가 실패할 수도 있다는 것을 알고 있으며 이들의 사용을 불허한다.

```
var p:SomeType? = ...
...
p.property    // 컴파일하지 않음
p.function()  // 컴파일하지 않음
```

이는 값이 null이 되지 않더라도 사용하지 못한다.

그러면 어떻게 이러한 널 가능 프로퍼티를 사용할 수 있을까? 답은 코틀린이 제공하는 널 안전null-safe 연산자 중 하나를 사용해야 한다는 것이다. 따라서 . 역참조의 경우 널 안전 연산자 중 하나인 ?.이 있으며 널 가능 프로퍼티에 사용할 수 있다.

```
var p:SomeType? = ...
...
p?.property    // OK
p?.function()  // OK
```

위에서 둘 사이의 차이점은 p가 null일 때 p?.property 자체가 null로 평가된다는 것이고 p?.function()은 함수가 호출되지 않고 마찬가지로 null로 평가된다는 것이다.

```
var p:SomeType? = null

val res:TypeOfProperty? = p?.property      // -> null

val res2:TypeOfFunct? = p?.function()      // -> null
// ... 그리고 function()은 호출 안 됨
```

또 다른 널 안전 연산자는 엘비스Elvis 연산자 ?:다. 이는 이미 본 적이 있다. 엘비스 연산자의 왼쪽이 null이 아니면 왼쪽을 평가하고 그렇지 않으면 오른쪽을 평가한다.

```
var p:String? = "Hello"
```

```
var s1 = p?:"default" // -> "Hello"
p = null
var s2 = p?:"default" // -> "default"
```

코틀린이 프로퍼티가 널 가능인지 아닌지를 항상 알 수 있는 것은 아니다. 이러한 경우 !! 연산자를 사용하면 도움이 될 수 있으며 이는 not null 검증 연산자^{not null assertion operator}라고도 한다. !!의 왼쪽을 취해 null로 평가되는지와 상관 없이 null이 될 수 없다고 가정한다. 다른 사람이 작성한 프로그램이 앱에 필요한 경우 이를 가끔 사용할 수 있다. 특히 다른 언어로 작성되고 코틀린의 널 체킹 메커니즘을 적용하지 않는 라이브러리가 그렇다. 물론 .을 사용해 역참조했는데 null이라면 앱은 크래시된다. 어떠한 식으로든 이를 피하거나 어떻게 해야 할지 알고 있어야 한다.

주의 !!은 본질적으로 코틀린의 널 체킹 메커니즘을 무시하므로 사용을 지양하는 것이 좋다.

```
var p:String? = ...
// 어떠한 이유로든 p가 null이 될 수 없다는 것을 알고 있을 때

val len = p!!.length
// !!는 null이 될 수 없다는 것을 나타내므로 유효하다.
// 만약 뜻하지 않게 null이 되면 여기서 크래시된다.
```

그런데 !!을 적용했을 때 코틀린은 매우 똑똑하게 작동한다. 동일한 함수의 후속 구문은 이러한 검증이 적용된 것을 기억하고 해당 값이 null일 수 없는 것으로 가정한다. 즉 다음과 같이 작성할 수 있다.

```
var p:String? = ...

val len = p!!.length
val intVal = p.toInt()
```

여기서 마지막 구문은 해당 줄 이전에 !!이 있기 때문에 그냥 컴파일된다.

11장

동등성 처리

동일성과 동등성 사이에는 큰 차이가 있다. 두 사물이 실제로 똑같다면 동일하다. 아침에 구입한 흰색 양초를 A라고 할 때 당시 쇼핑백에 든 흰색 양초와 오후에 촛대에 걸린 흰색 양초는 똑같으므로 동일하다고 할 수 있다(해당하는 양초가 전부라고 가정한다). 이제 동일한 제조사의 동일한 유형에 해당하는 다른 양초 B를 샀다고 가정해보자. 가끔 듣는 언어적 실수를 제외하면 두 양초는 동일하지 않다. 양초 A와 B는 동일하지 않지만 같다. 동일한 성질(색상, 무게, 지름, 길이)을 갖기 때문이다. 잠깐, 하지만 반드시 그러한 것은 아니다. 제조사는 양초의 무게가 300g이라고 하지만 초정밀 저울은 양초 A가 300.00245g, 양초 B가 299.99734g이라고 알려줄 것이기 때문이다. 하지만 주방용 저울이라면 양초 A와 B는 같을 것이다. 따라서 동등성은 엄격함에 따라 다르며 상대적이라는 것을 알 수 있다.

이러한 동일성과 동등성 비교는 중요한 내용을 알려준다. 즉 동일성은 같은 것의 경우이지만 동등성은 상대적이며 어떠한 정의에 의존한다는 것이다.

코틀린의 동일성

코틀린에는 동일성 연산자 ===가 있으며 그 반대는 !==이다. 코틀린에서 동일성은 참조 동일성을 나타내며 이는 두 변수가 동일한 객체를 가리키거나 동일한 객체를 참조하면 동일한 것으로 간주한다는 의미다.

```
data class A(val x:Double)
val a = A(7.0)
val b = A(7.0)
val c = a
val aIdenticalToC = a === c // -> true
val aIdenticalToB = a === b // -> false
```

실제로는 동일성을 그렇게 자주 사용하지는 않을 것이다. 대부분의 경우 동일한 객체를 가리키는 서로 다른 변수를 만드는 것이 좋은 코딩 스타일이라고 할 수 없을 뿐만 아니라 동일성은 다른 프로그램 흐름과 별로 다르지 않다. 마지막으로 두 객체 내부의 모든 프로퍼티가 동일한 값을 갖는데도 불구하고 두 객체의 비교가 거짓으로 평가되는 것은 혼란스럽고 코드의 가독성을 해친다. 따라서 동일성 검사의 실제 사용은 제한적이다.

참고　데이터베이스 환경에는 또 다른 동일성 개념이 존재한다. 종종 데이터 레코드에는 ID라는 숫자 필드가 존재한다. 해당 필드는 언어에서 제공하는 참조 동일성 === 대신 객체의 동일성을 판단하는 대용으로 사용된다. 11장에서는 이러한 종류의 데이터베이스 동일성을 살펴보지는 않는다.

코틀린의 동등성

동등성의 경우 코틀린은 동등성 비교 연산자 ==을 제공하며 그 반대는 !=이다. 이는 동일성과 달리 하나의 객체가 다른 객체와 같은지 아닌지를 알려줘야 한다. 동등성 검사를 명시적으로 수행하지 않으면 기본 구현의 동등성 검사가 사용되며 이는 곧 동일성 검사가 된다.

숫자, 불리언, 문자 및 문자열의 동등성 검사는 명백하다. 문자열은 완전하게 동일한 문자를 포함한다면 같다. 문자는 동일한 글자를 포함한다면 같다. 그리고 숫자와 불리언은 동일한 값을 갖는다면 같다.

equals와 해시 코드

클래스의 동등성 검사는 `fun equals(otherObject:Any?): Boolean`과 `fun hashCode(): Int` 두 함수를 통해 이뤄진다. 클래스가 동등성 검사가 필요하다면 두 함수를 구현해줘야 한다. 동등성 검사에 두 함수가 필요하다는 점이 이상해 보일 수 있다. 동등성 검사를 하는 데 `equals()`만으로 충분하지 않은 걸까? 그 이유는 성능에 있으며 정확한 내용은 나중에 설명하겠다.

먼저 클래스 A의 인스턴스인 a1과 a2의 경우 `a1 == a2`와 같이 작성하면 클래스 A의 `equals()` 함수가 호출되고 `true`가 반환된 경우에만 비교 결과도 `true`가 된다. 이때 `==` 동등성 비교의 경우 실제로 `equals()`로도 충분하다.

하지만 맵의 경우는 얘기가 다르다. 다음과 같이 어떠한 클래스 A의 인스턴스를 뭔가에 매핑하는 맵이 있다고 가정해보자.

```
class A(val v:Int) {

    override fun hashCode():Int {
        return ...
    }
    override fun equals(other:Any?):Boolean {
        return ...
    }
}

val m = mapOf(A(7) to 8, A(8) to 9)
```

그런 다음 조회를 수행하면

```
val searchKey:A = ...
m[searchKey]
```

실제로 일어나는 일은 다음과 같다.

- searchKey의 hashCode()가 호출돼 해시 코드가 계산된다.
- [ ] 연산자(또는 get() 함수)는 해당하는 정수 해시 키를 기반으로 항목을 찾기 위해 매우 빠른 알고리듬을 적용한다.
- 해시 키 조회 과정에서 발견된 항목의 경우 가능한 모든 항목에 대해 equals() 호출이 일어난다. equals()가 정확한 항목을 찾으면 [ ] 연산자는 해당 항목에 해당하는 값을 반환한다.
- 해시 키 조회가 실패하거나 모든 후속 equals() 검사가 실패하면 [ ] 연산자도 실패하며 null을 반환한다.

2가지 사실을 알 수 있다.

1. equals()는 해시 코드 조회가 성공했을 때만 호출된다.
2. 이러한 과정을 이해하려면 hashCode() 함수는 다음이 반드시 참이 돼야 한다. (1) a == b라면 a.hashCode() == b.hashCode()도 필요하다. (2) a != b라면 대부분의 경우 a.hashCode() != b.hashCode()도 있어야 한다. (1)이 참이 아니라면 맵 조회 함수는 실패할 것이고 (2)가 참이 아니라면 equals()를 너무 자주 호출해야 한다.

예를 들어 다음과 같은 클래스가 있다고 가정해보자.

```
class Person(val lastName:String,
    val firstName:String,
    val birthday:String,
    val gender:Char)
```

모든 프로퍼티를 기반으로 equals() 함수를 구현한다.

```
class Person(val lastName:String,
     val firstName:String,
     val birthday:String,
     val gender:Char) {
  override fun equals(other:Any?):Boolean {
      if(other == null) return false
```

```
        if(other !is Person) return false
        if(lastName != other.lastName) return false
        if(firstName != other.firstName) return false
        if(birthday != other.birthday) return false
        if(gender != other.gender) return false
        return true
    }
}
```

fun equals()에 있는 첫 두 줄은 객체 other의 비교가 null이거나 Person의 인스턴스가 아닌 경우 false를 반환한다. 조금 과장하면 거의 모든 equals() 구현에서 이러한 비슷한 코드를 찾을 수 있다. 그럴 만한 이유가 있다면 null이나 다른 타입과의 비교를 허용할 수도 있다.

other가 Person 타입이 아닌지 이미 검사를 끝냈으므로 코틀린은 세 번째 줄부터 시작하는 other가 Person 타입인 것을 알고 있다. 이러한 자동 타입 검출을 스마트 캐스트[smart cast]라고 한다. 그런 다음 모든 프로퍼티를 차례대로 비교하고 모두 일치하는 경우에만 true를 반환한다.

hashCode() 함수의 경우 여러 알고리듬을 생각할 수 있으며 웹에서도 다양한 내용을 찾을 수 있다. 다행스럽게도 그것을 많이 고민할 필요가 없다. java.util 패키지에 있는 Objects 객체는 이를 위한 편의 함수를 제공하며 다음과 같이 작성할 수 있다.

```
class Person(val lastName:String,
       val firstName:String,
       val birthday:String,
       val gender:Char) {
    override fun equals(other:Any?):Boolean {
        if(other == null) return false
        if(other !is Person) return false
        if(lastName != other.lastName) return false
        if(firstName != other.firstName) return false
        if(birthday != other.birthday) return false
        if(gender != other.gender) return false
        return true
    }
}
```

```
    override fun hashCode(): Int {
        return Objects.hash(super.hashCode(),
            lastName, firstName, birthday, gender)
    }
}
```

코틀린은 이렇게 명백하게 모든 프로퍼티에 의존해 동등성 검사가 이뤄지는 경우에 사용할 수 있는 단축 버전을 제공한다. 이는 이미 설명했던 데이터 클래스다. 데이터 클래스는 정확하게 모든 프로퍼티에 기반해 equals()와 hashCode()를 구현한다. 따라서 Person 클래스의 경우 equals()와 hashCode()를 제거하고 단순하게 다음과 같이 작성하면 된다.

```
data class Person(val lastName:String,
        val firstName:String,
        val birthday:String,
        val gender:Char)
```

연습문제 1

a와 b 두 변수가 동일하다면 다음 중 참인 것은?

1. a와 b는 같은 객체를 참조한다.
2. a == b는 반드시 true가 된다.
3. a !== b는 반드시 false가 된다.

연습문제 2

a와 b 두 변수가 같다면(a == b) 다음 중 참인 것은?

1. a.equals(b)는 true가 돼야 한다.
2. a != b는 반드시 false가 된다.
3. a.hashCode() == b.hashCode()는 true가 돼야 한다.

12장

다시 수학으로: 함수형 프로그래밍

지금까지 이 책에서 보여준 예제와 연습문제를 보면 2가지 프로그래밍 스타일 사이에 변화가 있다는 것을 알 수 있다.

```
[구문1] // 뭔가를 수행
[구문2] // 뭔가를 수행
[구문3] // 뭔가를 수행
...
```

바로 위의 스타일과 아래의 스타일이다.

```
object.
    doSomething1().
    doSomething2().
    doSomething3().
    ...
```

첫 번째 스타일은 프로그램이 해야 할 일을 순차적으로 명령하는 반면 두 번째는 함수 호출 체인으로 함수를 객체에 순차적으로 적용한다. 이러한 점 때문에 첫 번째 스타일을 명령형 프로그래밍이라고 하며 두 번째를 함수형 프로그래밍이라고 한다. 함수형 프로그래밍은 종종 함수를 다른 함수의 인수로 사용하는 것을 말하며 이러한 함수를 고차함수라고 한다. 그 외에 함수형 프로그래밍은 변경 불가능한 객체를 처리하는 데 유리하다.

명령형 프로그래밍 스타일을 사용하면 다음과 같은 내용이 명확해진다.

- `if/else, when` 및 루프를 포함한 순차적인 구문이 존재한다. 구문 순서가 중요하다.
- 각 구문은 식별 가능한 프로그램 기능을 수행하며 명령형 프로그램은 얼핏 보면 이해하기 쉬워 보인다.
- 여러 구문은 여러 가지 서로 다른 객체를 다룰 수 있다.
- 각 구문은 포함된 객체의 상태 및 관련된 객체의 상태를 변경하거나 그렇지 않을 수 있다. 루프 및 조건 분기와 같은 여러 구조적 요소 때문에 관련된 모든 객체의 복잡한 상태와 상태 전환에 대한 실제 제한이 존재하지 않는다.
- 구문은 자신의 주요 역할과 달리 예상되지 않은 것을 수행하는 함수 호출을 포함한다. 이러한 부수적 동작을 흔하게 사이드 이펙트라고 한다. 따라서 이러한 사이드 이펙트는 예상되거나 그렇지 않을 수 있으며 프로그램 기능이 잘못될 가능성이 있다.

반대로 함수형 프로그래밍은 다음과 같은 특성이 있다.

- 함수형 구조는 주로 단일 객체 또는 객체로 이뤄진 단일 컬렉션을 참조한다. 하지만 함수 매개변수를 사용하면 다른 객체나 컬렉션이 이러한 함수 호출 체인에 들어갈 수 있다.
- 함수형 프로그래밍은 함수를 함수 매개변수로 처리하는 것을 포함한다. 또한 명령형 프로그래밍과 비교하면 더 높은 추상화가 가능하다.
- 함수 호출 결과를 다른 함수의 매개변수나 입력으로 넘길 수 있어 함수형 프로그래밍은 상태 비저장 스타일로 프로그래밍할 수 있으며 복잡한 상태 전이를 방지한다.

객체 상태를 참조하지 않고 변경하지 않는 함수를 사용하면 더 수학적인 함수 개념으로 돌아간다. 수학에서 함수는 계산에 영향을 미칠 수 있는 임의의 "상태"를 무시하고 입력으로부터 출력을 만들어낸다. 객체지향은 객체 상태가 함수 호출 결과에 중요한 역할을 하는 조금 변경된 함수 개념을 사용한다. 따라서 함수형 프로그래밍은 함수를 더 수학적인 의미로 이동시킨다. 그림 12-1은 명령형 프로그래밍과 함수형 프로그래밍을 비교한 모습이다.

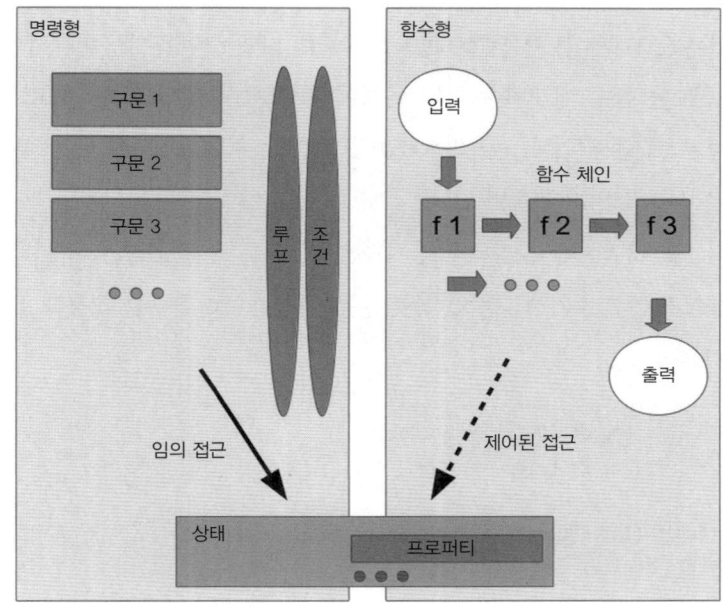

▲ 그림 12-1 함수형 프로그래밍 대 명령형 프로그래밍

2가지 프로그래밍 패러다임 중 하나를 무작정 선호하지는 않았으며 두 프로그래밍 스타일의 특성을 보면 각각 장점과 단점이 있다는 것을 알 수 있다. 이러한 의견은 변함 없지만 상황에 따라 함수형 구조가 더 우아하고 안정적인 프로그램으로 이어질 수 있다고 말하고 싶다. 코틀린은 2가지 스타일로 프로그래밍할 수 있으며 어느 패러다임이 맞는지는 전적으로 프로그래밍하는 사람에게 달려 있다.

12장 나머지 부분에서 함수형 구조의 지식을 심화하고 훌륭한 소프트웨어 작성에 필요한 향상된 도구 집합을 손에 넣을 수 있을 것이다.

코틀린과 함수형 프로그래밍

코틀린은 완전한 명령형 언어이지만 다음과 같은 내용 덕분에 함수형 프로그래밍도 가능하다.

- 코틀린은 ([매개변수]) -> [반환 타입] 같은 함수 타입 선언을 제공한다. [매개변수]는 콤마로 구분된 함수 매개변수 타입 목록이다. 예를 들어 val f : (Int,String) -> String = ... 같은 식이다. -> [반환 타입]은 생략할 수 없으며 아무 것도 반환하지 않는다면 -> Unit 같이 작성하면 된다.

- 함수는 1급 시민이다. 모든 변수는 내장된 타입을 가질 수 있으며 어떠한 클래스의 인스턴스 또는 함수가 될 수 있다. 함수는 매개변수로 함수를 허용해 고차함수가 될 수 있다.

```
val f1 = { -> Log.d("LOG", "Hello Kotlin") }
val f2 = { i:Int, s:String -> "${i}: ${s}" }
...
fun ff(fun1: (Int,String) -> String):String {
    return fun1(7, "Hello")
}
ff(f2)
ff( { i:Int,s:String -> "${i}- ${s}" } )
```

- 코틀린은 익명 람다 함수를 제공한다. 람다 함수는 함수 호출 매개변수로 사용할 수 있는 함수 리터럴이다. 예를 들어 다음과 같다.

```
val f = { i:Int, s:String ->
            i.toString() + ": " + s }
fun fun1(p: (Int,String) -> String) {
    p(42, "Hello")
}
fun1 { i:Int, s:String -> i.toString() + ": " + s }
```

여기서 코틀린은 f의 타입을 (Int, String) -> String으로 추론한다.

- 코틀린의 표준 함수는 객체, 배열, 컬렉션을 위한 여러 고차함수를 제공한다.

- 함수 호출 function({ [람다 함수] })는 function { [람다 함수] } 같이 축약할 수 있다.

```
function { [람다 함수] }
```

- 함수 호출 function(par1, par2, ..., { [람다 함수] })는 function(par1, par2, ...) { [람다 함수] } 같이 축약할 수 있다.
- 함수 타입 ([매개변수]) -> [반환 타입]에서 매개변수 형태는 보통 ParType 형태를 이룬다. 리시버 타입 표기법은 A.(ParType)과 같다. 이러한 경우 타입 A는 리시버 타입이며 함수는 클래스 A의 인스턴스 내부에서 호출된다. 즉 함수 사양 내부에 있는 this는 A의 인스턴스를 참조한다. 12장 별도 절에서 리시버 타입 표기법을 설명한다.
- 코틀린 변수는 val s = ... 같이 선언해 불변이 될 수 있다. 불변 변수는 상태 처리를 방지하고 예상하지 못한 사이드 이펙트를 줄이는 데 도움이 된다.
- 싱글턴 객체의 함수는 콜론 2개(::)를 앞에 붙여 함수 자체를 객체처럼 다룰 수 있다. 만약 object X { fun add(a:Int,b:Int):Int = a+b }의 add() 함수를 사용한다면 다음과 같이 작성할 수 있다.

```
object X {
    fun add(a:Int, b:Int): Int = a + b
}
...
val f : (Int,Int) -> Int = X::add
```

- 클래스의 함수는 리시버 타입에 콜론 2개(::)를 앞에 붙여 객체처럼 다룰 수 있다. 예를 들어 다음과 같다.

```
class X {
    fun add(a:Int, b:Int): Int = a + b
}
...
val f : X.(Int,Int) -> Int = X::add
```

- 인스턴스의 함수는 콜론 2개(::)를 앞에 붙여 객체처럼 다룰 수 있다. 예를 들어 다음

과 같다.

```
class X {
  fun add(a:Int, b:Int): Int = a + b
}
...
val x1 = X()
val f : (Int,Int) -> Int = x1::add
```

이름 없는 함수: 람다 함수

우리는 일반적인 함수가 다음과 같다는 것을 알고 있다.

```
fun functionName([매개변수]): ReturnType {
  ...
}
```

또한 이러한 함수를 표현식으로 축소할 수 있다면 다음과 같다는 것도 알고 있다.

```
fun functionName([매개변수]): ReturnType = ...
```

이러한 방식으로 선언된 함수는 functionName으로 식별된다. 여기서 생기는 의문은 식별된 함수 이름을 갖지 않고 어떻게 함수가 될 수 있느냐다. 답은 데이터를 포함한 변수를 보면 된다. 다음과 같이 작성하면 =의 오른쪽 값도 식별 이름을 갖지 않는다.

```
val varName = 37
```

오직 필요한 것은 데이터를 처리하기 위한 변수 이름뿐이다. 변수에 할당되는 함수를 보면 { ... }도 식별 이름이 없다는 것을 알 수 있다.

```
val f = { i:Int, s:String -> i.toString() + ": " + s }
```

함수는 할당된 변수에 의해 사용된다. 따라서 이러한 함수는 익명이며 일반적으로 람다 함수라고 한다.

> **참고** 이렇게 익명 함수를 이용한 표현식을 가끔 람다 대수라고도 한다.

다른 함수에 매개변수로 전달된 함수도 마찬가지다.

```
ff( { i:Int,s:String -> "${i}- ${s}" } )
```

여기도 마찬가지로 이름 없는 함수 또는 람다 함수가 있다.

람다 함수를 호출하려면 다음 중 하나를 사용하면 된다.

```
[람다 함수].invoke([매개변수])
[람다 함수]([매개변수])
```

람다 함수는 결과를 가질 수 있다. return문을 통해 값을 반환하는 일반 함수와 달리 람다 함수의 결과는 무엇이든 마지막 줄에서 평가되는 값이다.

```
val f = { i:Int, s:String -> i.toString() + ": " + s }
```

따라서 앞의 예제는 Int 매개변수의 문자열 표현에 :을 더하고 String 매개변수를 더해 반환한다. 람다 함수의 마지막 줄 때문이다.

단일 매개변수를 갖는 람다 함수에서는 간결함을 위해 매개변수 선언을 생략할 수 있으며 매개변수를 참조하기 위한 특별한 식별자 it을 대신 사용할 수 있다. 따라서 다음과 같은 두 구문은 동일하다.

```
{ par ->
    ... // 'par'로 뭔가를 수행 }
{
```

```
... // 'it'으로 뭔가를 수행 }
```

연습문제 1

s:String과 num:Int를 취해 s를 num만큼 복사한 결과 문자열을 만들어내는 람다 함수를 작성하길 바란다.

연습문제 2

it을 사용해 다음을 재작성하길 바란다.

```
val f : (String) -> String = { s:String -> s + "!" }
```

람다 함수가 정의에서 필요 없는 하나 이상의 매개변수를 갖는다면 매개변수 이름으로 언더스코어(_) 와일드카드를 사용할 수 있다.

```
val f : (String, Int) -> String = { s:String, _ ->
    // Int 매개변수는 사용하지 않는다.
    s + "!"
}
```

루프 다시 살펴보기

9장에서 data.forEach(...) 또는 data.forEachIndexed(...) 같이 작성해 배열과 컬렉션(세트, 리스트)을 반복할 수 있다는 것을 배웠다.

```
val arr = arrayOf("Joe", "Isabel", "John")
arr.forEach { name ->
    Log.d("A name: ${name}")
}
```

```
arr.forEachIndexed { i,s ->
    Log.d("Name #${i}: ${name}")
}
```

여기서 Log는 android.util 패키지에서 제공하므로 다음을 임포트해야 한다.

```
import android.util.Log
```

forEach나 forEachIndexed를 처음 보면 뒤에 있는 { }이 구문 블록처럼 보이지만 ->에서 사실 이들이 람다 함수를 매개변수로 갖는 함수라는 것을 알 수 있다. 따라서 arr.forEach({ ... }) 또는 arr.forEachIndexed({ ... }) 같이 작성하는 것도 가능하다. 코틀린에서는 항상 그렇듯이 괄호가 중괄호를 둘러싸면 괄호를 뺄 수 있다.

안드로이드 스튜디오에서는 함수 호출의 소스도 확인할 수 있다. 예를 들어 forEach 위에 커서를 위치하고 **Ctrl+B**를 누르면 된다. 그러면 안드로이드 스튜디오가 해당 함수의 소스를 열어 보여준다.

```
public inline fun <T> Array<out T>.forEach(
        action: (T) -> Unit): Unit {
    for (element in this) action(element)
}
```

여기서도 마찬가지로 forEach 이후의 블록이 함수 매개변수로 전달되는 함수라는 것을 알 수 있다.

> **참고** Ctrl+B를 눌러 소스 코드를 확인하면 코틀린에서 무슨 일이 일어나는지 아는 데 큰 도움이 된다. 코틀린의 구조와 함수를 알고 싶다면 자주 사용하길 바란다.

forEach와 forEachIndexed는 언어 구조가 아닌 함수이므로 이들은 반복할 수 있는 뭔가를 포함한 임의의 객체에 직관적으로 적용할 수 있다. 이는 배열과 컬렉션에 다른 함수를 적용한 결과 배열과 컬렉션이 될 수 있다. 따라서 다음과 같이 루프로 끝나는 함수 체인 내부에 필터와 맵핑을 포함시킬 수 있다.

```
originalCollection.
    filter([필터 함수]).
    map([맵핑 함수]).
    take(37).
    forEach { elem ->
        ...
    }
```

루프를 시작하기 전에 먼저 필터를 적용하고 맵핑한 후 첫 37개 요소로 축소시킨다. 함수가 함수 매개변수로 허용되는 덕분에 데이터를 보유한 중간 변수 없이 함수를 체이닝할 수 있다.

리시버가 있는 함수

예를 들어 클래스 내부의 함수처럼 함수 객체로 간주되고 컨텍스트에 포함된 함수를 리시버 타입이 있는 함수라고 한다. 다음과 같이 선언할 수 있다.

```
val f : ReceiverType.([매개변수]) = ...
```

이러한 함수는 ReceiverType 클래스의 멤버 함수인 것처럼 동작하며 함수 구현 내부에서 해당 클래스의 인스턴스를 가리키는 this를 사용할 수 있다.

```
class A {
    var d:Double = 0.0
    fun plus(x:Double) = d + x
}
val f : A.(Double) -> Double =
    { x:Double -> this.d - x }
fun A.minus(x:Double) = f
```

예를 들어 앞에서 함수 f가 리시버 타입을 갖는 함수다. f를 사용해 클래스 A를 minus() 함수로 확장하고 있으며 f의 구현 내부에 있는 this.d는 리시버 타입(이러한 경우에는 A) 내부의 프로퍼티 d를 가리킨다.

앞 절에서 클래스 내부 함수에 대한 직접 참조는 클래스 환경 내부에서만 작동하므로 다음은 리시버 타입이 있는 함수라는 것을 자연스럽게 알 수 있다.

```
class X {
  fun add(a:Int, b:Int): Int = a + b
}
...
val f : X.(Int,Int) -> Int = X::add
```

인라인 함수

다음과 같은 코드를 보길 바란다.

```
class A {
  fun function1(i:Int, f:(Int) -> String): String {
      return f(i)
  }
  fun function2() {
      val a = 7
      val s = function1(8) {
          i -> "8 + a = " + (i+a) }
  }
}
```

function1()의 호출 내부에서 람다 함수 i -> ... 형태로 함수 객체를 넘긴다. 이러한 함수 객체는 런타임에 생성돼야 하며 컴파일러는 로컬 프로퍼티 a가 해당 객체로 넘겨질 수 있도록 허용해야 한다. 이는 상당한 성능 저하를 초래한다. 더 정확하게 말해 코틀린 컴파일러는 다음과 유사한 코드를 만들어낸다.

```java
public class A {
    public String function1(int i,
            Function1<? super Integer, String> f) {
        return f.invoke(i);
    }

    public void function2() {
        int a = 7;
        String s2 = this.function1(8,
                new Function1<Integer, String>(a){
            final int $a;
            public String invoke(int i) {
                return "8 + a = " + (i + this.$a);
            }
            {
                this.$a = n;
                super(1);
            }
        });
    }
}
```

이는 자바 코드이지만 자세한 내용을 건너뛰고 살펴보면 new Function1(...)을 통해 함수 객체가 인스턴스화된다는 것을 알 수 있으며 그 내부에 프로퍼티 a의 복사본이 만들어진다는 것을 알 수 있다.

성능 저하 때문에 문제가 발생한다면 function1()을 인라인으로 만들 수 있다.

```kotlin
class A {
  inline fun function1(i:Int, f:(Int) -> String): String
  {
      return f(i)
  }
  fun function2() {
     val a = 7
     val s = function1(8) {
         i -> "8 + a = " + (i+a) }
  }
}
```

즉 인라인된 함수가 사용될 때마다 실제 함수 호출이 일어나지 않고 함수가 사용되는 지점에 함수 코드가 복사된다는 뜻이다. 다시 말해 컴파일러가 만들어낸 코드를 보면 이번에는 다음과 같을 것이다.

```java
public class A {
    public String function1(int i,
            Function1<? super Integer, String> f) {
        return f.invoke(i);
    }
    public void function2() {
        int a = 7;
        int i$iv;
        int i = i$iv = 8;
        String s2 = "8 + a = " + (i + a);
    }
}
```

function2() 내부에 있는 인라인된 함수 function1을 보면 호출되지 않는다는 것을 알 수 있다. 그 대신 다음 코드가 함수 호출을 대체했다.

```java
int i$iv;
int i = i$iv = 8;
String s2 = "8 + a = " + (i + a);
```

객체 인스턴스화는 일어나지 않았고 이러한 코드는 인라인되지 않았을 경우와 비교해 훨씬 빠르게 실행된다.

인라인된 함수를 사용하면 몇 가지 사소하지 않은 특성이 발견된다. 예를 들어 return문은 인라인된 함수 내부와 다르게 동작한다. 또한 전용 람다 함수 매개변수만 인라인 처리하고 나머지는 함수 객체를 생성하도록 남겨두는 것이 가능하다. 그리고 인라인 함수는 구체화된 reified 타입 매개변수라는 특별한 종류의 타입 매개변수를 지원하며 이는 런타임에 매개변수의 타입에 접근할 수 있게 해준다. 여기서는 더 자세하게 말하지 않겠지만 관심이 있다면 함수에 대한 온라인 코틀린 문서를 참조하길 바란다.

필터

data class Employee(val firstName:String, val lastName:String, val ssn:String, val yearHired:Int)처럼 어떠한 객체로 이뤄진 리스트가 있을 때 알고리듬에서 어떠한 기준을 기반으로 리스트 멤버를 추출해야 하는 경우가 빈번하게 발생한다. 명령형 프로그래밍 스타일을 사용하면 대부분 다음과 같이 코드를 작성하는 경우가 많다.

```
data class Employee(val firstName:String,
        val lastName:String,
        val ssn:String,
        val yearHired:Int)
val employees = listOf(
    Employee("John", "Smith", "123-12-0001", 1987),
    Employee("Linda", "Thundergaard", "123-12-0002", 1987),
    Employee("Lewis", "Black", "123-12-0003", 1977),
    Employee("Evans", "Brightsmith", "123-12-0004", 1991)
)
val before1990 = mutableListOf<Employee>()
for(empl in employees) {
    if(empl.yearHired < 1990) before1990.add(empl)
}
... // before1990으로 뭔가를 수행
```

이러한 코드는 이해하기 매우 쉽고 필터링 작업을 적절하게 처리하는 것처럼 보이지만 자세하게 보면 몇 가지 문제가 존재한다.

- 루프를 시작하기 전에 별도 구문으로 수신^{receiving} 리스트를 만들어야 한다. 결과 리스트 생성이 루프에서 분리된다. 예를 들어 해당 코드는 향후 요구 사항에 의해 리스트 생성과 루프 사이에 다른 구문이 추가되는 것을 막지 못한다. 이러한 분리는 복잡한 상태 전이를 야기할 수 있으며 프로그램을 불안정하게 만들 수 있다.
- 루프 내부의 결과 리스트는 로컬 변수일 뿐이다. 루프는 결과 리스트를 채우는 유일한 목적으로 존재하지만 해당 코드는 여기에 다른 뭔가가 수행되는 것을 막지 못하므로 결국 코드 가독성이 저하된다.

- 리스트가 매우 길어지면 루프 내부에 있는 코드를 병렬화하고 싶은 유혹을 느낄 수 있다. 즉 여러 프로세스가 필터링을 동시에 수행하는 것처럼 말이다. before1990이 평범한 로컬 프로퍼티에 불과하기 때문에 동시성 문제를 매우 쉽게 일으킨다. 여러 프로세스가 동일한 컬렉션에 경쟁적으로 접근하면 데이터 정합성 문제가 빈번하게 발생한다.
- 더 복잡한 필터링 기준 때문에 결국 루프 내부에 다양한 `if-else/when` 분기가 쌓인다.

이러한 문제를 거의 다 해소할 해결책은 함수형 코드로 전환하는 것이다.

```kotlin
data class Employee(val firstName:String,
        val lastName:String,
        val ssn:String,
        val yearHired:Int)
val employees = listOf(
    Employee("John", "Smith", "123-12-0001", 1987),
    Employee("Linda", "Thundergaard", "123-12-0002", 1987),
    Employee("Lewis", "Black", "123-12-0003", 1977),
    Employee("Evans", "Brightsmith", "123-12-0004", 1991)
)
val before1990 = employees.filter {
    it.yearHired < 1990 }.toList()
... // before1990으로 뭔가를 수행
```

여기서 함수 매개변수는 유일하므로 `filter()`의 인수 내부에서 `emp -> ...`로 작성하는 것을 피할 수 있으며 자동 변수인 `it`을 사용한다. 9장에서 봤듯이 `filter()` 이후에 필터나 맵핑 함수를 더 추가할 수 있다.

연습문제 3

성이 L로 시작하는 직원을 통과시키는 필터를 적용해 또 다른 리스트를 만들길 바란다.

참고: `String`은 이러한 목적으로 사용할 수 있는 `startsWith()`을 제공한다.

13장

타입 안전성에 대해: 제네릭

제네릭^{Generics}은 타입에 타입 매개변수를 추가할 수 있는 언어 기능 집합을 표현하는 데 사용되는 용어다. 예를 들어 `Int` 타입 객체로 요소를 추가하는 함수가 있는 단순한 클래스가 있다고 가정해보자.

```
class AdderInt {
    fun add(i:Int) {
        ...
    }
}
```

그리고 `String` 객체에 대한 또 다른 클래스가 있다고 가정해보자.

```
class AdderString {
    fun add(s:String) {
        ...
    }
}
```

`add()` 함수 내부에서 일어나는 일을 제외하면 이러한 클래스는 매우 유사하다. 따라서 추가

할 요소의 타입을 추상화하는 언어 기능을 생각해볼 수 있다. 코틀린에는 이러한 언어 기능이 존재하는데 이를 제네릭이라고 한다. 제네릭에 해당하는 구조는 다음과 같은 형태로 사용할 수 있다.

```
class Adder<T> {
    fun add(toAdd:T) {
        ...
    }
}
```

여기서 T는 타입 매개변수다. T 대신 다른 이름을 타입 매개변수로 사용할 수 있지만 대부분 타입 매개변수 이름으로 T, R, S, U, A 또는 B를 자주 사용한다.

이러한 클래스를 인스턴스화하는 경우 컴파일러는 타입 매개변수에 해당하는 타입을 알아야 한다. 다음과 같이 명시적으로 타입을 지정해야 한다.

```
class Adder<T> {
    fun add(toAdd:T) {
        ...
    }
}
val intAdder = Adder<Int>()
val stringAdder = Adder<String>()
```

아니면 다음과 같이 컴파일러가 타입을 추론할 수 있어야 한다.

```
class Adder<T> {
    fun add(toAdd:T) {
        ...
    }
}
val intAdder:Adder<Int> = Adder()
val stringAdder:Adder<String> = Adder()
```

> **참고** 제네릭은 컴파일 타임 구조다. 컴파일러가 생성하는 코드에는 제네릭 정보가 나타나지 않는다. 이러한
> 현상을 일반적으로 타입 이레이저(type erasure)라고 한다.

이 책에서는 이러한 제네릭 타입을 이미 여러 번 사용했다. 2가지 데이터 요소를 담기 위해 사용된 `Pair` 타입을 기억할 것이다. 이는 다음과 같이 매개변수화됐다.

```
val p1 = Pair<String, String>("A", "B")
val p2 = Pair<Int,String>(1, "A")
```

물론 다음과 같은 다양한 컬렉션 타입도 살펴봤다.

```
val l1: List<String> = listOf("A","B","C")
val l2: MutableList<Int> = mutableListOf(1, 2, 3)
```

지금까지는 자세한 설명 없이 제네릭을 사용했다. 결국 `List<String>`이란 문자열 리스트에 대한 것이라는 것을 분명하게 추론할 수 있다.

컬렉션을 자세하게 살펴보면 이야기는 점점 더 흥미로워진다. 문제는 `MutableList<Any>`와 `MutableList<String>`이 있을 때 그 사이의 관계가 어떻게 되느냐다. `val l:MutableList<Any> = mutableListOf<String>("A", "B")`로 작성할 수 있을까? `MutableList<String>`은 `MutableList<Any>`의 서브클래스일까? 그렇지 않으며 13장의 나머지에서 제네릭을 자세하게 살펴보고 타입 연관성을 알아볼 것이다.

단순 제네릭

먼저 기본부터 살펴보자. 클래스나 인터페이스를 타입 매개변수화하려면 타입 이름 이후의 꺾쇠 괄호 내부에 콤마로 구분된 일정한 양식의 타입 매개변수 목록을 추가해야 한다.

```
class TheClass<[타입 목록]> {
```

```
    [클래스 바디]
}
interface TheInterface<[타입 목록]> {
    [인터페이스 바디]
}
```

다른 타입처럼 생성자와 `init{}` 블록을 포함해 클래스나 인터페이스 내부에서 타입 매개변수를 사용할 수 있다. 예를 들면 다음과 같다.

```
class TheClass<A, B>(val p1: A, val p2: B?) {
    constructor(p1:A) : this(p1, null)
    init {
       var x:A = p1
       ...
    }
    fun function(p: A) : B? = p2
}
```

연습문제 1

Pair 클래스와 유사하게 4개의 데이터 요소를 보유할 수 있는 Quadruple 클래스를 만들길 바란다. Int, Int, Double, String의 샘플 타입 요소로 인스턴스를 생성하길 바란다.

선언 지점 가변성

제네릭을 말할 때 가변성^{variance}이라는 용어는 할당에서 더 구체적이거나 덜 구체적인 타입을 사용할 수 있는 능력을 나타낸다. Any가 String과 비교해 덜 구체적이라고 알고 있을 때 가변성은 다음 중 어느 것이 가능하느냐가 문제로 나타난다.

```
class A<T> { ... }
var a = A<String>()
var b = A<Any>()
```

```
a = b // 가능할까?
... 또는 ...
b = a // 가능할까?
```

이것이 왜 중요할까? 답은 타입 안전성을 보면 명확하다. 다음 코드를 보길 바란다.

```
class A<T> {
    fun add(p:T) { ... }
}
var a = A<String>()
var b = A<Any>()

b = a // 가능할까?
b.add(37)
```

37을 A<Any>에 추가하는 것은 임의의 타입이 Any의 서브클래스이기 때문에 문제가 되지 않는다. 하지만 b = a로 인해 b는 A<String>의 인스턴스를 가리키고 37은 문자열이 아니므로 런타임 오류가 발생한다. 코틀린 컴파일러는 이러한 문제를 분간해 b = a 할당을 허용하지 않는다.

마찬가지로 a = b로 할당해도 문제가 발생한다. 이는 더 명백하다. a가 String 요소를 위한 인스턴스이고 b처럼 Int 타입 값을 처리할 수 없기 때문이다.

```
class A<T> {
    fun extract(): T = ...
}
var a = A<String>()
var b = A<Any>()

a = b // 가능할까?
val extracted:String = a.extract()
```

마지막 구문에서 a.extract()는 예를 들어 b와 현재의 a는 Int 객체를 포함할 수도 있기 때문에 Any 및 String 타입 모두로 평가될 수 있다. 하지만 a는 String 요소만 처리할 수 있어

Int 객체를 포함하는 것이 허용되지 않는다. 따라서 코틀린은 a = b를 허용하지 않는다.

무엇을 할 수 있을까? 어떠한 변형도 허용하지 않는 것이 방법이 될 수 있지만 너무 가혹하다. 다시 한 번 b = a로 할당하는 첫 번째 샘플을 보면 b에 대한 쓰기가 오류를 발생시킨다는 것을 알 수 있다. 읽기는 어떠할까? 다음을 보길 바란다.

```
class A<T> {
    fun extract(): T = ...
}
var a = A<String>()
var b = A<Any>()

b = a // 가능할까?
val extracted:String = b.extract()
```

마지막 구문은 이제 타입이 고려돼 안전하므로 실제로 문제가 없어야 한다.

다음과 같이 읽기 대신 쓰기 작업을 적용하는 정반대의 경우에도 문제가 발생하지 않아야 한다. a와 b는 모두 문자열을 추가할 수 있다.

```
class A<T> {
    fun add(p:T) { ... }
}
var a = A<String>()
var b = A<Any>()

a = b // 가능할까?
a.add("World")
```

이러한 종류의 변형이 가능하도록 코틀린은 제네릭 매개변수에 가변성 애너테이션을 추가할 수 있다. b = a로 할당하는 첫 번째 예제는 타입 매개변수에 out 애너테이션을 추가하면 컴파일할 수 있다.

```
class A<out T> {
```

```
        fun extract(): T = ...
}
var a = A<String>()
var b = A<Any>()

b = a // 가능할까? 된다!
val extracted:String = b.extract()
// 읽기이기 때문에 괜찮다!
```

a = b로 할당하는 두 번째 예제는 타입 매개변수에 in 애너테이션을 추가하면 컴파일할 수 있다.

```
class A<in T> {
    fun add(p:T) { ... }
}
var a = A<String>()
var b = A<Any>()

a = b // 가능할까? 된다!
b.add("World")
// 쓰기이기 때문에 괜찮다!
```

따라서 in이나 out 가변성 애너테이션을 타입 매개변수에 추가하고 클래스 변형 작업을 제네릭 타입의 입력만 허용할 것인지 제네릭 타입의 출력만 허용할 것인지를 제한하면 코틀린에서 변형이 가능하다! 2가지 모두 필요하다면 13장 후반부 '타입 프로젝션' 절에서 살펴볼 다른 구조를 사용할 수 있다.

> **참고** 클래스에 대한 out 가변성을 공변성(covariance)이라고도 하며 in 가변성을 반공변성(contravariance)이라고 한다.
> 선언 지점 가변성이라는 이름은 클래스 선언에서 in이나 out 가변성을 선언하는 데서 유래한다. 자바와 같은 다른 언어는 클래스를 사용하는 동안 효력이 발생하는 다른 유형의 가변성을 사용하며 이를 사용 지점 가변성이라고 한다.

불변 컬렉션에 대한 가변성

불변 컬렉션은 쓰기가 불가능해 코틀린은 이를 자동으로 공변하게 만든다. 즉 코틀린이 불변 컬렉션에 묵시적으로 out 가변성 애너테이션을 추가하는 것으로 생각해도 된다.

이러한 사실로 List<SomeClass>는 List<SomeClassSuper>에 할당할 수 있으며 여기서 SomeClassSuper는 SomeClass의 수퍼클래스다. 예를 들어 다음과 같다.

```
val coll1 = listOf("A", "B") // 불변
val coll2:List<Any> = coll1  // 허용됨!
```

타입 프로젝션

앞 절에서 out 가변성의 경우 클래스가 제네릭 타입을 함수 매개변수로 사용하는 함수를 갖는 것이 허용되지 않으며 in 가변성의 경우 그에 맞춰 제네릭 타입을 반환하는 함수를 가질 수 없다는 것을 알 수 있었다. 물론 클래스에 2가지 함수 모두 필요하다면 이는 만족스럽지 않다. 코틀린은 이러한 유형의 요구 사항의 해답도 갖고 있다. 이를 타입 프로젝션이라고 하며 클래스의 서로 다른 함수를 사용하는 동안 이뤄지는 변형을 목적으로 하므로 이를 코틀린의 사용 지점 가변성이라고 할 수 있다.

아이디어는 다음과 같다. 여전하게 in과 out 가변성 애너테이션을 사용하지만 전체 클래스에 대해 선언하는 대신 함수 매개변수에 추가한다. 앞 절의 예제를 조금 바꿔 in과 out 가변성 애너테이션을 추가하면 다음과 같다.

```
class Producer<T> {
    fun getData(): Iterable<T>? = null
}
class Consumer<T> {
    fun setData(p:Iterable<T>) { }
}

class A<T> {
```

```
    fun add(p:Producer<out T>) { }
    fun extractTo(p:Consumer<in T>) { }
}
```

add() 함수에 있는 out은 T 객체를 만들어내는 객체가 필요하다는 것을 말하며 extractTo() 함수에 있는 in은 T 객체를 소비하는 객체를 나타낸다. 클라이언트 코드를 살펴보자.

```
var a = A<String>()
var b = A<Any>()

var inputStrings = Producer<String>()
var inputAny = Producer<Any>()
a.add(inputStrings)
a.add(inputAny)            // 실패!
b.add(inputStrings)        // "out"으로 인해
b.add(inputAny)

var outputAny = Consumer<Any>()
var outputStrings = Consumer<String>()
a.extractTo(outputAny)     // "in"으로 인해
a.extractTo(outputStrings)
b.extractTo(outputAny)
b.extractTo(outputStrings) // 실패!
```

inputAny가 모든 종류의 객체를 만들어내지만 a는 String 객체만 취할 수 있어 a.add(inputAny)가 실패한다는 것을 알 수 있다. 비슷한 이유로 b는 모든 종류의 객체를 수용하지만 outputStrings 컨슈머는 String 객체만 받을 수 있어 b.extractTo(outputStrings)도 실패한다. b.add(inputStrings)의 경우 이야기는 점점 더 흥미로워진다. 문자열을 A<Any>에 추가할 수 있는 행위는 확실하게 타당하지만 함수 매개변수에 out 프로젝션을 추가했기 때문에 작동한다. 마찬가지로 a.extractTo(outputAny)도 확실하게 바람직하지만 in 프로젝션 때문에 작동한다.

스타 프로젝션

in 또는 out 가변성 애너테이션을 갖는 클래스나 인터페이스가 있다면 특수한 와일드카드 *을 사용할 수 있으며 이는 다음과 같은 의미가 있다.

- out 가변성 애너테이션의 경우 *는 out Any?의 의미를 갖는다.
- in 가변성 애너테이션의 경우 *는 in Nothing의 의미를 갖는다.

Any는 모든 클래스의 수퍼클래스이고 Nothing은 모든 클래스의 서브클래스다.

예를 들어

```
interface Interf<in A, out B> {
    ...
}
val x:Interf<*, Int> = ...
    // ... Interf<in Nothing, Int>와 동일하다

val y:Interf<Int, *> = ...
    // ... Interf<Int, out Any?>와 동일하다
```

타입에 대해 아무 것도 모르지만 클래스 또는 인터페이스 선언에 의해 규정된 가변성 시맨틱을 만족시키려면 별표 와일드카드를 사용하길 바란다.

제네릭 함수

코틀린의 함수도 제네릭이 될 수 있다. 즉 함수의 매개변수 또는 매개변수의 일부가 제네릭 타입을 가질 수 있다는 의미다. 이러한 경우 제네릭 타입 지정자는 function 키워드 다음의 꺾쇠 괄호 안에 콤마로 구분된 목록으로 추가해야 한다. 제네릭 타입은 함수의 반환 타입에도 나타날 수 있다. 다음은 제네릭 함수의 예다.

```
fun <A> fun1(par1:A, par2:Int) {
    ...
}

fun <A, B> fun2(par1:A, par2:B) {
    ...
}

fun <A> fun3(par1:String) : A {
    ...
}

fun <A> fun4(par1:String) : List<A> {
    ...
}
```

이러한 함수를 호출하려면 실제 타입은 주로 함수 이름 뒤의 꺾쇠 괄호 안에 지정해야 한다.

```
fun1<String>("Hello", 37)

fun2<Int, String>(37, "World")

val s:String = fun3<String>("A")
```

하지만 코틀린의 대부분이 그렇듯 타입을 추론할 수 있다면 타입 매개변수는 생략할 수 있다.

제네릭 제약

지금까지는 인스턴스화할 때 제네릭 타입 식별자를 맵핑할 수 있는 타입에 제약이 없었다. 따라서 `class TheClass<T>`의 T 제네릭 타입은 `TheClass<Int>`, `TheClass<String>`, `TheClass<Any>` 등 뭐든지 될 수 있었다. 하지만 특정 클래스나 인터페이스 또는 그들의 서브타입 중 하나로 타입을 제한할 수 있으며 이러한 경우 `<T : SpecificType>` 같이 작성할 수 있다. 다음은 그러한 예다.

```
class <T : Number> { ... }
```

이는 T를 Number 또는 Number의 서브클래스(Int나 Double 같은)로 국한시킨다.

이는 매우 유용하다. Double 프로퍼티에 뭔가를 더하는 클래스를 생각해보자.

```
class Adder<T> {
    var v:Double = 0.0
    fun add(value:T) {
        v += value.toDouble()
    }
}
```

이러한 코드가 문제가 되는 이유는 무엇일까? value는 T 타입이지만 인스턴스화될 때 T의 타입이 어떻게 될지 알 수 없어 실제로 T.toDouble() 함수가 존재하는지 명확하지 않다. 컴파일 이후에는 모든 타입이 지워지고 컴파일러는 toDouble()이 존재하는지 확인할 방법이 없어 코드에 문제가 있는 것으로 인지하기 때문이다. API 문서를 보면 Int, Long, Short, Byte, Float 및 Double은 모두 kotlin.Number의 서브클래스이고 toDouble() 함수를 갖는다. T가 Number 또는 그 서브클래스라고 알려줄 방법이 있다면 코드를 문제가 없게 만들 수 있다.

코틀린은 이러한 방식으로 제네릭 타입을 국한시키는 방법을 제공하며 이는 <T : SpecificType> 같이 작성할 수 있다. 이렇게 하면 T는 SpecificType 또는 타입 계층 구조의 하위에 있는 SpecificType의 서브타입으로 국한된다. Adder 클래스의 문제가 사라지게 하려면 다음과 같이 단순하게 작성하면 된다.

```
class Adder<T : Number> {
    var v:Double = 0.0
    fun add(value:T) {
        // T는 Number이므로 toDouble()을 제공한다.
        v += value.toDouble()
    }
}
```

이러한 타입 제약은 제네릭 함수에도 추가할 수 있으므로 실제로 Adder 클래스를 재작성하면 다음과 같다.

```
class Adder {
    var v:Double = 0.0
    fun <T:Number> add(value:T) {
        v += value.toDouble()
    }
}
```

이는 인스턴스화할 때 제네릭 타입을 확인하지 않아도 되는 특별한 장점이 있다.

```
val adder = Adder()
adder.add(37)
adder.add(3.14)
adder.add(1.0f)
```

클래스 상속과 달리 타입 바운드는 여러 번 선언할 수 있다. 타입 바운드는 꺾쇠 괄호 안에서 일어나지 않으며 이를 처리하기 위한 특수한 요소가 존재한다.

```
class TheClass<T> where T : UpperBound1,
                        T : UpperBound2, ...
{
    ...
}
```

제네릭 함수의 경우 다음과 같이 할 수 있다.

```
fun <T> functionName(...) where T : UpperBound1,
                                T : UpperBound2, ...
{
    ...
}
```

제네릭 클래스는 콜론(:) 양쪽에 나타날 수 있다. 익숙해져야 할 수도 있지만 제네릭 매개변수 자체를 갖는 제네릭 제약을 지정하는 데 도움이 된다. 따라서 다음과 같이 작성하는 것이 허용된다.

```
class TheClass <T : Comparable<T>> {
    ...
}
```

T는 Comparable의 서브클래스여야 한다.

연습문제 2

타입 매개변수 T와 적절한 타입 바운드를 갖는 제네릭 클래스 Sorter를 작성하길 바란다. 이러한 클래스는 프로퍼티 `val list:MutableList<T>`와 함수 `fun add(value:T)`를 갖는다. 함수가 호출될 때마다 매개변수가 리스트에 추가돼야 하며 해당 리스트는 자연스러운 정렬 순서에 따라 정렬돼야 한다.

14장

힌트 추가: 애너테이션

애너테이션은 코드에 메타 정보를 추가하기 위한 것이다. 그것이 무슨 말일까? 다음 클래스를 보길 바란다.

```
class Adder {
    fun add(a:Double, b:Double) = a + b
}
class Subtractor {
    fun subtract(a:Double, b:Double) = a - b
}
```

Adder와 Subtractor 같은 클래스가 다양한 연산을 처리해야 하는 더 큰 산술 계산 프로젝트가 있다면 특정한 저수준 연산을 등록하기 위해 다음과 같이 할 수 있다.

```
val eng = CalculationEngine()
...
eng.registerAdder(Adder::class, "add") eng.registerSubtractor(Subtractor::class, "subtract")
...
```

하지만 연산자와 그 기능을 프레임워크에 알리기 위해 다른 방식을 따를 수 있다. 이는 다음과 같이 특수한 문서화 태그를 통해 수행할 수 있다.

```
/**
 * @Operator: ADDING
 * @Function: add
 */
class Adder {
    fun add(a:Double, b:Double) = a + b
}

/**
 * @Operator: SUBTRACTING
 * @Function: subtract
 */
class Subtractor {
    fun subtract(a:Double, b:Double) = a - b
}
```

그런 다음 파서는 소스 코드를 조사해 연산자에 필요한 클래스와 함수를 찾을 수 있다.

> **참고** 프레임워크는 소프트웨어에 뼈대 구조를 제공하는 클래스, 인터페이스 및 싱글턴 객체의 집합이다. 프레임워크는 그 자체가 실행 가능한 프로그램은 아니지만 소프트웨어 프로젝트는 프레임워크를 사용해 표준화된 구조를 만들 수 있다. 따라서 특정 프레임워크를 사용하는 다른 프로젝트는 유사한 구조를 보이며 개발자가 특정 프레임워크를 프로젝트에서 사용해본 경험이 있다면 동일한 프레임워크를 사용하는 다른 프로젝트를 더 쉽게 이해할 수 있다.

이처럼 클래스가 자신을 프로그램에 알리는 방법은 프로그램이 네트워크를 통해 클라이언트와 통신할 수 있어야 하는 서버 환경에서 빈번하게 사용된다.

하지만 이러한 방식은 문제가 있다. 메타 정보가 문서 내부에 제공되므로 컴파일러가 태그의 정확성을 확인할 방법이 없다. 컴파일러 입장에서 문서 내용은 전혀 중요하지 않으며 언어 사양도 중요하지 않아야 한다.

코틀린의 애너테이션

여기가 바로 애너테이션이 등장하는 곳이다. 애너테이션은 정확하게 이러한 목적을 위해 존재한다. 애너테이션은 클래스의 주요 책임을 방해하지 않고 관리나 등록 목적으로 활용할 수 있는 메타 정보를 프로그램이나 프레임워크에 제공한다. 애너테이션의 형태는 다음과 같다.

```
@AnnotationName
```

또는 매개변수가 있는 경우 다음과 같다.

```
@AnnotationName(...)
```

많은 언어 요소(파일, 클래스, 인터페이스, 싱글턴 객체, 함수, 프로퍼티, 람다, 구문 및 다른 애너테이션까지)가 이러한 애너테이션으로 표시될 수 있다. 앞의 계산 엔진 예제의 연산 클래스는 다음과 같이 작성할 수 있다.

```
@Operator(ADDING)
class Adder {
    @OperatorFunction
    fun add(a:Double, b:Double) = a + b
}

@Operator(SUBTRACTING)
class Subtractor {
    @OperatorFunction
    fun subtract(a:Double, b:Double) = a - b
}
```

이제 컴파일러 상황은 나아졌다. 애너테이션은 그들이 존재하는지, 스펠링이 정확한지, 정확한 매개변수가 제공됐는지 컴파일러가 확인할 수 있는 언어의 일부이기 때문이다.

다음 절에서는 먼저 애너테이션의 성질을 살펴보고 코틀린이 제공하는 애너테이션을 살펴본다. 그런 다음 직접 애너테이션을 만들고 사용하는 방법을 살펴본다.

애너테이션의 성질

애너테이션은 다음과 같이 애너테이션 클래스로 선언된다.

```
annotation class AnnotationName
```

애너테이션을 직접 만드는 것은 이번 절 후반부에서 살펴본다. 애너테이션은 자신이 소유한 애너테이션에 의해 기술된 특성을 가지므로 지금은 선언부터 살펴보자. 이러한 애너테이션을 메타 애너테이션이라고 한다.

```
@Target(...)
@Retention(...)
@Repeatable
@MustBeDocumented
annotation class AnnotationName
```

이들은 순서와 상관 없이 조합해 사용할 수 있으며 값을 지정하지 않은 경우 기본 값을 갖는다. 사용 가능한 매개변수를 포함해 이들에 대한 설명은 다음과 같다.

- @Target(...)
  여기에는 어느 부분에 애너테이션을 적용할 수 있는지 적용 가능한 요소 유형을 지정한다. 매개변수는 콤마로 구분된 다음 요소의 목록이다(모두 kotlin.annotation.AnnotationTarget의 필드다).
  - CLASS: 모든 클래스, 인터페이스, 싱글턴 객체 및 애너테이션 클래스
  - ANNOTATION_CLASS: 애너테이션 클래스만
  - PROPERTY: 프로퍼티
  - FIELD: 프로퍼티에 대한 데이터 보유자. 게터와 세터 때문에 프로퍼티는 필드가 반드시 필요한 것은 아니다. 하지만 필드가 있는 경우 이러한 애너테이션 타깃은 해당 필드를 가리킨다. PROPERTY 타깃과 함께 프로퍼티 선언 앞에 적용할 수 있다.
  - LOCAL_VARIABLE: 로컬 변수(함수 내부에 있는 val 또는 var)

- VALUE_PARAMETER: 함수 또는 생성자 매개변수
- CONSTRUCTOR: 주 생성자 또는 부 생성자. 주 생성자에 애너테이션을 붙이려면 constructor 키워드 표기와 함께 사용해야 한다. 예를 들어 class Xyz @MyAnnot constructor(val p1:Int, ...)과 같다.
- FUNCTION: 함수(생성자는 제외)
- PROPERTY_GETTER: 프로퍼티 게터
- PROPERTY_SETTER: 프로퍼티 세터
- TYPE: val x: @MyAnnot Int = ...에서처럼 타입을 위한 애너테이션
- EXPRESSION: 구문(표현식을 포함해야 한다)
- FILE: 파일 애너테이션. package 선언 앞에 지정해야 하며 @file:AnnotationName에서처럼 @과 애너테이션 이름 사이에 file:을 추가해야 한다.
- TYPE_ALIAS: 타입 앨리어스를 아직 말하지 않았지만 typealias ABC = SomeClass<Int>에서처럼 타입에 대한 새로운 이름으로 보면 된다. 이 애너테이션 타입은 이러한 typealias 선언을 위한 것이다.

지정하지 않으면 타깃은 CLASS, PROPERTY, LOCAL_VARIABLE, VALUE_PARAMETER, CONSTRUCTOR, FUNCTION, PROPERTY_GETTER, PROPERTY_SETTER가 된다.

- @Retention(...)

  다음 중 하나를 사용해 컴파일 과정에서 애너테이션 정보가 어디에 유지되는지, 가시적인지를 지정한다(모두 kotlin.annotation.AnnotationRetention 열거형 클래스의 필드다).
  - SOURCE: 애너테이션은 소스에만 존재한다. 컴파일러가 애너테이션을 제거한다.
  - BINARY: 애너테이션은 컴파일된 클래스, 인터페이스 또는 싱글턴 객체에 존재한다. 리플렉션을 사용해 런타임에 애너테이션을 질의할 수 없다.
  - RUNTIME: 애너테이션은 컴파일된 클래스, 인터페이스 또는 싱글턴 객체에 존재하며 리플렉션을 사용해 런타임에 애너테이션을 질의할 수 있다.

기본은 RUNTIME이다.

- @Repeatable

    애너테이션이 한 번이 아닌 여러 번 나타나길 원한다면 추가하길 바란다.

- @MustBeDocumented

    공개된 API 문서에 애너테이션이 보이길 원한다면 추가하길 바란다.

클래스, 인터페이스, 싱글턴 객체, 프로퍼티 및 로컬 프로퍼티의 경우 컴파일된 파일에 애너테이션이 가시적으로 보이길 원한다면 특별하게 지정할 것이 없다는 것을 알 수 있다.

애너테이션 적용하기

일반적으로 애너테이션은 애너테이션을 적용할 요소 앞에 쓰인다. 이는 요소에 무엇을 의도하는지가 항상 명확하지 않아 이야기가 좀 복잡해진다. 다음 예제를 보길 바란다.

```
class Xyz {
    @MyAnnot var d1:Double = 1.0
}
```

여기에는 애너테이션을 적용할 수 있는 4가지 요소(프로퍼티, 프로퍼티 게터, 프로퍼티 세터, 필드)가 존재한다. 이러한 이유로 코틀린은 `qualifier:` 형태로 @과 애너테이션 이름 사이에 쓰이는 사용 지점 타깃을 도입하고 있다. 다음은 사용할 수 있는 사용 지점 타깃이다.

- file

    코틀린 파일은 클래스, 인터페이스 및 싱글턴 객체 외부에 프로퍼티와 함수를 포함할 수 있다. 이러한 파일에 적용하는 애너테이션의 경우 패키지 선언 앞에 `@file:AnnotationName` 같이 작성할 수 있다. 예를 들어 내부적으로 생성된 클래스에 Foo라는 이름을 주려면 다음과 같이 하면 된다.

    ```
    @file:JvmName("Foo")
    package com.xyz.project
    ...
    ```

- `property`

  애너테이션은 프로퍼티와 연관된다. 코틀린 클래스에 접근하기 위해 Java를 사용하면 이 애너테이션은 Java에게 보이지 않는다.

- `field`

  애너테이션은 프로퍼티 배후에 있는 데이터 필드와 연관된다.

- `get`

  애너테이션은 프로퍼티 게터와 연관된다.

- `set`

  애너테이션은 프로퍼티 세터와 연관된다.

- `receiver`

  애너테이션은 확장 함수 또는 프로퍼티의 리시버 매개변수와 연관된다.

- `param`

  애너테이션은 생성자 매개변수와 연관된다.

- `setparam`

  애너테이션은 프로퍼티 세터 매개변수와 연관된다.

- `delegate`

  애너테이션은 위임 인스턴스를 저장하고 있는 필드와 연관된다.

사용 지점 타깃을 지정하지 않으면 애너테이션을 적용할 요소를 찾기 위해 `@Target` 메타 애너테이션이 사용된다. 여러 가능성이 있는 경우의 우선순위는 `param` > `property` > `field`와 같다.

다음 코드는 여러 가지 애너테이션 애플리케이션 예제를 보여준다(단순함을 위해 모든 애너테이션은 매개변수가 없으며 올바른 @Target이 지정됐다고 가정한다).

```
// 파일에 적용되는 애너테이션
// (묵시적으로 생성된 내부 클래스)
@file:Annot
package com.xyz.project
...
```

```
// 클래스, 싱글턴 객체 또는 인터페이스에
// 적용되는 애너테이션
@Annot class TheName ...
@Annot object TheName ...
@Annot interface TheName ...

// 함수에 적용되는 애너테이션
@Annot fun theName() { ... }

// 프로퍼티에 적용되는 애너테이션
@property:Annot val theName = ...
@Annot var theName = ...
class SomeClass(@property:Annot var param:Type, ...) ...

// 함수 매개변수에 적용되는 애너테이션
f(@Annot p:Int, ...) { ... }

// 생성자에 적용되는 애너테이션
class TheName @annot constructor(...) ...

// 생성자 매개변수에 적용되는 애너테이션
class SomeClass(@param:Annot val param:Type, ...) ...

// 람다 함수에 적용되는 애너테이션
val f = @annot { par:Int -> ... }

// 프로퍼티 배후에 있는
// 데이터 필드에 적용되는 애너테이션
@field:Annot val theName = ...
class SomeClass(@field:Annot val param:Type, ...) ...

// 프로퍼티 세터에 적용되는 애너테이션
@set:Annot var theName = ...
var theName = 37 @Annot set(...) { ... }
class SomeClass(@set:Annot var param:Type, ...) ...

// 프로퍼티 게터에 적용되는 애너테이션
@get:Annot var theName = ...
var theName = 37 @Annot get() = ...
class SomeClass(@get:Annot var param:Type, ...) ...
```

```
// 프로퍼티 세터 매개변수에
// 적용되는 애너테이션
var theName:Int = 37
    set(@setparam:Annot p:String) { })

// 리시버에 적용되는 애너테이션
@receiver:Annot fun String.xyz() { }

// 위임에 적용되는 애너테이션
class Derived(@delegate:Annot b: Base) : Base by b
```

애너테이션을 애너테이션 매개변수로 사용하려면 애너테이션 매개변수 앞에 @을 붙이면 안 된다.

```
@Annot(AnotherAnnot)
```

배열 매개변수를 갖는 애너테이션

배열을 애너테이션 생성자 매개변수로 사용하는 것은 쉽다. 애너테이션 선언에서 vararg 한정자를 사용하면 되며 애너테이션 인스턴스화에서는 콤마로 구분된 매개변수 목록을 사용하면 된다.

```
annotation class Annot(vararg val params:String)
...
@Annot("A", "B", "C", ...) val prop:Int = ...
```

프로젝트에 포함된 자바 라이브러리의 애너테이션을 단일 배열 매개변수와 함께 사용해야 한다면 매개변수는 자동으로 vararg 매개변수로 변환되므로 그냥 동일하게 하면 된다.

```
@field:JavaAnnot("A", "B", "C", ...) val prop:Int = ...
```

애너테이션이 매개변수 중 일부가 배열인 여러 개의 명명된 매개변수를 갖는다면 다음과 같이 특수 배열 리터럴 표기를 사용한다.

```
@Annot(param1 = 37, arrParam = [37, 42, 6], ...)
```

애너테이션 읽기

리텐션 유형이 SOURCE인 애너테이션을 읽는 경우 특수한 애너테이션 처리기가 필요하다. SOURCE 유형 애너테이션의 경우 코틀린 컴파일러가 컴파일 과정에서 애너테이션을 제거한다는 것을 기억하길 바란다. 따라서 이러한 경우에는 컴파일러가 이러한 작업을 하기 전에 소스를 확인하는 소프트웨어가 있어야 한다. 대부분의 SOURCE 유형 애너테이션 처리는 더 큰 서버 프레임워크 프로젝트에서 일어난다. 여기서 애너테이션은 복잡한 데이터베이스 구조를 모델링하기 위해 클래스를 결합하는 합성 코틀린 또는 자바 코드를 생성하는 데 사용된다. 이러한 목적으로 사용하기 위한 KAPT라는 특수한 플러그인이 존재하며 소스 유형 애너테이션 전처리기를 포함할 수 있다.

온라인 코틀린 문서에서 KAPT 사용 관련 정보를 더 찾아볼 수 있다. 이번 절의 나머지에서 RUNTIME 리텐션 유형 애너테이션 처리를 살펴본다.

코틀린 컴파일러로 컴파일돼 최종적으로 런타임 엔진에 의해 실행되는 바이트코드가 된 애너테이션을 읽는 경우 리플렉션 API가 사용된다. 이 책 후반부에서 리플렉션 API를 살펴볼 것이므로 여기서는 애너테이션 처리 부분만 살펴본다.

> **참고** 리플렉션을 사용하려면 kotlin-reflect.jar가 클래스 패스에 있어야 한다. 즉 implementation "org.jetbrains.kotlin: kotlin-reflect:$kotlin_version"을 모듈의 build.gradle 파일에 있는 의존성 섹션에 추가해야 한다는 의미다.

가장 기본적인 요소의 애너테이션을 가져오려면 표 14-1을 보길 바란다. 애너테이션 또는 그 목록을 어떻게 가져오는지 설명하고 있다.

▼ 표 14-1 요소별 애너테이션

요소	애너테이션 읽기

클래스, 싱글턴 객체 및 인터페이스	kotlin.Annotation 객체의 목록을 가져오려면 다음을 사용하길 바란다.
	`TheName::class.annotations`
	.annotationClass 프로퍼티를 사용하면 각 애너테이션의 클래스를 가져올 수 있다. 프로퍼티가 있고 먼저 해당하는 클래스를 가져와야 한다면 다음과 같이 하면 된다.
	`property::class.annotations`
	특정 애너테이션을 읽으려면 다음과 같이 하면 된다. AnnotationType은 애너테이션의 클래스 이름으로 치환하길 바란다.
	`val annot = TheName::class.findAnnotation<AnnotationType>()`
	여기서는 예를 들어 애너테이션의 매개변수를 annot?.paramName을 통해 읽을 수 있다.

프로퍼티	이름으로 프로퍼티를 가져오고 해당 프로퍼티로부터 애너테이션 목록을 가져오거나 특정 애너테이션을 찾으려면 다음을 사용하길 바란다.
	`val prop = ClassName::propertyName`
	`val annots = prop.annotations`
	`val annot = prop.findAnnotation<AnnotationType>()`

필드	필드의 애너테이션에 접근하려면 다음을 사용하길 바란다.
	`val prop = ClassName::propertyName`
	`val field = prop.javaField`
	`val annotations = field?.annotations`

함수	오버로딩되지 않은 함수에 이름으로 접근하려면 TheClass::functionName으로 접근하면 된다. 동일한 이름을 갖고 있지만 매개변수가 다른 여러 함수가 있는 경우 다음과 같이 하면 된다.
	`val funName = "functionName"`
	`// <- 여러분이 원하는 것으로 선택`
	`val pars = listOf(Int::class)`
	`// <- 여러분이 원하는 것으로 선택`
	`val function =`
	`    TheClass::class.`
	`    declaredFunctions.filter {`
	`        it.name == funName }`
	`    ?.find { f ->`
	`        val types = f.valueParameters.map{`
	`            it.type.jvmErasure}`
	`        types == pars`
	`}`
	일단 함수에 접근하면 .annotations로 애너테이션 목록을 가져올 수 있으며 특정 애너테이션을 찾으려면 .findAnnotation<AnnotationType>()을 사용하면 된다.

내장 애너테이션

코틀린은 몇 가지 애너테이션을 기본적으로 제공한다. 표 14-2는 몇 가지 범용 애너테이션을 보여준다.

▼ 표 14-2 내장 애너테이션: 범용

애너테이션 이름	패키지	타깃	설명
Deprecated	kotlin	클래스, 애너테이션 클래스, 함수, 프로퍼티, 생성자, 프로퍼티 세터, 프로퍼티 게터, 타입 앨리어스	message:String, replaceWith:ReplaceWith = ReplaceWith("") 및 level:DeprecationLevel = DeprecationLevel.WARNING 3가지 매개변수를 받으며 요소를 사용 중단 예정(deprecated)으로 표시한다.
ReplaceWith	kotlin	—	expression:String과 vararg imports:String 2가지 매개변수를 받는다. @Deprecated 내에 대체 코드를 지정하려면 사용하길 바란다.
Suppress	kotlin	클래스, 애너테이션 클래스, 함수, 프로퍼티, 필드, 로컬 변수, 값 매개변수, 생성자, 프로퍼티 세터, 프로퍼티 게터, 타입, 타입 앨리어스, 표현식, 파일	하나의 vararg 매개변수 names:String을 받는다. 리텐션 유형은 SOURCE다. 컴파일러 경고를 숨기려면 사용하길 바란다. names 매개변수는 콤마로 구분된 경고 메시지 식별자 목록이다. 불행하게도 컴파일러 경고 식별자에 대한 완전한 목록을 찾는 것은 쉽지 않다. 하지만 안드로이드 스튜디오는 이러한 면에서 도움이 된다. 컴파일러 경고가 뜨면 해당 요소가 표시되고 커서를 해당 요소 위에 두고 Alt+Enter를 누르면 컴파일러 경고를 숨겨주는 애너테이션이 생성된다. 그림 14-1을 보길 바란다 (메뉴에서 이동하려면 화살표 키를 사용하면 된다).

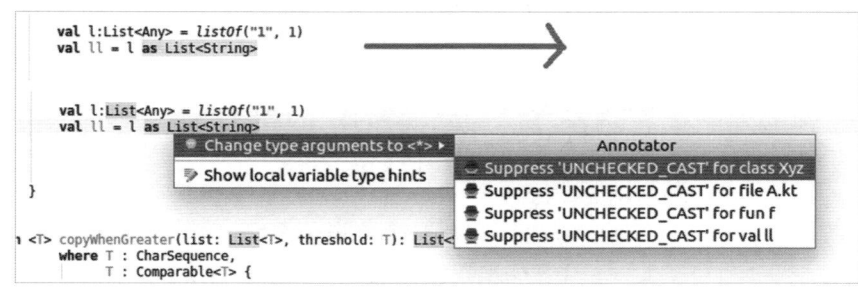

▲ 그림 14-1 안드로이드 스튜디오의 경고 숨김(Suppress) 애너테이션

커스텀 애너테이션

애너테이션을 단순하게 직접 정의하려면 다음과 같이 작성하면 된다.

```
@Target(...)
@Retention(...)
@Repeatable
@MustBeDocumented
annotation class AnnotationName
```

애너테이션을 위한 애너테이션이다(예: 메타 애너테이션). 이들은 모두 선택적으로 사용할 수 있으며 순서에 구애받지 않는다. 이 애너테이션의 특성 관련 내용은 14장의 '애너테이션의 특성' 절에서 확인하길 바란다.

애너테이션에 매개변수가 필요하면 선언에 주 생성자를 추가한다.

```
[메타 애너테이션이 올 수 있음]
annotation class AnnotationName(val p1:Type1, val p2:Type2, ...)
```

다음과 같은 타입이 허용된다. 원시 타입에 해당하는 타입(예: Byte, Short, Int, Long, Char, Float, Double), 문자열, 클래스, 열거형, 다른 애너테이션 및 이들의 배열이 허용된다. 가변 개수의 인수인 경우 vararg를 추가할 수 있다. 다른 애너테이션의 매개변수로 사용되는 애너테이션의 경우 매개변수 애너테이션의 @는 생략된다.

예를 들어 Calculator 클래스 형식으로 계산 엔진을 만든다고 가정해보자. 0.0으로 나누는 것을 막기 위해 애너테이션을 도입하면 해당 애너테이션은 다음과 같다.

```
@Target(AnnotationTarget.VALUE_PARAMETER)
@Retention(AnnotationRetention.RUNTIME)
annotation class NotZero()
```

Calculator 클래스와 두 연산자 divide 및 multiply는 다음과 같이 작성한다.

```kotlin
class Calculator {
  enum class Operator(val oper:String) {
        MULTIPLY("multiply"),
        DIVIDE("divide")
  }
  fun operator(oper:Operator,
               vararg params:Double): Double {
      val f = Calculator::class.declaredFunctions.
          find { it.name == oper.oper }
      f?.valueParameters?.forEachIndexed { ind, p ->
          p.findAnnotation<NotZero>()?.run {
              if (params[ind] == 0.0)
                  throw RuntimeException(
                  "Parameter ${ind} not unequal 0.0")
          }
      }
      val ps = arrayOf(this@Calculator,
          *(params).toList().toTypedArray<Any>())
      return (f?.call(*ps) as Double?) ?: 0.0
  }
  fun multiply(p1:Double, p2:Double) : Double {
      return p1 * p2
  }
  fun divide(p1:Double, @NotZero p2:Double) : Double {
      return p1 / p2
  }
}
```

operator() 함수는 다음과 같이 동작한다.

- 첫 번째 매개변수에 해당하는 함수를 찾는다. `Calculator::class.declaredFunctions`는 Calculator 클래스에 직접 선언된 함수의 모든 목록을 가져온다. 즉 수퍼클래스는 조사하지 않는다는 말이다. `find`는 `divide()` 또는 `multiply()`를 선택한다.
- 함수에서 `.valueParameters`를 통해 매개변수 루프를 돈다. 각 매개변수에 대해 `NotZero` 애너테이션이 연관 있는지 확인한다. 연관 있다면 실제 매개변수를 확인해 0.0이면 예외를 발생한다.
- 예외가 발생하지 않았다면 함수를 호출한다. `arrayOf()` 표현식은 리시버 객체와 함

수 매개변수를 하나의 Array<Any>로 결합한다.

@NotZero 애너테이션은 Calculator.operator()가 호출될 때 파라미터를 확인한다. 계산기를 사용하려면 다음과 같이 작성할 수 있다.

```
Calculator().
    operator(Calculator.Operator.DIVIDE,
            1.0, 1.0)
```

애너테이션이 동작하는지 확인하려면 0.0을 두 번째 매개변수로 해 호출해보길 바란다.

연습문제 1

Calculator 예제에 @NotNegative 애너테이션을 추가하고 제곱근을 구하는 sqrt 연산을 추가하길 바란다. 해당 연산에 대해 음의 매개변수가 허용되지 않도록 만들길 바란다.

참고: 실제 제곱근은 java.lang.Math.sqrt()를 통해 계산된다.

15장

자바와 코틀린 API의 사용

코틀린은 클래스, 객체, 프로퍼티, 함수, 구조적 요소 및 이러한 모두를 처리하는 언어 커널을 갖고 있다. 이러한 많은 것을 지금까지 살펴봤다. 그리고 코틀린 표준 라이브러리라는 용어가 명시적으로 무엇인지 말하지 않은 채 가끔 언급하고 사용해왔다. 실생활에서 도서관 library은 광범위한 정보가 존재하는 곳이다. 뭔가를 알고 싶을 때는 도서관에 가 궁금증을 해결해줄 책을 찾곤 한다. 컴퓨터 언어의 경우 라이브러리는 어떠한 면에서 이와 비슷하다. 특정 작업에 사용할 수 있는 여러 클래스와 함수로 구성된 저장소다. 라이브러리 클래스와 함수로 대변되는 컬렉션을 이미 살펴봤다.

API는 라이브러리와 연관 있다. API는 라이브러리의 외적인 면에 더 집중한다. 즉 내부 기능을 알 필요 없이 라이브러리를 외부에서 사용할 수 있게 한다.

라이브러리의 예는 많다. 수학, 화학, 물리학, 생물학, 사회학, 암호화 표준, 웹 서비스, 사용자 인터페이스, 사운드 처리 및 그래픽 등이 있으며 이 모든 것을 책 한 권으로 집필하는 것은 거의 불가능하다. 따라서 코틀린과 함께 제공되는 기본 라이브러리 외에 필요에 따라 추가할 수 있는 외부 라이브러리를 구별하는 것이 이해가 된다. 내장 라이브러리를 살펴보는 것이 더 쉬우므로 15장에서는 코틀린과 함께 제공되는 라이브러리를 살펴본다.

책에서 라이브러리가 제공하는 모든 클래스와 함수를 나열하는 것은 가능하지도 바람직하지도 않다. 매우 단순한 라이브러리이지만 그 안에 든 것은 너무나 많다. 이러한 라이브러리를 설명하고 어떻게 사용하는지 중요한 클래스와 함수는 16장 이후에 살펴본다.

코틀린과 자바 라이브러리

여러 API를 살펴보기 전에 코틀린 라이브러리가 어디서 왔는지 말할 필요가 있다. 코틀린은 JVM 기반이며 코틀린 개발자는 코틀린과 자바의 상호운용에서 훌륭한 성과를 냈다. 이는 자바 API와 라이브러리의 사용을 포함한다. 20년 이상 자바를 사용하면서 자바 라이브러리는 상당하게 최적화됐고 자바가 수십 년 동안 이룬 모든 것을 코틀린이 다시 수행할 필요는 없다. 그 대신 코틀린은 자바가 이미 제공하는 일부 라이브러리를 포함하고 코틀린의 클래스 확장 메커니즘을 사용해 몇몇 부분에서 라이브러리를 확장하거나 재정의한다.

온라인 리소스 사용

코틀린에 포함된 API의 경우 공식 API 문서를 확인하길 바란다. 문서는 https://kotlinlang.org/에서 찾을 수 있다. 언어와 표준 라이브러리 참조 매뉴얼로 이동하려면 LEARN 링크를 찾길 바란다. 링크가 존재하지 않으면 검색 엔진에서 "kotlin programming language"를 검색해 찾으면 된다.

이미 말했듯이 코틀린은 자바와 깊은 연관이 있다. 특히 자바 표준 모듈을 코틀린에 통합하는 것은 쉽다. 안드로이드 플랫폼은 다양한 자바 API를 포함하며 안드로이드 스튜디오를 개발에 사용한다면 이들을 사용하기 위해 할 일은 아무 것도 없다. 책 전체에서 사용한 API 레벨 28은 자바 8의 다음과 같은 자바 API를 제공한다.

- java.beans
- java.io
- java.lang
- java.math

- java.net
- java.nio
- java.security
- java.sql
- java.text
- java.time
- java.util
- javax.crypto
- javax.microedition.khronos
- javax.net
- javax.security
- javax.sql
- javax.xml

오라클 웹사이트에서 자바 라이브러리에 대한 API 문서를 찾을 수 있다. 링크는 https://docs.oracle.com/javase/8/docs/api/이지만 존재하지 않는 경우 검색 엔진에서 "java 8 api"로 검색하면 찾을 수 있을 것이다.

16장 이후에 설명하는 API의 경우 코틀린에서 온 것인지 자바에서 온 것인지 생각하는 부담을 덜 수 있다. 보통 `import`문을 보면 클래스와 인터페이스가 어디서 왔는지 쉽게 확인할 수 있다. 임포트가 `java.` 또는 `javax.`로 시작하면 클래스와 인터페이스가 java에서 온 것이고 그렇지 않으면 코틀린에서 온 것이다.

문서의 로컬 사본 만들기

안드로이드 스튜디오에서 클래스나 인터페이스 이름 위의 **Ctrl+B**를 누르면 자바나 코틀린 소스로 이동한다. 첫 시도라면 안드로이드 스튜디오는 인터넷에서 소스를 다운로드해야 할 수도 있다. 이후부터는 안드로이드 스튜디오가 설치된 곳에 저장된 소스를 사용한다.

PC에 API 문서의 로컬 사본을 갖고 있길 원한다면 자바의 경우 오라클 다운로드 웹사이트에서 쉽게 찾을 수 있다. 코틀린의 경우 https://github.com/JetBrains/kotlin/releases로 가 배포본을 골라 압축된 파일을 다운로드하길 바란다.

안드로이드 스튜디오에서도 소스를 가져올 수 있다. 코틀린 표준 라이브러리 클래스에 대고 Ctrl+B를 눌러 소스를 다운로드한 후 STUDIO-INST/plugins/Kotlin/kotlinc/lib으로 가면 된다. 거기서 kotlin-stdlib-sources.jar 파일을 찾을 수 있다. 이는 ZIP 아카이브이며 아카이브에서 파일을 모두 추출해 PC의 원하는 곳에 둘 수 있다.

16장

컬렉션 API

9장에서 이미 리스트, 세트 및 맵과 같은 컬렉션을 살펴봤다. 하지만 컬렉션 API는 광범위하며 9장에서 설명한 것보다 많은 클래스와 인터페이스를 포함하고 있다. 자바의 경우 이를 컬렉션 프레임워크라고도 한다. 16장에서는 이미 알고 있는 것을 복습하고 여러 가지 흥미로운 컬렉션 인터페이스, 클래스, 함수를 살펴본다.

불행하게도 `java.collections` 같은 프레임워크는 없다. 자바는 컬렉션 API의 대부분이 `java.util` 패키지 내부에 있다.

> **참고** 제네릭 타입 매개변수를 나타내기 위해 16장에서 사용하는 방식을 제시한다. 간결함을 위해 타입 매개변수가 명백한 곳에는 이러한 매개변수를 보여주지 않는다. 모든 경우에 E는 리스트나 세트의 요소 타입으로 사용하고 K와 V는 맵의 키와 값을 위해 사용한다.

인터페이스

세트, 리스트 및 맵에 대한 인터페이스가 자바에 이미 존재하지만 코틀린은 이에 대한 인터페이스를 독자적으로 갖고 있다. 주로 코틀린이 가변과 불변 컬렉션 및 맵을 구분하기 위해 비롯됐다. 대부분의 유스케이스의 경우 코틀린의 컬렉션을 사용할 수 있으며 자바의 컬렉션을 사용하려는 경우 컴파일러가 경고를 낼 수 있다. 하지만 자바의 컬렉션을 사용하는 것이 금지돼 있는 것은 아니며 그럴 이유가 있다면 사용해도 상관 없다. 표 16-1은 컬렉션 인터페이스의 개요를 보여준다.

▼ 표 16-1 컬렉션 인터페이스

인터페이스	설명
kotlin.collections.Iterable	반복 가능하거나 루프에서 반복할 수 있는 인터페이스다. 모든 이터러블 클래스는 for(x in a) 루프에서 사용할 수 있으며 이 인터페이스를 구현해 루프에서 사용할 수 있다. 모든 컬렉션(리스트와 세트)은 이터러블이다.
kotlin.collections.MutableIterable	Iterable과 동일하지만 현재 반복하는 요소를 제거하는 것도 지원한다.
java.lang.Iterable	자바의 이터러블 인터페이스다. 의도하는 바가 없다면 사용하지 않길 바란다.
kotlin.collections.Collection	일반 불변 컬렉션 인터페이스다. Iterable의 하위 인터페이스다.
kotlin.collections.MutableCollection	일반 가변 컬렉션 인터페이스다. MutableIterable의 하위 인터페이스다.
java.util.Collection	자바의 컬렉션 인터페이스다. 의도하는 바가 없다면 사용하지 않길 바란다.
java.util.Deque	양방향 큐다. 큐 또는 스택을 구현할 때 사용한다. 요소를 처음과 끝에 넣을 수 있으며 양쪽에서 요소를 읽거나 빼낼 수 있다. 데크는 사용 가능한 함수가 다소 많아 부담스럽지만 일반적으로 다음과 같은 함수 정도만 알고 있으면 충분하다. • size(): Int 크기를 가져온다. • addFirst(element:E) 데크의 선두에 요소를 추가하기 위한 함수다. • addLast(element:E) 데크의 끝에 요소를 추가하기 위한 함수다. • removeFirst(): E 데크의 선두에서 요소를 가져오고 제거한다(데크가 비어 있다면 예외를 발생한다). • removeLast(): E 데크의 끝에서 요소를 가져오고 제거한다(데크가 비어 있다면 예외를 발생한다). • getFirst(): E 데크의 선두에서 요소를 가져오지만 제거하지는 않는다(데크가 비어 있다면 예외를 발생한다). • getLast(): E 데크의 끝에서 요소를 가져오지만 제거하지는 않는다(데크가 비어 있다면 예외를 발생한다). 데크는 코틀린 버전이 없다. 데크는 항상 가변이다.

java.util.Queue	단방향 큐. 이를 사용하는 대신 일반적으로 양방향 데크를 사용할 수 있다. 이에 대한 코틀린 버전은 없다. 큐는 항상 가변이다.
kotlin.collections.List	불변 리스트
kotlin.collections.MutableList	가변 리스트
java.util.List	자바의 리스트다. 의도하는 바가 없다면 사용하지 않길 바란다.
kotlin.collections.Set	불변 세트
kotlin.collections.MutableSet	가변 세트
java.util.Set	자바의 세트다. 의도하는 바가 없다면 사용하지 않길 바란다.
java.util.SortedSet	요소가 자연스러운 정렬 순서로 정렬된 세트다.
java.util.NavigableSet	양방향으로 반복할 수 있는 SortedSet다.
kotlin.collections.Map	불변 맵
kotlin.collections.MutableMap	가변 맵
java.util.Map	자바의 맵이다. 의도하는 바가 없다면 사용하지 않길 바란다.
java.util.SortedMap	키가 자연스러운 정렬 순서로 정렬된 맵이다.
java.util.NavigableMap	양방향으로 반복할 수 있는 SortedMap이다.

앞에서 설명한 모든 인터페이스는 코틀린 컴파일러가 타입을 추론할 수 있는 경우를 제외하면 꺾쇠 괄호로 지정해야 하는 제네릭 타입을 갖는다. 맵의 경우 2개의 타입 매개변수가 필요하며 나머지는 하나의 타입 매개변수가 필요하다.

표를 자세하게 보면 뭔가 이상한 구조가 있다는 것을 알 수 있다. 정렬된 세트는 SortedSet 형태로, 정렬된 맵은 SortedMap 형태로 존재한다는 점이다. 이들은 상황에 따라 편리함을 주는 언어 구조이지만 수학과 직접 대응되는 개념은 없다. 수학에서 세트와 맵은 순서가 없다. 코드에서는 사용을 피할 수 있다면 사용하지 않는 것이 좋다. 사용해야 한다면 알고리듬은 요소의 순서에 크게 의존적이지 않아야 한다. 물론 이는 개인적으로 그렇게 하는 것을 선호하는 것이며 팁이나 충고 정도로 받아들이길 바란다.

클래스

표 16-2는 컬렉션과 맵 인터페이스를 구현하는 클래스 목록이다.

▼ 표 16-2 컬렉션 클래스

클래스	설명
kotlin.collections.ArrayList	가변 및 불변 리스트에 대한 리스트 구현이다.
java.util.ArrayList	자바의 ArrayList다. 의도하는 바가 없다면 사용하지 않길 바란다.
kotlin.collections.HashSet	가변 및 불변 세트에 대한 세트 구현이다.
java.util.HashSet	자바의 HashSet다. 의도하는 바가 없다면 사용하지 않길 바란다.
kotlin.collections.LinkedHashSet	가변 및 불변 세트에 대한 세트 구현이다. 세트 요소가 서로 연결돼 있어 반복 순서는 삽입 순서와 동일하다.
java.util.LinkedHashSet	자바의 LinkedHashSet다. 의도하는 바가 없다면 사용하지 않길 바란다.
kotlin.collections.HashMap	가변 및 불변 맵에 대한 맵 구현이다.
java.util.HashMap	자바의 HashMap이다. 의도하는 바가 없다면 사용하지 않길 바란다.
kotlin.collections.LinkedHashMap	가변 및 불변 맵에 대한 맵 구현이다. 맵 요소가 서로 연결돼 있어 반복 순서는 삽입 순서와 동일하다.
java.util.LinkedHashMap	자바의 LinkedHashMap이다. 의도하는 바가 없다면 사용하지 않길 바란다.
java.util.ArrayDeque	Deque 구현이다.
java.util.EnumSet	열거형 요소를 위한 특별한 java.util.Set 구현이다.
java.util.LinkedList	연결된 리스트 요소를 갖는 java.util.List 구현이다.
java.util.PriorityQueue	자연스러운 순서 또는 생성할 때 전달된 비교기에 의해 정의된 순서를 따르는 위치에 삽입된 요소를 갖는 java.util.Queue 구현이다.
java.util.Stack	java.util.List의 후입선출(LIFO) 구현이다.
java.util.TreeSet	자연스러운 순서에 따라 정렬되거나 생성할 때 전달된 비교기에 의해 정렬된 요소를 갖는 java.util.Set 구현이다.
java.util.concurrent.ArrayBlockingQueue	고정 크기를 갖는 큐(선입선출 리스트)다. 큐가 가득 찼을 때 요소를 추가하려고 하거나 큐가 비어 있을 때 요소를 삭제하려고 하면 블록된다.
java.util.concurrent.ConcurrentLinkedDeque	요소에 동시 접근을 허용하는 데크 구현이다.
java.util.concurrent.ConcurrentLinkedQueue	요소에 동시 접근을 허용하는 큐 구현이다.

java.util.concurrent. ConcurrentSkipListSet	요소에 동시 접근을 허용하는 NavigableSet 구현이다.
java.util.concurrent. CopyOnWriteArrayList	요소에 동시 접근을 허용하는 java.util.List다. 각각의 쓰기 작업은 전체 리스트 복사본을 만들어낸다.
java.util.concurrent. CopyOnWriteArraySet	요소에 동시 접근을 허용하는 java.util.Set다. 각각의 쓰기 작업은 전체 세트 복사본을 만들어낸다.
java.util.concurrent. DelayQueue	요소가 java.util.concurrent.Delayed의 서브클래스여야 하는 java.util.Queue 구현이다. 딜레이가 만료됐을 때만 요소가 삭제된다.
java.util.concurrent. LinkedBlockingQueue	선택적으로 고정 크기를 갖는 큐(선입선출 리스트)다. 큐가 가득 찼을 때 요소를 추가하려고 하거나 큐가 비었을 때 요소를 제거하려고 하면 블록된다.
java.util.concurrent. PriorityBlockingQueue	자연스러운 순서 또는 생성할 때 전달된 비교기에 의해 정의된 순서를 따르는 위치에 삽입된 요소를 갖는 java.util.Queue 구현이다. 요소를 사용할 수 있을 때까지 조회 작업을 잠재적으로 블록한다.
java.util.concurrent. SynchronousQueue	요소가 동시에 요청된 경우(그렇지 않으면 삽입 작업을 블록하고 대기한다)에만 삽입 작업이 가능한 java.util.Queue 구현이다.

프로퍼티 선언에는 일반적으로 프로퍼티 타입에 인터페이스를 사용하지만 인스턴스화는 클래스만 사용하는 것이 바람직하다. 이러한 식으로 어떻게 하는지가 아닌 무엇을 하는지를 표현한다.

```
var l:MutableList<String> = ArrayList()
// ... = ArrayList<String>()는 불필요하다.
// 코틀린은 타입을 추론할 수 있기 때문이다.
```

제너레이터 함수

코틀린은 자바의 컬렉션 클래스에 확장 함수를 추가해 자체 컬렉션 클래스에 수백 가지 함수를 제공하며 그 외에도 여러 가지 최상위^{top-level} 함수를 제공한다. 전부 살펴보지 않고 이번 절과 다음 절에서는 코틀린과 자바 모두에서 가장 중요한 컬렉션 함수를 살펴본다.

표 16-3은 컬렉션을 생성하는 데 사용할 수 있는 최상위 제너레이터 함수를 보여준다. 별도로 말하기 전까지는 반환된 컬렉션과 맵은 kotlin.collections 패키지에만 있는 클래스의

인스턴스다.

▼ 표 16-3 컬렉션 제너레이터

함수	설명
emptyList<E>()	주어진 요소 타입으로 비어 있는 불변 리스트를 생성한다.
listOf<E>(...)	매개변수로 주어진 요소의 불변 리스트를 생성한다. 예를 들어 listOf(1, 2, 3) 같은 식이다.
mutableListOf<E>(...)	매개변수로 주어진 요소의 가변 리스트를 생성한다. 예를 들어 mutableListOf(1, 2, 3) 같은 식이다.
listOfNotNull<E>(...)	매개변수로 주어진 요소의 불변 리스트를 생성하지만 null 값은 제외하고 생성한다. 예를 들어 listOfNotNull(1, 2, null, 3) 같은 식이다.
List<E>(size: Int, init: (index: Int) -> E)	두 번째 매개변수로 주어진 람다 함수에 의해 계산된 불변 리스트를 생성한다. 이름이 대문자로 시작하지만 함수다.
MutableList<E>(size: Int,init: (index: Int) -> E)	두 번째 매개변수로 주어진 람다 함수에 의해 계산된 가변 리스트를 생성한다. 이름이 대문자로 시작하지만 함수다.
emptySet<E>()	비어 있는 불변 세트를 생성한다.
setOf<E>(...)	매개변수로 주어진 요소의 불변 세트를 생성한다. 예를 들어 setOf(1, 2, 3) 같은 식이다.
mutableSetOf<E>(...)	매개변수로 주어진 요소의 가변 세트를 생성한다. 예를 들어 mutableSetOf(1, 2, 3) 같은 식이다.
emptyMap<K,V>()	비어 있는 불변 맵을 생성한다.
mapOf<K,V>()	매개변수로 주어진 Pair 요소의 불변 맵을 생성한다. 예를 들어 mapOf(1 to "A", 2 to "B") 같은 식이다.
mutableMapOf<K,V>(...)	매개변수로 주어진 Pair 요소의 가변 맵을 생성한다. 예를 들어 mutableMapOf(1 to "A", 2 to "B") 같은 식이다.

코틀린의 경우 보통 그렇듯 타입을 추론할 수 있다면 타입 매개변수는 생략할 수 있다. 따라서 다음과 같이 작성할 수 있으며 코틀린은 이것이 List<Int>인지 알고 있다.

listOf(1, 5, 7, 9)

컬렉션과 맵 세터 및 리무버

표 16-4는 가변 컬렉션이나 맵에 요소를 어떻게 추가하고 제거하는지 보여준다.

▼ 표 16-4 컬렉션 뮤테이터(Mutators)

대상	함수	설명
리스트, 세트	add(element:E)	리스트의 끝에 요소를 추가하거나 세트에 요소를 추가한다.
리스트	set(index:Int, element:E)	주어진 인덱스에 있는 요소를 덮어쓴다. 덮어쓰려는 요소는 반드시 존재해야 한다.
리스트	list[index] = value	set()와 동일하다.
리스트, 세트	addAll(elements: Collection<E>) addAll(elements: Array<out E>)	매개변수로 제공된 배열이나 컬렉션의 모든 요소를 리스트의 끝에 추가하거나 세트에 추가한다.
맵	put(key:K, value:V)	키/값 쌍을 맵에 넣는다. 키가 이미 존재하면 값을 덮어쓴다.
맵	map[key:K] = value:V	put()과 동일하다.
맵	putIfAbsent(key:K, value:V)	키/값 쌍을 맵에 넣지만 키가 이전에 존재하지 않아야 한다.
맵	set(key:K, value:V)	put()과 동일하다.
맵	putAll(from: Map<out K,V>)	함수 매개변수로 제공된 맵의 모든 요소로 put()을 수행한다.
리스트, 세트	remove(element:E)	세트나 리스트로부터 주어진 요소를 제거한다.
리스트, 세트	removeIf { (E) -> Boolean }	제공된 람다 함수가 true를 반환하는 모든 요소를 제거한다. 최소한 하나의 요소라도 제거됐다면 true를 반환한다.
리스트, 세트	removeAll(elements:Collection<E>) removeAll(elements:Array<out T>)	매개변수로 제공된 컬렉션이나 배열에 포함된 모든 요소를 리스트나 세트에서 제거한다.
리스트, 세트	removeAll { (E) -> Boolean }	removeIf()와 동일하다.
맵	remove(key:K)	주어진 키가 존재한다면 해당 요소를 제거한다. 제거하기 이전의 값을 반환하거나 키가 존재하지 않는다면 null을 반환한다.
맵	remove(key:K, value:V)	주어진 키가 존재하고 주어진 값을 갖는다면 해당 요소를 제거한다. 요소가 제거됐다면 true를 반환한다.

대상	함수	설명
리스트, 세트	retainAll(elements:Collection<E>)	주어진 세트나 리스트를 변경해 대상 요소가 주어진 매개변수 컬렉션 내부에 있는 요소만 유지한다.
맵, 리스트, 세트	clear()	모든 요소를 제거한다.

결정적 게터

표 16-5는 맵으로부터 요소를 가져오기 위한 결정적^{Deterministic} 게터를 보여준다.

▼ 표 16-5 게터

대상	함수	설명
리스트	get(index:Int)	지정된 인덱스에서 요소를 가져온다.
리스트	getOrNull(index:Int)	지정된 인덱스에서 요소를 가져온다. 인덱스 범위를 벗어나면 null을 반환한다.
리스트	list[index:Int]	get()과 동일하다.
리스트	first()	첫 번째 요소를 반환한다.
리스트	firstOrNull()	첫 번째 요소를 반환한다. 리스트가 비어 있다면 null을 반환한다.
리스트	last()	마지막 요소를 반환한다.
리스트	lastOrNull()	마지막 요소를 반환한다. 리스트가 비어 있다면 null을 반환한다.
리스트, 세트	random()	리스트나 세트로부터 임의의 요소를 반환한다.
맵	get(key:K)	주어진 키에 대한 값을 반환한다. 키가 존재하지 않는다면 null을 반환한다.
맵	map[key:K]	get()과 동일하다.
맵	getOrDefault(key:K, defaultValue:V)	주어진 키에 대한 값을 반환한다. 키가 존재하지 않는다면 defaultValue를 반환한다.
맵	getOrElse(key:K, defaultValue:(K) -> V)	주어진 키에 대한 값을 반환한다. 키가 존재하지 않는다면 두 번째 매개변수로 제공된 람다 함수의 결과를 반환한다.

맵	getOrPut(key:K, defaultValue: () -> V)	key에 대한 값을 반환한다. 하지만 키가 존재하지 않는다면 람다 함수를 호출하고 그 결과를 키에 대한 값으로 해 맵에 넣는다. 후자의 경우 람다 함수로 만들어진 새 값을 반환한다.
리스트, 세트	single()	내부에 하나의 요소만 존재한다면 단일 요소를 가져온다. 그렇지 않으면 예외를 발생한다.
리스트, 세트	singleOrNull()	내부에 하나의 요소만 존재한다면 단일 요소를 가져온다. 그렇지 않으면 null을 반환한다.
리스트	drop(n:Int)	원본 리스트의 첫 n 요소가 제거된 요소로 이뤄진 불변 리스트를 반환한다.
리스트	dropLast(n:Int)	원본 리스트의 마지막 n 요소가 제거된 요소로 이뤄진 불변 리스트를 반환한다.
리스트	slice(indices:IntRange)	레인지 매개변수로 주어진 인덱스 범위의 요소를 포함하는 불변 리스트를 반환한다.
리스트	take(n:Int)	원본 리스트의 첫 n 요소로 이뤄진 불변 리스트를 반환한다.
리스트	takeLast(n:Int)	원본 리스트의 마지막 n 요소로 이뤄진 불변 리스트를 반환한다.

컬렉션과 맵 특성

표 16-6은 컬렉션과 맵 특성을 보여준다.

▼ 표 16-6 특성

리시버	함수	설명
맵, 리스트, 세트	size	컬렉션이나 맵의 크기
맵, 리스트, 세트	count()	size와 동일하다.
맵, 리스트, 세트	isEmpty()	비어 있다면 true를 반환한다.
맵, 리스트, 세트	isNotEmpty()	비어 있지 않다면 true를 반환한다.
리스트, 세트	count((E) -> Boolean)	주어진 술부(predicate) 람다 함수가 true를 반환하는 요소를 센다.
맵	count((K,V) -> Boolean)	주어진 술부 람다 함수가 true를 반환하는 요소를 센다.

리스트, 세트	indices	IntRange 형식의 유효 인덱스다.
리스트	lastIndex	마지막 유효 인덱스

컬렉션과 맵 순회

컬렉션과 맵을 순회하는 경우 표 16-7에서 보여주는 구조 중 하나를 사용할 수 있다.

▼ 표 16-7 순회

대상	구조	설명
리스트, 세트, 이터러블을 구현하는	for(i in x) { ... }	언어 구조. i는 루프 변수이며 요소를 받는다.
맵	for(me in x) { ... }	언어 구조. me는 루프 변수이며 Map.Element<K,V> 요소를 받는다. me.key를 통해 키를 뽑아낼 수 있고 me.value를 통해 값을 뽑아낼 수 있다.
맵	for((k,v) in x) { ... }	언어 구조. k와 v는 루프 변수이며 각각의 맵 요소에 대한 키와 값을 받는다.
리스트, 세트, 이터러블을 구현하는	x.forEach { i -> ... }	x의 모든 요소를 반복하며 i는 각 요소를 받는다.
리스트, 세트, 이터러블을 구현하는	x.onEach { i -> ... }	forEach()와 동일하지만 이후 순회한 리스트, 세트 또는 이터러블을 반환한다.
리스트, 세트, 이터러블을 구현하는	x.forEachIndexed { ind, i -> ... }	x의 모든 요소를 반복하며 i는 각 요소를 받는다. ind는 인덱스 변수다(0, 1, 2, ...).
맵	x.forEach { me -> ... }	맵 x의 모든 요소를 반복하며 me는 Map.Element<K,V> 타입을 갖는다. me.key를 통해 키를 뽑을 수 있으며 me.value를 통해 값을 뽑을 수 있다.
맵	x.forEach { k,v -> ... }	맵 x의 모든 요소를 반복하며 k는 각 요소의 키이고 v는 각 요소의 값이다.

변환

컬렉션이나 맵을 다른 컬렉션이나 맵으로 변환하는 방법은 무한하다. 표 16-8은 맵에서 키와 값을 추출하기 위한 함수를 보여준다.

▼ 표 16-8 키와 값 추출

구조	반환	설명
map.keys	MutableSet<K>	맵에서 키를 세트로 가져온다.
map.values	MutableCollection<V>	맵에서 값을 컬렉션으로 가져온다.

이번 절 전체에서는 List, Set, Map, Collection 및 Iterable 타입의 변수에 대해 각각 list, set, map, coll 및 iter를 사용한다. 리스트나 세트는 컬렉션이며 모든 컬렉션은 이터러블이라는 것을 기억하길 바란다.

표 16-9는 컬렉션이나 맵 요소를 요소별로 변환하기 위한 여러 가지 함수를 보여준다.

▼ 표 16-9 변형(맵핑)

구조	반환	설명
iter.map(transform: (E) -> R)	List<R>	주어진 람다 함수에 따라 컬렉션이나 이터러블의 모든 항목을 변환한다. 불변 리스트를 반환한다.
iter.mapIndexed(transform: (Int, E) -> R)	List<R>	주어진 람다 함수에 따라 컬렉션이나 이터러블의 모든 항목을 변환한다. 람다 함수는 첫 번째 매개변수로 인덱스를 받는다. 불변 리스트를 반환한다.
map.map(transform: (Map.Entry<K,V>) -> R)	List<R>	각 맵 요소에 제공된 람다 함수가 적용된 결과로부터 새로운 불변 리스트를 만든다.
map.mapKeys(transform: (Map.Entry<K,V>) -> R))	Map<R,V>	제공된 람다 함수로부터 만들어진 키로 새로운 불변 맵을 만든다.
map.mapValues(transform: (Map.Entry<K, V>) -> R))	Map<K,R>	제공된 람다 함수로부터 만들어진 값으로 새로운 불변 맵을 만든다.

표 16-10은 리스트의 정렬 순서를 바꾸거나 리스트 또는 세트를 정렬된 리스트로 변환하는 함수에 대한 설명이다.

▼ 표 16-10 변환(순서 재조정)

구조	반환	설명
list.asReversed()	List<E> 또는 MutableList<E>	리스트를 변경하지 않고 리스트의 반복 순서를 뒤집는다. 원본 리스트의 가변성을 유지한다. 결과 목록에 대한 변경이 원본 리스트에 반영된다.
list.reverse()	Unit	가변 리스트를 제자리에서 뒤집는다. 원본 리스트가 변경된다.
iter.reversed()	List<E>	원본 컬렉션이나 이터러블 요소의 뒤집어진 정렬 순서를 갖는 불변 리스트를 새로 반환한다.
iter.distinct()	List<E>	원본 컬렉션이나 이터러블의 고유한 요소만 포함한 새로운 불변 리스트를 반환한다.
iter.distinctBy(selector: (E) -> K)	List<E>	원본 컬렉션의 고유한 요소만 포함한 새로운 불변 리스트를 반환한다. 동등성 검사는 제공된 람다 함수의 결과가 사용된다.
list.shuffle()	Unit	가변 리스트의 요소를 무작위로 섞는다.
iter.shuffled()	List<E>	원본 컬렉션이나 이터러블의 요소로 무작위로 섞인 불변 리스트를 반환한다.
list.sort()	Unit	자연스러운 정렬 순서에 따라 가변 리스트를 정렬한다. 요소는 Comparable 인터페이스를 구현해야 한다. sortDescending() 함수는 역순으로 정렬한다.
list.sortBy(selector: (E) -> R?)	Unit	셀렉터 결과의 자연스러운 정렬 순서에 따라 가변 리스트를 정렬한다. 셀렉터 결과는 Comparator 인터페이스를 구현해야 한다. sortByDescending() 함수는 역순으로 정렬한다.
iter.sorted()	List<E>	자연스러운 정렬 순서로 정렬된 요소를 갖는 새로운 불변 리스트를 반환한다. 요소는 Comparable 인터페이스를 구현해야 한다. sortedDescending() 함수는 역순으로 정렬한다.
iter.sortedBy(selector: (E) -> R?)	List<E>	셀렉터 결과의 자연스러운 정렬 순서로 정렬된 요소를 갖는 새로운 불변 리스트를 반환한다. 셀렉터 결과는 Comparable 인터페이스를 구현해야 한다. sortedByDescending() 함수는 역순으로 정렬한다.

구조	반환	설명
list.sortWith(comparator: Comparator<in E>)	Unit	매개변수로 주어진 비교기에 따라 가변 리스트를 정렬한다. 셀렉터 결과는 Comparator 인터페이스를 구현해야 한다.
iter.sortedWith(comparator: Comparator<in E>)	List<E>	매개변수로 주어진 비교기에 따라 정렬된 요소를 갖는 새로운 불변 리스트를 반환한다.

하위 리스트 또는 하위 맵의 요소를 수집하기 위해 몇 가지 함수를 사용할 수 있다. 즉 리스트 또는 맵의 요소로 된 리스트와 맵을 의미한다(표 16-11 참조).

▼ 표 16-11 변형(평면화)

구조	반환	설명
iter.flatten(...)	List<E>	여기서 iter는 Iterable<Iterable<E>>이며 컬렉션이 컬렉션을 포함하는 경우다. 모든 요소를 갖는 하나의 리스트로 병합된 새로운 불변 리스트를 반환한다.
iter.flatMap(transform: (E) -> Iterable<R>)	List<R>	transform 함수는 원본 컬렉션이나 이터러블에 있는 모든 요소에 적용되며 리스트나 세트 같은 Iterable을 반환한다. 모든 변환 결과 요소를 갖는 병합된 하나의 불변 리스트를 반환한다.
map.flatMap(transform: (Map.Entry<K,V>) -> Iterable<R>)	List<R>	transform 함수는 원본 맵에 있는 모든 요소에 적용되며 리스트나 세트 같은 Iterable을 반환한다. 모든 변환 결과 요소를 갖는 병합된 하나의 불변 리스트를 반환한다.

리스트와 세트는 요소를 키 또는 새로운 맵의 값으로 연관지어 맵으로 변환할 수 있다. 표 16-12는 이러한 연관 함수를 보여준다.

▼ 표 16-12 변환(연관화)

구조	반환	설명
iter.associate(transform: (E) -> Pair<K, V>)	Map<K,V>	입력 리스트, 세트 또는 이터러블이 주어졌을 때 transform 람다 함수는 반환될 맵의 새로운 요소로 사용될 Pair<K,V>를 반환한다.
iter.associateBy(keySelector: (E) -> K)	Map<K,E>	입력 리스트, 세트 또는 이터러블이 주어졌을 때 keySelector 람다 함수는 반환될 맵의 새로운 요소를 위한 키를 만드는 데 사용된다. 키에 대한 값은 원본 요소의 값이다.

iter.associateBy(keySelector: (E) -> K, valueTransform: (E) -> V)	Map<K,V>	입력 리스트, 세트 또는 이터러블이 주어졌을 때 keySelector 람다 함수는 반환될 맵의 새로운 요소를 위한 키를 만드는 데 사용된다. 키에 대한 값은 valueTransform 호출의 결과가 사용된다.
iter.associateWith(valueSelector: (E) -> V)	Map<E,V>	입력 리스트, 세트 또는 이터러블이 주어졌을 때 valueTransform 람다 함수는 반환될 맵의 새로운 요소를 위한 값을 만드는 데 사용된다. 값에 대한 키는 원본 요소의 키가 사용된다.

연습문제 1

클래스 data class Employee(val lastName:String, val firstName:String, val ssn:String)와 다음 리스트가 있을 때 SSN으로 정렬된 새로운 불변 리스트를 만들길 바란다.

```
val l = listOf(
    Employee("Smith", "Eve", "012-12-5678"),
    Employee("Carpenter", "John", "123-06-4901"),
    Employee("Cugar", "Clara", "034-00-1111"),
    Employee("Lionsgate", "Peter", "965-11-4561"),
    Employee("Disney", "Quentin", "888-12-3412")
)
```

연습문제 2

연습문제 1의 직원 리스트가 주어졌을 때 SSN을 직원으로 맵핑해 불변 맵을 만들길 바란다.

연습문제 3

다음의 결과가 무엇인지 맞추길 바란다.

```
listOf(listOf(1, 2), listOf(3, 4)).flatten()
```

연습문제 4

다음의 결과가 무엇인지 맞추길 바란다.

```
listOf(listOf(1, 2), listOf(3, 4)).
    flatMap { it.map { it.toString() }    }
```

필터링

필터링 함수는 변환과 밀접한 관련이 있다. 필터링은 어떠한 기준에 따라 새로운 컬렉션이나 맵을 얻는 데 사용되곤 한다. 표 16-13은 필터링 함수를 보여준다.

이번 절 전체에서는 List, Set, Map, Collection 및 Iterable 타입의 변수에 대해 각각 list, set, map, coll 및 iter를 사용한다. 리스트나 세트는 컬렉션이며 모든 컬렉션은 이터러블이라는 것을 기억하길 바란다.

▼ 표 16-13 필터링

함수	설명
iter.filter(predicate: (E) -> Boolean)	주어진 술부와 일치하는 요소만 포함하는 새로운 불변 리스트를 반환한다.
iter.filterNot(predicate: (E) -> Boolean)	주어진 술부와 일치하지 않는 요소만 포함하는 새로운 불변 리스트를 반환한다.
iter.filterIndexed(predicate: (index:Int, T) -> Boolean)	주어진 술부와 일치하는 요소만 포함하는 새로운 불변 리스트를 반환한다. 람다 함수는 첫 번째 매개변수로 인덱스(0, 1, 2, ...)를 받는다.
map.filter(predicate: (Map.Entry<K,V>) -> Boolean)	주어진 술부와 일치하는 요소만 포함하는 새로운 불변 맵을 반환한다.
map.filterNot(predicate: (Map.Entry<K,V>) -> Boolean)	주어진 술부와 일치하지 않는 요소만 포함하는 새로운 불변 맵을 반환한다.

연습문제 5

연습문제 1에서처럼 직원 리스트가 주어졌을 때 SSN이 0으로 시작하는 요소만 포함하는 새로운 불변 리스트를 만들길 바란다.

힌트: 문자열이 특정 문자로 시작되는지 검사하려면 `String.startsWith(...)`을 사용하길 바란다.

가변성 변경하기

표 16-14를 보면 가변 맵과 리스트에 대한 변환은 보통 불변 맵이나 컬렉션을 반환한다는 것을 알 수 있다. 그 대신 가변 맵이나 컬렉션이 필요한 경우 코틀린은 그에 대한 수단도 제공하고 있다.

▼ 표 16-14 모드 변경

함수	설명
list.toMutableList()	불변 리스트를 가변 리스트로 변환한다.
set.toMutableSet()	불변 세트를 가변 세트로 변환한다.
map.toMutableMap()	불변 맵을 가변 맵으로 변환한다.
mutableList.toList()	가변 리스트를 불변 리스트로 변환한다.
mutableSet.toSet()	가변 세트를 불변 세트로 변환한다.
mutableMap.toMap()	가변 맵을 불변 맵으로 변환한다.

요소 검사

컬렉션이나 맵의 임의 또는 모든 요소가 어떠한 기준을 만족하는지 검사하려면 표 16-15에 정리된 함수 중 하나를 사용하면 된다. 이번 절 전체에서는 `List`, `Set`, `Map`, `Collection` 및 `Iterable` 타입의 변수에 대해 각각 `list`, `set`, `map`, `coll` 및 `iter`를 사용한다. 리스트나 세트는 컬렉션이며 모든 컬렉션은 이터러블이라는 것을 기억하길 바란다.

▼ 표 16-15 검사

함수	설명
iter.any(predicate: (E) -> Boolean)	어떠한 요소가 술부를 만족하면 true를 반환한다.
iter.all(predicate: (E) -> Boolean)	모든 요소가 술부를 만족하면 true를 반환한다.
iter.none(predicate: (E) -> Boolean)	술부를 만족하는 요소가 없다면 true를 반환한다.
map.any(predicate: (Map.Entry<K,V>) -> Boolean)	어떠한 요소가 술부를 만족하면 true를 반환한다.
map.all(predicate: (Map.Entry<K,V>) -> Boolean)	모든 요소가 술부를 만족하면 true를 반환한다.
map.none(predicate: (Map.Entry<K,V>) -> Boolean)	술부를 만족하는 요소가 없다면 true를 반환한다.

연습문제 6

listOf(1, 2, 3, 4)의 모든 요소가 0보다 큰지 검사하길 바란다.

요소 찾기

컬렉션이나 맵에서 특정 요소를 찾는 경우 표 16-16에서 보여주는 함수 중 하나를 사용할 수 있다. 이 표에는 포함 검사도 추가돼 있다.

▼ 표 16-16 찾기

대상	함수	설명
리스트, 이터러블	indexOf(element:E)	리스트나 이터러블의 요소 인덱스를 알아낸다. 요소를 찾지 못하면 -1을 반환한다.
리스트, 이터러블	find(predicate: (e) -> Boolean)	술부 람다 함수가 true를 반환하는 첫 번째 요소를 반환한다. 일치하는 요소가 없다면 null을 반환한다.
리스트, 이터러블	findLast(predicate: (e) -> Boolean)	술부 람다 함수가 true를 반환하는 마지막 요소를 반환한다. 일치하는 요소가 없다면 null을 반환한다.

리스트	binarySearch(element: E?, fromIndex: Int = 0, toIndex: Int = size)	리스트에서 빠른 이진 탐색을 수행한다. 리스트는 요소의 자연스러운 순서에 따라 정렬돼 있어야 하므로 요소는 Comparable 인터페이스를 구현해야 한다. 요소를 발견하면 인덱스를 반환한다. 발견하지 못하면 -insertion_point - 1을 반환하며 insertion_point는 요소가 리스트의 정렬 순서를 유지해 삽입될 수 있는 인덱스다.
리스트	binarySearch(element: E?, comparator: Comparator<in E>, fromIndex: Int = 0, toIndex: Int = size)	binarySearch()와 동일하지만 요소 비교는 제공된 비교기를 사용한다.
리스트, 세트, 이터러블	contains(element: E)	지정된 요소를 리스트, 세트 또는 이터러블이 포함하면 true를 반환한다.
맵	contains(key: K)	지정된 키를 맵이 포함하면 true를 반환한다.
맵	containsKey(key: K)	맵의 contains()와 동일하다.
맵	containsValue(value: V)	지정된 값을 맵이 포함하면 true를 반환한다.

연습문제 7

Int로 구성된 리스트 l이 있을 때 if를 사용하지 않고 리스트에 42가 포함된 경우 예외를 발생하는 한 줄 표현식을 만들길 바란다.

힌트: find()나 contains()를 사용하고 takeIf() 및 ?.run을 사용할 수 있을 것이다.

집계, 폴딩 및 리듀싱

집계자^{Aggregators}는 컬렉션에서 합계, 최대값, 최소값 또는 평균을 이끌어낸다. 표 16-17은 이들을 보여준다.

이번 절 전체에서 List, Set, Map, Collection 및 Iterable 타입의 변수에 대해 각각 list, set, map, coll 및 iter를 사용한다. 리스트나 세트는 컬렉션이며 모든 컬렉션은 이터러블이라는 것을 기억하길 바란다.

▼ 표 16-17 집계

대상	함수	설명
수치로 구성된 컬렉션 (Byte, Short, Int, Long, Float, Double)	sum()	요소의 합계를 낸다. Byte와 Short 타입은 Int 값 합계를 만들어낸다. 다른 모든 것은 요소의 타입과 결과가 동일하다.
모든 컬렉션 또는 이터러블	sumBy(selector: (E) -> Int)	각 요소에 람다 함수를 적용한 다음 요소의 합계를 낸다. 결과는 Int다.
모든 컬렉션 또는 이터러블	sumByDouble(selector: (E) -> Double)	각 요소에 람다 함수를 적용한 다음 요소의 합계를 낸다. 결과는 Double이다.
수치로 구성된 컬렉션 (Byte, Short, Int, Long, Float, Double)	average	모든 요소의 평균을 계산한다. 결과는 Double이다.
Comparable을 구현하는 요소의 컬렉션	max()	최대값을 반환한다.
모든 컬렉션 또는 이터러블	maxBy(selector: (E) -> R)	셀렉터(Comparable을 반환해야 한다)를 적용해 최대값을 반환한다.
모든 맵	maxBy(selector: (Entry<K, V>) -> R)	셀렉터(Comparable을 반환해야 한다)를 적용해 최대값을 반환한다.
모든 컬렉션 또는 이터러블	maxWith(comparator: Comparator<in E>)	제공된 비교기에 따라 최대값을 반환한다.
모든 맵	maxWith(comparator: Comparator<in Map.Entry<K,V>)	제공된 비교기에 따라 최대값을 반환한다.
Comparable을 구현하는 요소의 컬렉션	min()	최소값을 반환한다.
모든 컬렉션 또는 이터러블	minBy(selector: (E) -> R)	셀렉터(Comparable을 반환해야 한다)를 적용해 최소값을 반환한다.
모든 맵	minBy(selector: (Entry<K, V>) -> R)	셀렉터(Comparable을 반환해야 한다)를 적용해 최소값을 반환한다.
모든 컬렉션 또는 이터러블	minWith(comparator: Comparator<in E>)	제공된 비교기에 따라 최소값을 반환한다.
모든 맵	minWith(comparator: Comparator<in Map.Entry<K,V>)	제공된 비교기에 따라 최소값을 반환한다.

리덕션은 컬렉션이나 이터러블의 첫 번째 요소를 받아 변수에 저장한 다음 컬렉션이나 이터

러블에 있는 다른 모든 요소로 반복적으로 연산을 적용한다. 예를 들어 합 연산이라면 최종적으로 컬렉션의 합계를 얻는다.

```
시작: (1, 2, 3)
첫 번째 요소를 취함:            (1),     나머지 (2, 3)
다음 요소를 취함, "+" 적용:     (1+2),   나머지 (3)
다음 요소를 취함, "+" 적용:     (1+2+3), 완료.
결과는 1+2+3 = 6
```

오른쪽에서 이뤄지는 리덕션은 컬렉션을 역순으로 순회한다. 즉 먼저 마지막 요소를 취하고 연산자를 마지막에서 두 번째 요소에 적용한다. 표 16-18은 리덕션 함수를 보여준다.

▼ 표 16-18 리듀싱

함수	반환	설명
<S, E : S> iter<E>.reduce(operation: (acc: S, E) -> S)	S	컬렉션이나 이터러블을 축소한다. operation 람다 함수는 현재 누적기 값과 현재 반복 요소를 받는다.
<S, E : S> iter<E>.reduceIndexed(operation: (index: Int, acc: S, E) -> S)	S	reduce()와 동일하지만 operation은 추가적으로 현재 반복 인덱스(0, 1, 2, ...)를 받는다.
<S, E : S> list<E>.reduceRight(operation: (E, acc: S) -> S)	S	오른쪽에서 축소한다. 이터러블에는 오른쪽에서 반복하는 것과 같은 것이 없어 작동하지 않는다.
<S, E : S> list<E>.reduceRightIndexed (operation: (index: Int, E, acc: S) -> S)	S	reduceRight()와 동일하지만 operation은 추가적으로 현재 반복 인덱스(0, 1, 2, ...)를 받는다.

반복이 E 타입 요소를 통해 돌아가더라도 연산 함수는 E의 수퍼타입으로도 평가할 수 있다. 이것이 바로 타입 지정 E : S가 의미하는 바다. 이러한 경우 누적기와 전체 결과는 수퍼타입과 동일한 타입을 갖는다.

폴딩^{folding}은 리덕션의 형님 뻘이다. 리덕션은 컬렉션 또는 이터러블의 첫 번째 요소로 시작하고 나머지 요소를 사용해 업데이트하지만 폴딩은 모든 반복 요소를 단계별로 받아 업데이트할 수 있는 전용 폴딩 누적기 객체로 동작한다. 누적기 객체는 적절한 타입을 가질 수 있어

폴딩이 리덕션보다 강력하다. 표 16-19는 폴딩 함수를 보여준다.

▼ 표 16-19 폴딩

함수	반환	설명
iter.fold(initial: R, operation: (acc: R, E) -> R)	R	컬렉션이나 이터러블을 접는다. 첫 번째 매개변수는 누적기 객체를 받는다. operation 람다 함수는 현재 누적기 객체와 현재 반복 요소를 받는다.
iter.foldIndexed(initial: R, operation: (index:Int, acc: R, E) -> R)	R	fold()와 동일하지만 람다 함수는 추가적으로 현재 반복 인덱스(0, 1, 2, ...)를 받는다.
list.foldRight(initial: R, operation: (E, acc: R) -> R)	R	리스트를 접는다. 마지막 객체부터 시작해 역순으로 반복한다. 첫 번째 매개변수는 누적기 객체를 받는다. operation 람다 함수는 현재 누적기 객체와 현재 반복 요소를 받는다.
list.foldRightIndexed(initial: R, operation: (index:Int, E, acc: R) -> R)	R	foldRight()와 동일하지만 람다 함수는 추가적으로 현재 반복 인덱스(0, 1, 2, ...)를 받는다.

연습문제 8

클래스 data class Parcel(val receiverId:Int, val weight:Double)과 다음 리스트가 있을 때 for와 while 루프를 사용하지 않고 몸무게 합계를 구하길 바란다.

```
val l = listOf(Parcel(1267395, 1.45),
    Parcel(1515670, 0.46),
    Parcel(8345674, 2.50),
    Parcel(3418566, 1.47),
    Parcel(3491245, 3.04)
)
```

결합

모든 요소로 폴딩 연산을 수행하는 대신 때로는 모든 요소를 문자열 표현으로 결합하는 것과 같이 오직 컬렉션이나 이터러블에 대한 문자열 표현을 만드는 방법만 필요한 경우가 있다. fold()로도 가능하지만 코틀린은 접두사와 접미사, 제한 및 잘림 부호와 같은 몇 가지 부가적 기능을 갖는 전용 결합 함수를 제공한다.

```
fun <E> Iterable<E>.joinToString(
    separator: CharSequence = ", ",
    prefix: CharSequence = "",
    postfix: CharSequence = "",
    limit: Int = -1,
    truncated: CharSequence = "...",
    transform: (E) -> CharSequence = null
): String
```

컬렉션이나 이터러블에 사용할 수 있으며 다음과 같은 특성이 있다.

- 분리자를 지정하면 해당 분리자를 사용해 결과 문자열의 항목을 분리한다. 지정하지 않으면 콤마(,)가 사용된다.
- 접두사를 지정하면 결과 문자열의 접두사로 사용된다. 지정하지 않으면 아무 것도 사용되지 않는다.
- 접미사를 지정하면 결과 문자열의 접미사로 사용된다. 지정하지 않으면 아무 것도 사용되지 않는다.
- 제한을 지정하면 결과 문자열을 구성하기 위해 사용되는 요소 개수가 제한된다. 지정하지 않으면 -1이 사용되고 이는 제한이 없다는 것을 의미한다.
- 잘림 문자열을 지정하면 제한을 초과했을 때(주어졌을 때) 잘림을 나타내기 위해 사용된다. 지정하지 않으면 ...이 사용된다.
- 변환 함수를 지정하면 해당 함수는 각 요소로부터 문자열을 만들기 위해 사용된다. 지정하지 않으면 null이 사용되고 이는 각 요소에 toString()이 적용된다는 것을 의미한다.

그룹핑

그룹핑은 어떠한 기준에 따라 리스트를 하위 리스트로 나누는 것이다. 각 직원이 employer 필드를 갖는 직원의 목록이 있고 각 고용주의 목록을 만든다고 가정해보자. 이는 몇 줄의 코딩으로 어렵지 않게 할 수 있지만 반복되는 작업이며 도움을 주는 표준 라이브러리가 존재한다. 표 16-20은 그룹핑과 연관된 함수를 보여준다.

▼ 표 16-20 그룹핑

함수	반환	설명
`<E, K> iter.groupBy(keySelector: (E) -> K)`	Map<K, List<E>>	keySelector 함수에 의해 계산된 키를 기준으로 그룹을 짓는다.
`<E, K> iter.groupBy(keySelector: (E) -> K, valueTransform: (E) -> V)`	Map<K, List<V>>	keySelector 함수에 의해 계산된 키를 기준으로 그룹을 짓는다. 값도 valueTransform 함수에 의해 변환된다.
`<E, K> iter.groupingBy(keySelector: (E) -> K)`	Grouping<E,K>	keySelector 함수에 의해 계산된 키를 기준으로 그룹핑을 준비한다. 이후 작업에서 사용할 수 있는 특수한 Grouping 객체를 만든다.
`grouping.aggregate(operation: (key: K, accumulator: R?, element: E, first: Boolean) -> R)`	Map<K, R>	groupingBy()의 결과를 취해 원본 키로 맵을 만든다. 값의 경우 operation을 사용해 각 그룹의 값을 누적한다(예를 들어 누적기(accumulator)는 리스트가 될 수 있다).
`grouping.eachCount()`	Map<K, Int>	그룹마다 요소 개수를 갖는 맵을 반환한다.
`grouping.fold(initialValueSelector: (key: K, element: E) -> R, operation: (key: K, accumulator: R, element: E) -> R)`	Map<K, R>	groupingBy()의 결과를 취해 원본 키로 맵을 만든다. 값의 경우 각 그룹의 값을 누적하기 위해 operation을 사용한다. 그룹별 초기 누적기는 initialValueSelector 함수에 의해 생성된다.

이번 절 전체에서 List, Set, Map, Collection 및 Iterable 타입의 변수에 대해 각각 list, set, map, coll 및 iter를 사용한다. 리스트나 세트는 컬렉션이며 모든 컬렉션은 이터러블이라는 것을 기억하길 바란다.

집핑

코틀린은 2개의 연관된 리스트가 있고 이를 한군데 모을 때 사용할 수 있는 집핑 함수를 제공한다. 예를 들어 아직 급여를 등록하지 않은 직원 리스트와 또 다른 리스트인 연간 급여 리스트가 있다고 가정해보자. 두 리스트 모두 동일한 크기를 가지며 각 인덱스가 직원과 일치하는 급여 쌍을 가리킨다고 가정해보자. 명령형 프로그래밍 스타일에서는 급여가 업데이트된 직원 목록을 가져오기 위해서는 다음과 같이 작성해야 할 것이다.

```kotlin
class Employee {
    ...
    fun setSalary(year:Int, salary:Double) {}
}
val employees = ... // 리스트
val newSalaries = ... // 리스트
val newYear = 2018
val newEmployees = mutableListOf<Employee>()
for(ind in employees.indices) {
    val e = employees[ind]
    val sal = newSalaries[ind]
    e.setSalary(newYear, sal)
    newEmployees.add(e)
}
```

표준 라이브러리가 제공하는 집핑 함수를 사용해 함수형 스타일로 이를 재작성할 수 있다.

```kotlin
<E, R> Iterable<E>.zip(
    other: Iterable<R>
): List<Pair<E, R>>
```

이를 이용하면 다음과 같이 작성할 수 있다.

```kotlin
val employees = ... // 리스트
val newSalaries = ... // 리스트
val newYear = 2018
val newEmployees = employees.zip(newSalaries).
```

```
map{ p ->
    p.first.setSalary(newYear, p.second)
    p.first
}
```

여기서 `zip()`은 각각 `Employee`와 급여(예: `Double`)를 포함한 `Pair` 리스트를 만들어낸다. `map()`은 각 쌍을 조사해 그에 따라 직원을 업데이트한다.

하나에서 2개의 리스트를 만드는 언집핑 unzipping이라는 역작업도 존재한다.

```
<E, R> Iterable<Pair<E, R>>.unzip():
        Pair<List<E>, List<R>>
```

더 정확하게 말해 이는 언집핑 작업의 두 번째 부분이며 매핑 함수를 사용해 먼저 `Pair` 리스트를 만들어야 한다. 예를 들면 다음과 같다.

```
list.map { item ->
    Pair(item.something, item.somethingElse)
}.unzip()
```

윈도잉

사용자 인터페이스 프로그래밍의 경우 목록을 주어진 크기의 묶음으로 나눠야 할 경우가 빈번하게 생긴다. 예를 들어 크기 10의 묶음을 보여주고 더 긴 목록은 이전 페이지와 다음 페이지 버튼을 제공해 이전이나 다음 묶음을 보여주는 경우다. 이를 위해 표준 라이브러리는 윈도잉 함수를 제공한다(표 16-21 참조).

▼ 표 16-21 윈도잉

함수	반환	설명
`<E> iterable.windowed(size: Int, step: Int = 1, partialWindows: Boolean = false)`	List<List<E>>	이터러블이나 컬렉션의 윈도우 뷰를 만든다. 각 묶음은 size 크기를 가지며 step은 각 청크에 대한 인덱스 오프셋을 나타낸다(보통 step = size로 설정한다). 마지막에 더 작은 묶음을 허용하려면 partialWindows를 true로 설정해야 한다.
`<E, R> iterable.windowed(size: Int, step: Int = 1, partialWindows: Boolean = false, transform: (List<E>) -> R)`	List<R>	windowed()와 동일하지만 각 청크에 작용하는 transform 함수를 제공한다.

시퀀스

시퀀스는 느리게 평가되는 컬렉션이다. 즉 kotlin.collections 패키지 이외의 컬렉션으로 메모리에 많은 양의 데이터가 유지되지 않는다. 따라서 크기 1,000,000의 컬렉션을 만들면 객체 참조 또는 원시 요소 형태로 메모리에 크기 1,000,000개 항목이 할당돼 존재하지만 크기 1,000,000의 시퀀스는 시퀀스와 관련된 모든 값을 갖지 않고 1,000,000번 반복할 수 있다는 것을 나타낸다. 시퀀스 인터페이스, 클래스 및 함수는 자체 패키지 kotlin.sequences를 갖는다.

시퀀스는 컬렉션에서 살펴봤던 여러 가지 함수를 제공한다. forEach()를 사용할 수 있고 필터를 적용하고 맵핑을 수행하고 리덕션을 사용하거나 폴딩 등을 수행할 수 있다. 이들을 모두 살펴보는 대신 시퀀스를 사용하는 데 중시되는 몇 가지를 살펴본다. 시퀀스에 대한 내용은 코틀린 문서를 참조하길 바란다.

주어진 값 목록으로 시퀀스를 만들려면 다음과 같이 sequenceOf()를 사용하면 된다.

```
sequenceOf(1, 2, 7, 5)
```

또는 Iterable(세트, 리스트, 레인지 또는 모든 컬렉션)을 취해 다음과 같이 작성할 수 있다.

```
iter.asSequence()
```

이미 존재하는 컬렉션이나 배열에 의존하지 않는 순수 시퀀스를 만들려면 몇 가지 방법을 사용할 수 있다. 가장 쉬운 방법은 다음과 같이 generateSequence() 함수를 사용하는 것이다.

```
// 시그니처:
// fun <T : Any> generateSequence(
//     nextFunction: () -> T?
// ): Sequence<T>

var iterVar = 0
val seq = generateSequence {
    iterVar++
}
```

여기서 해야 할 것은 다음 시퀀스 값을 생성하는 함수를 제공하는 것이다. 이러한 방식의 단점은 상태를 갖는다는 것이다. 즉 generateSequence()를 둘러싼 어딘가에 iterVar라는 반복 프로퍼티가 있다는 것이다. 이는 클린코드를 고려하면 안티 패턴에 해당한다. 이는 generateSequence()의 또 다른 버전으로 해결할 수 있다.

```
fun <T : Any> generateSequence(
  seed: T?,
  nextFunction: (T) -> T?
): Sequence<T>
// 또는
fun <T : Any> generateSequence(
  seedFunction: () -> T?,
  nextFunction: (T) -> T?
): Sequence<T>
```

여기서는 직접 또는 제너레이터 함수를 통해 시드를 제공할 수 있으며 nextFunction() 람다 함수는 현재 반복기 값을 받아 다음 반복기 값을 반환해야 한다. 따라서 매우 단순한 시퀀스 (0, 1, 2, ...)는 다음과 같이 작성할 수 있다.

```
val seq = generateSequence(
  seed = 0,
  nextFunction = { curr -> curr + 1 }
)

// 사용 예제:
seq.take(10).forEach { i ->
  // 0, 1, 2, ..., 9 값을 갖는다.
  ...
}
```

반복 변수는 Int나 숫자가 아니어도 된다. 예를 들어 각 항목의 이전 두 수를 더한 피보나치 수열 1, 1, 2, 3, 5, 8, ...을 생각해보자. 이는 다음과 같이 Pair로 처리할 수 있다.

```
val seqFib = generateSequence(
    seed = Pair(1,1),
    nextFunction = { curr ->
        Pair(curr.second, curr.first + curr.second)
    }
)
// 사용 예제
seqFib.take(10).map { it.second }.forEach {
    Log.e("LOG", "fib: " + it)
}
```

nextFunction은 pair(1,1)로 시작해 pair(1,2), pair(2,3), pair(3,5) 등으로 계속된다. 예제에 있는 맵핑은 각 페어의 두 번째 값을 추출해 보여준다. 흥미롭게도 더 높은 숫자의 경우 각 쌍의 첫 번째 멤버에 대한 두 번째 멤버의 비율이 골든 비율 $0.5 \cdot (1 + \sqrt{5})$ = 1.6180339887에 도달한다.

```
val p = seqFib.take(40).last
val gr = p.second * 1.0 / p.first
// =  1.618033988749895
```

개입이 필요하지만 다소 유연한 접근 방식으로 또 다른 시퀀스 생성 함수인 sequence()를 사용하는 방법이 있다. 시그니처는 다음과 같다.

```
fun <T> sequence(
    block: suspend SequenceScope<T>.() -> Unit
): Sequence<T>
```

이 함수는 실제로 다음과 같은 방식으로 kotlin.sequences.Sequence 객체를 인스턴스화한다.

```
Sequence { iterator(block) }
```

iterator()는 SequenceBuilderIterator의 인스턴스를 생성하고 반환한다. Sequence BuilderIterator와 람다 함수 앞에 있는 suspend는 병렬 실행 환경에서 시퀀스를 사용할 수 있게 만든다. 동시 실행은 이 책 후반부에서 살펴본다. 지금 알아야 할 것은 리시버 사양 SequenceScope<T>.() -> Unit을 갖는 람다로 인해 block 람다 함수가 SequenceScope 객체 환경에서 동작한다는 것이다. 이러한 구조가 기능을 수행하려면 최소한 다음 중 하나를 block 내부에서 호출해야 한다.

```
yieldAll([Iterable의 구현])
// 또는
yieldAll([Iterator의 구현])
// 또는
yieldAll([Sequence의 구현])
```

예를 들어 다음과 같다.

```
val sequence = sequence {
    // 다음은 반복 가능이다:
    yieldAll(1..10 step 2)
}

// 사용 예제:
sequence.take(8).forEach {
    Log.e("LOG", it.toString())
```

```
}
// -> 1, 3, 5, 7, 9
```

연산자

세트와 리스트 같은 모든 컬렉션을 포함해 이터러블과 맵의 경우에도 표 16-22에서 보듯이 몇 가지 연산자가 존재하며 이 둘을 결합하는 데 사용할 수 있다.

▼ 표 16-22 연산자

피연산자	연산자	피연산자	반환
Iterable(컬렉션, 리스트, 세트)	intersect	Iterable(컬렉션, 리스트, 세트)	양쪽 피연산자에 포함된 모든 요소를 포함하는 새로운 불변 Set를 만든다.
Iterable(컬렉션, 리스트, 세트)	union	Iterable(컬렉션, 리스트, 세트)	한쪽 또는 양쪽 피연산자에 포함된 모든 요소를 포함하는 새로운 불변 Set를 만든다.
Iterable(컬렉션, 리스트, 세트)	+	E	왼쪽 피연산자의 모든 요소가 오른쪽 피연산자에 추가된 새로운 불변 List를 반환한다.
Iterable(컬렉션, 리스트, 세트)	+	Iterable, 배열, 시퀀스	왼쪽 피연산자의 모든 요소가 오른쪽 피연산자의 모든 요소에 추가된 새로운 불변 List를 반환한다.
Iterable(컬렉션, 리스트, 세트)	-	E	왼쪽 피연산자에 존재하는 요소에서 오른쪽 피연산자를 제외한 새로운 불변 List를 반환한다.
Iterable(컬렉션, 리스트, 세트)	-	Iterable, 배열, 시퀀스	왼쪽 피연산자에 존재하는 요소에서 오른쪽 피연산자의 모든 요소를 제외한 새로운 불변 List를 반환한다.
Map	+	Pair<K,V>	왼쪽 피연산자에 있는 모든 항목에 오른쪽 피연산자를 더해 새로운 불변 맵을 반환한다. 이미 존재하는 키라면 항목을 덮어쓴다.
Map	+	Iterable<Pair<K,V>>, Array<out Pair<K, V>>, Sequence<Pair<K,V>>, Map<out K, V>	왼쪽 피연산자의 모든 항목에 오른쪽 피연산자의 모든 요소를 더해 새로운 불변 맵을 반환한다. 오른쪽 피연산자의 키가 왼쪽 피연산자에도 존재한다면 해당 항목은 오른쪽 피연산자로 덮어쓴다.

Map	-	K	왼쪽 피연산자의 모든 항목에서 오른쪽 피연산자에 지정된 키를 제거한(존재한다면) 불변 맵을 반환한다.
Map	-	Iterable<K>, Array<out K>, Sequence<K>	왼쪽 피연산자의 모든 항목에서 오른쪽 피연산자에 지정된 모든 키를 제거한(왼쪽 피연산자에 존재하는 것만) 새로운 불변 맵을 반환한다.

*, /, % 등의 다른 연산자는 정의돼 있지 않지만 연산자 재정의로 정의할 수 있으므로 컬렉션 및 맵에 대해 고유한 연산자를 만들어 원하는 작업을 수행할 수 있다. 다른 사람이 봤을 때 재정의한 연산자를 알 수 있도록 잘 작성된 문서를 제공하는 것이 중요하다.

17장

다른 API들

17장에서는 애플리케이션에서 사용할 수 있는 몇 가지 다른 API를 모았다. 먼저 수학적 계산에 사용할 수 있는 수학 함수를 살펴본다. 날짜와 시간 처리의 경우 서로 다른 시간 표현 사이의 변환, 날짜와 시간 파싱 및 포맷팅을 포함한 날짜와 시간 API를 살펴본다. 입력과 출력의 경우 안드로이드 파일 처리의 핵심인 입력과 출력 API를 살펴본다. 클래스 멤버 정보를 동적으로 획득하기 위한 경우에는 리플렉션 API를 사용한다. 리플렉션은 객체지향에서 중요한 부분은 아니지만 상황에 따라 도움이 되므로 살펴본다. 정규 표현식은 문자열에 있는 패턴을 조사하고 조작하는 데 매우 강력한 수단을 제공하므로 정규 표현식을 살펴보고 17장을 마무리한다.

수학 API

코틀린은 `java.lang` 패키지로부터 Math 패키지를 임포트할 수 있다.

```
import java.lang.Math
```

싱글턴 객체처럼 사용할 수 있으며 sin(), cos(), tan() 등 여러 가지 다양한 수학 함수를 제공한다. 자바 API 문서에서 모두 찾아볼 수 있다. 코틀린은 그중 일부를 kotlin.math에 복사본으로 제공하므로 대부분의 경우 java.lang 임포트 없이 사용할 수 있다. 예를 들어 사인 함수는 kotlin.math 패키지 내부에 클래스가 없는 함수로 제공되며 다음과 같이 작성할 수 있다.

```
import kotlin.math.sin
...
val x = sin(1.562)
```

다른 여러 함수도 마찬가지다. 표 17-1은 그러한 목록의 일부를 보여준다. 전체 목록은 웹에 있는 공식 코틀린 문서를 보길 바란다.

▼ 표 17-1 코틀린 수학 함수

함수	설명
sin(), cos(), tan()	사인, 코사인 및 탄젠트 함수다. Math.sin(), Math.cos() 및 Math.tan()와 동일하지만 인수로 Float을 사용할 수 있다.
asin(), acos(), atan(), atan2()	역사인, 역코사인, 역탄젠트 함수다. atan2()는 (x, y) 좌표에 해당하는 2개 인수를 취한다. Math.asin(), Math.acos(), Math.atan() 및 Math.atan2()과 동일하지만 인수로 Float을 사용할 수 있다.
sinh(), cosh(), tanh()	쌍곡선 사인, 코사인 및 탄젠트 함수다. Math.sinh(), Math.cosh() 및 Math.tanh()와 동일하지만 인수로 Float을 사용할 수 있다.
asinh(), acosh(), atanh()	역쌍곡선 사인, 코사인 및 탄젠트 함수다. Math.asinh(), Math.acosh() 및 Math.atanh()와 동일하지만 인수로 Float을 사용할 수 있다.
abs()	숫자의 절대값을 구한다.
floor(), ceil()	Float와 Double의 낮거나 높은 다음 정수 값을 구한다. 타입은 그대로 보존되므로 정수 타입으로 변환하려면 .toInt()나 .toLong()을 붙여야 한다. Math.floor() 및 Math.ceil()과 동일하지만 인수로 Float을 사용할 수 있다.
round()	가장 가까운 정수로 반올림한다. 타입은 보존되므로 정수 타입으로 변환하려면 .toInt()나 .toLong()을 붙여야 한다. Math.round()와 동일하지만 인수로 Float을 사용할 수 있다.
exp(), log()	지수 함수와 로그다. Math.exp() 및 Math.log()와 동일하지만 인수로 Float을 사용할 수 있다.

pow()	두 매개변수 xy의 거듭제곱 함수다. Math.pow()와 동일하지만 인수로 Float을 사용할 수 있다.
sqrt()	제곱근을 구한다. Math.sqrt()와 동일하지만 인수로 Float을 사용할 수 있다.
min(), max()	두 수의 최소와 최대를 구한다.
sign()	부호 함수다. 음수 값에 대해서는 -1.0을 반환하고 0.0은 0.0을 반환하고 양수 값에 대해서는 1.0을 반환한다. Math.sign()과 동일하지만 인수로 Float을 사용할 수 있다.

kotlin.math 패키지는 몇 가지 확장 프로퍼티를 포함하고 있다. 예를 들어 이러한 확장 프로퍼티를 사용해 다음과 같이 작성할 수 있다.

```
import kotlin.math.absoluteValue
...
val x:Double = -3.5
val y = x.absoluteValue // -> 3.5
```

이러한 확장에는 수치(Double, Float, Int 또는 Long)의 절대값을 구할 수 있는 .absoluteValue를 포함해 자연 로그와 파이의 기초 상수인 E와 PI(π)가 있다. 프로퍼티 .sign은 수치(Double, Float, Int 또는 Long)의 부호를 반환하며 .ulp는 Float 또는 Double의 마지막 위치 단위unit in the last place를 반환한다(이는 두 수 사이에서 측정 가능한 최소 거리다).

날짜와 시간 API, API 레벨 25 이하

코틀린은 별도 날짜와 시간 API를 제공하지 않으므로 날짜와 시간을 어떻게 처리하는지에 대한 정보를 코틀린 문서에서 찾을 수 없다. 하지만 안드로이드에 포함된 자바의 날짜와 시간 API를 코틀린에서 사용할 수 있다.

> 참고 날짜와 시간 API는 자바 8에서 다수 바뀌었다. 안드로이드 API 버전 25까지는 자바 8을 사용하지 않지만 이후 API 버전은 자바 8을 사용한다. 2가지 형태의 날짜와 시간 API를 설명해야 하는 이유이기도 하다. 이번 절은 모든 안드로이드 API 레벨에 적용되므로 이전 자바 7의 날짜와 시간 API를 살펴본다.

자바 버전 7에서 차용하는 날짜와 시간 API는 다음과 같은 표현식을 중심으로 한다.

```
import java.util.Date
import java.util.GregorianCalendar
import java.text.SimpleDateFormat

val timeMillis:Long = System.currentTimeMillis()
val d = Date()
val cal = GregorianCalendar()
val sdf = SimpleDateFormat("yyyy-MM-dd HH:mm:ss")
```

첫 번째로 `System.currentTimeMillis()`은 절대 시간을 표현한다. 더 자세하게 말해 이는 1970년 1월 1일 00:00:00 UTC 이후의 밀리세컨드다. 이는 데이터베이스 항목에 대해 신뢰할 수 있는 타임스탬프로 자주 사용되는 저수준 정보다. 그리고 프로그램의 간이 성능 측정에서도 사용할 수 있다.

```
val t1 = System.currentTimeMillis()
...
Log.d("LOG", "Calculation took " +
    (System.currentTimeMillis() - t1) + "ms")
```

Date 클래스는 위의 절대 시간을 감싸는 얇은 랩퍼다. 절대 시간을 객체로 표현해 사람이 읽을 수 있는 형식의 시간을 출력하는 간단한 `toString()` 구현을 제공한다.

```
import java.util.Date
...
val d = Date() // 현재 시간
Log.d("LOG", d.toString())
// -> 다음과 유사하다.
// Sun Jan 13 10:12:26 GMT+01:00 2019
```

Date 인스턴스는 1970-01-01 00:00:00 UTC 이후로 현재까지 경과된 밀리세컨드를 제공한다. 이 수를 가져오려면(이 수의 타입은 Long 타입이다) `time` 프로퍼티를 사용하면 된다.

```
import java.util.Date
...
val d = Date()  // 현재 시간
val tm = d.time // 1970-01-01T00:00:00 UTC 이후의 밀리세컨드
```

GregorianCalendar 클래스는 월, 주, 타임 존, 시, 분, 초 및 이 모든 것을 조작하는 도구를 제공한다.

```
import java.util.Date
import java.util.Calendar
import java.util.GregorianCalendar
import java.util.TimeZone
...
val cal = GregorianCalendar()
// -> 현재 시간을 보유한다.

cal.timeZone = TimeZone.getTimeZone("US/Hawaii")
// 참고: TimeZone.getAvailableIDs().forEach {
//     Log.e("LOG","!!! " + it) }
// 는 목록을 보여준다.

// 현재 시간으로 설정
cal.time = Date()

// 2018-02-01T13:27:44으로 설정
cal.set(2018, Calendar.FEBRUARY, 1, 13, 27 ,44)

val month = cal.get(Calendar.MONTH)
val hour = cal.get(Calendar.HOUR_OF_DAY)
```

SimpleDateFormat 클래스는 날짜와 시간을 사람이 읽을 수 있는 문자열 표현으로 만들 수 있게 해주며 이러한 문자열 표현을 다시 Date 인스턴스로 변환할 수 있게 해준다.

```
import java.util.Date
import java.text.SimpleDateFormat
import java.util.Locale
...
```

```
val d = Date() // 현재
val sdf = SimpleDateFormat("yyyy-MM-dd HH:mm")
Log.d("LOG", sdf.format(d)) // -> 2019-01-13 13:41

val loc = Locale("en")
val sdf2 = SimpleDateFormat("yyyy-MMM-dd HH:mm", loc)
Log.d("LOG", sdf2.format(d)) // -> 2019-Jan-13 13:41

val d2:Date = sdf.parse("2018-12-12 17:13")
Log.d("LOG", d2.toString())
// ->  Wed Dec 12 17:13:00 GMT+01:00 2018
```

위의 예제는 운영 체제에 질의해 얻어낸 타임 존을 사용한다. 다음과 같이 SimpleDateFormat 객체에 타임 존을 설정할 수도 있다.

```
import java.text.SimpleDateFormat
import java.util.Date
import java.util.TimeZone
...
val sdf = SimpleDateFormat("yyyy-MM-dd HH:mm")
sdf.timeZone = TimeZone.getTimeZone("US/Hawaii")

val d:Date = sdf.parse("2018-12-12 17:13")
Log.d("LOG", d.toString())
// ->  Thu Dec 13 04:13:00 GMT+01:00 2018
```

하지만 Date.toString()은 운영 체제에 질의해 얻어낸 타임 존(내 경우 Europe/Berlin)을 묵시적으로 사용한다.

> **주의** Date와 SimpleDateFormat은 모두 스레드 안전하지 않다. 서로 다른 스레드 사이에 이들의 인스턴스를 공유하면 안 된다.

이 모든 것의 날짜와 시간 API 인터페이스 및 클래스에 대한 상세 내용, 그와 연관된 인터페이스와 클래스는 오라클의 자바 문서를 확인하길 바란다. 자바 7보다 높은 버전의 문서가 아닌지 확인하길 바란다. 다음 절에서는 자바 8과 연관된 날짜와 시간 API를 살펴본다.

날짜와 시간 API, API 레벨 26 이상

> **참고** 이번 절에서는 안드로이드 API 레벨 26부터(안드로이드 8.0) 해당하는 자바 8의 날짜와 시간 API를 살펴본다.

안드로이드 API 레벨 26부터는 몇 가지 새로운 날짜와 시간 관련 인터페이스 및 클래스를 사용할 수 있다. 앞 절에서 설명한 이전 API를 계속 사용할 수 있지만 이번 절에서 설명할 새로운 API는 일부 개선점을 포함한다.

> **참고** 2019년 초 현재 API 레벨 26 이상을 사용하는 디바이스 수는 많지 않다. API 레벨 25 이후로 개발하기 전에 배포 자료를 참조해야 한다.

새로운 API는 `build.gradle` 파일의 `minSdkVersion`을 26이나 그 이상으로 설정했을 때만 사용할 수 있다.

```
android {
    ...
    defaultConfig {
        ...
        minSdkVersion 26
        ...
    }
    ...
}
```

새로운 인터페이스와 클래스는 `java.time` 패키지 안에 위치한다. 17장 나머지 절에서는 일반적으로 해당 임포트를 생략한다.

로컬 날짜와 시간

로컬 날짜와 시간은 관찰자 맥락에서 기술되며 기본적으로 java.time 패키지에 있는 다음과 같은 클래스를 사용한다.

- LocalDate

    이 클래스는 yyyy-MM-dd(예: 2018-11-27) 형식의 날짜 표현에 해당하며 날짜의 시간은 무시한다.

- LocalTime

    이 클래스는 HH:mm:ss(예: 21:27:55) 형식의 시간 표현에 해당하며 날짜는 무시한다.

- LocalDateTime

    LocalDate와 LocalTime의 결합이며 yyyy-MM-ddTHH:mm:ss(T는 리터럴)로 표현할 수 있다.

형식 지정자 yyyy, HH 등은 java.time.DateTimeFormatter의 API 문서에 설명돼 있다.

이 3가지 모두 객체 인스턴스를 생성하기 위한 팩토리 메서드를 포함한다. 팩토리 메서드는 현재 날짜와 시간을 가져오기 위한 메서드를 포함한다.

```
import java.time.*

// 기본 타임 존의 현재 날짜
val ld1 : LocalDate = LocalDate.now()

// "지금"은 다른 타임 존의 다른 날에
// 해당한다. 다음은 다른 타임 존을
// 지정할 수 있게 해준다.
val z2 = ZoneId.of("UTC+01")
val ld2 : LocalDate = LocalDate.now(z2)

val ld3 = LocalDate.of(2018, Month.MARCH, 27)
val ld4 = LocalDate.of(2018, 3, 27) // 동일하다.

val lt1 : LocalTime = LocalTime.now()
val lt2 = LocalTime.now(z2) // 다른 타임 존
```

```
val lt3 = LocalTime.of(23, 27, 55) // 23:27:55

val ldt1 = LocalDateTime.now()
val ldt2 = LocalDateTime.now(z2)
val ldt3 = LocalDateTime.of(2018, Month.APRIL, 23, 23, 44, 12)
// -> 2018-04-23T23:44:12
```

"now"가 어느 시간에 해당하는지 추가로 지정하기 위해 타임 존 규격을 추가할 수 있지만 타임 존 정보는 어떠한 형태로도 날짜와 시간 객체에 저장되지 않는다. 로컬 날짜와 시간은 정의에 따라 타임 존에 구애받지 않는다.

문자열을 파싱해 LocalDate, LocalTime 및 LocalDateTime의 인스턴스를 얻어올 수 있다.

```
import java.time.*
import java.time.format.*

// ISO-8601 파싱
val ld1 = LocalDate.parse("2019-02-13")
// 다른 형식을 파싱한다. 형식 규격의 경우
// DateTimeFormatter 클래스의 API 문서를 보길 바란다.
val formatter1 = DateTimeFormatter.ofPattern("yyyy MM dd")
val ld2 = LocalDate.parse("2019 02 13", formatter1)

val lt1 = LocalTime.parse("21:17:23")
val lt2 = LocalTime.parse("21:17:23.3734")

val formatter2 = DateTimeFormatter.ofPattern("HH|mm|ss")
val lt3 = LocalTime.parse("21|17|23", formatter2)

val ldt1 = LocalDateTime.parse("2019-02-13T21:17:23")
val ldt2 = LocalDateTime.parse("2019-02-13T21:17:23.3734")

val formatter3 = DateTimeFormatter.ofPattern("yyyy.MM.dd.HH.mm.ss")
val ldt3 = LocalTime.parse("2019.04.23.17.45.23", formatter3)
```

LocalDate, LocalTime 및 LocalDateTime 인스턴스의 자체 문자열 표현을 조정할 수 있다.

```kotlin
import android.util.Log
import java.time.*
import java.time.format.*

val s1 = LocalDate.now().format(
    DateTimeFormatter.ofPattern("yyyy|MM|dd"))
Log.d("LOG","s1 = ${s1}") // -> 2019|01|14

val s2 = LocalDate.now().format(
    DateTimeFormatter.ISO_LOCAL_DATE)
Log.d("LOG","s2 = ${s2}") // -> 2019-01-14

val s3 = LocalTime.now().format(
    DateTimeFormatter.ofPattern("HH mm ss"))
Log.d("LOG","s3 = ${s3}") // -> 14 46 20

val s4 = LocalTime.now().format(
    DateTimeFormatter.ISO_LOCAL_TIME)
Log.d("LOG","s4 = ${s4}") // 14:46:20.503

val s5 = LocalDateTime.now().format(
    DateTimeFormatter.ofPattern(
"yyyy MM dd - HH mm ss"))
Log.d("LOG","s5 = ${s5}") // -> 2019 01 14 - 14 46 20

val s6 = LocalDateTime.now().format(
    DateTimeFormatter.ISO_LOCAL_DATE_TIME)
Log.d("LOG","s6 = ${s6}") // -> 2019-01-14T14:46:20.505
```

LocalDate, LocalTime 및 LocalDateTime 인스턴스로 시간 산술 연산을 수행할 수 있다.

```kotlin
import java.time.*
import java.time.temporal.*

val ld = LocalDate.now()
val lt = LocalTime.now()
val ldt = LocalDateTime.now()

val ld2 = ld.minusDays(7L)
val ld3 = ld.plusWeeks(2L)
```

```
val ld4 = ld.with(ChronoField.MONTH_OF_YEAR, 11L)

val lt2 = lt.plus(Duration.of(2L, ChronoUnit.SECONDS))
val lt3 = lt.plusSeconds(2L) // 동일

val ldt2 = ldt.plusWeeks(2L).minusHours(2L)
```

이전 API의 `System.currentTimeMillis()`와 유사하게 `LocalDateTime`에서 1970-01-01:00:00:00 UTC 이후로 경과된 초를 계산할 수 있다.

```
import java.time.*

val ldt : LocalDateTime = ...
val secs = ldt.toEpochSecond(ZoneOffset.of("+01:00"))
```

에포크[epoch] 초를 구하려면 `ZonedDateTime`을 사용하는 것이 낫다. 나중에 구역[zoned] 날짜와 시간을 설명한다.

인스턴트

인스턴트는 타임라인상의 순간적인 지점이다. 데이터베이스 같은 곳에 이벤트를 등록하는 것처럼 유일한 절대 타임스탬프가 필요한 경우에 사용하길 바란다. 정확한 정의는 다소 복잡하다. 소개는 `java.time.Instant`에 대한 API 문서를 읽길 바란다.

시스템 클락을 질의하거나 1970-01-01T00:00:00Z 이후의 경과 시간을 지정하거나 시간 문자열을 파싱하거나 다른 날짜와 시간 객체로부터 `Instant`를 가져올 수 있다.

```
import java.time.*

val inz1 = Instant.now() // 기본 타임 존

// 타임 존 지정
val inz2 = Instant.now(Clock.system(
```

```
        ZoneId.of("America/Buenos_Aires")))

val secondsSince1970 : Long = 1_000_000_000L
val nanoAdjustment : Long = 300_000_000 // 300ms
val inz3 = Instant.ofEpochSecond(
    secondsSince1970, nanoAdjustment)

// "Z"는 UTC다 ("Zulu" time)
val inz4 = Instant.parse("2018-01-23T23:33:14.513Z")

// ZonedDateTime 클래스에 대한 동일 컨버터는
// 다음과 같다.
val inz5 = Instant.from(ZonedDateTime.parse("2019-02-13T21:17:23+01:00[Europe/Paris]"))
```

오프셋 날짜와 시간

오프셋 날짜와 시간은 추가적으로 UTC/그리니치 타임 오프셋을 갖는 Instant와 같다. 이러한 오프셋 날짜와 시간은 OffsetTime과 OffsetDateTime 2개 클래스가 있으며 다음과 같이 인스턴스를 가져올 수 있다.

```
import java.time.*
import java.time.format.DateTimeFormatter

// 현재 가져오기 -----------------------------------

// 시스템 클락, 기본 타임 존
val ot1 = OffsetTime.now()
val odt1 = OffsetDateTime.now()

// 다른 클락 사용
val clock:Clock = ...
val ot2 = OffsetTime.now(clock)
val odt2 = OffsetDateTime.now(clock)

// 다른 타임 존 사용
val ot3 = OffsetTime.now(
```

```
        ZoneId.of("America/Buenos_Aires"))
val odt3 = OffsetDateTime.now(
        ZoneId.of("America/Buenos_Aires"))

// 시간 상세로부터 -------------------------------

val ot4 = OffsetTime.of(23, 17, 3, 500_000_000,
    ZoneOffset.of("-02:00"))
val odt4 = OffsetDateTime.of(
    1985, 4, 23,            // 19685-04-23
    23, 17, 3, 500_000_000, // 23:17:03.5
    ZoneOffset.of("+02:00"))

// 파싱 -----------------------------------------

val ot5 = OffsetTime.parse("16:15:30+01:00")
val odt5 = OffsetDateTime.parse("2007-12-03T17:15:30-08:00")
val ot6 = OffsetTime.parse("16 15 +00:00",
     DateTimeFormatter.ofPattern("HH mm XXX"))
val odt6 = OffsetDateTime.parse("20181115 - 231644 +02:00",
     DateTimeFormatter.ofPattern("yyyyMMdd - HHmmss XXX"))

// 다른 객체로부터 -------------------------------

val lt = LocalTime.parse("16:14:27.235")
val ld = LocalDate.parse("2018-05-24")
val inz = Instant.parse("2018-01-23T23:33:14.513Z")
val ot7 = OffsetTime.of(lt, ZoneOffset.of("+02:00"))
val odt7 = OffsetDateTime.of(ld, lt, ZoneOffset.of("+02:00"))
val ot8 = OffsetTime.ofInstant(inz, ZoneId.of("America/Buenos_Aires"))

val odt8 = OffsetDateTime.ofInstant(inz, ZoneId.of("America/Buenos_Aires"))

val zdt = ZonedDateTime.of( // 아래 참조
        2018, 2, 27,       // 2018-02-27
        23, 27, 33, 0,     // 23:27:33.0
        ZoneId.of("Pacific/Tahiti"))
val odt9 = zdt.toOffsetDateTime()

// 동일 컨버터
val ot10 = OffsetTime.from(zdt)
```

```
val odt10 = OffsetDateTime.from(zdt)
```

오프셋 날짜와 시간으로는 로컬 날짜와 시간에서 그랬듯이 산술 연산과 포맷팅을 할 수 있다. 또한 변환 연산을 제공한다.

```
import java.time.*

val ot = OffsetTime.parse("16:15:30+01:00")
val lt : LocalTime = ot.toLocalTime()
val odt = OffsetDateTime.parse("2007-12-03T17:15:30-08:00")
val ldt : LocalDateTime = odt.toLocalDateTime()
val lt2 : LocalTime = odt.toLocalTime()
val ld2 : LocalDate = odt.toLocalDate()
val ot2 : OffsetTime = odt.toOffsetTime()

val zdt : ZonedDateTime = odt.toZonedDateTime()
// ZonedDateTime 클래스의 경우 아래 참조
```

구역 날짜와 시간

로컬 날짜와 시간은 사용자의 지역을 신경 쓰지 않는 경우에 좋다. 전 세계의 서로 다른 엔티티, 사용자, 컴퓨터, 디바이스가 날짜와 시간을 입력한다면 타임 존 정보를 추가해야 한다. 이것이 바로 ZonedDateTime 클래스가 하는 일이다.

이는 OffsetDateTime의 경우처럼 오프셋 정보가 고정된 날짜 및 시간과 다르다. 타임 존은 일광 절약 시간제 Daylight Saving Time 같은 것을 포함해야 한다.

ZonedDateTime은 LocalDateTime과 유사하게 현재를 구하기 위한 팩토리 메서드를 제공한다.

```
import java.time.*

// 운영 체제의 시스템 클락과 타임 존을
// 사용해 "지금"을 가져온다.
```

```
val zdt1 = ZonedDateTime.now()

// 타임 존을 사용해 "지금"을 가져온다. 미리 정의된 존 ID의
// 사용 가능한 모든 목록을 보고 싶다면 다음과 같이 해보길 바란다.
//     Log.d("LOG", ZoneId.getAvailableZoneIds().
//                   joinToString { it + "\n" })
val z2 = ZoneId.of("UTC+01")
val zdt2 = ZonedDateTime.now(z2)

// Clock 인스턴스를 사용해 "지금"을 가져온다.
val clock3 = Clock.systemUTC()
val zdt3 = ZonedDateTime.now(clock3)
```

상세 시간 정보를 사용해 ZonedDateTime을 가져올 수 있으며 타임스탬프의 문자열 표현을 파싱해 가져올 수도 있다.

```
import java.time.*

val z4 = ZoneId.of("Pacific/Tahiti")
val zdt4 = ZonedDateTime.of(
        2018, 2, 27,            // 2018-02-27
        23, 27, 33, 0,          // 23:27:33.0
        z4)
// 7번째 매개변수는 나노세컨드다. 따라서
// 23:27:33.5의 경우
// 여기에 500_000_000을 입력해야 한다.

val localDate = LocalDate.parse("2018-02-27")
val localTime = LocalTime.parse("23:44:55")
val zdt5 = ZonedDateTime.of(localDate, localTime,
        ZoneId.of("America/Buenos_Aires"))

val ldt = LocalDateTime.parse("2018-02-27T23:44:55.3")
val zdt6 = ZonedDateTime.of(ldt,
        ZoneId.of("America/Buenos_Aires"))

val inz = Instant.parse("2018-01-23T23:33:14.513Z")
val zdt7 = ZonedDateTime.ofInstant(inz,
        ZoneId.of("America/Buenos_Aires"))
```

```
val zdt8 = ZonedDateTime.parse(
    "2018-01-23T23:33:14Z[America/Buenos_Aires]")
```

ZonedDateTime은 주어진 가산 또는 감산 시간으로 새로운 인스턴스를 만들기 위해 plusWeeks(weeks:Long) 및 minusDays(days:Long) 같은 연산을 할 수 있다.

다양한 시간 구성 부분에 대한 여러 가지 게터 함수(getYear(), getMonth(), getMonthValue(), getDayOfMonth(), getHour(), getMinute(), getSecond() 및 getNano() 외 몇 가지)가 존재한다. 타임 존을 가져오려면 getZone()을 사용하면 된다.

날짜와 시간 문자열을 파싱하고 ZonedDateTime을 문자열로 변환하려면 다음과 같이 작성하면 된다.

```
import java.time.*
import java.time.format.DateTimeFormatter

val zdt1 = ZonedDateTime.parse(
    "2007-12-03T10:15:30+01:00[Europe/Paris]")

val formatter = DateTimeFormatter.ofPattern(
    "HH:mm:ss.SSS")
// 다른 옵션의 경우 DateTimeFormatter API 문서를 참조하길 바란다.
val str = zdt1.format(formatter)
```

ZonedDateTime과 LocalDateTime 사이의 연결은 다음을 통해 일어난다.

```
import java.time.*

val ldt = LocalDateTime.parse("2018-02-27T23:44:55.3")
val zdt = ZonedDateTime.of(ldt,
    ZoneId.of("America/Buenos_Aires"))

val ldt2 = zdt.toLocalTime()
```

듀레이션과 피리어드

듀레이션duration은 2가지 인스턴스 사이의 물리적 시간 범위다. 피리어드period는 이와 유사하지만 연, 월, 일만 처리하며 달력 체계를 고려한다. 듀레이션과 피리어드를 처리하기 위해 Duration과 Period 클래스가 특별하게 존재한다.

```
import java.time.*
import java.time.temporal.ChronoUnit

val ldt1 = LocalDateTime.parse("2018-01-23T17:23:00")
val ldt2 = LocalDateTime.parse("2018-01-24T16:13:10")
val ldt3 = LocalDateTime.parse("2020-01-24T16:13:10")

// 듀레이션 가져오기: -----------------------------

val d1 = Duration.between(ldt1, ldt2)
// 참고: 이는 Instant와 ZonedDateTime 객체에도
// 동작한다.
val d2 = Duration.of(27L, ChronoUnit.HOURS) // 27시간

val d3 = Duration.ZERO.
                plusDays(3L).
                plusHours(4L).
                minusMinutes(78L)

val d4 = Duration.parse("P2DT3H4M")
// <- 2일, 3시간, 4분
// 다른 지정자의 경우 Duration.parse()의
// API 문서를 참조하길 바란다.

// 피리어드 가져오기: -----------------------------

val ld1 = LocalDate.parse("2018-04-23")
val ld2 = LocalDate.parse("2018-08-16")

val p1 = Period.between(ld1, ld2)
// 끝 날짜는 포함되지 않으므로 유의한다.

val p2 = Period.of(2, 3, -1)
```

```
// <- 2년 + 3개월 - 1일

val p3 = Period.parse("P1Y2M-3D")
// <- 1년 + 2개월 - 3일
// 다른 지정자의 경우 Period.parse()의
// 문서를 참조하길 바란다.
```

Duration이나 Period 클래스의 인스턴스에 산술 연산을 수행할 수 있다.

```
import java.time.*

// Duration 작업들: ------------------------------

val d = Duration.parse("P2DT3H4M")
// <- 2일, 3시간, 4분

val d2 = d.plusDays(3L)
// 또한: .minusDays(33L)
// 또는      .plusHours(2L)     또는  .minusHours(1L)
// 또는      .plusMinutes(77L) 또는  .minusMinutes(7L)
// 또는      .plusSeconds(23L) 또는  .minusSeconds(5L)
// 또는      .plusMillis(11L)   또는  .minusMillis(55L)
// 또는      .plusNanos(1000L) 또는  .minusNanos(5_000_000L)

val d3 = d.abs()              // 양수로 만들기
val d4 = d.negated()          // 부호 바꾸기
val d5 = d.multipliedBy(3L)   // 3배로 늘리기
val d6 = d.dividedBy(2L)      // 반으로 줄이기

// 피리어드 작업들: ------------------------------

val p = Period.of(2, 3, -1)
// <- 2년 + 3개월 - 1일

val p2 = p.normalized()
// <- 월이 [-11;+11] 안에 놓이도록
// 년을 조정할 수 있다.

val p3 = p.negated()
```

```
val p4 = p.minusYears(11L)
// 또한:     .plusYears(3L)
// 또는      .minusMonths(4L) 또는 .plusMonths(2L)
// 또는      .minusDays(40L) 또는 .plusDays(5L)

val p5 = p.multipliedBy(5) // 5배로 늘리기
```

듀레이션과 피리어드를 사용해 LocalDate, LocalTime, LocalDateTime, ZonedDateTime 및 Instant 객체에 대한 시간을 추가하거나 뺄 수 있다.

```
import java.time.*

val d = Duration.parse("P2DT3H4M")

val p = Period.of(2, 3, -1)
// <- 2년 + 3개월 - 1일
val ld = LocalDate.parse("2018-04-23")
val lt = LocalTime.parse("17:13:12")
val ldt = LocalDateTime.of(ld, lt)
val zdt = ZonedDateTime.parse(
        "2007-12-03T10:15:30+01:00[Europe/Paris]")
val inz = Instant.parse("2018-01-23T23:33:14.513Z")

// ---- LocalDate 사용
val ld2 = ld.plus(p)   // 또는 .minus(p)
// val ld3 = ld.plus(d) // -> 예외
// val ld4 = ld.minus(d) // -> 예외


// ---- Using a LocalTime
val lt2 = lt.plus(d)   // 또는 .minus(d)
// val lt3 = lt.minus(p) // -> 예외
// val lt4 = lt.plus(p) // -> 예외


// ---- LocalDateTime 사용
val ldt2 = ldt.plus(d) // 또는 .minus(d)
val ldt3 = ldt.plus(p) // 또는 .minus(p)


// ---- ZonedDateTime 사용
val zdt2 = zdt.plus(d) // 또는 .minus(d)
```

```
val zdt3 = zdt.plus(p) // 또는 .minus(p)

// ---- Instant 사용
val inz2 = inz.plus(d) // 또는 .minus(d)
// val inz3 = inz.minus(p) // -> 예외
// val inz4 = inz.plus(p) // -> 예외
```

일부 연산은 허용되지 않으며 예외를 만들어낸다. 예외를 만들어내는 부분은 앞의 예제에서 주석 처리돼 있다. 예외가 발생하는 것은 시간 관념상 정확도가 떨어지거나 불일치가 발생할 가능성 때문이다. 자세한 내용은 API 문서를 보길 바란다.

클락

클락Clock은 날짜와 시간 API 한가운데 자리잡고 있다. 대부분의 경우 로컬 날짜와 시간, 오프셋 및 구역 날짜와 시간, 인스턴스로도 충분하다. 테스트 및 특수한 경우에 대해 현재를 얻기 위해 클락 사용을 조정해야 할 수도 있다.

```
import java.time.*

val clock : Clock = ...
val ldt = LocalDateTime.now(clock)
val zdt = ZonedDateTime.now(clock)
val inz = Instant.now(clock)
```

추상 Clock 클래스를 재정의하는 것 외에도 Clock 자체는 클락 사용을 조정하는 몇 가지 함수를 제공한다. 특히 다음 2가지가 흥미롭다.

1. Clock.fixed(fixedInstant:Instant, zone:ZoneId): 항상 동일한 인스턴트를 반환하는 클락이다.
2. Clock.offset(baseClock:Clock, offsetDuration:Duration): 기본 클락으로부터 지정된 듀레이션이 추가돼 만들어진 새로운 클락을 반환한다.

하지만 클락을 재정의한다면 최소한 Clock 기본 클래스의 추상 함수를 구현해야 한다. 다음은 구역^{zone}을 상관하지 않고 항상 동일한 인스턴트를 반환하는 클락 예제다.

```
import java.time.*

val myClock = object : Clock() {
    override fun withZone(zone: ZoneId?): Clock {
        // 다른 타임 존을 갖는
        // 이 클락의 사본을 반환해야 한다.
        return this
    }

    override fun getZone(): ZoneId {
        // zone ID를 반환해야 한다.
        return ZoneId.of("Z")
    }

    override fun instant(): Instant {
        // 이는 클락의 엔진이다. Instant를
        // 제공해야 한다.
        return Instant.parse("2018-01-23T23:33:14Z")
    }
}
... myClock 사용
```

연습문제 1

시간을 UTC 시스템 클락에서 가져오는 생성자를 갖는 클락 ClockTwiceAsFast를 만들길 바란다. 클락은 2배 빠르기로 실행돼야 한다. 구역 정보를 무시하길 바란다. 의도대로 실행되는지 보려면 다음을 사용하길 바란다.

```
import java.time.*

val myClock = ClockTwiceAsFast()
Log.d("LOG", LocalDateTime.now(myClock).format(
        DateTimeFormatter.ISO_LOCAL_DATE_TIME))
```

```
Thread.sleep(1000L)
Log.d("LOG", LocalDateTime.now(myClock).format(
        DateTimeFormatter.ISO_LOCAL_DATE_TIME))
```

입력과 출력

안드로이드 환경에서는 입력과 출력을 자주 사용하지 않을 것이다. 앱 사용자는 `println("Hello World")`으로 출력되는 콘솔을 못 보기도 하지만 어쨌든 앱이 만들어내는 로깅이 사용자에게 보이면 안 된다. 또한 어떠한 종류의 데이터든 영속화하고 읽는 목적이라면 내장 데이터베이스를 사용할 수 있다.

그럼에도 불구하고 굳이 필요하다면 입력과 출력을 수행해 파일을 읽고 쓸 수 있다. 안드로이드에서는 앱이 접근할 수 있는 지정된 파일 시스템 공간 안에 있는 파일을 사용하는 것이 가장 좋다. 이는 다음과 같이 작성해 수행할 수 있다.

```
import java.io.File

// 액티비티 또는 다른 컨텍스트 내부에 있다!
val dataDir:File = getFilesDir()
```

클래스 이름은 `File`이지만 `dataDir`은 좁은 의미에서 데이터 파일이 아닌 디렉터리에 해당한다. 이번 절 나머지에서는 `val dataDir = getFilesDir()` 코드를 앞에 추가한 것으로 가정한다.

코틀린의 파일 처리는 자바 인터페이스와 클래스에 크게 의존하며 일부 자바 클래스를 확장한다. `kotlin.io` 패키지에는 클래스가 없는 함수 몇 가지가 정의돼 있다. `kotlin.io`를 임포트할 필요는 없다. 기본으로 임포트되므로 이러한 패키지의 모든 클래스 확장도 기본으로 사용할 수 있다.

테스트 파일 만들기

I/O API를 실험하기 위한 파일을 만들려면 다음을 한 번 실행하길 바란다.

```
dataDir.resolve("a.txt").takeIf{ !it.exists() }.appendText("Hello World A")
dataDir.resolve("b.txt").takeIf{ !it.exists() }.appendText("Hello World B")
File(dataDir,"dir1").mkdirs()dataDir.resolve("dir1").resolve("a.txt").
    takeIf{ !it.exists() }.appendText("Hello World dir1-A")
```

함수는 나중에 살펴본다.

파일 이름

상호 운용성을 극대화하려면 파일 이름에 A–Z, a–z, 0–9, _, – 및 . 문자만 포함하도록 제한하길 바란다. 또한 `dir` 디렉터리 안에 위치한 파일인 `file`을 나타내려면 `dir/file`로 작성하길 바란다. 파일 시스템의 루트 디렉터리를 나타내려면 /를 사용하길 바란다.

> 참고 슬래시(/)는 안드로이드의 파일 시스템 구분 기호다. 다른 운영 체제는 다른 구분 기호를 사용한다. 진정한 폴리글랏(polyglot)을 원한다면 "dir" + File.separator + "file"로 작성할 수 있다. 이렇게 하면 런타임 엔진은 운영 체제에 맞는 구분 기호를 사용한다.

주어진 디렉터리 안에 있는 파일인 `fileName`을 다루려면 다음과 같이 할 수 있다.

```
val someDir:File = ...
val file:File = someDir.resolve("fileName")
```

이는 실제 파일과 하위 디렉터리에 대해 작동한다.

디렉터리 나열

앱의 파일 스토리지에 있는 파일을 나열하려면 다음과 같이 할 수 있다.

```
dataDir.walk().maxDepth(1).forEach { file ->
    Log.d("LOG", file.toString())
}
```

이는 데이터 디렉터리의 현재 내용을 보여준다. 앞에서 보여준 작은 준비 코드를 실행했다면 로깅 출력은 다음과 같을 것이다.

```
/data/user/0/multipi.pspaeth.de.multipi/files
/data/user/0/multipi.pspaeth.de.multipi/files/instant-run
/data/user/0/multipi.pspaeth.de.multipi/files/a.txt
/data/user/0/multipi.pspaeth.de.multipi/files/b.txt
/data/user/0/multipi.pspaeth.de.multipi/files/dirs1
/data/user/0/multipi.pspaeth.de.multipi/files/dir1
```

`multipi.pspaeth.de.multipi`는 코드를 실행하는 샘플 앱이며 두 번째 줄의 `instant-run`은 기본적으로 설치된 안드로이드 디렉터리에 속한다. 물론 다른 디렉터리에 `walk()`를 적용할 수 있으며 적절한 파일 시스템 접근 권한이 있는지만 확인하길 바란다. `maxDepth(1)`는 디렉터리의 직계 자식만 순회하도록 제한한다. 이를 생략하면 디렉터리에 있는 파일을 포함해 디렉터리 내부의 디렉터리에 있는 파일 등 재귀적으로 모든 내용을 순회한다.

`walk()`와 `maxDepth()`는 모두 `FileTreeWalk` 클래스의 인스턴스를 반환한다. 이 클래스는 `Sequence`이며 `Iterable`의 모든 함수를 모방하므로 필터, 매핑, 폴딩, 그룹핑 및 9장에서 살펴본 다른 처리를 적용할 수 있다. 또한 실제 `Iterable`이 필요하다면 `asIterable()`을 사용할 수 있다(`Sequence` 자체는 `Iterable`을 상속하지 않는다).

참고 Sequence 인터페이스가 존재하는 이유는 시퀀스가 여러 번 반복될 수 있기 때문이며 Iterable 구현은 이것과 다른 경우다.

예를 들어 디렉터리를 생략하고 재귀적으로 dataDir 안의 모든 실제 파일을 나열하려면 다음과 같이 필터를 적용할 수 있을 것이다.

```
dataDir.walk().filter { it.isFile() }.forEach {
    file ->
    Log.d("LOG", file.toString())
}
```

동일한 필터링 절차를 사용해 특정하게 끝나는 파일만 나열할 수 있다.

```
dataDir.walk().filter { it.endsWith(".txt") }.
forEach {
    file ->
    Log.d("LOG", file.toString())
}
```

또한 파일 이름이 특정 문자열로 시작하는지 보기 위해 startsWith("someString") 함수를 사용할 수 있고 정규 표현식을 사용할 수도 있다.

```
dataDir.walk().filter {
    it.name.matches(".*invoice\\d\\d.*\\.txt")
}.forEach {
    file ->
    Log.d("LOG", file.toString())
}
```

이는 파일 이름에 2개의 숫자가 추가된 invoice를 포함하고 .txt로 끝나는 모든 파일과 일치할 것이다.

파일에 쓰기

파일에 텍스트를 쓰거나 추가하려면 다음과 같이 하면 된다.

```
val file = dataDir.resolve("a.txt")
// 또는 다른 파일

// 해당 파일에 쓴다.
file.writeText("In the house, there was no light")

// 해당 파일에 추가한다.
file.appendText("\nIn the house, there was no light")
```

writeText(text:String)와 appendText(text:String)는 UTF-8 문자 세트를 사용한다. 다른 문자 세트가 필요하면 writeText("...", Charsets.ISO_8859_1)처럼(여기서 Charsets은 코틀린 클래스 kotlin.text.Charsets다) java.nio.charset.Charset의 인스턴스를 두 번째 매개변수로 추가할 수 있다.

더 저수준의 쓰기는 ByteArray의 원시 바이트를 파일에 쓸 수 있다.

```
val file = dataDir.resolve("a.txt")
val bytes = byteArrayOf(27, 34, 13, 47, 50)

// 파일에 쓰기
file.writeBytes(bytes)

// 파일에 추가
file.appendBytes(bytes)
```

참고 정말 큰 파일을 처리하거나 세밀한 여러 파일 작업이 필요하다면 코틀린은 도움이 되는 다른 확장을 제공하며 자바의 수많은 파일 처리 클래스와 메서드를 사용할 수 있다. 안드로이드는 이러한 경우에 사용할 수 있는 빠른 내장 데이터베이스를 제공해 특수한 파일 처리를 많이 사용하지 않을 것으로 생각하지만 원한다면 코틀린과 자바 문서를 살펴보길 바란다.

파일에서 읽기

파일에서 읽으려면 전체 파일을 메모리로 읽을지, 파일을 줄 단위로 읽을지, 이진 데이터를 포함한 파일을 블록 단위로 읽을지 결정해야 한다.

적당한 크기의 텍스트 파일 전체를 프로퍼티로 읽어 들이려면 다음과 같이 하면 된다(마찬가지로 17장 전반부에서 보여준 작은 준비 프로그램을 실행했다고 가정한다).

```
val file = dataDir.resolve("a.txt")
val fileText:String = file.readText()
```

여기서는 UTF-8 문자 세트가 사용된다. 다른 문자 세트로 파일을 읽으려면 매개변수를 추가한다.

```
val file = dataDir.resolve("a.txt")
val fileText:String = file.readText(
     Charsets.ISO_8859_1)
```

텍스트 파일이 아닌 원시 바이트 데이터로 된 파일이 있다면 바이트 데이터를 읽기 위해 다음과 같이 할 수 있다.

```
val file = dataDir.resolve("a.txt")
val fileBytes:ByteArray = file.readBytes()
```

텍스트 파일 전체를 프로퍼티로 읽어 들이는 것은 작은 파일일 때 적합하다. 더 큰 파일을 처리하기 위해 줄 단위로 읽을 수도 있다.

```
val file = dataDir.resolve("a.txt")

val allLines = file.readLines()
allLines.forEach { ln ->
   // 줄 문자열로 뭔가를 수행
```

}

문서에서는 대용량 파일의 경우 이렇게 하면 안 된다고 설명한다. 내부적으로 해당 파일은 모든 줄을 포함한 큰 리스트로 읽어 들이지만 최대 100,000줄까지의 파일은 실제로 문제를 일으키지 않는다. 대상 안드로이드 디바이스가 API 레벨 26부터 시작한다면 줄^{lines}을 스트림으로 읽는 더 효과적인 방법을 사용할 수 있다.

```
val file = dataDir.resolve("a.txt")

// API 레벨 25 초과만 해당
file.bufferedReader.use {
    it.lines().forEach { ln ->
        // 줄 문자열로 뭔가를 수행
    }
}
```

이번에는 리스트가 사용되지 않는다. 실제로는 람다 함수가 현재 읽은 줄을 받는다. use는 파일 시스템 리소스가 사용된 이후 올바로 닫히도록 하는 데 필요하다.

이진 데이터 파일을 청크 단위로 읽으면 큰 이진 파일을 처리하는 데 도움이 된다.

```
import java.io.File
...

val file = dataDir.resolve("a.txt")

// 버퍼 크기 구현에 따라 다름
file.forEachBlock{ buffer:ByteArray, bytesRead:Int ->
    // 버퍼로 뭔가를 수행
}

// 또는 버퍼 크기를 지정하길 원하는 경우
file.forEachBlock(512) { buffer, bytesRead ->
    // 버퍼로 뭔가를 수행
}
```

파일 삭제

파일이나 디렉터리를 삭제하려면 다음과 같이 하면 된다.

```
import java.io.File
...

val file:File = ...
val wasDeleted:Boolean = file.delete()
```

이는 파일과 디렉터리 모두에 작동한다. 하지만 디렉터리는 파일을 포함하면 안 된다. 디렉터리와 그 내부에 있는 모든 내용(다른 디렉터리 포함)을 삭제하려면 다음과 같이 할 수 있다.

```
import java.io.File
...

val file:File = ...
val wasDeleted:Boolean = file.deleteRecursively()
```

내용물을 삭제하다가 무슨 일이 생기면(예를 들어 접근 권한이 없어서 삭제할 수 없는) 파일 구조의 일부만 삭제된다. 이는 여러분의 앱에서 파일을 처리하고 앱이 종료될 때 자동 삭제를 요청할 때 발생할 수 있는 일이다.

```
import java.io.File
...

val file:File = ...
file.deleteOnExit()
```

앱에 deleteOnExit() 여러 개가 있다면 삭제는 역순으로 일어난다. 일반 `delete()` 호출과 같이 디렉터리가 비어 있다면 디렉터리도 삭제할 수 있다.

임시 파일 다루기

임시 파일이 필요하면 임시 파일을 직접 만드는 대신 다음과 같이 쉽게 사용할 수 있다.

```
import java.io.File
...

val prefix = "tmpFile"
val suffix = ".tmp"
val tmpFile:File = File.createTempFile(prefix, suffix)
tmpFile.deleteOnExit()

... tmpFile 사용
```

이는 운영 체제에서 제공하는 임시 파일 전용 디렉터리를 사용하며 파일 이름에 임의의 고유 문자를 추가해 겹치지 않도록 한다. 접두사나 접미사는 원하는 문자를 사용할 수 있지만 접두사는 문자가 최소 3개 이상 필요하다. 접미사에 null을 사용하면 .tmp가 기본으로 사용된다.

임시 파일을 위한 디렉터리를 자체적으로 제공하길 원한다면 createTempFile()의 3번째 인수로 디렉터리를 나타내는 File을 추가하면 된다.

다른 파일 작업

파일을 복사하는 것은 지금까지 배운 함수를 사용하면 비교적 쉽게 할 수 있다(file2.writeBytes(file1.readBytes())). 하지만 표현력을 더 높이고 옵션을 추가할 수 있는 라이브러리 함수가 존재한다.

```
import java.io.File
...

val file1:File = ...
val file2:File = ...

f1.copyTo(f2)         // f2는 존재하지 않아야 한다.
```

```
f1.copyTo(f2, true) // 필요하면 덮어쓴다.

// 성능을 미세 조정하려면 버퍼 크기를
// 조정할 수 있다.
f1.copyTo(f2, bufferSize = 4096)
```

copyTo() 함수는 대상 파일을 반환한다.

모든 하위 디렉터리와 파일을 포함해 전체 디렉터리를 재귀적으로 복사하는 기능은 또 다른 표준 라이브러리 함수에서 제공한다.

```
import java.io.File
...

val dir1:File = ...
val dir2:File = ...

f1.copyRecursively(f2)        // f2는 존재하지 않아야 한다.
f1.copyRecursively(f2, true) // 필요하면 덮어쓴다.

// 에러 핸들링을 미세 조정하려면 핸들러를 추가할 수 있다.
// 그렇지 않으면 IOException이 던져진다.
f1.copyRecursively(f2, onError = {
    file:File, ioException:IOException ->
    // 뭔가를 수행한다.

    // 이제 무엇을 할까? 이 파일을 그냥 건너 뛰거나
    // 전체 함수를 종료할 수 있지 않을까?
    OnErrorAction.SKIP // 또는 .TERMINATE
})
```

파일명 변경은 다음을 통해 수행할 수 있다.

```
import java.io.File
...

val file1:File = ...
val file2:File = ...
```

```
file1.renameTo(file2)
```

File 클래스는 파일의 상세 내용을 알려주는 다른 함수를 제공한다.

```
import java.io.File
import java.util.Date
...

val file = dataDir.resolve("a.txt")
val log = { msg:String -> Log.d("LOG", msg) }

log("Name: " + file.name)
log("The file exists: " + file.exists())
log("You can read the file: " + file.canRead())
log("You can write to the file: " + file.canWrite())
log("Is a directory: " + file.isDirectory())
log("Is a real file: " + file.isFile())
log("Last modified: " + Date(file.lastModified()))
log("Length: " + file.length())
```

참고   더 상세한 정보를 원한다면 java.nio 패키지가 파일의 더 많은 정보를 제공하는 다른 클래스와 함수를 포함하고 있다.

URL 읽기

파일 API는 인터넷 URL의 내용을 읽기 위해 사용할 수 있는 매우 편리한 함수를 포함하고 있다. 다음과 같이 작성하면 된다.

```
import java.net.URL
import kotlin.concurrent.thread

thread {
```

```
    val contents:String =
      URL("http://www.example.com/something.txt").
      readText()

    val isoContents =
      URL("http://www.example.com/something.txt").
      readText(Charsets.ISO_8859_1)

    val img:ByteArray =
      URL("http://www.example.com/somepic.jpg").
      readBytes()
}
```

> **참고** 이것이 안드로이드에서 작동하려면 인터넷 접근 권한을 요청해야 한다. AndroidManifest.xml 파일에 있는 manifest 엘리먼트 내부에 <uses-permission android:name = "android.permission.INTERNET"/> 권한을 추가하길 바란다.
> 이는 안드로이드에서 백그라운드 스레드로 실행돼야 한다. 작업을 thread{ } 구조로 감싼 이유이기도 하다. 하지만 정식 앱에서는 예를 들어 IntentService 같은 안드로이드의 순수 백그라운드 실행 기능 중 하나를 사용해야 한다. 이는 상당하게 더 많은 작업을 내포한다. 더 자세한 내용은 안드로이드 문서를 참조하길 바란다.

이는 인터넷 리소스에 접근하는 단순한 방법에 불과하다. 아파치 `HttpClient` 라이브러리와 같은 전용 소프트웨어를 사용하는 방법을 고려할 수 있다.

리플렉션 사용

리플렉션은 클래스를 객체로 간주하는 것이다. 어떻게 그럴 수 있을까? 객체는 클래스의 인스턴스라고 배웠다. 하지만 객체는 프로퍼티를 통해 뭔가를 기술하고 함수를 사용해 프로퍼티로 뭔가를 수행할 방법을 제공하는 식별 가능한 단위라고도 배웠다.

비밀은 다음과 같다. 클래스도 식별 가능한 단위이며 클래스를 묘사하려면 프로퍼티와 함수의 성질을 기술해야 한다. 리플렉션은 정확하게 다음과 같다. 클래스는 참조하는 클래스의 프로퍼티와 함수를 기술하는 객체다. 또한 클래스가 구현하는 인터페이스와 가능한 수퍼클래스를 동적으로 조회할 수 있다.

> **참고** 코틀린 리플렉션은 표준 라이브러리의 일부가 아니다. 다음과 같이 앱의 build.gradle 파일에 있는 의존성 섹션에 한 줄을 추가해야 한다.
>
> implementation "org.jetbrains.kotlin:kotlin-reflect:$kotlin_version"

어떠한 베이스 클래스를 확장하고 임의의 인터페이스를 구현하며 1개의 생성자, 2개의 프로퍼티, 1개의 함수를 갖는 단순 클래스부터 시작한다.

```kotlin
import android.util.Log

open class MyBase(val baseProp:Int)
class MyClass(var prop1:Int) :
    java.io.Serializable, MyBase(13) {
    var prop2:String
        get() = "Hi"
        set(value) { /* 무시 */ }

    init {
        Log.d("LOG", "Hello from init")
    }
    fun function(i:Int):Int {
        return prop1 * i
    }
}

val instance = MyClass(42)
```

먼저 클래스 객체(클래스 인스턴스가 아니다)를 기술하는 `Class` 클래스가 있다. 이러한 클래스는 `java.lang` 패키지에 존재한다. 하지만 코틀린은 자바와 비교해 몇 가지 특색이 있으므로 코틀린만의 `Class` 클래스가 존재할 필요가 있다. 이를 KClass라고 하며 `kotlin.reflect` 패키지에서 찾을 수 있다. 이들은 서로 강한 관계가 있다. 다음과 같이 MyClass의 KClass를 가져올 수 있다.

```kotlin
val clazz = MyClass::class

// 인스턴스에서도 가져올 수 있다.
val clazz = instance::class
```

여기서 필요하다면 val javaClass = clazz.java처럼 자바 클래스를 가져올 수 있다. KClass 객체가 있다면 클래스를 조사해 생성자, 프로퍼티 및 함수를 표시할 수 있다.

```kotlin
import android.util.Log
import kotlin.reflect.*
import kotlin.reflect.full.*

Log.d("LOG", "**** constructors")
clazz.constructors.forEach { c ->
    Log.d("LOG", c.toString())
}

// 클래스가 소유한 프로퍼티만 보여준다.
Log.d("LOG", "**** declaredMemberProperties")
clazz.declaredMemberProperties.forEach { p ->
    Log.d("LOG", p.toString())
}

// 상속된 프로퍼티도 보여준다.
Log.d("LOG", "**** memberProperties")
clazz.memberProperties.forEach { p ->
    Log.d("LOG", p.toString())
}

// 클래스가 소유한 함수만 보여준다.
Log.d("LOG", "**** declaredFunctions")
clazz.declaredFunctions.forEach { f ->
    Log.d("LOG", f.toString())
}

// 상속된 함수도 보여준다.
Log.d("LOG", "**** functions")
clazz.functions.forEach { f ->
    Log.d("LOG", f.toString())
}
```

파인더 필터를 사용하면 특정 프로퍼티나 함수를 얻을 수 있다.

```
val p1: KProperty1<out MyClass, Any?> =
    clazz.declaredMemberProperties.find {
        it.name == "prop1" }!!
val f1: KFunction<*> =
    clazz.declaredFunctions.find {
        it.name == "function" }!!
```

KProperty1과 KFunction으로는 이들이 프라이빗인지, 퍼블릭인지, 파이널인지, 오픈인지, 프로퍼티가 생성자에 속하는지, lateinit인지 아닌지를 알아내는 것과 같은 여러 가지 흥미로운 일을 수행할 수 있다. 함수의 경우 매개변수 타입과 반환 타입 등을 알아낼 수 있다. 이러한 클래스의 모든 상세 내용을 알고 싶다면 API 문서를 참조하길 바란다.

실제 인스턴스의 함수를 호출하거나 프로퍼티를 가져오고 설정할 수 있다.

```
...
val instance = MyClass(42)

val p1: KProperty1<out MyClass, Any?>? =
    clazz.declaredMemberProperties.find {
        it.name == "prop1" }!!
val p1Mutable: KMutableProperty1<out MyClass, Any?> =
    p1 as KMutableProperty1

// 가져오기
val prop1Val = p1.getter.call(instance)

// 설정하기
p1Mutable.setter.call(instance, 55)

// 호출하기
val f1: KFunction<*> =
    clazz.declaredFunctions.find {
        it.name == "function" }!!
val res = f1.call(instance, 44) as Int
```

클래스가 상속하는 수퍼클래스와 인터페이스를 가져올 수 있다.

```
// 직접 선언된 수퍼클래스와 인터페이스만
clazz.superclasses.forEach { sc ->
    Log.d("LOG", sc.toString())
}

// 모든 수퍼클래스와 인터페이스
clazz.allSuperclasses.forEach { sc ->
    Log.d("LOG", sc.toString())
}
```

동적으로 인스턴스를 생성하려면 인수가 없는 생성자와 매개변수가 있는 생성자를 구분해야 한다.

```
val clazz : KClass = ...

// 인수가 없는 주 생성자가 있다면
val instance1 = clazz.createInstance()

// 그렇지 않은 주 생성자의 경우
val instance2 = clazz.primaryConstructor?.call(
    [매개변수]
)

// 다른 경우
val instance3 = clazz.constructors.
    find { [기준] }!!.
    call( [매개변수] )
```

> **주의**   모든 프로퍼티와 함수 접근에 리플렉션을 사용하는 것이 프로그램을 작성하는 더 나은 방식의 일환으로 일반 클래스, 프로퍼티 및 함수를 사용하는 데 비해 향상된 리플렉션을 취하는 실수를 범하지 않길 바란다. 리플렉션을 사용하면 상당한 성능 저하가 생기며 표현력과 간결함을 잃을 수 있고 객체지향을 다소 '겉도는' 개발을 할 수도 있다. 리플렉션을 신중하게 사용하길 바란다.

정규 표현식

정규 표현식은 다음과 같은 질문의 답을 제공한다.

- 문자열은 특정한 문자 패턴을 포함할까? 예를 들어 문자열 invoice 2018-01-01-A4536이 A로 시작하는 하위 문자열을 포함하는지 알고 싶은 경우다. 또는 yyyy-MM-dd 날짜를 포함하는지 알고 싶은 경우다. 여기서 매우 다재다능하길 원하며 패턴은 문자, 소문자, 대문자, 숫자, 문자 열거, 공백, 반복 등의 문자 클래스를 지정할 수 있어야 한다.
- 패턴 형태를 갖는 구분자로 문자열을 자를 수 있을까? 예를 들어 A37 | Q8 | 156-WE 문자열을 |으로 잘라 ["A37 ", " Q8 ", " 156-WE"] 배열을 만들고 싶은 경우다. 자르기 부호는 더 긴 문자열이나 패턴을 지정할 수 있어야 한다.
- 주어진 패턴으로 문자열에서 하위 문자열을 추출할 수 있을까? 예를 들어 The invoice numbers are X-23725, X-7368 and X-71885 문자열로 X-<숫자> 형태를 갖는 모든 송장 번호를 추출해 ["X-23725", "X-7368", "X-71885"] 배열을 만들고 싶은 경우다.
- 문자열에서 특정 패턴을 다른 문자열로 치환할 수 있을까? 예를 들어 For version v1.7 it is possible, ... another advantage of version v.1.7 is that ... 문자열에서 v<숫자>.<숫자>가 출현하는 곳을 모두 LEOPARD로 치환하려고 한다.

패턴

정규 표현식을 어떻게 사용하는지 설명하기 전에 정규 표현식에서 사용하는 패턴을 알아보자. 패턴은 표 17-2에서 보듯이 정규 표현 구조로 이뤄진 문자열이다. 일반 문자열 안에 백슬래시(\)로 이스케이프된 패턴을 넣을 수 있다. 따라서 패턴 ^\w{3}(3개의 단어 문자로 시작)는 ^\\w{3}로 입력해야 한다. 이스케이핑을 피하기 위해 원시 문자열을 사용할 수 있다.

```
val patStr = "^\\w{3}$"    // 정확하게 단어 문자 3개
```

```
val patStr2 = """^\w{3}$""" // 동일한 표현
```

표 17-2는 전체 목록을 보여주지 않는다. 가장 빈번하게 사용되는 구조를 보여준다. 전체를 확인하고 싶다면 java.util.regex.Pattern에 대한 API 문서를 참조하길 바란다.

▼ 표 17-2 정규 표현식 패턴

구조	일치
x	임의의 문자 x
\\	백슬래시 문자 \
\X	리터럴 X이며 그렇지 않으면 X는 패턴 구조를 나타낸다.
\n	개행 문자
\r	캐리지 리턴 문자
[abc]	a, b 또는 c
[^abc]	a, b 또는 c가 아닌 모든 것
[A-Z]	A와 Z 사이의 모든 것
[0-9a-z]	0과 9 사이 또는 a와 z 사이의 모든 것
.	임의의 문자
\d	임의의 숫자 [0-9]
\D	임의의 비숫자 [^0-9]
\s	공백 문자
\S	비공백 문자
\w	단어 문자 [a-z_A-Z_0-9]
\W	비단어 문자 [^\w]
^	라인의 시작
$	라인의 끝
\b	단어 경계
\B	비단어 경계
xy	y가 뒤따르는 x
x|y	x 또는 y
(p)	하위 패턴 p를 그룹으로

정량자Quantifiers는 패턴 구조의 반복을 선언한다. 여기에 3가지 유형의 정량자가 존재한다.

- **그리디**Greedy: 패턴을 매칭할 때 패턴은 후속 패턴의 매칭을 방해하지 않고 문자열을 최대한 많이 매칭시킨다.
- **릴럭턴트**Reluctant: 패턴을 매칭할 때 문자열을 필요한 만큼만 매칭시킨다.
- **퍼제시브**Possessive: 패턴을 매칭할 때 후속 패턴의 매칭을 무시하고 문자열을 최대한 많이 매칭시킨다.

그리디와 릴럭턴트 정량자는 매우 자주 사용되며 퍼제시브 정량자는 일반적이지 않은 상황에서만 사용하는 후보로 보면 된다. 차이점을 이해하기 위해 입력 문자열 012345abcde와 \d+.* 패턴이 있다고 가정해보자. 여기서 *는 없거나 여러 번 그리디하게 나타나는 것을 의미하며 +는 한 번이나 여러 번 그리디하게 나타나는 것을 의미한다. 매칭을 수행하면 \d+는 가능하면 많은 숫자를 매칭한다(예: 012345). 임의의 문자에 대한 패턴 .*는 나머지 abcde를 매칭한다. 그 대신 릴럭턴트 패턴인 \d+?.*?를 사용하면 \d+?는 필요한 만큼만 매칭한다. \d+? 패턴은 +로 인해 하나의 숫자만 매칭해도 만족하며 .*? 패턴은 임의의 문자와 일치하게 된다. 따라서 \d+?는 0과 매칭하고 .*?는 나머지 12345abcde와 매칭하게 된다.

덜 중요한 기능인 퍼제시브 정량자는 입력 문자 012345abcde와 퍼제시브 패턴 .*+de로 잘 설명할 수 있다. 여기서 .*+ 매처는 처음부터 끝까지 문자열을 취할 수 있다. 나머지 패턴을 신경 쓰지 않으므로 해당 매처는 모든 문자를 소비하게 된다. 하지만 de는 이미 소비한 문자열 부분인 de가 필요하다. 따라서 매칭할 것이 없으므로 전체 정규 표현식 매칭은 실패한다. 정량자는 표 17-3에 정리돼 있다.

▼ 표 17-3 정규 표현식 정량자

구조	유형	일치
X?	그리디	X가 한 번 나타나거나 아예 나타나지 않음
X*		X가 없거나 여러 번 나타남
X+		X가 한 번 또는 여러 번 나타남
X{n}		X가 정확하게 n번 나타남
X{n,}		X가 n번 이상 나타남

X{n,m}		X가 n~m번 나타남
X??	릴럭턴트	X가 한 번 나타나거나 아예 나타나지 않음
X*?		X가 없거나 여러 번 나타남
X+?		X가 한 번 또는 여러 번 나타남
X{n}?		X가 정확하게 n번 나타남
X{n,}?		X가 n번 이상 나타남
X{n,m}?		X가 n~m번 나타남
X?+	퍼제시브	X가 한 번 나타나거나 아예 나타나지 않음
X*+		X가 없거나 여러 번 나타남
X++		X가 한 번 이상 나타남
X{n}+		X가 정확하게 n번 나타남
X{n,}+		X가 n번 이상 나타남
X{n,m}+		X가 n~m번 나타남

일치 확인

문자열이 주어진 정규 표현식과 일치하는지 확인하려면 다음 함수를 사용하면 된다.

```
val re = Regex("^\\w{3}$")      // 정확하게 단어 문자 3개

val matches1 = "Hello".matches(re) // -> false
val matches2 = "abc".matches(re)   // -> true
```

연습문제 2

"Hello".matches(Regex(".*ll.*")) 대신 "Hello" % ".*ll.*" 같이 사용할 수 있도록 문자열 확장 함수를 작성하길 바란다.

힌트: % 연산자는 .rem()과 같다.

Regex 클래스는 하나 이상의 옵션을 지정할 수 있는 생성자를 제공한다.

```
Regex(pattern:String, option:RegexOption)
Regex(pattern:String, options:Set<RegexOption>)
```

RegexOption은 다음 멤버(전체 목록은 API 문서를 보길 바란다)를 포함하는 enum 클래스다.

- IGNORE_CASE: 대소 구분이 없는 매칭을 수행하는 데 사용한다.
- DOT_MATCHES_ALL: . 패턴이 줄 바꿈을 포함하도록 한다.
- MULTILINE: ^와 $가 줄 바꿈을 고려한다.
- COMMENTS: 정규 표현식 패턴에 주석을 허용한다.

RegexOption.COMMENTS 플래그를 추가하면 정규 표현식 패턴에 주석을 추가할 수 있다. 이는 정규 표현식이 매우 복잡하다면 유용하다. 다음과 같은 예를 보자(다중 공백 경고를 무시하길 바란다).

```
val re1 = Regex("^A(/|_)\\d{4}$")

// 이는 다음과 동일하다:
val ENDS = "$"
val re2 = Regex("""
    ^        # A로
    A        # 시작
    (/|_)    # "/" 또는 "_" 한 개
    \d{4}    # 4개의 숫자
    $ENDS    # 여기서 끝
""", RegexOption.COMMENTS)
```

$가 포함된 문자열 보간을 피하기 위해 val ENDS = "$"를 추가해야 했다. 공백이 무시되고 (패턴에서 공백을 포함하려면 \s를 사용하길 바란다) 라인 주석은 #으로 시작한다는 것을 알 수 있다.

문자열 자르기

정규 표현식을 구분자로 해 문자열을 자르려면 다음과 같이 하면 된다.

```
val re = Regex("\\|")
// -> "|"를 리터럴로 표현하려면 "\" 이스케이프를 사용한다.

val s = "ABC|12345|_0_1"
val split: List<String> = s.split(re)
// <- "ABC", "12345", "_0_1"

// 최대 37 분할로 제한한다.
val split37 = s.split(re, limit = 37)
```

> **참고** 줄 바꿈을 포함한 커다란 문자열을 줄로 자르는 경우 성능상의 이유로 정규 표현식을 사용하고 싶지 않을 것이다. 이러한 경우에는 lines() 함수를 사용하는 것이 훨씬 쉽고 모든 문자열에 적용할 수 있다.
>
> val s = "big string... "; s.lines().forEach { ln -> ... }

하위 문자열 추출하기

문자열에서 패턴을 찾아 실제로 추출하는 작업은 **Regex** 클래스의 함수를 통해 수행한다.

```
// 숫자 패턴
val re = Regex("""
    -?   # "-"이 있을 수도 있고 없을 수도 있음
    \d+  # 한 자릿 수 이상
    (
        \.   # 점
        \d+  # 한 자릿 수 이상
    )?       # 있을 수도 있고 없을 수도 있음
""", RegexOption.COMMENTS)

val s = "x = 37.5, y = 3.14, z = -100.0"
```

```
val firstNumber:MatchResult? = re.find(s)
// 그 대신 특정 인덱스에서 시작한다.
// val firstNumber = re.find(s, 5)

val notFound = firstNumber == null
firstNumber?.run {
    val num = groupValues[0]
    // num으로 뭔가를 수행...
}

val allNumbers:Sequence<MatchResult> = re.findAll(s)
allNumbers.forEach { mr ->
    val num = mr.groupValues[0]
    // num으로 뭔가를 수행...
}
```

각 패턴 매칭을 로컬 프로퍼티에 할당하려는 경우에는 좋다. 하지만 다른 방법을 사용할 수 있다. ( ) 쌍으로 정의된 하위 패턴에 속하는 매칭 그룹을 얻을 수 있다. 다음은 조금 다르게 작성된 숫자 매칭이다.

```
val re = Regex("""
    (
        (
         -?   # "-"이 있을 수도 있고 없을 수도 있음
         \d+  # 한 자릿 수 이상
        )
        (
          \.   # 점
          (
            \d+  # 한 자릿 수 이상
          )
        )?      # 있을 수도 있고 없을 수도 있음
    )
""", RegexOption.COMMENTS)
```

마찬가지로 동일한 패턴을 매칭하지만 여러 ( ) 그룹의 서브 패턴을 도입하고 있다. 예를 들어 이러한 패턴을 -3.14 같은 숫자에 적용하는 경우 해당 그룹을 설명 목적으로 추가하면

((-3)(.(14)))를 얻을 수 있다. 이러한 그룹은 MatchResult를 사용해 독립적으로 쉽게 처리할 수 있다.

```kotlin
// 마지막에 보여준 패턴을 압축한 패턴
val re = Regex("""((-?\d+)(\.(\d+))?)""")

val s = "x = 37.5, y = 3.14, z = -100.0"

val firstNumber:MatchResult? = re.find(s)
val notFound = firstNumber == null
firstNumber?.run {
    val (num, nf, f1, f2) = destructured

    // <- "37.5", "37", ".5", "5"
    // 동일하다:
    //    val num = groupValues[1]
    //    val nf = groupValues[2]
    //    val f1 = groupValues[3]
    //    val f2 = groupValues[4]
    val wholeMatch = groupValues[0]  // 37.5
    // ...
}

val allNumbers:Sequence<MatchResult> = re.findAll(s)
allNumbers.forEach { mr ->
    val (num, nf, f1, f2) = mr.destructured
    // 동일하다:
    //    val num = mr.groupValues[1]
    //    val nf = mr.groupValues[2]
    //    val f1 = mr.groupValues[3]
    //    val f2 = mr.groupValues[4]
    val wholeMatch = mr.groupValues[0]
    // ... wholeMatch는: 37.5, 3.14 or -100.0
    // ... num은: 37.5, 3.14 or -100.0
    // ... nf는: 37, 3, -100
    // ... f1은: .5, .14, .0
    // ... f2는 5, 14, 0
}
```

MatchResult 인스턴스의 groupValues 프로퍼티를 보면 인덱스 0 요소는 항상 전체 매칭을 가리키는 반면 다른 인덱스는 ( ) 그룹을 가리킨다. destructured 프로퍼티는 첫 번째 ( ) 그룹부터 시작하는 요소를 갖는다. 모든 것을 포괄하는 ( )을 맨 바깥쪽에 추가했기 때문에 destructured의 첫 번째 멤버는 groupValues[0]과 동일한 문자열을 포함한다.

주의 destructured는 사용하기 쉽지만 최대 10개까지만 다룰 수 있다. groupValues 프로퍼티는 잠재적으로 무한대다.

대치

문자열에 있는 패턴을 대치하는 것은 패턴을 탐색하는 것과 유사하다. 패턴의 첫 번째 매칭 항목만 바꾸는 replaceFirst() 함수와 모든 항목을 바꾸는 replace() 함수가 있다.

```
// 다시 숫자 패턴:
val re = Regex("""((-?\d+)(\.(\d+))?)""")

val s = "x = 37.5, y = 3.14, z = -100.0"

// 첫 번째 숫자를 22.22로 대치
val s2 = re.replaceFirst(s, "22.22")
// -> "x = 22.22, y = 3.14, z = -100.0"

// 모든 숫자를 22.22로 대치
val s3 = re.replace(s, "22.22")
// -> "x = 22.22, y = 22.22, z = 22.22"
```

이 두 함수는 다른 기능을 제공하기도 한다. 두 번째 인수를 람다 함수로 교체하면 대치할 때 더 많은 작업을 수행할 수 있다(다음 예제는 replace()만 보여주지만 replaceFirst()도 비슷하게 사용할 수 있다).

```
// 다시 숫자 패턴:
```

```
val re = Regex("""((-?\d+)(\.(\d+))?)""")

val s = "x = 37.5, y = 3.14, z = -100.0"

// 모든 숫자를 2배로
val s2 = re.replace(s, { mr:MatchResult ->
    val theNum = mr.groupValues[1].toDouble()
    (theNum * 2).toString() // <- 바꿀 문자열
})
// -> "x = 75.0, y = 6.28, z = -200.0"

// 모든 소수부를 0으로
val s3 = re.replace(s, { mr:MatchResult ->
    val (num, nf, f1, f2) = mr.destructured
    nf + ".0" // <- 바꿀 문자열
})
// -> "x = 37.0, y = 3.0, z = -100.0"
```

18장

병렬 작업: 멀티스레딩

최신 컴퓨터와 스마트폰은 병렬로 작동할 수 있는 여러 CPU를 갖는다. 동시에 실행되는 여러 앱을 생각할 수도 있지만 동시성에는 다른 것이 더 존재한다. 하나의 앱에서 여러 '액터'가 병렬로 작동하도록 하면 프로그램 실행 속도를 비약적으로 높일 수 있다. 단순하게 여러 CPU가 병렬로 작동한다고 말하는 것은 이야기의 일부만 다루는 것이므로 의도적으로 "액터"를 말했다. 사실 소프트웨어 개발자는 스레드를 선호한다. 스레드는 각자 독립적으로 실행될 수 있는 프로그램 흐름이다. 스레드를 실제로 실행하는 CPU는 운영 체제에 의해 관리되는 프로세스 스케줄링에 맡겨진다. 액터 대신 운영 체제 프로세스 핸들링과 내부 하드웨어 실행으로부터 추상화된 개념인 스레드를 사용하기로 한다.

하나의 앱에서 여러 스레드가 동시에 실행되는 것을 보통 멀티스레딩이라고 한다. 멀티스레딩은 수 년 동안 이어진 자바의 특별한 부분으로 관련된 자바 인터페이스와 클래스를 `java.lang`과 `java.util.concurrent` 및 하위 패키지에서 찾을 수 있다. 이들은 안드로이드용 코틀린에도 포함돼 있다. 하지만 코틀린은 멀티스레딩의 자체 아이디어를 코루틴이라는 기술로 소개하고 있다. 2가지 모두 사용할 수 있으며 18장에서 살펴본다.

자바 멀티스레딩 기초

다른 준비를 하지 않은 상태에서 코틀린(또는 자바) 앱은 메인 스레드에서 실행된다. 하지만 메인 스레드가 실행되는 와중에 동시에 작동할 수 있는 다른 스레드를 정의하고 시작할 수 있다.

참고 안드로이드 개발 환경에서는 자바 멀티스레딩 클래스가 코틀린에 자동으로 제공된다.

자바에서 가장 중요한 멀티스레딩 관련 클래스는 `java.util.Thread`다. 생성자를 사용해 생성할 수 있지만 코틀린은 스레드 생성을 간소화해주는 `thread()`라는 함수를 제공한다. 이러한 함수는 다음과 같은 매개변수를 갖는다.

```kotlin
fun thread(
    start: Boolean = true,
    isDaemon: Boolean = false,
    contextClassLoader: ClassLoader? = null,
    name: String? = null,
    priority: Int = -1,
    block: () -> Unit
)
```

이러한 함수는 다음과 같이 사용할 수 있다.

```kotlin
val thr:Thread = thread(start = true) {
    ... 뭔가를 수행 ...
}
```

`thread()` 함수는 다음과 같은 특성으로 Thread를 생성한다.

- 명시적으로 `start` 매개변수를 `false`로 지정하지 않으면 스레드 생성 이후 곧바로 `Thread.start()`가 호출된다.
- `isDaemon`을 `true`로 설정하면 실행 중인 스레드는 메인 스레드가 작업을 마쳤을 때

런타임 엔진이 종료되는 것을 막지 못한다. 하지만 안드로이드 환경에서는 시스템이 앱을 종료하거나 일시 중단하기로 결정할 때 데몬화되지 않은 스레드가 앱을 계속 활성화시키지 않으므로 이러한 플래그는 안드로이드에게 큰 의미가 없다.

- 별도의 클래스 로더를 지정하는 것은 스레드가 시스템 클래스 로더와 다른 클래스 로더를 사용하게 할 경우 사용 가능한 고급 기능이다. 이 책에서는 클래스 로딩 문제를 살펴보지 않는다. 보통 안드로이드 환경에서는 클래스 로딩 문제를 안전하게 무시할 수 있다.
- 스레드에 별도 이름을 지정하면 문제가 발생할 경우 문제 해결에 도움이 된다. 스레드 이름을 로그 파일에 표시할 수 있다.
- 우선순위를 지정하면 한 스레드가 다른 스레드와 비교해 어떠한 우선순위를 가져야 하는지 시스템에 힌트를 줄 수 있다. 우선순위는 Thread.MIN_PRIORITY에서 Thread.MAX_PRIORITY까지의 범위를 갖는다. 기본 값은 Thread.NORM_PRIORITY다. 첫 번째 실험에서는 이 값을 신경 쓰지 않아도 된다.
- block은 스레드가 실행될 때 실행되는 구문을 포함한다. thread() 함수는 block이 무엇을 수행하고 얼마나 오래 수행되는지와 상관 없이 항상 즉시 종료된다.

안드로이드 앱에서 가장 기본적인 스레드 예제는 다음과 같이 만들 수 있다(마지막 호출 매개변수로 사용된 함수는 괄호 밖으로 이동할 수 있다는 것을 기억하길 바란다).

```
// 액티비티 내부:
override fun onCreate(savedInstanceState: Bundle?) {
    ...
    thread {
        while(true) {
            Thread.sleep(1000L)
            Log.e("LOG", Date().toString())
        }
    }
}
```

첫 번째 실험은 17장에서 개발한 NumberGuess 샘플 앱을 사용할 수 있다. 이러한 스레드는 무한 루프를 시작하며 각 반복마다 1,000 밀리세컨드를 슬립sleeps한 다음 현재 날짜와 시간을 로깅 콘솔에 출력한다. thread() 함수는 Thread 인스턴스를 반환하므로 나중에 해당 스레드로 다른 것을 수행할 경우에 사용할 수 있다.

```
val thr:Thread = thread {
    while(true) {
        Thread.sleep(1000L)
        Log.e("LOG", Date().toString())
    }
}
```

기본적으로 start = true이므로 스레드는 백그라운드에서 즉시 작동을 시작한다. 스레드를 직접 시작하려면 다음과 같이 작성하면 된다.

```
val thr = thread(start = false) {
    while(true) {
        Thread.sleep(1000L)
        Log.e("LOG", Date().toString())
    }
}
...
thr.start()
```

지금까지는 쉬운 것 같다. 하지만 멀티스레딩을 이 책 후반부에서 살펴보는 데는 이유가 있다. 다음 예를 보길 바란다.

```
val l = mutableListOf(1,2,3)
var i = 0
thread {
    while(true) {
        Thread.sleep(10L)
        i++
        if(i % 2 == 0) { l.add(i) }
            else { l.remove(l.first()) }
    }
```

```
}
thread {
    while(true) {
        Thread.sleep(1000L)
        Log.e("LOG", l.joinToString())
    }
}
```

여기서는 한 스레드가 리스트를 10 밀리세컨드마다 변경하고 또 다른 스레드가 해당 리스트를 로깅 콘솔에 출력한다.

이를 시작하면 앱이 크래시될 때까지 수 밀리세컨드도 걸리지 않을 것이다. 무슨 일이 생긴 걸까? 출력된 로그는 다음과 같다.

```
2018-12-29 09:40:52.570 14961-14983/
        android.kotlin.book.numberguess
        E/AndroidRuntime: FATAL EXCEPTION: Thread-5
    Process: android.kotlin.book.numberguess, PID: 14961
    java.util.ConcurrentModificationException
        at java.util.ArrayList$Itr.next(...)
        at ...CollectionsKt.joinTo(...)
        at ...CollectionsKt.joinToString(...)
        at ...CollectionsKt.joinToString...
        at ...MainActivity$onCreate$2.invoke...
        at ...MainActivity$onCreate$2.invoke...
        at ...ThreadsKt....run()
```

중요한 부분은 `java.util.ConcurrentModificationException`과 `java.util.ArrayList$Itr.next(...)` 두 줄에 있다. 후자는 리스트를 반복하는 동안 무슨 일이 일어나는지를 말하고 있다. 이러한 반복은 `joinToString()` 함수로 문자열을 구성할 때 필요하다. 주된 단서는 예외 이름에서 찾을 수 있다.

ConcurrentModificationException

이는 기본적으로 다른 스레드에 의해 수정되는 리스트를 반복했다는 것을 말하며 바로 그것이 문제다. 여러 스레드가 동시에 리스트 구조를 수정하고 반복하면 리스트 데이터 부정합이 발생한다.

멀티스레딩을 말할 때 발생하는 또 다른 문제는 스레드를 동기화하는 영리한 방법을 찾아야 한다는 것이다. 예를 들어 어떠한 스레드가 실행되기 전에 다른 스레드 작업이 끝나길 기다려야 하는 경우다.

이 두 문제(데이터 정합성과 동기화)는 멀티스레딩을 어려운 것으로 만들었으며 아직까지도 근본적인 공통 해결책을 찾지 못했다. 이는 멀티 스레딩과 관련해 새로운 아이디어가 끊임 없이 탄생하고 여러 가지 접근 방식이 동시에 존재하는 이유이며 상호 장·단점이 존재한다.

자바와 코틀린이 따르는 고급 접근 방식을 살펴보기 전에 자바의 기본 멀티스레딩 해결책 조사를 마친 다음 문제 영역을 이해하고자 한다. 동시 수정 예외의 예제를 다시 보면 공유된 리스트에 여러 스레드가 동시 작업하는 것을 피할 수 있으면 되지 않을까? 이는 다음과 같이 해당하는 코드 예제를 synchronized(){ } 블록으로 감싸는 방법으로 수행할 수 있다.

```
val l = mutableListOf(1,2,3)
var i = 0
thread {
    while(true) {
        Thread.sleep(10L)
        i++
        synchronized(l) {
          if(i % 2 == 0) { l.add(i) }
                else { l.remove(l.first()) }
        }
    }
}
thread {
    while(true) {
        Thread.sleep(1000L)
        synchronized(l) {
          Log.e("LOG", l.joinToString())
        }
    }
```

}

여기서 리스트에 접근하는 모든 스레드의 synchronized(l) 블록은 해당 리스트에 접근하는 다른 스레드가 synchronized 블록 내부에 있는 동안에는 동일한 리스트에 접근하는 또 다른 스레드가 synchronized 코드 내부에 진입할 수 없게 한다. 그 대신 먼저 도착한 스레드는 자신의 synchronized 블록을 마칠 때까지 다른 모든 스레드를 대기하게 만든다.

synchronized 명령에 다른 매개변수를 추가할 수 있다. 매개변수를 콤마로 구분해 추가하면 된다.

```
synchronized(l1, l2) {
    ...
}
```

위의 동기화는 여러 스레드가 l1과 l2에 수행하는 작업을 안전하게 수행하게 해준다.

다른 스레드가 작업을 완료하기 전까지 스레드를 기다리게 할 방법이 여전하게 필요하다. 이를 위해 join 명령을 사용할 수 있다. 다음을 수행한다고 가정해보자.

```
val l = mutableListOf(1,2,3)
var i = 0
val thr1 = thread {
    for(i in 1..100) {
        l.add(i)
        Thread.sleep(10)
    }
}
thread {
    // 여기서 스레드 thr1이 완료될 때까지 대기하려고 한다.
    // 어떻게 할 수 있을까?
    ...
    Log.e("LOG", l.joinToString())
}
```

다음은 thr1.join()을 통해 스레드 thr1이 작업을 완료할 때까지 명시적으로 대기하도록 두 번째 스레드에 지시한다.

```
val l = mutableListOf(1,2,3)
var i = 0
val thr1 = thread {
    ...
}
thread {
    thr1.join()
    Log.e("LOG", l.joinToString())
}
```

thr1.join() 이후의 명령은 이제 thr1이 작업을 마친 다음에만 실행된다.

자바의 기본 멀티스레딩을 위한 키워드와 함수, 다른 흥미로운 함수와 구조가 표 18-1에 정리돼 있다.

▼ 표 18-1 자바의 기본 멀티스레딩

구조/함수	설명
thread(...)	스레드를 생성하고 시작할 수 있다. 매개변수는 다음과 같다. • start: 스레드 생성 이후 스레드를 즉시 시작한다. 기본 값: true. • isDaemon: true인 경우 실행 중인 스레드는 메인 스레드가 작업을 마쳤을 때 런타임 엔진이 종료되는 것을 막지 못한다. 안드로이드에는 영향을 미치지 않는다. 기본 값: false. • contextClassLoader: 다른 클래스 로더를 지정한다. 기본 값은 null이며 시스템 클래스 로더를 나타낸다. 안드로이드의 경우 보통 기본 값을 사용한다. • name: 스레드의 이름. 로그 파일에 표시된다. 기본 값: 연속적인 숫자로 된 기본 문자열을 사용한다. • priority: 우선순위를 지정하면 한 스레드가 다른 스레드와 비교해 어떠한 우선순위를 가져야 하는지 시스템에 힌트를 줄 수 있다. 가능한 값: Thread.MIN_PRIORITY와 Thread.MAX_PRIORITY 사이의 값을 사용할 수 있으며 Thread.NORM_PRIORITY가 기본 값이다. • block: 스레드의 코드를 포함한다. 특별한 매개변수가 필요 없으면 thread { [스레드 코드] }와 같이 작성할 수 있다.

synchronized(object1, object2, ...) { }	{ } 안의 블록은 매개변수 목록에 있는 동일 객체 중 최소한 하나를 이용해 synchronized 블록에서 현재 다른 스레드가 실행 중이지 않을 때만 진입한다. 그렇지 않으면 관련된 다른 synchronized 블록이 작업을 마칠 때까지 스레드는 대기 상태에 놓인다.
Thread.sleep(millis: Long)	현재 스레드를 지정된 밀리세컨드 동안 대기시킨다. 인터럽트할 수 있으며 이러한 경우 구문을 즉시 종료하고 InterruptedException이 발생한다.
Thread.sleep(millis: Long, nanos:Int)	Thread.sleep(Long)과 동일하지만 추가적으로 함수를 nanos 나노세컨드 단위까지 슬립(sleep)하게 만든다.
thread.join()	thread가 작업을 마칠 때까지 현재 스레드를 대기하게 만든다.
thread.interrupt()	현재 스레드가 thread를 인터럽트한다. 인터럽트된 스레드는 종료되고 InterruptedException을 발생한다. 인터럽트된 스레드는 인터럽션을 지원해야 한다. 인터럽션은 Thread.sleep() 같이 인터럽트가 가능한 메서드를 호출하거나 종료 여부를 알아내기 위해 주기적으로 Thread.interrupted 플래그를 확인해 자체적으로 수행할 수 있다.
@Volatile var varName = ...	클래스나 객체 프로퍼티에만 사용할 수 있다. 백킹(backing) 필드(프로퍼티 배후의 데이터)를 volatile로 표시한다. 런타임 엔진(Java Virtual Machine)은 휘발성(volatile) 변수에 대한 업데이트가 모든 스레드에 즉시 전달되게 한다. 그렇지 않으면 상황에 따라 교차 스레드 상태가 일치하지 않을 수 있다. synchronized 블록에 비해 성능 오버헤드가 적다.
Any.wait()	synchronized 블록 내부에서만 사용할 수 있다. 다른 스레드가 작업을 계속할 수 있도록 동기화를 일시 중단한다. 동시에 해당 스레드는 notify() 또는 notifyAll()이 호출될 때까지 정해지지 않은 시간 동안 대기한다.
Any.wait(timeout:Long)	wait()와 동일하지만 지정된 밀리세컨드 동안 대기한다.
Any.wait(timeout:Long, nanos: Int)	wait()와 동일하지만 지정된 밀리세컨드와 나노세컨드 동안 대기한다.
Any.notify()	synchronized 블록 내부에서만 사용할 수 있다. 대기 중인 스레드 중 하나를 깨운다. 현재 스레드가 synchronized 블록을 벗어나면 대기 중인 스레드가 작동을 시작한다.
Any.notifyAll()	synchronized 블록 내부에서만 사용할 수 있다. 대기 중인 모든 스레드를 깨운다. 현재 스레드가 synchronized 블록을 벗어나면 대기 중인 스레드가 작동을 시작한다.

java.lang.Thread 클래스의 다른 함수는 API 문서를 보길 바란다.

자바의 고급 멀티스레딩

synchronized 블록과 join 함수를 코드 여기저기에 두면 몇 가지 문제가 발생한다. 첫째, 코드를 이해하기 어려워진다. 복잡한 프로그램의 멀티스레드 상태 처리를 이해하는 것은 결코 쉽지 않다. 둘째, 여러 스레드와 synchronized 블록이 데드락에 빠질 수 있다. 스레드 A는 스레드 B가 끝나길 대기하고 스레드 B는 스레드 A가 끝나길 대기하는 경우다. 셋째, 스레드의 계산 결과를 수집하기 위해 너무 많은 join 함수를 사용하면 너무 많은 스레드가 대기해 멀티스레드의 장점을 살리지 못할 수 있다. 넷째, 컬렉션 처리에 synchronized 블록을 사용하면 너무 많은 스레드가 대기할 수 있다.

자바 진화 역사에서 java.util.concurrent 패키지 및 하위 패키지 내부에 어느 순간 고급 고수준 멀티스레딩 구조에 대한 인터페이스와 클래스가 소개됐다. 이들은 코틀린에도 포함돼 있고 원하는 범위만큼 사용할 수 있으므로 전체보다 일부 구조를 살펴본다.

특수한 동시성 컬렉션

적절한 동시 접근성이나 스레드 안전성을 위해 리스트나 셋 접근을 단순하게 synchronized 블록으로 감싸는 것은 왠지 만족스럽지 않다. 여러분의 앱에서 컬렉션과 맵이 중요하다면 멀티스레딩을 생각하는 것은 그럴 가치가 없어 보인다. 다행스럽게도 java.util.concurrent 패키지는 이러한 모든 것을 synchronized 블록으로 넣지 않아도 되는 리스트, 셋 및 맵 구현을 포함한다.

- CopyOnWriteArrayList: 모든 변이 작업이 전체 리스트를 복사한 복사본에서 일어나는 리스트 구현이다. 그와 동시에 반복은 정확하게 반복기가 생성됐을 때의 리스트 상태를 사용하므로 ConcurrentModificationException이 발생할 수 없다. 전체 리스트를 복사하는 데는 비용이 발생하므로 이러한 구현은 보통 읽기 작업이 쓰기 작업보다 훨씬 많은 경우에 도움이 된다. 하지만 이러한 경우에는 스레드 안전성을 위해 synchronized 블록이 필요하지 않다.
- CopyOnWriteArraySet: 모든 변이 작업이 전체 셋을 복사한 복사본에서 일어나는

세트 구현이다. 앞에서 CopyOnWriteArrayList에 해당하는 내용이 CopyOnWrite
ArraySet 인스턴스에도 적용된다.

- ConcurrentLinkedDeque: 반복 작업이 약한 일관성^{weakly consistent}을 갖는 스레드 안전 Deque다. 약한 일관성이란 요소 읽기가 반복기 생성 시점 또는 이후 어느 순간의 데크 상태를 반영한다는 의미다. ConcurrentModificationException이 발생하지 않는다.

- ConcurrentLinkedQueue: 스레드 안전 Queue 구현. 스레드 안전성에 대해 앞의 ConcurrentLinkedDeque에서 언급한 내용이 이 클래스에도 적용된다. ConcurrentModificationException이 발생하지 않는다.

- ConcurrentSkipListSet: 스레드 안전 Set 구현. 반복 작업이 약한 일관성을 갖는다. 약한 일관성이란 요소 읽기가 반복기 생성 시점 또는 이후 어느 순간의 세트 상태를 반영한다는 의미다. ConcurrentModificationException이 발생하지 않는다. API 문서에서 제시하는 타입 규격 이외에 요소는 Comparable 인터페이스를 구현해야 한다.

- ConcurrentSkipListMap: 스레드 안전 Map 구현. 반복 작업이 약한 일관성을 갖는다. 약한 일관성이란 요소 읽기가 반복기 생성 시점 또는 이후 어느 순간의 맵 상태를 반영한다는 의미다. ConcurrentModificationException이 발생하지 않는다. API 문서에서 제시하는 타입 규격 이외에 요소는 Comparable 인터페이스를 구현해야 한다.

잠금

18장 전반부 '자바 멀티스레딩 기초' 절에서 synchronized 블록은 서로 다른 스레드에 의해 프로그램의 어떠한 부분이 동시에 작동하지 못하게 만든다고 배웠다.

```
val obj = ...
thread {
    synchronized(obj) {
        ... 동기화된 코드
    }
}
```

이러한 synchronized 블록은 언어 구조다. 하지만 다음과 같이 lock 객체를 사용하면 객체 지향적인 방식으로 동일한 목적을 달성할 수 있다.

```
import java.util.concurrent.lock.*
...
val lock:Lock = ...
...
lock.lock()
try {
      ... 동기화된 코드
} finally {
    lock.unlock()
}
```

더 정확하게 말해 synchronized는 소위 재진입 잠금^{reentrant lock}에 해당하며 이에 따라 해당 잠금 클래스인 ReentrantLock이 존재한다. 따라서 앞의 코드는 Lock 구현으로 다음을 사용할 수 있다.

```
val lock:Lock = ReentrantLock()
```

재진입 잠금은 동일한 스레드에 의해 잠금이 여러 번 획득될 수 있는 기능에서 비롯되므로 lock.lock()을 통해 이미 잠금을 획득하고 unlock()이 발생하기 전에 동일한 잠금을 다시 획득하려고 할 때 스레드가 대기 상태에 빠지지 않는다.

Lock은 synchronized보다 다양하게 사용할 수 있다. 예를 들어 Lock을 사용하면 현재 스레드가 최근 인터럽트된 상태이거나 잠금을 기다리는 동안 잠그는 시도를 피할 수 있다. 이를 위해 다음과 같이 할 수 있다.

```
val lock:Lock = ReentrantLock()
...
try {
    lock.lockInterruptibly()
} catch(e: InterruptedException) {
```

```
    ... 인터럽트됐다면 뭔가를 수행
    return
}
try {
    ... 동기화된 코드
} finally {
    lock.unlock()
}
```

잠금을 당장 획득할 수 있는지, 실제로 획득하기 전에 시간 내에 획득할 수 있는지를 먼저 확인할 수 있다. 해당 코드는 다음과 같다.

```
val lock:Lock = ReentrantLock()
...
if(lock.tryLock()) {
    try {
        ... 동기화된 코드
    } finally {
        lock.unlock()
    }
} else {
    ... 잠금이 획득되지 않음
    ... 다른 것을 수행
}
```

또는 지정된 시간 동안 대기할 수 있다.

```
...
if(lock.tryLock(time:Long, unit:TimeUnit)) {
    // 해당 시간 내에 잠금이 획득됐음
    ...
} else {
    ...
}
```

다른 잠금 인터페이스로 ReadWriteLock이 있다. 일반 Lock과 비교해 읽기와 쓰기 작업을 구분할 수 있다. 이는 여러 스레드가 아무 문제 없이 읽기 전용 방식으로 변수를 사용할 수 있어야 하는 반면 쓰기는 읽기 작업을 블록하면서 단일 스레드에 국한돼야 할 경우 유용할 수 있다. 해당 구현에는 `ReentrantReadWriteLock`이 있다. 자세한 사용법은 API 문서를 참조하길 바란다.

원자적 변수 타입

다음 예제를 보길 바란다.

```
class Counter {
    var c = 0
    fun increment() { c++ }
    fun decrement() { c-- }
}
```

런타임 엔진(자바 가상 머신[JVM])은 내부적으로 `c++`를 다음과 같이 처리한다. (1) c 값을 가져온다, (2) 가져온 값을 증가시킨다, (3) 변경된 값을 c에 기록한다. 따라서 다음과 같은 일이 일어날 수 있다.

```
Thread-A calls increment
Thread-B calls decrement
Thread-A retrieves c
Thread-B retrieves c
Thread-A increments its version of c
Thread-A updates c, c is now +1
Thread-B decrements its version of c
Thread-B updates c, c is now -1
```

그런 결과 스레드 A 작업이 완전하게 손실됐다. 이러한 영향을 일반적으로 스레드 간섭이라고 부른다.

앞 절에서 `synchronized`를 통한 동기화가 도움이 된다는 것을 살펴봤다.

```
class Counter {
    var c = 0
    fun increment() { synchronized(c){ c++ } }
    fun decrement() { synchronized(c){ c-- } }
}
```

synchronized 덕분에 c를 업데이트하는 것은 더 이상 다른 스레드의 영향을 받지 않는다. 하지만 다른 방법이 있을 수 있다. 다른 스레드가 일관성을 간섭하고 파괴할 여지를 주지 않도록 원자적 방식으로 수정과 조회를 처리하는 변수 타입이 있다면 synchronized의 오버헤드를 감소시킬 수 있을 것이다. 이러한 원자적 데이터 타입으로 AtomicInteger, AtomicLong, AtomicBoolean이 있다. 모두 java.util.concurrent.atomic 패키지 하위에 존재한다.

AtomicInteger를 사용하면 synchronized 블록을 제거할 수 있다. Counter 클래스는 이제 다음과 같다.

```
import java.util.concurrent.atomic.*
...
class Counter {
    var c:AtomicInteger = AtomicInteger(0)
    fun increment() { c.incrementAndGet() }
    fun decrement() { c.decrementAndGet() }
}
```

> **참고** java.util.concurrent.atomic 패키지는 특수한 유스케이스를 위한 원자적 타입을 몇 가지 더 제공하고 있다. 관심이 있다면 문서를 살펴보길 바란다.

익스큐터, 퓨처 및 콜러블

java.util.concurrent 패키지에서는 멀티스레딩을 고수준으로 처리하는 몇 가지 인터페이스와 클래스를 찾을 수 있다. 다음 목록은 고수준 멀티스레딩에 필요한 주요 인터페이스와 클래스를 보여준다.

- Callable

  다른 스레드에 의해 호출될 수 있으며 결과를 반환한다.

- Runnable

  java.util.concurrent 패키지가 아닌 java.lang 패키지에 존재한다. 다른 스레드에 의해 호출될 수 있으며 결과를 반환한다.

- Executors

  무엇보다 ExecutorService와 ScheduledExecutorService 구현을 얻는 데 중요한 유틸리티 클래스다.

- ExecutorService

  Runnable 또는 Callable을 호출하고 그 결과를 수집하는 객체를 위한 인터페이스다.

- ScheduledExecutorService

  Runnable 또는 Callable을 호출하고 그 결과를 수집하는 객체를 위한 인터페이스다. 약간의 지연 이후 또는 반복되는 방식으로 호출이 일어난다.

- Future

  Callable에서 결과를 가져오는 데 사용할 수 있는 객체다.

- ScheduledFuture

  ScheduledExecutorService에 제출된 Callable로부터 결과를 가져오는 데 사용할 수 있는 객체다.

이러한 인터페이스와 클래스의 주요 사용 패턴은 다음과 같다.

1. ExecutorService 또는 ScheduledExecutorService를 가져오려면 Executors 싱글턴 객체에서 new로 시작하는 함수를 사용하길 바란다. 가져온 인스턴스를 srvc 또는 schedSrvc 같은 프로퍼티에 저장한다.
2. 동시에 수행해야 할 작업을 등록하려면 srvc의 경우 invoke 또는 submit로 시작하는 함수를 사용하거나 schedSrvc의 경우 schedule로 시작하는 함수를 사용한다.
3. ExecutorService나 ScheduledExecutorService의 적합한 함수 또는 이전 단계에서 받은 Future나 ScheduledFuture에 의한 시그널로 종료되길 기다린다.

보다시피 이러한 인터페이스, 클래스 및 함수는 주로 스레드와 그 계산 결과를 조정한다. 공유 데이터 사용을 제어하지 않는다. 이를 위해서는 앞 절에서 제시한 기술을 따라야 한다.

예를 들어 파이(π)를 계산하는 멀티스레드 프로그램을 개발한다고 가정해보자. 아이디어는 단순하다. [0; 1]×[0; 1] 평면에서 임의의 숫자 쌍을 가져온다. 원점까지의 거리를 계산하고 거리가 1.0보다 작은 점의 수와 1.0 이상인 점의 수를 센다. 모든 점의 수 n과 사분원 안에 있는 점의 수 p를 호출한다. [0; 1] × [0; 1] 평면의 면적은 1.0이지만 사분원 내부 영역의 면적은 $\pi/4$이므로 $\frac{p}{n}$ = $\pi/4$ 또는 $\pi = 4 \cdot \frac{p}{n}$ 공식이 생긴다(그림 18-1을 보길 바란다).

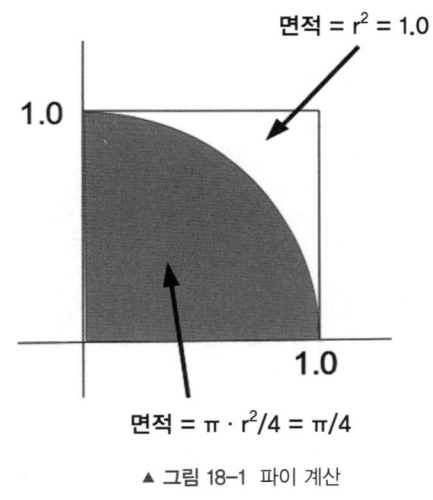

▲ 그림 18-1 파이 계산

참고 이는 파이(π)를 계산하는 가장 영리한 방법은 아니지만 이해하기 쉽고 여러 스레드 사이에 작업량을 쉽게 분배할 수 있다.

안드로이드 스튜디오에서 새로운 앱을 시작하고 앱과 패키지의 이름을 바꿔 1장 첫 코틀린 앱에서 설명한 대로 진행한다. 액티비티의 경우 다음 요소로 레이아웃을 생성한다.

- 그림 18-2에서 보여주는 모든 레이블
- `Processors` 레이블 다음에 `@+id/procs` 아이디를 갖는 `TextView`
- `Iterations` 레이블 다음에 `@+id/iters` 아이디를 갖는 `EditText`. `android:text=`

"1000000" 애트리뷰트를 추가한다.
- Threads 레이블 다음에 @+id/threads 아이디를 갖는 EditText. android:text="4" 애트리뷰트를 추가한다.
- Cumul Iters 레이블 다음에 @+id/cumulIters 아이디를 갖는 TextView
- Current Pi 레이블 다음에 @+id/pi 아이디를 갖는 TextView
- Calc Time 레이블 다음에 @+id/calcTime 아이디를 갖는 TextView
- CALC 문구와 android:onClick="calc" 애트리뷰트를 갖는 Button
- RESET 문구와 android:onClick="reset" 애트리뷰트를 갖는 Button

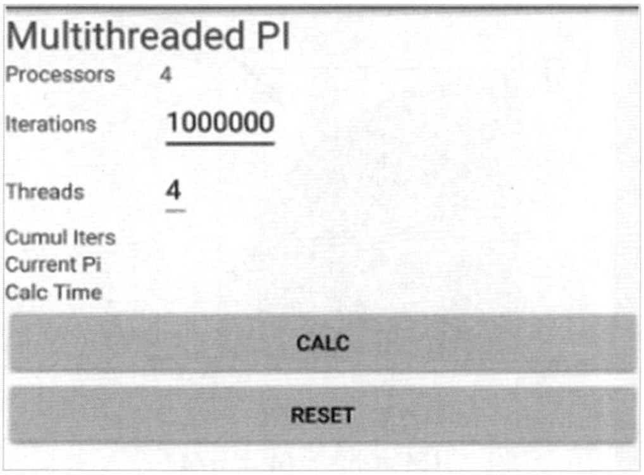

▲ 그림 18-2 파이 사용자 인터페이스

레이아웃 세부 사항은 여러분에게 맡긴다. 실제 계산에서는 앞의 목록에서 보여준 뷰 아이디와 onClick 핸들러가 중요하다. 계산은 많이 복잡하지 않으므로 모든 것을 액티비티 클래스에서 수행하도록 한다. 더 복잡한 프로젝트의 경우 하나 이상의 전용 계산 클래스가 계산을 담당하게 해야 한다. 여러분의 경우 액티비티 클래스가 담당하게 한다.

```
class MainActivity : AppCompatActivity() {
    var points = 0L
    var insideCircle = 0L
    var totalIters = 0L

override
fun onCreate(savedInstanceState: Bundle?) {
```

```kotlin
        super.onCreate(savedInstanceState)
        setContentView(R.layout.activity_main)

        savedInstanceState?.run {
            points = getLong("points")
            insideCircle = getLong("insideCircle")
            totalIters = getLong("totalIter")
        }

        val cores = Runtime.getRuntime().
            availableProcessors()
        procs.setText(cores.toString())
}

override
fun onSaveInstanceState(outState: Bundle?) {
    super.onSaveInstanceState(outState)
    outState?.run {
        putLong("points",points)
        putLong("insideCircle",insideCircle)
        putLong("totalIter", totalIters)
        report()
    }
}

fun calc(v:View) {
    val t1 = System.currentTimeMillis()
    val nThreads = threads.text.toString().
        takeIf { it != "" }?.toInt()?:1
    val itersNum = iters.text.toString().
        takeIf { it != "" }?.toInt()?:10000
    val itersPerThread = itersNum / nThreads
    val srvc = Executors.newFixedThreadPool(nThreads)
    val callables = (1..nThreads).map {
        object : Callable<Pair<Int,Int>> {
            override fun call(): Pair<Int, Int> {
                var i = 0
                var p = 0
                    (1..itersPerThread).forEach {
                        val x = Math.random()
                        val y = Math.random()
```

```kotlin
                        val r = x*x + y*y
                        i++
                        if(r < 1.0) p++
                    }
                    return Pair(i, p)
                }
            }
        }
        val futures = srvc.invokeAll(callables)
        futures.forEach{ f ->
            val p = f.get()
            points += p.first
            insideCircle += p.second
        }

        val t2 = System.currentTimeMillis()
        calcTime.setText((t2-t1).toString())

        report()
    }
    fun reset(v:View) {
        points = 0
        insideCircle = 0
        report()
    }

    private fun report() {
        cumulIters.setText(points.toString())
        if(points > 0) {
            val pipi = 1.0 * insideCircle / points * 4
            pi.setText(pipi.toString())
        } else {
            pi.setText("")
        }
    }
}
```

특징적인 부분은 다음과 같다.

- 이러한 클래스는 점의 총 개수인 points, 사분원 내부에 있는 점의 개수인

insideCircle, 총 반복 횟수인 totalIters를 상태로 갖는다.
- onSaveInstanceState()와 onCreate()에서는 안드로이드가 앱을 일시 중단하기로 결정할 때마다 상태가 저장 및 복구되게 한다.
- 또한 onCreate()에서는 디바이스가 갖는 CPU 개수를 알아내 사용자 인터페이스에 표시한다.
- reset()에서는 알고리듬이 다시 초기화된다.
- report()에서는 앞의 공식에 따라 파이(π)를 계산하고 사용자 인터페이스에 표시한다.
- 멀티스레딩은 calc()에서 일어난다. 스레드 개수와 반복 횟수를 사용자 인터페이스에서 읽어오고 스레드 사이에 반복 횟수를 균등하게 분배하며 Executors에서 스레드 풀을 가져와 계산 알고리듬을 정의하고 등록한 다음 최종적으로 모든 스레드에서 결과를 수집한다.
- calc() 끝에서 계산에 걸린 시간을 알아내 사용자 인터페이스에 표시한다.

멀티스레딩에 미치는 영향을 알아보기 위해 스레드 개수와 반복 횟수를 조정하면서 수행할 수 있다. 대부분의 디바이스에서 하나의 스레드로 수행하는 것과 2개 이상의 스레드로 수행하는 것이 확연한 차이가 난다는 것을 알 수 있을 것이다. 그와 별개로 CALC 버튼을 여러 번 누르면 숫자가 누적될수록 계산된 파이(π)의 정확도가 향상된다는 것을 알 수 있다.

연습문제 1

이번 절에서 설명한 대로 멀티스레드 파이(π) 계산 앱을 구현하길 바란다.

코틀린 코루틴

코틀린은 멀티스레딩을 다루는 방법의 아이디어를 자체적으로 갖고 있다. 오래된 컴퓨터 언어에서 한동안 사용된 개념인 코루틴을 사용한다. 이러한 아이디어는 프로그램이 내부적으로 흘러가는 도중 특정 지점에서 일시 중단하고 다시 시작할 수 있는 함수를 작성해 구현된다. 이는 비선점 방식으로 일어나는데 멀티스레드 방식으로 프로그램을 실행할 때 운영 체제에 의해 프로그램 흐름 컨텍스트가 전환되지 않는 대신 언어 구조, 라이브러리 호출 또는 둘 다에 의해 전환되는 것을 의미한다.

코루틴은 코틀린에 기본적으로 포함돼 있지 않다. 코루틴을 설치하려면 "app" 모듈의 **build.gradle** 파일을 열어 다음과 같은 한 줄을 dependencies 섹션에 추가한다.

```
implementation
    'org.jetbrains.kotlinx:kotlinx-coroutines-core:1.1.0'
```

코틀린의 코루틴을 계속 살펴보기 전에 코루틴 프로그래밍에 사용되는 용어부터 살펴보자. 이후에 더 포괄적으로 소개하므로 다음을 빠르게 훑어보거나 그냥 넘어가고 나중에 다시 찾아볼 수 있다.

- **코루틴 스코프**: 모든 코루틴 함수는 코루틴 스코프 내부에서 실행된다. 스코프는 멀티 스레딩 전체를 둘러싼 괄호와 같으며 스코프는 스코프 계층을 정의하는 부모 스코프를 가질 수 있다. 스코프 계층의 루트는 **GlobalScope**일 수 있고 { } 블록 내부에서 새로운 블로킹 스코프로 진입하는 **runBlocking** { } 함수로 얻을 수도 있다. 여기서 블로킹은 포함된 모든 스코프가 그들의 작업을 끝낸 후에만 **runBlocking()** 호출이 끝난다는 것을 의미한다. **CoroutineScope**는 인터페이스이므로 코루틴 스코프를 생성하는 임의의 클래스를 정의할 수도 있다. 가장 대표적인 예는 액티비티가 코루틴 스코프를 갖는 것이다.

```
class MyActivity : AppCompatActivity(),
    CoroutineScope by MainScope() {
...
    override fun onDestroy() {
        super.onDestroy()
        cancel() // CoroutineScope.cancel
    }
    ...
}
```

CoroutineScope by MainScope()는 위임을 나타낸다. CoroutineScope의 모든 함수는 사용자 인터페이스 액티비티에 맞게 특별하게 조정된 스코프인 MainScope 인스턴스로 전달된다. 여기서는 스코프 계층 구조의 루트에 있는 cancel()로 인해 계층 구조 내부에 있는 현재 활성 스코프가 액티비티의 onDestroy()에서 종료된다.

- **코루틴 컨텍스트**: CoroutineContext 객체는 코루틴 스코프와 연관된 데이터 컨테이너다. 이는 코루틴 스코프가 제대로 동작하는 데 필요한 객체를 포함한다. 스코프 계층 구조에 대한 추가 개입 없이 스코프 자식은 스코프 부모로부터 이러한 컨텍스트를 상속받는다.
- **전역 스코프**: GlobalScope는 애플리케이션에 의해 수명이 결정되는 싱글턴 객체다. 가장 중요한 코루틴의 기초 스코프로 전역 스코프를 사용하고 싶겠지만 일반적으로 앱의 멀티스레딩 측면을 올바로 구성하려면 전역 스코프를 사용하지 않는 것이 좋다. 그 대신 전용 코루틴 빌더를 사용하길 바란다.
- **잡**^{Job}: 자체 스레드에서 실행할 수 있는 작업이다.
- **코루틴 빌더**: 블로킹 또는 넌블로킹 방식으로 코루틴을 시작하는 함수다. 빌더의 예는 다음과 같다.
  - runBlocking(): 블로킹 코루틴을 정의하고 실행한다. 코루틴 스코프 내부에서 runBlocking()이 사용된다면 runBlocking{ }에 의해 정의된 블록은 새로운 자식 스코프를 생성한다.
  - launch(): 넌블로킹 코루틴을 정의하고 실행한다. 코루틴 스코프 밖에서 사용할 수 없다. Job 객체를 즉시 반환하고 백그라운드에서 블록을 실행한다.
  - async(): 값을 반환하는 넌블로킹 코루틴을 정의하고 실행한다. 코루틴 스코프 밖에서 사용할 수 없다. Deferred 객체를 즉시 반환하고 백그라운드에서 블록을 실행한다.
  - coroutineScope(): 바깥 스코프로부터 상속된(Job 객체 제외) 컨텍스트를 갖는 새로운 스코프를 생성한다. 이러한 새로운 스코프에서 지정된 블록을 호출한다.
  - supervisorScope(): SupervisorJob을 갖는 새로운 스코프를 생성한다. 이러한 새로운 스코프에서 지정된 블록을 호출한다. 수퍼바이저 잡은 서로 독립적으로 실

패할 수 있는 특수한 잡이다.

모두 마지막 매개변수로 람다 함수를 기대하는데 이는 실행할 명령의 블록 역할을 한다. 이러한 매개변수는 함수 괄호 밖에 표기할 수 있으므로 대부분 launch { ..명령들.. } 같이 사용하게 된다.

- **합류**Joining: launch() 호출 결과를 val job = launch{ ... } 프로퍼티로 가져왔다면 잡이 끝날 때까지 프로그램 실행을 블록하기 위해 job.join()을 호출할 수 있다.
- **일시 중단 함수**: suspend 키워드는 코틀린 언어에서 찾을 수 있는 유일한 코루틴 연관 키워드다. 다른 모든 코루틴 재료는 코루틴 라이브러리를 통해 구할 수 있다. 스코프 내부에서 호출할 수 있고 코루틴과 함께 사용할 수 있는 함수에는 suspend를 추가해야 한다. 예를 들어 suspend fun theFun() { }처럼 말이다. suspend를 코루틴 스코프 전달자로 간주하길 바란다.
- **취소**Cancellation: Job 객체의 경우 해당 객체의 cancel()을 호출해 작업 취소 시그널을 보낼 수 있다. 보통 작업을 즉시 끝내지 않으므로 join() 호출이나 cancelAndJoin()을 사용해 실제 종료를 기다려야 한다. 취소할 코루틴이 취소 가능한지 보장해야 한다. 이를 위해 코드가 yield() 같은 일시 중단 함수를 호출하게 하거나 코루틴 스코프 내부에 있는 isActive 속성을 주기적으로 검사할 수 있다.
- **타임아웃**: 구문 블록에 대한 타임아웃을 명시적으로 지정하려면 다음과 같이 하면 된다.

```
withTimeout(3000L) { // 밀리세컨드
    ... 코드
}
```

타임아웃 제한에 다다르면 CancellationException 클래스의 서브클래스인 TimeoutCancellationException 예외가 발생하고 사용자 정의 예외 핸들러를 사용하지 않으면 무시된다. withTimeout()의 변종으로 withTimeoutOrNull();이 있으며 TimeoutCancellationException은 발생하지 않지만 타임아웃이 발생하지 않으면 블록 내부에 있는 마지막 표현식

값을 반환하고 타임아웃이 발생하면 null을 반환한다.

```
val res = withTimeoutOrNull(3000L) {
   ... 코드
   "Done."
}
// -> 타임아웃이 발생하면 res는 null이다.
```

- **코루틴 예외 핸들러**: 코루틴은 예외를 처리하는 방법에 대해 자신만의 방식이 있다. 예를 들어 별도의 CoroutineExceptionHandler를 코루틴 컨텍스트에 제공하지 않으면 잡을 취소하는 동안 CancellationException이 발생해도 예외가 무시된다. 작업이 취소된 다음 정리 조치를 수행해야 한다면 코드를 try {} finally {} 블록으로 감쌀 수 있다.

```
runBlocking {
  val job = launch {
    try {
       ... 작업 수행
    } finally {
       ... 취소됐다면 정리 작업을 수행
    }
  }
  ...
  job.cancelAndJoin()
}
```

- **지연**Delay: 임시적인 일시 중단을 지정하려면 delay(timeMillis)를 사용하길 바란다. API 문서에서는 코루틴과 연관된 스레드가 실제로는 다른 작업을 수행할 수 있어 delay 함수를 넌블로킹 일시 중단으로 설명하고 있다. 지연 이후의 프로그램 흐름은 delay 함수 뒤에 있는 명령을 계속 진행할 수 있다.

- **블로킹**Blocking: { } 블록 내부에 있는 구문의 블로킹 실행을 초기화하려면 다음과 같이 하면 된다.

```
runBlocking {
    ...
}
```

일반적으로 코루틴에 사용할 수 있는 첫 번째 코루틴 스코프를 획득하기 위해 프로그램의 메인 함수에 적용한다.

- **코루틴 디스패처**: `CoroutineDispatcher`의 인스턴스는 각 스코프의 `coroutineContext` 프로퍼티에서 찾을 수 있는 코루틴 컨텍스트의 일부다.

```
runBlocking {
    val ctx:CoroutineContext =
        coroutineContext
    ...
}
```

디스패처는 코루틴이 어떠한 스레드에서 실행되는지를 제어한다. 이는 특정 스레드, 스레드 풀이거나 비한정 디스패처가 사용되는 경우(일반적인 사용이 아님) 호출자의 스레드(첫 번째 일시 중단 지점까지)가 될 수 있다.

- **구조적 동시성**: `{ ... }` 구조의 계층 구조로 묘사된 구조에 반영된 잡 동시성 특성의 종속성을 설명한다. 코틀린의 코루틴은 동시성 구성에 대해 구조적 동시성 스타일을 강하게 선호한다.
- **채널**: 코루틴 사이의 데이터 스트림 통신 수단을 제공한다. 코틀린 1.3 버전에서는 실험적인 API로 간주됐다. API의 현재 상태를 알고 싶다면 공식 문서를 확인하길 바란다.
- **액터**: 코루틴 런처이자 채널 엔드포인트다. 코틀린 1.3 버전에서는 실험적인 API로 간주됐다. API의 현재 상태를 알고 싶다면 공식 문서를 확인하길 바란다.

다음 단락에서는 기본 및 고급 코루틴 사용 패턴을 개략적으로 설명한다.

기본 코루틴

코루틴을 사용할 때 알아야 할 가장 중요한 점은 코루틴을 멀티스레딩 방식으로 사용하려면 코루틴 스코프가 필요하다는 것이다. 단순함을 위해 다음과 같은 구조가 있다면 좋을 것이다.

```
openScope {
    // 스코프는 이제 자동으로 사용 가능하다.
    ...
}
```

코틀린은 리시버가 있는 함수 덕분에 이를 어떻게 하는지 알고 있다. 예를 들어 코루틴 관련 함수 runBlocking() 코드에서 다음과 같은 내용을 찾을 수 있다.

```
fun <T> runBlocking(context: CoroutineContext =
            EmptyCoroutineContext,
    block: suspend CoroutineScope.() -> T): T
{
    // 블로킹 스레드에서 블록을 실행하기 위한 코드
    ...
}
```

block: suspend CoroutineScope.() -> T에서 CoroutineScope를 확장하는 객체 내부에서 실행되는 block을 확인할 수 있다. CoroutineScope는 CoroutineContext 타입의 coroutineContext라는 이름의 val을 갖는 인터페이스다. 컨텍스트의 자세한 내용은 나중에 살펴본다.

> **주의** 인터페이스는 val을 가질 수 있다. 객체지향을 소개하는 장에서 이러한 기능을 언급하지 않았고 여기서는 기술적인 이유로 도입됐다. 여기서는 코루틴 핸들링을 더 쉽게 하는 데 사용된다. 변수는 일반적으로 선언 측면이 아닌 구현 측면에 속하므로 앱 인터페이스에서 val 및 var를 사용하지 않는 것이 좋다. 인터페이스 변수는 주의해 사용하길 바란다!

코루틴 내부에서 이미 실행 중인 경우 기존 스코프를 사용하거나 새로운 스코프를 생성하는 방법은 다음과 같다.

- runBlocking { ... }
  새로운 블로킹 스코프로 진입한다. 여기서 블로킹은 { ... } 람다 내부의 모든 활동

이 작업을 마친 후에만 runBlocking() 호출이 반환된다는 것을 의미한다. 코루틴 스코프 내부에서 사용하는 것을 권장하지는 않지만 runBlocking()은 코루틴 스코프 내부와 외부에서 시작할 수 있다. 두 경우 모두 잡에 현재 실행 중인 스레드를 사용하는 것을 포함한 새로운 컨텍스트가 생성된다.

- runBlocking(context:CoroutineContext) { ... }
  runBlocking()과 동일하지만 기반 컨텍스트가 매개변수로 주어진다.
- GlobalScope
  사용을 권장하지 않는다. 애플리케이션 자체와 생명 주기를 함께 하는 스코프를 사용하려면 이러한 싱글턴 객체를 사용하길 바란다. 예를 들어 GlobalScope.launch{ ... } 또는 GlobalScope.async{ ... } 같이 사용할 수 있다. 그 대신 일반적으로 runBlocking{ ... }에서 시작해야 한다. GlobalScope를 명시적으로 사용하지 않는 것이 앱 구조를 좋게 만든다.
- coroutineScope { ... }
  외부 코루틴 스코프에서 컨텍스트를 상속하는 새로운 코루틴 스코프를 생성한다. 외부 코루틴 스코프란 coroutineScope()가 호출되는 스코프를 말한다. 하지만 잡을 재정의해 람다 함수 매개변수 내용({ ... }의 내용)에서 파생된 자체 잡을 사용한다. 이러한 함수는 스코프 내부에서만 호출할 수 있다. coroutineScope()를 사용하기에 알맞은 예로 구조적 동시성이 있다. 구조적 동시성은 { ... } 내부의 자식이 하나라도 실패하면 나머지 자식도 모두 실패하고 결국 전체 coroutineScope()가 실패한다.
- supervisorScope { ... }
  coroutineScope()와 동일하지만 자식 스코프가 서로 독립적으로 실행되게 한다. 특히 자식 중 하나가 취소되더라도 다른 자식과 수퍼바이저 스코프는 취소되지 않는다.
- launch { ... }
  백그라운드 잡을 정의한다. launch() 호출은 { ... } 람다로 정의된 백그라운드 잡이 백그라운드에서 작업을 시작하는 동안 즉시 반환된다. launch()는 Job 클래스의 인스턴스를 반환한다. 잡이 완료되길 기다리기 위해 Job의 join() 함수를 사용할 수 있다.
- async { ... }

launch()와 동일하지만 백그라운드 잡이 결과를 만들어낼 수 있다. 이를 위해 async()는 Deferred 클래스의 인스턴스를 반환한다. await() 함수를 사용해 결과를 가져올 수 있다. 물론 이는 작업이 완료되길 기다리는 것을 의미한다.

- CoroutineScope 구현

  어떠한 클래스라도 class MyClass : CoroutineScope { ... } 같이 CoroutineScope 클래스를 구현할 수 있다. 이러한 접근 방식의 문제점은 바로 그 점이다. CoroutineScope는 인터페이스일 뿐이고 코루틴 컨텍스트를 적절한 객체로 채워 코루틴 기능을 구현해야 하기 때문이다. 이를 위한 단순한 방법은 class MyClass : CoroutineScope by MainScope() { ... } 같이 위임하는 것이다. 이는 모든 코루틴 빌더를 MainScope 객체로 위임한다. 이는 특히 사용자 인터페이스에 유용하다. 위임하면 MyClass 내부 어디서든 launch()와 async() 같은 빌더를 자유롭게 사용할 수 있고 cancel() 같은 제어 함수도 자유롭게 사용할 수 있다.

launch() 함수는 몇 가지 기본 매개변수를 갖는다. 요약하면 다음과 같다.

```
public fun CoroutineScope.launch(
  context: CoroutineContext = EmptyCoroutineContext,
  start: CoroutineStart = CoroutineStart.DEFAULT,
  block: suspend CoroutineScope.() -> Unit
): Job
```

context 매개변수를 사용해 컨텍스트 이름을 설정할 수 있다. 예를 들어 다음과 같다.

```
launch(context = coroutineContext +
                CoroutineName("CoRou1")) {
    ...
)
```

start 매개변수는 코루틴 시작 방법을 조정하는 데 사용할 수 있다. 자세한 내용은 API 문서를 보길 바란다(안드로이드 스튜디오에서 "CoroutineStart"를 입력한 후 Ctrl+B를 누른다).

async() 함수는 launch()와 동일한 기본 매개변수를 갖는다. 따라서 async()가 시작되는 특성도 조정할 수 있다.

다음 예제 코드를 보면 안드로이드의 경우 액티비티 내부에 있는 onCreate() 함수에서 이를 직접 테스트할 수 있다.

```
runBlocking {
    // 현재 스레드에서 시작한다.
    // 이제 코루틴 스코프 내부에 있다.
    // 즉 컨텍스트에
    //     val coroutineContext:CoroutineContext
    // 가 있다는 의미다.
    // 모든 작업이 완료된 후에 runBlocking()이 종료된다.
    Log.d("LOG", "1. Started inside runBlocking()")

    coroutineScope {
        Log.d("LOG", "2. coroutineScope()")
        delay(500L)
        Log.d("LOG", "3. coroutineScope()")

        coroutineScope {
            Log.d("LOG", "4. coroutineScope() II")
            // 다음 예외를 추가하면 coroutineScope()가 모두
            // 실패하고 runBlocking()은 중간에 종료된다.
            // throw CancellationException("4.")
            // 또한 runBlocking은 예외를 밖으로
            // 전송하기 때문에 아래의 (15.)는
            // 도달하지 않는다.
        }
        Log.d("LOG", "5. inner done")
    }
    val job1 = launch {
        // 백그라운드에서 실행한다.
        // 따라서 (7.) 이전에 (8.)이 실행된다.
        Log.d("LOG", "6. inside launch()")
        delay(500)
        Log.d("LOG", "7. done with launch()")
    }
    Log.d("LOG", "8. returned from launch()")
```

```kotlin
    val deferr1 = async {
        // 이것도 백그라운드에서 실행한다.
        // 하지만 뭔가를 반환한다.
        Log.d("LOG", "9. inside async()")
        delay(500)
        Log.d("LOG", "10. done with async()")
        "Result"
    }
    Log.d("LOG", "11. returned from async()")

    job1.join()
    Log.d("LOG", "12. launch finish")

    val res1 = deferr1.await()
    Log.d("LOG", "13. async finish")
    Log.d("LOG", "14. End of runBlocking()")
}
Log.d("LOG", "15. Returned from runBlocking()")
```

이는 다음과 같은 특징이 있다.

- 코드를 실행하면 로그는 다음과 같이 표시된다.

    1. Started inside runBlocking()
    2. coroutineScope()
    3. coroutineScope() - 0.5secs later
    4. coroutineScope() II
    5. inner done
    8. returned from launch()
    11. returned from async()
    6. inside launch()
    9. inside async()
    7. done with launch()
    10. done with async()
    12. launch finish
    13. async finish
    14. End of runBlocking()
    15. Returned from runBlocking()

- 6, 9, 7 및 10번 항목은 백그라운드 처리에 속하므로 다른 순서로 보일 수 있다.
- 외부 `runBlocking()`은 코루틴 스코프 계층 구조에서 루트에 해당한다.
- `runBlocking()`은 모든 자식이 작업을 완료하거나 작업 취소가 발생한 경우에만 반환된다.
- `CancellationException`이 발생하면(이를 확인하려면 throw에 있는 주석을 풀길 바란다) 예외가 스코프 계층 구조 위로 전파돼 결과적으로 15는 도달하지 않는다.
- `async()`와 `launch()` 모두 비동기성(동시성)에 해당한다. 백그라운드에서 { ... } 람다가 작업을 시작하는 동안 즉시 반환한다.
- `job1.join()`과 `deferr1.await()`는 백그라운드 잡을 동기화한다. 2가지 모두 해당 잡이 완료되길 기다린다.

코루틴 컨텍스트

`CoroutineContext`는 컨텍스트 요소 집합으로 코루틴 스코프의 상태를 보유한다. `CoroutineContext`는 이러한 경우에 일반적으로 사용하는 일반 `Set`, `List` 또는 `Map` 인터페이스를 구현하지 않지만 다음 방법 중 하나를 사용해 요소를 가져올 수 있다.

- `coroutineContext[Job]`
  코루틴을 구성하는 명령instructions을 보유한 `Job` 인스턴스를 조회한다.
- `coroutineContext[CoroutineName]`
  선택적으로 코루틴의 이름을 조회한다. 코루틴 빌더(예: `launch()` 또는 `async()`)의 첫 번째 매개변수로 `coroutineContext + CoroutineName("MyFancyCoroutine")`을 사용해 이름을 지정할 수 있다.
- `coroutineContext[CoroutineExceptionHandler]`
  선택적으로 전용 예외 핸들러다. 예외는 나중에 살펴본다.
- `coroutineContext[ContinuationInterceptor]`
  이러한 내부 항목은 코루틴이 일시 중단된 후 작업을 재개했을 때 올바로 지속되는 것을 책임지는 객체를 보유한다.

runBlocking(), launch() 또는 async() 같은 모든 스코프 빌더가 내부에서 호출된 다른 코루틴 함수로 전달하는 새로운 코루틴 컨텍스트를 생성하지만 다음을 사용해 컨텍스트를 임시로 조정할 수 있다.

```
withContext(context: CoroutineContext) {
    ...
}
```

매개변수로 자체 컨텍스트를 자유롭게 구성하거나 +를 사용해 현재 컨텍스트의 전용 요소를 변경할 수 있다. 예를 들어 임시로 코루틴 이름을 설정하려면 다음과 같이 하면 된다.

```
... 코루틴 스코프 내부에 있다.

withContext(context = coroutineContext +
        CoroutineName("TmpName")) {
    ... 여기의 스코프는 조정된 컨텍스트를 갖는다.
}
```

동일한 방법으로 다른 컨텍스트 요소를 변경하거나 재정의할 수 있다.

delay()가 하는 일

얼핏 보면 delay(timeMillis:Long) 함수는 동시성 사용에 대한 자바 방식의 기본 Thread.sleep(millis:Long) 함수와 사용이 동일해 보인다. 이들은 delay() 또는 sleep() 구문 이후의 명령을 계속 진행하기 전에 프로그램 흐름을 일정 시간 대기시킨다. 하지만 이들 사이에는 큰 차이점이 존재한다. Thread.sleep() 함수는 실제로 현재 스레드를 블록하고 다른 스레드가 그들의 작업을 수행하게 하는 반면 delay()는 현재 스레드를 블록하지 않지만 지정된 시간이 경과한 다음 프로그램 흐름 재개를 예정하는 일시 중단 함수를 호출한다.

유스케이스 측면에서 보면 모두 사용해 동일한 목적을 달성할 수 있다. 즉 지정된 시간이 경과한 경우에만 프로그램 흐름이 계속되게 할 수 있다. 하지만 코루틴의 경우 스레드를 블록하지 않는다는 사실을 알면 동시성을 조정해 안정성과 성능을 극대화할 수 있다.

일시 중단 함수

일시 중단 함수는 호출이 시작되자마자 실행되거나 실행되지 않거나 일시 중단될 수 있으며 그런 다음 결국 종료되는 함수다. 자신 또는 일부가 일시 중단되더라도 스레드를 블록하지 않는다.

코딩 관점에서 보면 코루틴에서 함수를 추출하는 경우 함수를 일시 중단할 수 있게 만들어야 한다.

```
runBlocking {
    ...
    launch {
        ...
    }
}
```

다음과 같이 변환해야 한다.

```
runBlocking {
    ...
    doLaunch()
}

suspend fun doLaunch() {
    launch {
        ...
    }
}
```

내부적으로 suspend 키워드는 코루틴 컨텍스트에 숨은 매개변수를 추가한다.

잡 기다리기

동시에 동작하는 여러 코루틴에 작업을 배정하는 것은 이야기의 일부이며 이후 부분이 더 존재한다. 첫째, 코루틴이 뭔가를 계산했다면 이후 프로그램 흐름을 계속하기 전에 수행 결과를 수집할 수 있는지 확인해야 한다. 둘째, 프로그램은 코루틴이 완료된 이후 다른 작업을 계속하기 전에 큰 상태 기계로서 일관된 상태에 있는지 확인해야 한다. 여기서 말하려는 것은 바로 결과 수집과 협조 또는 동기화에 대한 것이다.

동기화의 경우 Job이나 Deferred가 작업을 끝냈는지 확인하려면 다음과 같이 join()을 사용하길 바란다.

```
val job = launch { ... }
val deferr = async { ... }

job.join() // job이 끝날 때까지 일시 중단
deferr.join() // deferr가 끝날 때까지 일시 중단
```

이는 Deferred에도 수행할 수 있다. Deferred가 Job의 서브클래스이기 때문이다. 두 경우 모두 잡의 모든 코루틴 자식이 작업을 완료했는지 확인한다. 하지만 Deferred의 경우 실제 계산 결과를 가져올 목적으로 사용하므로 코루틴 결과를 수집하는 방법이 필요하다. 다음과 같이 작성해 수행할 수 있다.

```
val deferr1 = async { ... }
val deferr2 = async { ... }

val deferr1Res = deferr1.await()
val deferr2Res = deferr2.await()
```

마찬가지로 await() 함수 호출도 Deferred가 작업을 완료할 때까지 프로그램 흐름을 일시

중단시키며 async 잡의 코루틴 자식도 작업을 마쳐야 한다.

Deferred의 경우 이미 계산된 결과를 가져오기 위해 사용할 수 있는 getCompleted() 함수를 제공한다.

```
val deferr1Res = deferr1.getCompleted()
```

하지만 이러한 경우 Deferred가 실제로 계산을 끝냈는지 확인해야 한다. 그러지 않으면 IllegalStateException이 발생한다. Deferred 또는 Job이 완료됐는지 검사하기 위해 isCompleted 프로퍼티를 읽을 수 있다.

부모-자식 관계를 갖는 코루틴의 계층적 구조에서 코루틴 라이브러리는 부모가 종료되기 전에 자식이 작업을 마칠 수 있게 하므로 다음과 같이 작성할 필요가 없다.

```
runBlocking {
    val job1 = launch {
    }
    job1.join() // 불필요하다!
}
```

조인join은 자동으로 일어난다.

코루틴 취소하기

잡을 취소하려면 Job 또는 Deferred 객체의 cancel() 함수를 호출하면 된다.

```
val job = launch { ... }
val deferr = async { ... }
...
job.cancel() // 또는 deferr.cancel()
```

취소는 작업을 즉시 빠져나가는 것을 의미하지 않는다. 그 대신 작업이 취소로 표시돼 적절한 시기에 작업을 중지한다.

- 취소된 잡 내부에서 일시 중단 함수를 호출하면 잡은 실행을 마친다. 그 예로 `delay()`가 있으며 `delay()` 함수 내부에서 취소 검사가 수행되고 잡이 취소됐다면 즉시 종료된다.
- 일시 중단 함수 호출이 없거나 충분하지 않은 경우 취소 검사를 시작하기 위해 `yield()` 함수를 사용할 수 있다.
- 코드 내부에서 `isActive` 프로퍼티가 `false`인지 정기적으로 검사할 수 있다. 만약 그렇다면(false라면) 잡이 취소된 것으로 인지하고 잡 실행을 마칠 수 있다.

일반적으로 취소 때문에 잡이 즉시 종료되지는 않으므로 `join()`을 추가해야 한다.

```
val job = launch { ... }
...
job.cancel()
job.join()
```

다음은 2가지를 합친 방법이다.

```
val job = launch { ... }
...
job.cancelAndJoin()
```

취소 때문에 코루틴 스코프 계층 구조가 신경써야 할 것은 18장 후반부 "예외 처리" 절에 설명돼 있다.

타임아웃

다음을 통해 코루틴 내부의 명령instructions에 대한 타임아웃을 지정할 수 있다.

```
withTimeout(1000L) { // 밀리세컨드
    ...
}
```

위의 경우 타임아웃 제한에 다다르면 `TimeoutCancellationException`(CancellationException의 서브클래스)이 발생한다.

```
val res = withTimeoutOrNull(1000L) { // 밀리세컨드
    ...
    [결과 표현식]
}
```

이러한 경우 주어진 시간이 경과하면 예외를 발생시키는 대신 결과에 `null`을 할당한다. 코틀린의 ?: 연산자로 null 값 처리를 할 수 있으므로 자체 예외를 발생시킬 수도 있다.

```
withTimeoutOrNull(1000L) { // 밀리세컨드
    ...
    "OK"
} ?: throw Exception("Timeout Exception")
```

디스패처

코틀린 디스패처는 실제로 잡이 어디서 어떻게 실행되는지를 알려준다. 정확하게 말해 코루틴이 실행되는 스레드와 스레드를 생성하거나 조회하는 방법(예를 들어 스레드 풀에서)을 설명한다. 다음을 이용해 현재의 디스패처를 구할 수 있다.

```
coroutineContext[ContinuationInterceptor]
```

`launch()`나 `async()` 같은 빌더가 사용하는 기본 값을 원하지 않는다면 명시적으로 디스패처를 지정할 수 있다. `launch()`나 `async()`는 첫 번째 매개변수로 컨텍스트를 부여할 수 있

다는 것을 기억하길 바란다. 디스패처가 있다면 다음과 같이 작성할 수 있다.

```
val myDispatcher = ...
runBlocking {
    val job = launch(coroutineContext + myDispatcher) {
        ...
    }
    job.join()
}
```

일부 디스패처가 코루틴 라이브러리에 의해 제공되므로 이러한 디스패처를 직접 개발하지 않아도 된다.

- Dispatchers.Default

    컨텍스트가 디스패처를 포함하지 않은 경우에 사용되는 기본 디스패처다. 최소한 2개의 스레드로 구성된 스레드 풀을 사용하며 최대 스레드 개수는 현재 디바이스가 갖는 CPU 개수의 -1이다. 하지만 최대 스레드 개수는 앱 초반에서 System.setProperty("kotlinx.coroutines.default.parallelism", 12) 같이 작성해 재정의할 수 있다(코루틴이 만들어지기 전에).

- Dispatchers.Main

    사용자 인터페이스 처리 관련 디스패처다. 안드로이드의 경우 메인 디스패처를 사용하려면 build.gradle 내부의 의존성 섹션에 kotlinx-coroutinesandroid 라이브러리를 추가해야 한다. 코루틴 구조를 다음과 같이 라우팅하면 Dispatchers.Main이 자동으로 사용된다.

    ```
    class MyClass :
        CoroutineScope by MainScope()
    {
        ...
    }
    ```

- Dispatchers.IO

    특히 블로킹 IO 기능에 최적화된 디스패처다. Dispatchers.Default 디스패처와 유사하지만 필요한 경우 스레드를 최대 64개까지 생성한다.

- newSingleThreadContext("MyThreadName")

    새로운 전용 스레드를 시작한다. 마지막에 close()를 적용해 사용을 마치거나 newSingleThreadContext() 함수 호출로 반환된 인스턴스를 재사용을 위해 일종의 전역 공간에 저장해야 한다.

- Dispatchers.Unconfined

    일반적인 용도가 아니다. 비한정 디스패처는 첫 번째 일시 중단 함수가 호출될 때까지 주변 컨텍스트의 스레드를 사용하는 디스패처다. 첫 번째 일시 중단 함수가 호출되기 전까지 사용하던 스레드로 첫 번째 일시 중단 함수를 호출한다.

예외 처리

코루틴 실행 중에는 3가지 예외가 발생하며 추가 예방 조치를 취하지 않으면 다음과 같은 일이 발생한다.

- CancellationException 예외와 launch()의 경우: 취소 예외는 Job 요소에 명시적으로 cancel()을 호출했을 때 발생한다는 것을 기억하길 바란다. CancellationException이 발생하면 현재 코루틴은 종료되지만 부모는 종료되지 않는다. 부모는 이러한 예외를 무시한다. 계층 구조의 루트 코루틴도 예외를 무시하므로 코루틴 외부에서 이러한 예외가 감지되지 않는다.
- CancellationException 예외와 async()의 경우: launch()와 달리 Deferred 요소에 cancel()을 호출해 Deferred 잡을 취소하는 것은 예외가 무시되지 않는다. 그 대신 예외에 대응해줘야 하며 await() 함수에서 예외에 대응할 수 있다.
- TimeoutCancellationException 예외의 경우: withTimeout(timeMillis:Long) { ... }에서 타임아웃이 일어나면 TimeoutCancellationException이 발생한다. 이는 Cancel

lationException의 서브클래스이며 특별하게 취급되지 않는다. 따라서 일반 취소 예외에 대한 것이 타임아웃에도 그대로 유지된다.
- **다른 예외**: 일반 예외는 코루틴 계층 내부에서 실행되는 잡을 즉시 종료하며 루트 코루틴에 의해서도 던져진다. 이러한 예외가 예상되면 루트 `runBlocking()`을 try-catch문으로 감싸야 한다. 물론 try-catch문을 잡 내부에 추가해 이러한 예외를 사전에 잡을 수도 있다.

취소 예외가 발생해 무슨 일이 일어나고 코루틴 계층 구조에서 어떻게 전파되는지 확인하려면 다음과 같은 코드를 수행하면 된다.

```
var l1:Job? = null
var l11:Job? = null
var l111:Job? = null
runBlocking {
    Log.d("LOG", "A")
    l1 = launch {
        Log.d("LOG", "B")
        l11 = launch {
            Log.d("LOG", "C")
            delay(1000L)
            Log.d("LOG", "D")
            l111 = launch {
                Log.d("LOG", "E")
                delay(1000L)
                Log.d("LOG", "F")
                delay(1000L)
                Log.d("LOG", "G")
            }
            delay(2500L)
            Log.d("LOG", "H")
        }
        delay(1000L)
        Log.d("LOG", "I")
    }
    Log.d("LOG", "X1")
    delay(1500L)
    Log.d("LOG", "X2")
```

```
    l111?.cancel()
    Log.d("LOG", "X3")
}
```

이를 실행하면 로그는 다음과 같이 남을 것이다.

```
10:05:31.295: A
10:05:31.295: X1
10:05:31.299: B
10:05:31.301: C
10:05:32.300: I
10:05:32.302: D
10:05:32.302: E
10:05:32.796: X2
10:05:32.796: X3
10:05:34.802: H
```

여기서 다음과 같은 특징을 확인할 수 있다.

- `runBlocking()`은 취소 예외를 밖으로 전달하지 않는다. 따라서 이러한 예외는 다소 "예상된" 예외다.
- A 이후 레이블 X1에 즉시 도달한다. 이는 모든 `launch()` 호출이 백그라운드 처리가 돼 당연하다.
- 백그라운드 처리 시작 이외에 딜레이가 지정되지 않았으므로 A 이후 곧바로 레이블 B와 C에 도달한다.
- 레이블 I 바로 앞에 `delay(1000L)`가 있으므로 1초 후 레이블 I에 도달한다. 이때 레이블 C 이후의 딜레이가 거의 지나간다. 수 밀리세컨드 후에 D와 E에 도달한다.
- 레이블 E에 도달하는 동안 X1 이후의 딜레이는 아직 완전하게 지나가지 않았지만 0.5초 후 X2에 도달해 잡 l111에서 취소를 발생시킨다. 이때 우리는 E 이후의 `delay(1000L)` 중간에 위치한다.
- 취소 때문에 E 이후의 딜레이는 즉시 종료되고 잡 l111은 중간에 빠져나간다. 따라서 레이블 F와 G는 도달하지 않는다.

- l111의 부모 코루틴은 작업을 계속 수행하며 잡 l111의 취소를 무시한다. 이는 조금 나중에 레이블 H에 도달하는 이유다.
- H 이전에 레이블 X3이 발생한다. `runBlocking()`은 취소되지 않은 자식이 여전하게 실행되는 동안 작업을 계속하기 때문이다. 잡 l111은 취소됐지만 잡 l11과 l1은 취소되지 않았기 때문에 H와 I 모두에 도달됐다.

예제에서 `l111.cancel()`을 `l11.cancel()`로 바꾸면 다음과 같이 출력된다.

```
11:40:35.893: A
11:40:35.894: X1
11:40:35.894: B
11:40:35.896: C
11:40:36.896: I
11:40:36.898: D
11:40:36.899: E
11:40:37.394: X2
11:40:37.395: X3
```

여기서 잡 l11과 자식(잡 l111)이 모두 취소된 것을 볼 수 있다. 그리고 레이블 F, G, H는 도달되지 않는다.

연습문제 2

앞 예제에서 `cancel()`문을 제거하고 레이블 E 이후에 있는 `delay()`에 0.5초 타임아웃을 추가하길 바란다. 어떻게 될지 예상해보길 바란다. 로깅 결과는 `cancel()`문이 있는 로깅 결과와 비교해 어떠한 차이가 있을까?

일시 중단 함수 호출을 포함하더라도 코드 흐름이 취소되지 않게 하려면 특수한 새로운 컨텍스트로 코드를 감싸면 된다.

```
...
withContext(NonCancellable) {
    // 취소할 수 없는 코드
```

```
    ...
}
...
```

맞춤 예외 처리가 필요하다면 빌더 호출에 `ExceptionHandler`를 명시적으로 등록하면 된다.

```
val handler = CoroutineExceptionHandler {
    _, exception ->
    Log.e("LOG", "Caught $exception")
}

runBlocking(handler) {
    ...
}
```

또는 다음과 같이 할 수 있다.

```
val handler = ...
runBlocking {
    ...
    launch(coroutineContext + handler) {
        ...
    }
}
```

대문자로 시작하지만 실제로 `CoroutineExceptionHandler()`는 함수 호출이다. 예외 처리를 위한 클래스를 작성하고 싶다면 동일한 이름을 사용하는 `CoroutineExceptionHandler` 인터페이스가 있다.

이러한 예외 핸들러는 코루틴에 잡히지 않는 예외만 처리한다. `launch()` 잡은 `CancellationException`을 코루틴 계층의 상위로 전송하지 않는다. 이러한 특정 예외 타입의 경우 예외 핸들러도 호출되지 않는다.

이러한 모든 예외 전파를 원하지 않는다면 다음과 같이 수퍼바이저 잡을 사용할 수 있다.

```
// 코루틴 스코프 내부에 있다.

val supervisor = SupervisorJob()
withContext(coroutineContext + supervisor) {
    // 코루틴 계층 구조
    ...
}
```

또는 supervisor 스코프를 사용한다.

```
// 코루틴 스코프 내부에 있다.

supervisorScope {
    // 코루틴 계층 구조
    ...
}
```

수퍼바이저는 모든 코루틴이 예외를 서로 독립적으로 처리하게 한다. 하지만 어떠한 자식도 부모보다 더 오래 유지될 수는 없다.

19장

외부 라이브러리 사용하기

외부 라이브러리는 일반적으로 사용되는 인터페이스와 클래스의 모음으로 여러 프로젝트에서 재사용할 수 있다. 코틀린 라이브러리가 아직 많지 않지만 자바 클래스와 인터페이스를 쉽게 연결할 수 있으므로 다른 개발자와 개발팀에 의해 배포된 수많은 자바 라이브러리를 여러분의 프로젝트에서 사용할 수 있다.

외부 라이브러리의 예로는 인코딩과 디코딩, 압축, CSV 파일 처리, 이메일 발송기, 고급 수학 및 통계, 데이터베이스, 확장 로깅 기능, XML과 JSON 파일 처리 등 여러 가지를 들 수 있다. XML과 JSON은 20장에서 살펴본다.

19장 나머지에서는 안드로이드 프로젝트에 외부 라이브러리를 추가하는 방법을 얘기하고 외부 Java 라이브러리를 추가할 경우 널 가능성 관련 특성을 탐구하며 자체 라이브러리를 만드는 방법을 설명한다.

외부 라이브러리 추가하기

외부 라이브러리를 추가하는 첫 번째 단계는 라이브러리의 출처를 지정하는 것이다. 라이브러리를 로드하거나 포함할 수 있는 위치를 리파지터리라고 한다. 새로운 안드로이드 프로젝트를 시작하면 프로젝트의 `build.gradle` 스크립트는 `buildscript` 섹션과 `allprojects` 섹션 두 곳에서 리파지터리를 포함한다.

```
buildscript {
    ...
    repositories {
        google()
        jcenter()
    }
    ...
}
allprojects {
    ...
    repositories {
        google()
        jcenter()
    }
    ...
}
...
```

애플리케이션 의존성은 `allprojects` 섹션에 있는 리파지터리를 사용한다. `buildscript` 섹션의 리파지터리는 빌드 프로세스의 플러그인 및 의존성을 나타낸다. 빌드 프로세스를 변경하지 않고 애플리케이션 라이브러리를 추가하려고 한다면 `allprojects` 섹션을 살펴봐야 한다. 여기에 다음과 같은 리파지터리를 지정할 수 있다.

- `google()`: 안드로이드용 라이브러리가 로드되는 리파지터리다. 안드로이드 프로젝트에는 항상 포함돼 필요하지만 보통 애플리케이션용 라이브러리를 참조하기 위한 위치는 아니다. 다시 말해 외부 라이브러리를 위한 위치는 아니다.
- `mavenCentral()`: https://repo1.maven.org/maven2에 위치한 원본 메이븐 리파지터리다. 메이븐 빌드 시스템이라면 대부분의 개발자가 라이브러리를 추가하기 위해 이러한 리파지터리를 우선 생각한다. 하지만 안드로이드의 경우 `jcenter`가 첫 번째 선택이다.

- jcenter(): http://jcenter.bintray.com의 대체 메이븐 리파지터리를 참조한다. 일반적으로 mavenCentral보다 jcenter를 선호해 나쁠 것은 없으며 대부분의 경우 모두 작동할 것이고 2가지 모두 지정하는 것도 가능하다. 라이브러리를 다운로드하는 속도가 다를 수 있으며 '최근latest' 라이브러리 버전이 다를 수 있다. jcenter 측은 mavenCentral과 비교해 jcenter가 더 크고 빠르다고 주장한다.

- mavenLocal(): 빌드 시스템으로 메이븐을 어떻게 사용하는지와 상관 없이 개발 머신에서는 캐시가 만들어지고 메이븐 리파지터리(jcenter 포함)에서 다운로드한 라이브러리로 끊임 없이 채워진다. 또한 메이븐 라이브러리 프로젝트를 만들어 이를 설치하면 해당 라이브러리는 공식 퍼블릭 리파지터리에 업로드할 계획이 없더라도 이러한 캐시에 들어간다. mavenLocal() 리파지터리는 이러한 캐시에서 라이브러리 의존성을 찾는다. 보통 이러한 캐시는 PC 사용자의 home 폴더 안에 있는 .m2 밑에서 찾을 수 있다.

- maven { url ' http://example.com/maven' }: 커스텀 메이븐 리파지터리를 추가하기 위해 사용할 수 있다. 사설이나 회사의 메이븐 리파지터리를 사용한다면 유용하다. google()과 jcenter()는 maven { url ' https://dl.google.com/dl/android/maven2/ ' }과 maven { url ' https://jcenter.bintray.com/ ' }의 단축 버전이다.

- ivy { url ' http://example.com/ivy' }: 아파치 아이비ivy 리파지터리를 추가하기 위해 사용할 수 있다.

대부분의 경우 google()과 jcenter()로 된 기본 설정으로 충분하다. 필요한 경우 이들을 사용해 새로운 리파지터리를 추가할 수 있다.

리파지터리를 설정하면 실제 라이브러리를 의존성 형태로 추가할 수 있다. 이는 모듈의 build.gradle 파일에서 가장 잘 작동한다. 새로운 프로젝트의 경우 이러한 파일의 dependencies 섹션은 다음과 같을 것이다(각 항목은 모두 한 줄이다).

```
dependencies {
    implementation
        fileTree(dir: 'libs', include: ['*.jar'])
    implementation
```

```
            "org.jetbrains.kotlin:kotlin-stdlib-jdk7:
                $kotlin_version"
    implementation
            "com.android.support:appcompat-v7:28.0.0"
    implementation
            "com.android.support.constraint:
                constraint-layout:1.1.3"
    testImplementation
            "junit:junit:4.12"
    androidTestImplementation
            "com.android.support.test:runner:1.0.2"
    androidTestImplementation
            "com.android.support.test.espresso:
                espresso-core:3.0.2"
}
```

여기서 세부적인 내용은 중요하지 않다. 여기서 알아야 할 것은 외부 라이브러리를 추가하려면 implementation으로 시작하는 또 다른 줄을 추가해야 한다는 것이다. implementation에 대한 정확한 구문은 다음 형식을 따른다.

```
implementation "MAVEN_GROUP_ID:MAVEN_ARTIFACT_ID:VERSION"
```

또는 다음과 같다.

```
implementation 'MAVEN_GROUP_ID:MAVEN_ARTIFACT_ID:VERSION'
```

그룹 ID, 산출물[artifact] ID, 버전 3가지는 메이븐 코디네이트[Maven coordinates]라고도 알려져 있다.

매개변수화된 변수 양식을 사용해 동일한 방식으로 사용할 수 있다(줄 바꿈 없이 한 줄로 작성한다).

```
implementation group: "MAVEN_GROUP_ID",
        name: "MAVEN_ARTIFACT_ID",
        version "VERSION"
```

마찬가지로 홑따옴표도 사용할 수 있다.

이는 예제로 설명하는 것이 가장 좋다. 복잡한 수학 계산을 위해 Apache Commons Math library를 추가한다고 가정해보자. 먼저 해당 라이브러리의 메이븐 코디네이트를 알아야 한다. 이러한 코디네이트는 다음과 같은 몇 가지 방법으로 얻을 수 있다.

- 라이브러리는 다운로드 페이지에서 메이븐 코디네이트를 구할 수 있는 자체 웹사이트를 갖고 있을 수 있다.
- 리파지터리의 웹사이트에서 제공하는 검색 기능을 사용한다.
- 검색 엔진을 사용해 "apache commons math maven." 같은 검색어로 검색한다.

대부분의 경우 메이븐 코디네이트는 XML 문자열 형태로 구할 수 있다.

```
<!-- https://mvnrepository.com/artifact/
     org.apache.commons/commons-math3 -->
<dependency>
    <groupId>org.apache.commons</groupId>
    <artifactId>commons-math3</artifactId>
    <version>3.2</version>
</dependency>
```

dependency 요소 내부를 보면 그룹 ID, 산출물 ID 및 버전을 확인할 수 있다. 따라서 태그 이름을 보면 XML에서 그레이들 동등 항목을 쉽게 이끌어낼 수 있다. 다음은 그레이들로 옮긴 것이다.

```
implementation "org.apache.commons:commons-math3:3.2"
```

또는 다음과 같다(한 줄이다).

```
implementation group: "org.apache.commons",
    name : "commons-math3",
    version : "3.2"
```

19장_ 외부 라이브러리 사용하기 475

> **참고** 경우에 따라 그레이들 구문을 구할 수도 있다. compile 'org.apache.commons:commons-math3:3.2'로
> 돼 있더라도 compile 대신 implementation을 사용하길 바란다. compile 키워드는 오래된 버전의 그
> 레이들에 속한다.

그러면 안드로이드 스튜디오가 동기화할 것인지 물어본다. 동기화를 수행하고 나면 새로운 라이브러리를 코드에서 사용할 수 있다.

의존성 관리

라이브러리는 다른 라이브러리에 의존할 수 있다. 이는 매우 자주 일어나며 라이브러리가 드러내는 모든 의존성을 수동으로 추가해야 한다면 진정한 악몽으로 발전할 수도 있다. 예를 들어 또 다른 Apache Commons 라이브러리인 Apache Commons Configuration 2.4 버전은 3가지 추가 라이브러리에 의존하며 이러한 3가지는 차례대로 다른 라이브러리에 의존할 수 있다. 다행스럽게도 메이븐은 모든 전이 의존성을 포함해 이러한 의존성을 자동으로 해결하므로 아무 것도 할 필요가 없다.

여기서 이를 언급한 것은 이러한 의존성과 전이 의존성이 앱의 크기를 상당하게 키울 수 있다는 것을 알려주기 위해서다. 예를 들어 100kb 크기의 라이브러리를 추가한다면 의존성 때문에 크기가 수 메가바이트로 쉽게 불어날 수 있다. 최신 기기에서는 전혀 문제가 안 되지만 특정 상황에서 앱 파일이 왜 그렇게 커지는지 아는 것이 좋다.

미해결 로컬 의존성

안드로이드 스튜디오를 사용해 새로운 프로젝트를 만들면 모듈의 `build.gradle` 파일에 있는 `dependencies` 섹션 내부의 첫 줄은 다음과 같을 것이다.

```
fileTree(dir: 'libs', include: ['*.jar'])
```

이는 libs 폴더 안에 놓인 모든 .jar 파일이 앱에 라이브러리로 추가된다는 뜻이다. 자동 의존성 해결은 일어나지 않으며 라이브러리는 직접 다운로드해야 한다. 이는 메이븐의 의존성 포함 방법과 다소 상충되므로 이러한 방법은 피하는 것이 좋다.

외부 라이브러리와 널 가능성

코틀린에서 프로퍼티의 널 가능성은 프로그램 안정성 향상에 중요한 역할을 한다는 것을 알고 있다. 외부 자바 라이브러리를 포함시키면 얘기가 달라진다. 언어로서 자바는 코틀린에서와 같이 널 가능 변수와 널 불가능 변수를 정확하게 구분하지 않는다. 외부 자바 라이브러리를 사용하기 위해 코틀린은 모든 함수 호출 매개변수와 함수 반환 값을 널 가능으로 가정한다.

외부 라이브러리의 API 문서가 함수의 반환 값이 null이 될 수 없다고 한다면 코틀린에 이러한 사실을 알릴 유일한 방법은 엘비스 연산자를 사용하고 반환 값이 null인 경우 예외를 발생시키는 것이다.

```
val res = javaObject.function() ?:
            throw Exception("Cannot happen")
```

자체 라이브러리 만들기

커맨드 라인이나 이클립스 같은 다른 IDE를 사용하는 것을 포함해 원하는 방식으로 라이브러리를 작성할 수 있다. 이번 절에서는 안드로이드 스튜디오를 사용해 라이브러리를 만들어 사용하는 방법을 살펴본다.

안드로이드 스튜디오에서 라이브러리 프로젝트는 실제로 다른 프로젝트에 포함될 수 있는 .jar 파일 그 이상이다. 안드로이드 구성 파일과 사용자 인터페이스를 기술하는 파일을 포함할 수 있으므로 그 자체가 거의 앱에 가깝다. 하지만 다른 프로젝트에서 사용할 수 있는 인터페이스와 클래스를 정의하기 위해 안드로이드 라이브러리를 사용하는 것을 흠잡을 사람은 없다.

예를 들어 정규 표현식 일치를 검사하는 연산자 함수로 String 클래스를 확장하는 String Regex라는 라이브러리를 정의하면 다음과 같이 작성할 수 있다.

```
val s = "The big brown fox jumps over the creek."
val containsOnlyLetters = s % "[A-Za-z ]*"
// -> "." 때문에 실패
```

이러한 확장 함수를 정의하기 위해 % 연산자인 rem()을 재정의한다. 코드는 다음과 같다.

```
package org.foo.stringregex

operator fun String.rem(re:String):Boolean =
        this.matches(Regex(re))
```

물론 package는 다른 것을 사용할 수 있다.

먼저 안드로이드 스튜디오에서 새로운 라이브러리 프로젝트를 시작한다. 이를 위해 File > New > New Project로 가 Add No Activity를 선택한다. 프로젝트 이름으로 StringRegexApp을 입력하고 패키지 이름으로 org.foo.stringregex를 입력한다. 저장 위치로는 원하는 위치를 입력한다. 언어 설정이 코틀린으로 됐는지 확인하고 최소 API 수준을 적당한 수준으로 선택한다. 새로운 안드로이드 스튜디오 프로젝트 창에서 File > New > New Module로 이동하고 Java Library를 선택한다. 여기서 다른 설정은 중요하지 않다. 프로젝트 뷰는 이제 그림 19-1과 비슷할 것이다.

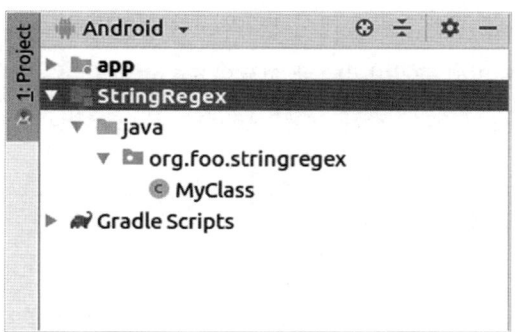

▲ 그림 19-1 StringRegex 안드로이드 라이브러리

필요 없는 자바 클래스인 MyClass를 삭제한다. org.foo.stringregex 패키지에 새로운 코틀린 파일을 만든다. 오른쪽 클릭 후 New > Kotlin File/Class를 선택한다. 이름으로 stringregex를 입력하고 Kind로는 File을 선택한다.

그러면 안드로이드 스튜디오가 코틀린이 구성되지 않았다는 경고를 표출할 수 있다. 이러한 경우 Configure를 클릭하고 메뉴에서 Java with Gradle을 선택한 다음 코틀린을 활성화할 모듈을 묻는 대화 상자에서 All modules를 선택하길 바란다.

> 참고 안드로이드 스튜디오 3.3의 경우 코틀린 구성 마법사에 버그가 있다. Stringregex 모듈의 build.gradle 파일에서 plugins 안에 있는 플러그인 버전을 주석 처리해야 할 수도 있다.
>
> ```
> id 'org.jetbrains.kotlin.jvm' //version '1.3.20'
> ```

stringregex 파일을 열어 앞에서 보여준 확장 함수 코드를 입력한다. 이제 클라이언트 프로젝트에서 이를 참조할 것이므로 창을 닫아도 된다.

이 책에서 만든 앱 중 하나를 선택할 수 있으며 안드로이드 스튜디오로 연 앱에서 settings.gradle 파일을 열어 다음과 같은 두 구문을 추가한다.

```
include ':StringRegex'
project(':StringRegex').projectDir =
  new File('../StringRegexApp/StringRegex')
```

File() 안에 있는 문자열은 방금 만든 라이브러리 모듈을 가리켜야 한다. 그리고 모듈 의존성을 선언해야 한다. 이를 위해 클라이언트 앱 모듈의 build.gradle 파일을 열어 dependencies 섹션에 다음을 추가한다.

```
implementation project(":StringRegex")
```

이러한 절차는 이러한 라이브러리를 참조하는 여러 앱에 원하는 만큼 반복해 적용할 수 있다.

이제 클라이언트 코드 안에서 확장 함수를 임포트해 사용할 수 있다.

```
import org.foo.stringregex.rem

...
val s = "The big brown fox jumps over the creek."
val containsOnlyLetters = s % "[A-Za-z ]*"
// -> "." 때문에 실패
```

라이브러리가 생성한 .jar 파일을 확인하거나 사용하려면 운영 체제에서 제공하는 파일 시스템 탐색기에서 **StringRegexApp** / **StringRegex** / **build** / **libs**로 이동하길 바란다.

20장

XML과 JSON

19장에서 안드로이드 프로젝트에 외부 라이브러리를 포함시키는 방법을 배웠다. 코틀린은 전용 XML과 JSON 처리 클래스를 표준 라이브러리에서 제공하지 않는다. 따라서 XML과 JSON 관련 작업을 수행하려면 적절한 외부 라이브러리를 사용해 확장 함수 형태로 편의 함수를 추가해야 한다.

> **참고** XML과 JSON은 구조적 데이터에 대한 형식 규격이다. 안드로이드 앱이 외부 세계와 표준 형식으로 데이터를 주고받을 때 자주 사용한다.

20장은 코드 스니펫을 테스트할 수 있는 샘플 앱이 있다고 가정한다. 어떠한 앱이든 사용해도 되며 이 책에서 개발한 앱 중 하나를 사용해도 된다. 예를 들어 액티비티의 `onCreate()` 함수 내부에 테스트 목적의 **Log** 출력을 제공하는 샘플 코드를 추가하거나 안드로이드의 테스트 방법론 중 하나를 사용하는 테스트 클래스를 사용할 수 있다. 가장 적합한 방법을 선택하길 바란다.

XML 처리

XML 파일은 다음과 유사한 형식을 갖는 파일이다.

```xml
<?xml version="1.0" encoding="UTF-8"?>
<ProbeMsg>
    <TimeStamp>2016-10-30T19:07:07Z</TimeStamp>
    <ProbeId>1A6G</ProbeId>
    <ProbeValue ScaleUnit="cm">37.4</ProbeValue>
    <Meta>
        <Generator>045</Generator>
        <Priority>-3</Priority>
        <Actor>P. Rosengaard</Actor>
    </Meta>
</ProbeMsg>
```

> 참고 XML은 스키마 밸리데이션과 네임스페이스 같은 더 정교한 구조를 제공한다. 20장에서는 XML 태그, 애트리뷰트 및 텍스트 콘텐츠만 설명한다. 20장에 제시된 샘플과 유틸리티 기능을 확장해 이러한 확장 기능을 포함시킬 수도 있다.

XML 처리의 경우 다음과 같은 방식 중 하나 또는 조합이 사용된다.

- **DOM 모델: 전체 트리 핸들링**: 이러한 문서 객체 모델^{DOM}에서는 XML 데이터 전체가 메모리 안에 트리 구조로 표현돼 취급된다.
- **SAX: 이벤트 기반 처리**: XML 파일이 파싱돼 각 요소 또는 애트리뷰트로 적절한 이벤트가 발생한다. 이러한 이벤트는 SAX 프로세서에 등록해야 하는 콜백 함수에 의해 수신된다. 이처럼 "무엇을 수행하고 있는지 알려줘" 식의 처리 스타일을 보통 푸시 파싱$^{push\ parsing}$이라고 한다.
- **StAX: 스트림 기반 처리**: 여기서는 "다음 XML 요소를 줘" 등과 같은 작업을 수행한다. 푸시 파싱의 SAX와 대조적으로 StAX의 경우 파서에게 무엇을 수행해야 하는지 알려준다. "무엇을 수행하는지 알려준다." 따라서 풀 파싱$^{pull\ parsing}$이라고 한다.

안드로이드에서는 보통 작은 것부터 시작해 중간 크기까지의 XML 파일을 처리한다. 이러한 이유로 20장에서는 DOM을 사용한다. 읽기의 경우 먼저 전체 XML 파일을 파싱하고 데이터를 메모리에 DOM 트리로 저장한다. 여기서 요소 삭제, 변경, 추가 작업을 쉽게 수행할 수 있으며 메모리에서 발생하므로 매우 빠르다. 쓰기의 경우 메모리에서 전체 DOM 트리를 가져와 XML 문자 스트림을 생성하며 결과를 다시 파일에 기록할 수 있다.

XML 처리를 위해 자바 참조 구현인 Xerces를 외부 라이브러리로 추가한다. 안드로이드 스튜디오에서 모듈의 `build.gradle` 파일을 열어 `dependencies` 섹션 내부에 다음을 추가한다.

```
implementation 'xerces:xercesImpl:2.12.0'
```

참고 DOM 구현만 사용할 것이지만 Xerces는 SAX와 StAX API도 구현하고 있다.

XML 데이터 읽기

Xerces 구현 덕분에 사용할 수 있는 DOM 구현에는 XML 요소를 읽는 데 필요한 모든 것을 이미 포함하고 있다. 하지만 DOM API의 사용성을 훌륭하게 향상시키는 몇 가지 확장 함수를 추가할 것이다. 이를 위해 `com.example.domext` 또는 다른 적절한 패키지 이름을 사용해 패키지를 만들길 바란다. 이러한 패키지 안에 `dom.kt` 코틀린 파일을 추가한 후 내용을 채운다.

```
package com.example.domext

import org.apache.xerces.parsers.DOMParser
import org.w3c.dom.Document
import org.w3c.dom.Node
import org.xml.sax.InputSource
import java.io.StringReader
import java.io.StringWriter
import javax.xml.transform.OutputKeys
import javax.xml.transform.TransformerFactory
```

```kotlin
import javax.xml.transform.dom.DOMSource
import javax.xml.transform.stream.StreamResult

fun parseXmlToDOM(s:String) : Document {
  val parser: DOMParser = DOMParser()
  return parser.let {
      it.parse(InputSource(StringReader(s)))
      it.document
  }
}

fun Node.fetchChildren(withText:Boolean = false) =
  (0..(this.childNodes.length - 1)).
  map { this.childNodes.item(it) }.
  filter { withText || it.nodeType != Node.TEXT_NODE }

fun Node.childCount() = fetchChildren().count()

fun Node.forEach(withText:Boolean = false,
                 f:(Node) -> Unit) {
  fetchChildren(withText).forEach { f(it) }
}

operator fun Node.get(i:Int) = fetchChildren()[i]
operator fun Node.invoke(s:String): Node =
  if(s.startsWith("@")) {
      this.attributes.getNamedItem(s.substring(1))
  }else{
      this.childNodes.let { nl ->
          val iter = object : Iterator<Node> {
              var i: Int = 0
              override fun next() = nl.item(i++)
              override fun hasNext() = i < nl.length
          }
          iter.asSequence().find { it.nodeName == s }!!
      }
  }
operator fun Node.invoke(vararg s:String): Node =
    s.fold(this, { acc, s1 -> acc(s1) })

fun Node.text() = this.firstChild.nodeValue
```

```
fun Node.name() = this.nodeName
fun Node.type() = this.nodeType
```

이들은 모두 `org.w3c.dom.Node`에 대한 패키지 수준 함수와 확장 함수로 다음과 같은 특징이 있다.

- DOM API에서 트리의 각 요소(예를 들어 이번 절 전반부에서 제공한 XML 데이터에 있는 `ProbeValue` 같은)는 `Node` 인스턴스로 표현된다.
- XML 문자열을 `Document`로 변환하는 패키지 수준 함수 `parseXmlToDOM(s:String)`을 추가한다.
- 텍스트 요소를 무시하고 노드의 모든 비텍스트 자식을 반환하는 `fetchChildren()` 함수를 `Node`에 추가한다. 매개변수로 `withText=true`를 추가하면 텍스트 노드가 공백과 줄 바꿈만 포함하더라도 요소의 텍스트 요소가 자식 목록에 포함된다. 예를 들어 이번 절 전반부에서 제공한 XML 데이터에서 `Meta` 노드는 3개의 자식(`Generator`, `Priority`, `Actor`)을 갖는다. `withText=true`를 사용하면 이들 사이의 공백과 줄 바꿈도 반환될 것이다.
- 텍스트 요소를 무시하고 노드의 자식 노드 개수를 세는 `childCount()` 함수를 `Node`에 추가한다. 공식 DOM API는 이러한 함수를 제공하지 않는다.
- 코틀린 방식으로 노드의 자식을 반복할 수 있는 `forEach()` 함수를 `Node`에 추가한다. 원본 DOM API는 이러한 반복기를 제공하지 않으며 `hasChildNodes()`, `childNodes.length` 및 `childNodes.item(index:Int)` 같은 함수와 프로퍼티만 제공한다. 매개변수로 `withText=true`를 추가하면 요소의 텍스트 노드가 공백과 줄 바꿈만 포함하더라도 자식 노드에 포함된다.
- 텍스트 노드를 무시하고 요소에서 특정 자식 노드를 가져오기 위한 `get(i:Int)` 함수를 `Node`에 추가한다.
- 괄호 ()에 속하는 `Node`의 `invoke` 연산자를 재정의한다. 첫 번째 변종은 `String` 매개변수를 사용해 이름으로 자식 노드를 탐색한다. 즉 `node("cn") = node`는 이름이 "cn"인 자식 노드를 의미한다. 매개변수가 @로 시작하면 애트리뷰트가 처리된다. 즉

node("@an") = node는 이름이 "an"인 애트리뷰트를 의미한다. 후자의 경우 애트리뷰트 값을 문자열로 가져오려면 text()를 호출해야 한다.
- 오버로드된 invoke 연산자의 두 번째 변종은 여러 문자열을 지정할 수 있으며 자식 노드에서 자식 노드를 탐색한다.
- 함수를 Node에 추가한다. 먼저 요소의 텍스트 콘텐츠를 가져오는 text(), 그런 다음 노드 이름을 알려주는 name(), 그리고 노드 타입(가능한 값의 경우 Node 클래스의 상수 프로퍼티를 보길 바란다)을 평가하는 type()을 추가한다.

주의 단순함을 위해 이번 절에서 DOM 처리를 위해 보여준 코드 스니펫은 예외를 처리하지 않는다. 프로덕션 프로젝트에 이러한 코드를 사용하려면 적절한 에러 처리를 추가해야 한다.

다음 스니펫은 API와 확장 함수를 어떻게 사용하는지의 예다.

```
import ...
import com.example.domext.*

...
val xml = """<?xml version="1.0" encoding="UTF-8"?>
  <ProbeMsg>
    <TimeStamp>2016-10-30T19:07:07Z</TimeStamp>
    <ProbeId>1A6G</ProbeId>
    <ProbeValue ScaleUnit="cm">37.4</ProbeValue>
    <Meta>
      <Generator>045</Generator>
      <Priority>-3</Priority>
      <Actor>P. Rosengaard</Actor>
    </Meta>
</ProbeMsg>"""

try {
    // 전체 XML 문서 파싱
    val dom = parseXmlToDOM(xml)

    // 요소 접근
    val ts = dom("ProbeMsg")("TimeStamp").text()
```

```
        Log.d("LOG", ts) // 2001-11-30T09:08:07Z

        // 애트리뷰트 접근
        val uni = dom("ProbeMsg")("ProbeValue")("@ScaleUnit")
        Log.d("LOG", uni.text()) // cm

        // 간소화된 XML 트리 탐색
        val uni2 = dom("ProbeMsg","ProbeValue","@ScaleUnit")
        Log.d("LOG", uni2.text()) // cm

        // 요소의 자식을 반복
        dom("ProbeMsg")("Meta").forEach { n ->
            Log.d("LOG", n.name() + ": " + n.text())
            //     Generator: 045
            //     Priority: -3
            //     Actor: P. Rosengaard
        }
}catch(e:Exception) {
    Log.e("LOG", "Cannot parse XML", e)
}
...
```

XML 데이터 변경

메모리에 XML 트리의 DOM 표현이 있다면 요소를 추가할 수 있다. DOM API가 제공하는 함수를 사용할 수 있지만 코틀린을 사용하면 표현력을 높일 수 있다. 이러한 목적으로 다음과 같은 코드를 **dom.kt** 파일에 추가하길 바란다(임포트를 추가하지 않았기 때문에 필요한 임포트는 Alt+Enter를 눌러 안드로이드 스튜디오의 도움을 받길 바란다).

```
fun prettyFormatXml(document:Document): String {
    val format = OutputFormat(document).apply { lineWidth = 65
        indenting = true
        indent = 2
    }
    val out = StringWriter()
    val serializer = XMLSerializer(out, format)
```

```kotlin
    serializer.serialize(document)
    return out.toString()
}
fun prettyFormatXml(unformattedXml: String) =
            prettyFormatXml(parseXmlToDOM(unformattedXml))

fun Node.toXmlString():String {
    val transformerFact = TransformerFactory.newInstance()
    val transformer = transformerFact.newTransformer()
    transformer.setOutputProperty(OutputKeys.INDENT, "yes")
    val source = DOMSource(this)
    val writer = StringWriter()
    val result = StreamResult(writer)
    transformer.transform(source, result)
    return writer.toString()
}

operator fun Node.plusAssign(child:Node) {
     this.appendChild(child)
}

fun Node.addText(s:String): Node {
    val doc = ownerDocument
    val txt = doc.createTextNode(s)
    appendChild(txt)
    return this
}

fun Node.removeText() {
    if(hasChildNodes() && firstChild.nodeType == Node.TEXT_NODE)
        removeChild(firstChild)
}

fun Node.updateText(s:String) : Node { removeText()
    return addText(s)
}

fun Node.addAttribute(name:String, value:String): Node {
    (this as Element).setAttribute(name, value)
    return this
}
```

```
fun Node.removeAttribute(name:String) {
    this.attributes.removeNamedItem(name)
}
```

다음은 무엇을 했는지에 대한 설명이다.

- prettyFormatXml(document: Document)과 prettyFormatXml(unformattedXml: String) 함수는 주로 진단을 목적으로 하는 유틸리티 함수다. 주어진 Document나 형식화되지 않은 XML 문자열을 보기 좋은 문자열로 만든다.
- Node.toXmlString() 확장 함수는 현재 노드에서 시작하는 서브트리 XML 표현 문자열을 만든다. Document에 수행할 경우 전체 DOM 구조가 변환된다.
- 자식 노드를 추가하기 위해 Node의 plusAssign 연산자(+=에 해당)를 오버로드한다.
- 노드에 텍스트 콘텐트를 추가하기 위해 Node에 addText() 확장을 추가한다.
- 노드에서 텍스트 콘텐트를 제거하기 위해 Node에 removeText() 확장을 추가한다.
- 노드의 텍스트 콘텐트를 변경하기 위해 Node에 updateText() 확장을 추가한다.
- 노드에 애트리뷰트를 추가하기 위해 Node에 addAttribute() 확장을 추가한다.
- 노드에서 애트리뷰트를 제거하기 위해 Node에 removeAttribute() 확장을 추가한다.
- 노드의 애트리뷰트를 변경하기 위해 Node에 updateAttribute() 확장을 추가한다.

이러한 함수의 유스케이스는 다음과 같은 코드 스니펫에 포함돼 있다. 먼저 주어진 노드에 요소와 애트리뷰트를 추가하는 예다.

```
val xml = """<?xml version="1.0" encoding="UTF-8"?>
<ProbeMsg>
  <TimeStamp>2016-10-30T19:07:07Z</TimeStamp>
  <ProbeId>1A6G</ProbeId>
  <ProbeValue ScaleUnit="cm">37.4</ProbeValue>
  <Meta>
    <Generator>045</Generator>
    <Priority>-3</Priority>
    <Actor>P. Rosengaard</Actor>
  </Meta>
```

```
</ProbeMsg>"""

    try {
        val dom = parseXmlToDOM(xml)

        val msg = dom("ProbeMsg")
        val meta = msg("Meta")

        // "meta"에 새로운 요소를 추가한다.
        meta += dom.createElement("NewMeta").
            addText("NewValue").
            addAttribute("SomeAttr", "AttrVal")

        Log.d("LOG", "\n\n" + prettyFormatXml(dom))

    }catch(e:Exception) { Log.e("LOG", "XML Error", e) }
}
```

이를 위해 Document 클래스의 createElement() 함수를 사용한다. 마지막에 변경된 XML을 로깅 콘솔에 찍는다.

다음과 같은 코드 샘플은 애트리뷰트와 엘리먼트를 변경하고 제거하는 방법을 설명한다.

```
val xml = """<?xml version="1.0" encoding="UTF-8"?>
<ProbeMsg>
  <TimeStamp>2016-10-30T19:07:07Z</TimeStamp>
  <ProbeId>1A6G</ProbeId>
  <ProbeValue ScaleUnit="cm">37.4</ProbeValue>
  <Meta>
    <Generator>045</Generator>
    <Priority>-3</Priority>
    <Actor>P. Rosengaard</Actor>
  </Meta>
</ProbeMsg>"""

    try {
        val dom = parseXmlToDOM(xml)

        val msg = dom("ProbeMsg")
```

```
            val ts = msg("TimeStamp")
            val probeValue = msg("ProbeValue")

            // 엘리먼트의 애트리뷰트와 그 텍스트 콘텐츠를
            // 업데이트한다.
            probeValue.updateAttribute("ScaleUnit", "dm")
            ts.updateText("1970-01-01T00:00:00Z")
            Log.d("LOG", "\n\n" + prettyFormatXml(dom))

            // 애트리뷰트를 제거한다.
            probeValue.removeAttribute("ScaleUnit")
            Log.d("LOG", "\n\n" + prettyFormatXml(dom))

            // 노드를 제거한다는 것은
            // 부모 노드에서 제거한다는 것을 의미한다.
            msg.removeChild(probeValue)
            Log.d("LOG", "\n\n" + prettyFormatXml(dom))

}catch(e:Exception) {
    Log.e("LOG", "XML Error", e)
}
```

새로운 DOM 생성

XML 문서의 DOM 표현을 처음부터 작성해야 한다면 먼저 Document 인스턴스를 생성한다. 이는 퍼블릭 생성자가 없기 때문에 다음과 같이 작성한다.

```
val doc = DocumentBuilderFactory.
        newInstance().newDocumentBuilder().newDocument()
```

여기서부터는 앞에서 설명한 대로 요소를 추가할 수 있다. prettyFormatXml() 유틸리티 함수로 출력되는 것을 보려면 doc에 자식 요소를 최소한 하나라도 추가해야 한다.

연습문제 1

XML 문서 생성을 단순화하기 위해 `dom.kt` 파일에 `createXmlDocument()` 함수를 추가하길 바란다.

JSON 처리

자바스크립트 객체 표기^{JSON}는 XML의 동생뻘이다. JSON 형식으로 작성된 데이터는 XML 형식과 비교해 더 적은 공간을 필요로 한다. 그 외에 JSON 데이터는 브라우저 환경에서 거의 자연스럽게 자바스크립트 객체에 매핑되며 최근 몇 년 동안 큰 주목을 받았다.

코틀린의 표준 라이브러리는 JSON 데이터를 어떻게 처리하는지 알지 못한다. 따라서 XML 처리와 유사하게 적합한 외부 라이브러리를 추가한다. 몇 가지 선택지가 있지만 폭넓게 사용되는 잭슨^{Jackson} 라이브러리를 사용한다. 안드로이드 프로젝트에 추가하려면 모듈의 `build.gradle` 파일에 있는 `dependencies` 섹션에 다음과 같은 두 줄(줄 바꿈은 제거)을 추가한다.

```
implementation
    'com.fasterxml.jackson.core:jackson-core:2.9.8'
implementation
    'com.fasterxml.jackson.core:jackson-databind:2.9.8'
```

JSON 처리에는 몇 가지 방식이 존재한다. 가장 일반적으로 사용되는 것은 JSON용 객체로 된 트리 구조이며 다양한 준자동 변환 메커니즘으로 코틀린과 JSON 객체 사이를 매핑한다. 매핑 방법론은 숙제로 남겨둔다. 이는 주로 JSON 컬렉션 매핑과 관련이 깊은 몇 가지 특성을 포함한다. 잭슨 홈페이지에서 관련 정보를 제공하고 있다. 그 대신 JSON 데이터의 인메모리 트리 표현을 처리하기 위한 메커니즘을 설명하려고 한다.

이번 절 나머지에서는 예제에서 사용된 함수를 설명하기 위해 다음과 같은 JSON 데이터를 사용한다.

```
val json = """{
```

```
    "id":27,
    "name":"Roger Rabbit",
    "permanent":true,
    "address":{
        "street":"El Camino Real",
        "city":"New York",
        "zipcode":95014
    },
    "phoneNumbers":[9945678, 123456781],
    "role":"President"
}"""
```

JSON 헬퍼 함수

JSON 처리를 위한 잭슨 라이브러리는 JSON 요소를 쓰기, 업데이트, 삭제하는 데 필요한 모든 것을 포함한다. 이러한 라이브러리는 매우 폭넓고 막대한 양의 클래스와 함수를 포함한다. 개발을 단순화하고 코틀린의 장점을 포함하기 위해 몇 가지 패키지 수준 함수를 사용하고 JSON 코드 가독성 향상을 위해 확장 함수를 사용할 것이다. 이들은 com.whatever.ext 패키지 안의 코틀린 파일 json.kt가 가장 적합하다.

임포트부터 시작해 노드에서 자식 노드를 쉽게 꺼낼 수 있도록 invoke 연산자를 추가하고 노드의 제거와 노드의 자식 노드를 순회하기 위해 remove와 forEach 함수를 추가한다.

```
import com.fasterxml.jackson.core.JsonFactory
import com.fasterxml.jackson.core.util.DefaultPrettyPrinter
import com.fasterxml.jackson.databind.JsonNode
import com.fasterxml.jackson.databind.ObjectMapper
import com.fasterxml.jackson.databind.node.*
import java.io.ByteArrayOutputStream
import java.math.BigInteger

operator fun JsonNode.invoke(s:String) = this.get(s)
operator fun JsonNode.invoke(vararg s:String) =
     s.fold(this, { acc, s -> acc(s) })
fun JsonNode.remove(name:String) {
```

```
        val on = (this as? ObjectNode)?:
            throw Exception("This is not an object node")
        on.remove(name) }
fun JsonNode.forEach(iter: (JsonNode) -> Unit ) {
    when(this) {
            is ArrayNode -> this.forEach(iter)
            is ObjectNode -> this.forEach(iter)
            else -> throw Exception("Cannot iterate over " +
                    this::class)
    }
}
```

그런 다음 텍스트 추출을 간소화하기 위해 asText()에 단순 앨리어스 text()를 추가한다.

```
fun JsonNode.text() = this.asText()
```

객체 노드의 자식 노드를 순회하는 또 다른 반복기다. 이번에는 자식 노드의 이름도 고려한다.

```
fun JsonNode.forEach(iter: (String, JsonNode) -> Unit ) {
    if(this !is ObjectNode)
        throw Exception(
        "Cannot iterate (key,val) over " + this::class)
    this.fields().forEach{
        (name, value) -> iter(name, value) }
}
```

객체 노드의 자식을 만들기 위해 put() 함수를 정의한다. 따라서 node.put("childName", 42) 같이 작성할 수 있다.

```
// 노드가 ObjectNode인 경우에만 작동한다!
fun JsonNode.put(name:String, value:Any?) : JsonNode {
    if(this !is ObjectNode)
        throw Exception("Cannot put() on none-object node")
    when(value) {
            null -> this.putNull(name)
            is Int -> this.put(name, value)
```

```
            is Long -> this.put(name, value)
            is Short -> this.put(name, value)
            is Float -> this.put(name, value)
            is Double -> this.put(name, value)
            is Boolean -> this.put(name, value)
            is String -> this.put(name, value)
            is JsonNode -> this.put(name, value)
            else -> throw Exception(
                "Illegal value type: ${value::class}")
        }
        return this
}
```

배열 객체에 값을 추가하기 위해 다양한 타입에 작동하는 **add()** 함수를 정의한다.

```
// 배열에 값을 추가한다.
// ArrayNode인 경우에만 작동한다.
fun JsonNode.add(value:Any?) : JsonNode {
    if(this !is ArrayNode)
        throw Exception("Cannot add() on none-array node")
    when(value) {
        null -> this.addNull()
        is Int -> this.add(value)
        is Long -> this.add(value)
        is Float -> this.add(value)
        is Double -> this.add(value)
        is Boolean -> this.add(value)
        is String -> this.add(value)
        is JsonNode -> this.add(value)
        else -> throw Exception(
            "Illegal value type: ${value::class}")
    }
    return this
}
```

JSON 객체 생성을 위해 다양한 **createsomething()** 스타일 함수를 정의하고 몇 가지 빌더 함수도 추가한다.

```kotlin
// 노드 생성자들
fun createJsonTextNode(text:String) = TextNode.valueOf(text)
fun createJsonIntNode(i:Int) = IntNode.valueOf(i)
fun createJsonLongNode(l:Long) = LongNode.valueOf(l)
fun createJsonShortNode(s:Short) = ShortNode.valueOf(s)
fun createJsonFloatNode(f:Float) = FloatNode.valueOf(f)
fun createJsonDoubleNode(d:Double) = DoubleNode.valueOf(d)
fun createJsonBooleanNode(b:Boolean) = BooleanNode.valueOf(b)
fun createJsonBigIntegerNode(b: BigInteger) = BigIntegerNode.valueOf(b)
fun createJsonNullNode() = NullNode.instance

fun jsonObjectNodeOf(
        children: Map<String,JsonNode> = HashMap()) :
        ObjectNode {
    return ObjectNode(JsonNodeFactory.instance, children)
}

fun jsonObjectNodeOf(
        vararg children: Pair<String,Any?>) :
        ObjectNode {
    return children.fold(
            ObjectNode(JsonNodeFactory.instance), { acc, v ->
        acc.put(v.first, v.second)
        acc
    })
}
fun jsonArrayNodeOf(elements: Array<JsonNode> =
        emptyArray()) : ArrayNode {
    return ArrayNode(JsonNodeFactory.instance,
                        elements.asList())
}
fun jsonArrayNodeOf(elements: List<JsonNode> =
        emptyList()) : ArrayNode {
    return ArrayNode(JsonNodeFactory.instance,
                        elements)
}
fun jsonEmptyArrayNode() : ArrayNode {
    return ArrayNode(JsonNodeFactory.instance)
}
fun jsonArrayNodeOf(vararg elements: Any?) : ArrayNode {
    return elements.fold(
            ArrayNode(JsonNodeFactory.instance), { acc, v ->
```

```
            acc.add(v)
            acc
        })
}
```

toPrettyString()과 toJsonString() 확장 함수는 JSON 노드의 문자열 표현을 생성하는 데 사용할 수 있다.

```
// 보기 좋은 문자열로 JSON 출력
fun JsonNode.toPrettyString(
            prettyPrinter:PrettyPrinter? =
            DefaultPrettyPrinter()) : String {
    var res:String? = null
    ByteArrayOutputStream().use { os ->
        val gen = JsonFactory().createGenerator(os).apply {
                if(prettyPrinter != null) this.prettyPrinter = prettyPrinter
        }
        val mapper = ObjectMapper()
        mapper.writeTree(gen, this)
        res = String(os.toByteArray())
    }
    return res!!
}

// 단순 문자열로 JSON 출력
fun JsonNode.toJsonString() : String =
        toPrettyString(prettyPrinter = null)
```

이러한 확장 함수에 대한 주된 아이디어는 JSON 객체 및 JSON 배열 관련 함수를 기본 노드 클래스인 JsonNode에 추가해 간결성을 향상시키고 런타임에 클래스 캐스트를 수행하는 것이다. 이는 JSON 코드를 작고 표현력 있게 만들지만 런타임에 예외가 발생할 위험이 높아진다.

JSON 데이터 읽고 쓰기

JSON 데이터를 읽으려면 다음과 같이 작성하면 된다.

```
val json = ... // 전반부 절 참조
val mapper = ObjectMapper()
val root = mapper.readTree(json)
```

여기서 JSON 요소를 조사하고 JSON 객체 멤버를 반복해 가져오고 JSON 배열 요소를 추출할 수 있다.

```
try {
    val json = ... // 전반부 절 참조
    val mapper = ObjectMapper()
    val root = mapper.readTree(json)

    // 가져온 것 확인
    Log.d("LOG", root.toPrettyString())

    // 노드의 타입
    Log.d("LOG", root.nodeType.toString())
    // <- OBJECT
    // 컨테이너?
    Log.d("LOG", root.isContainerNode.toString())
    // <- true

    root.forEach { k,v ->
        Log.d("LOG",
            "Key:${k} -> val:${v} (${v.nodeType})")
        Log.d("LOG",
            "    <- " + v::class.toString())
    }

    val phones = root("phoneNumbers")
    phones.forEach { ph ->
        Log.d("LOG", "Phone: " + ph.text())
    }
    Log.d("LOG", "Phone[0]: " + phones[0].text())
```

```
    val street = root("address")("street").text()
    Log.d("LOG", "Street: " + street)
    Log.d("LOG", "Zip: " + root("address", "zipcode").asInt())

}catch(e:Exception) {
    Log.e("LOG", "JSON error", e)
}
```

다음과 같은 코드 스니펫은 노드나 JSON 객체 멤버를 추가, 변경, 삭제해 JSON 트리를 변경하는 방법을 보여준다.

```
// 마지막에 보여준
// "try"문에 추가

// 항목 제거
root("address").remove("zipcode")
Log.d("LOG", root.toPrettyString())

// 항목 업데이트
root("address").put("street", "Fake Street 42")
Log.d("LOG", root.toPrettyString())
root("address").put("country", createJsonTextNode("Argentina"))
Log.d("LOG", root.toPrettyString())

// 새로운 객체 노드 생성
root.put("obj", jsonObjectNodeOf(
        "abc1" to 23,
        "abc2" to "Hallo",
        "someNull" to null
))
Log.d("LOG", root.toPrettyString())

// 새로운 배열 노드 생성
root.put("arr", jsonArrayNodeOf(
        23,
        null,
        "Hallo"
))
```

```
Log.d("LOG", root.toPrettyString())

// 공백이나 줄 바꿈 없이 쓰기
Log.d("LOG", root.toJsonString())
```

새로운 JSON 트리 생성

메모리에 새로운 JSON 트리를 생성하려면 다음과 같이 하면 된다.

```
val root = jsonObjectNodeOf()
```

여기서부터는 앞에서 설명한 대로 JSON 요소를 추가할 수 있다.

연습문제 2

다음에 해당하는 JSON 문서를 생성하길 바란다.

```
{
  "firstName": "Arthur",
  "lastName": "Doyle",
  "dateOfBirth": "03/04/1997",
  "address": {
  "streetAddress": "21 3rd Street",
  "city": "New York",
  "state": "NY",
  "postalCode": "10021-1234"
},
"phoneNumbers": [
  {
      "type": "home",
      "number": "212 555-1234"
  },
  {
      "type": "mobile",
```

```
            "number": "123 456-7890"
        }
    ],
    "children": [],
    "spouse": null
}
```

부록

연습문제 답안

다음은 제공된 연습문제의 답안이다.

2장

연습문제 1: (2)번만 맞다. (1)번은 바디에 둥근 괄호를 사용하지만 필요한 것은 중괄호다. (3)번은 엄밀하게 따지면 맞지만 클래스 이름에 캐멀케이스를 사용하지 않는다. (4)번은 클래스 이름에 공백을 사용하려고 한다.

연습문제 2: (4)번만 맞다. (1)번은 정의되지 않은 키워드인 "variable"을 사용한다. (2)번은 정의되지 않은 "property" 키워드를 사용한다. (3)번은 propertyName:PropertyType 프로퍼티 표기법을 사용하지 않는다. (5)번은 가변성 키워드(var 또는 val)를 지정하지 않는다.

연습문제 3: val은 불변(변경 불가) 변수에 해당한다. 이를 0.0으로 설정한 것은 다른 값을 갖지 않는다는 것이므로 송장에 의미가 없다. val 대신 var를 사용해 이를 고칠 수 있다.

연습문제 4: val 프로퍼티를 변경하는 것은 허용되지 않는다. 해당 프로퍼티는 클래스 선언의 매개변수 선언부에 의해 처음 설정되며 이후 변경할 수 없다.

연습문제 5: 프로퍼티 선언이나 init{ } 블록 안에서 프로퍼티 blue도 초기화돼야 한다.

연습문제 6: 클래스는 다음과 같다.

```
class Invoice(val buyerFirstName:String,
        val buyerLastName:String,
        val date:String,
        val goodName:String,
        val amount:Int,
        val pricePerItem:Double)
{
        val buyerFullName:String =
            buyerFirstName + " " + buyerLastName
        val totalPrice:Double =
            amount * pricePerItem
}
```

연습문제 7: 메서드는 다음과 같다.

```
fun goodInfo():String {
    return amount.toString() + " pieces of "
            + goodName
}
```

또는 다음과 같다.

```
fun goodInfo():String =
    amount.toString() + " pieces of " + goodName
```

문자열 보간^{interpolation}을 사용하면 다음과 같이 작성할 수 있다.

```
fun goodInfo():String =
    "${amount} pieces of ${goodName}"
```

.toString()이 여기에 내포돼 있다.

연습문제 8: 클래스는 다음과 같다.

```
class Person(var firstName:String,
             var lastName:String,
             var ssn:String,
             var dateOfBirth:String,
             var gender:Char)
```

빈 바디 { }를 추가할 수 있지만 비어 있기 때문에 선택적이다.

연습문제 9: 클래스 인스턴스화는 다음과 같다.

```
val person1 = Person("John", "Smith", "0123456789", "1997-10-23", 'M')
```

연습문제 10: MainActivity.kt 파일 끝에 다음을 추가하거나

```
class GameUser(val firstName:String,
      val lastName:String,
      val birthday:String,
      val userName:String,
      val registrationNumber:Int,
      val userRank:Double) {
}
```

MainActivity.kt 파일과 동일한 폴더 안에 GameUser.kt 파일을 생성하고 package 선언과 함께 다음과 같은 내용을 채워 넣는다.

```
package kotlinforandroid.book.numberguess

class GameUser(val firstName:String,
      val lastName:String,
      val birthday:String,
      val userName:String,
      val registrationNumber:Int,
      val userRank:Double) {
```

}

연습문제 11: 명명된 매개변수를 사용한 해당 클래스의 인스턴스화는 다음과 같다.

```
val person1 = Person("firstName = John",
        lastName = "Smith",
        ssn = "0123456789",
        dateOfBirth = "1997-10-23",
        gender = 'M')
```

인수 순서는 마음대로 해도 된다.

연습문제 12: var tries = 0 바로 밑에 다음과 같은 것을 추가한다.

```
var gameUser = GameUser(lastName = "Doe",
        firstName = "John",
        userName = "jdoe",
        birthday = "1900-01-01",
        registrationNumber = 0,
        userRank = 0.0 )
```

연습문제 13: 생성자에 기본 SSN 매개변수를 갖는 새로운 클래스는 다음과 같다.

```
class Person(var firstName:String,
            var lastName:String,
            var ssn:String = "",
            var dateOfBirth:String,
            var gender:Char)
```

이러한 기본 값을 사용하는 인스턴스화는 다음과 같다.

```
val person1 = Person("firstName = John",
        lastName = "Smith",
        dateOfBirth = "1997-10-23",
        gender = 'M')
```

인수 순서는 마음대로 해도 된다.

연습문제 14: 클래스 선언은 이제 다음과 같다.

```
class GameUser(val firstName:String,
               val lastName:String,
               val userName:String,
               val registrationNumber:Int,
               val birthday:String = "",
               val userRank:Double = 0.0) {
}
```

연습문제 15: 부 생성자가 추가된 클래스는 다음과 같다.

```
class Person(var firstName:String,
             var lastName:String,
             var ssn:String,
             var dateOfBirth:String,
             var gender:Char)
{
    constructor(firstName:String,
        lastName:String,
        ssn:String,
        gender:Char) : this(firstName,
            lastName, ssn, "000-00-00", gender)
}
```

인스턴스화를 수행하려면 다음과 같이 작성할 수 있다.

```
val person1 = Person("John", "Smith",
        "0123456789", 'M')
```

명명된 매개변수를 사용할 수도 있다.

```
val person1 = Person(firstName = "John",
```

```
        lastName = "Smith",
        ssn = "0123456789",
        gender = 'M')
```

연습문제 16: 없음.

연습문제 17: 객체 선언은 다음과 같다.

```
object Constants {
     val numberOfTabs = 5
     val windowTitle = "Astaria"
     val prefsFile = "prefs.properties"
}
```

프로퍼티 타입은 필요 없다. 코틀린은 "=" 부호의 오른쪽 리터럴에서 타입을 추론할 수 있다. 확인 코드는 다음과 같다.

```
fun main(args:Array<String>) {
    println(
        "Number of tabs: " +
             Constants.numberOfTabs +
        "\nWindow title: " +
             Constants.windowTitle +
        "\nPrefs file: " +
             Constants.prefsFile
    )
}
```

물론 포맷팅은 여러분에게 달려 있다.

연습문제 18: 최소한의 클래스는 다음과 같다.

```
class Triangle() {
    companion object {
          val NUMBER_OF_CORNERS = 3
    }
```

```
    fun info() {
        println("Number of corners: " +
            NUMBER_OF_CORNERS)
    }
}
```

연습문제 19: 코드는 다음과 같다.

```
fun main(args:Array<String>) {
    val triangle = Triangle()
    val numberOfCorners =
        Triangle.NUMBER_OF_CORNERS
}
```

연습문제 20: 코드는 다음과 같다.

```
interface ElementaryParticle {
    fun mass():Double
    fun charge():Double
    fun spin():Double
}
class Electron : ElementaryParticle {
    override fun mass() = 9.11e-31
    override fun charge() = -1.0
    override fun spin() = 0.5
}
class Proton : ElementaryParticle {
    override fun mass() = 1.67e-27
    override fun charge() = 1.0
    override fun spin() = 0.5
}
```

연습문제 21: (2), (3), (4) 및 (5)번이 맞다. (1)번과 (6)번은 틀렸다. (1)번: 인터페이스는 인스턴스화할 수 없다. (6)번: 전자는 양성자가 아니다. (5)번은 전자와 양성자 둘 다 ElementaryParticle이기 때문에 가능하며 var이기 때문에 재할당할 수 있다.

연습문제 22: 인터페이스 및 구현 코드는 다음과 같다.

```
interface RandomNumberGenerator {
    fun rnd(minInt:Int, maxInt:Int)
}
class StdRandom : RandomNumberGenerator {
    override fun rnd(minInt: Int, maxInt: Int):Int {
        val span = maxInt - minInt + 1
        return minInt + Math.floor(Math.random()*span).toInt()
    }
}
class RandomRandom : RandomNumberGenerator {
    val rnd:Random = Random()
    override fun rnd(minInt: Int, maxInt: Int):Int {
        val span = maxInt - minInt + 1
        return minInt + rnd.nextInt(span)
    }
}
```

이러한 코드를 MainActivity.kt 끝에 넣거나 random.kt 같은 새로운 파일을 만들어 넣는다.

액티비티의 새로운 프로퍼티는 다음과 같다.

```
val rnd:RandomNumberGenerator = StdRandom()
// 또는 ... = RandomRandom()
```

start(...) 메서드의 새로운 코드는 다음과 같다(val span = ... 줄은 제거할 수 있다).

```
number = rnd.rnd(Constants.LOWER_BOUND, Constants. UPPER_BOUND)
```

연습문제 23: 왼쪽 구획에 있는(안드로이드 뷰) "java" 항목 위에 마우스 오른쪽을 클릭한 후 클래스, 인터페이스 또는 싱글턴 객체를 만들기 위해 New > Kotlin File/Class를 선택한다. 또는 패키지(폴더)를 만들기 위해 New > Package를 선택한다. 디렉터리를 물어본다면 "main/java"를 선택한다. 모든 클래스, 인터페이스, 싱글턴 객체는 항상 "클래스" 타입 파일을 먼저 만든 다음 그에 따라 내용을 조정할 수 있다.

연습문제 24: 파일은 다음과 같다.

MainActivity.kt

```
package kotlinforandroid.book.numberguess

import android.content.Context
import android.support.v7.app.AppCompatActivity
import android.os.Bundle
import android.util.AttributeSet
import android.util.Log
import android.view.View
import android.widget.ScrollView
import android.widget.TextView
import kotlinforandroid.book.numberguess.common.Constants
import kotlinforandroid.book.numberguess.model.GameUser
import kotlinforandroid.book.numberguess.random.RandomNumberGenerator
import kotlinforandroid.book.numberguess.random.impl.StdRandom
import kotlinx.android.synthetic.main.activity_main.*
import java.util.*

class MainActivity : AppCompatActivity() {
    val rnd: RandomNumberGenerator = StdRandom()
    // 또는 ... = RandomRandom()
    var started = false var number = 0
    var tries = 0
    var gameUser = GameUser(
        lastName = "Doe",
        firstName = "John",
        userName = "jdoe",
        birthday = "1900-01-01",
        registrationNumber = 0,
        userRank = 0.0
    )

    override
    fun onCreate(savedInstanceState: Bundle?) {
        super.onCreate(savedInstanceState)
        setContentView(R.layout.activity_main)
```

```kotlin
        fetchSavedInstanceData(savedInstanceState)
        doGuess.setEnabled(started)
    }

    override
    fun onSaveInstanceState(outState: Bundle?) {
        super.onSaveInstanceState(outState)
        putInstanceData(outState)
    }

    fun start(v: View) {
        log("Game started")
        num.setText("")
        started = true
        doGuess.setEnabled(true)
        status.text = getString(R.string.guess_hint,
            Constants.LOWER_BOUND,
            Constants.UPPER_BOUND)
        number = rnd.rnd(Constants.LOWER_BOUND, Constants.UPPER_BOUND)
        tries = 0
        val r = Random()
        r.nextInt(7)
    }

        fun guess(v:View) {
            if(num.text.toString() == "") return
            tries++
            log("Guessed " + num.text +
                    " (tries:" + tries + ")")
            val g = num.text.toString().toInt()
            if(g < number) {
                status.setText(R.string.status_too_low)
                num.setText("")
            } else if(g > number){
                status.setText(R.string.status_too_high) num.setText("")
            } else {
                status.text = getString( R.string.status_hit, tries)
                started = false
                doGuess.setEnabled(false)
            }
        }
```

```kotlin
/////////////////////////////////////////////
/////////////////////////////////////////////

    private
    fun putInstanceData(outState: Bundle?) {
        if (outState != null) with(outState) {
            putBoolean("started", started) putInt("number", number)
            putInt("tries", tries)
            putString("statusMsg", status.text.toString())
            putStringArrayList("logs", ArrayList(console.text.split("\n")))
        }
    }
    private
    fun fetchSavedInstanceData(
            savedInstanceState: Bundle?) {
        if (savedInstanceState != null)
        with(savedInstanceState) {
            started = getBoolean("started")
            number = getInt("number")
            tries = getInt("tries")
            status.text = getString("statusMsg")
            console.text =
                    getStringArrayList("logs")!!.
                    joinToString("\n")
        }
    }

    private fun log(msg:String) {
        Log.d("LOG", msg)
        console.log(msg)
    }
}
```

Constants.kt

```kotlin
package kotlinforandroid.book.numberguess.common

object Constants {
    val LOWER_BOUND = 1
```

```
        val UPPER_BOUND = 7
}
```

Console.kt

```
package kotlinforandroid.book.numberguess.gui

    import android.content.Context
    import android.util.AttributeSet
    import android.widget.ScrollView
    import android.widget.TextView

    class Console(ctx: Context, aset: AttributeSet? = null) :
          ScrollView(ctx, aset) {
        companion object {
              val BACKGROUND_COLOR = 0x40FFFF00
              val MAX_LINES = 100
        }
        val tv = TextView(ctx)
        var text:String
            get() = tv.text.toString()
            set(value) { tv.setText(value) }
        init {
            setBackgroundColor(BACKGROUND_COLOR)
            addView(tv)
        }
        fun log(msg:String) {
            val l = tv.text.let {
                if(it == "") listOf() else it.split("\n")
            }.takeLast(MAX_LINES) + msg
            tv.text = l.joinToString("\n")
            post(object : Runnable {
                override fun run() {
                      fullScroll(ScrollView.FOCUS_DOWN)
                }
            })
        }
}
```

또한 activity_main.xml의 요소를 조정해야 한다.

```xml
...
<kotlinforandroid.book.numberguess.gui.Console
        android:id="@+id/console"
        android:layout_height="100sp"
        android:layout_width="match_parent" />
...
```

GameUser.kt

```kotlin
package kotlinforandroid.book.numberguess.model

class GameUser(val firstName:String,
               val lastName:String,
               val userName:String,
               val registrationNumber:Int,
               val birthday:String = "",
               val userRank:Double = 0.0) {
}
```

RandomNumberGenerator.kt

```kotlin
package kotlinforandroid.book.numberguess.random
interface RandomNumberGenerator {
    fun rnd(minInt:Int, maxInt:Int):Int
}
```

RandomRandom.kt

```kotlin
package kotlinforandroid.book.numberguess.random.impl

import kotlinforandroid.book.numberguess.random.
        RandomNumberGenerator
import java.util.*
```

```
class RandomRandom : RandomNumberGenerator {
    val rnd: Random = Random()
    override fun rnd(minInt: Int, maxInt: Int):Int {
        val span = maxInt - minInt + 1
        return minInt + rnd.nextInt(span)
    }
}
```

StdRandom.kt

```
package kotlinforandroid.book.numberguess.random.impl

import kotlinforandroid.book.numberguess.random.
        RandomNumberGenerator

class StdRandom : RandomNumberGenerator {
    override fun rnd(minInt: Int, maxInt: Int):Int {
        val span = maxInt - minInt + 1
        return minInt +
                Math.floor(Math.random()*span).toInt()
    }
}
```

3장

연습문제 1: 생성자 매개변수에 var 또는 val이 없으므로 색상이 프로퍼티로 전환되지 않는다. 이러한 경우 변경이 필요하므로 var를 사용해야 한다.

```
class Triangle(var color: String) {
    fun changeColor(newColor:String) {
        color = newColor
    }
}
```

연습문제 2: 코드는 다음과 같다.

```
class A {
    var a:Int = 1   // A
    init {
        a = 2       // B
    }
    fun b() {
        a = 3       // C
    }
}
fun main(args:Array<String>) {
    val a = A()
    a.a = 4         // D
}
```

연습문제 3: 다음과 같이 작성한다.

```
val a = 42
val s = "If we add 4 to a we get ${a+4}"
```

연습문제 4: (4)번만 허용된다.

연습문제 5: 메서드 매개변수 변수는 변경할 수 없다.

연습문제 6: 아무 것도 반환하지 않는 메서드는 인수 없이 return을 사용할 수 있다. 따라서 해당 메서드는 유효하다. 하지만 끝에 있는 return은 불필요하다.

연습문제 7: 그렇다.

연습문제 8: 표현식 변종을 사용한다.

```
class A(val a:Int) {
    fun add(b:Int) = a + b
    fun mult(b:Int) = a * b
}
```

연습문제 9: 인터페이스는 다음과 같다.

```
interface AInterface {
    fun add(b:Int):Int
    fun mult(b:Int):Int
}
```

연습문제 10: 출력은 meth1: 42 7이다.

연습문제 11: 코드는 다음과 같다.

```
println(A.x(42))
```

동반자 객체를 사용할 경우 클래스의 인스턴스는 필요 없다.

연습문제 12: 코드는 다음과 같다.

```
val p = Person()
p.setName(lName = "Doe", fName = "John")
// 또는
p.setName(fName = "John", lName = "Doe")
```

연습문제 13: 메서드 선언은 다음과 같다.

```
fun set(lastName:String = "",
    firstName:String = "",
    birthDay?:String = null,
    ssn:String? = null) { ... }
```

호출은 다음과 같다.

```
set(lastName = "Smith", ssn = "1234567890")
```

또는 다음과 같다.

```
set(ssn = "1234567890", lastName = "Smith")
```

연습문제 14: 코드는 다음과 같다.

```
class Club {
    fun addMembers(vararg names:String) {
        println(names.size)
        println(names.joinToString(" : "))
    }
}

fun main(args:Array<String>) {
    var club = Club()
    club.addMembers("Hughes, John",
                    "Smith, Alina",
                    "Curtis, Solange")
}
```

연습문제 15: 출력은 다음과 같다.

```
B.y() -> a = 7
A.q() -> a = 7
```

연습문제 16: 출력은 다음과 같다.

```
A.x() : g = 99
B.y() : g = 8
A.q() : g = 99
```

프로퍼티는 private으로 선언돼야 하며 그렇지 않으면 클래스 A의 g가 서브클래스 B에도 보인다. 그러면 하나의 프로퍼티에 2개의 선언을 갖게 된다. 이는 언어가 허용하지 않는다.

연습문제 17: 코드는 다음과 같다.

```
open class A() {
    open var g:Int = 99
    fun x() {
        println("A.x() : g = ${g}")
    }
    fun q() {
        println("A.q() : g = ${g}")
    }
}

class B : A() {
    override var g:Int = 8
    fun y() {
        println("B.y() : g = ${g}") q()
    }
}

    fun main(args:Array<String>) {
        val b = B()
        b.x()
        b.y()
    }
```

출력은 다음과 같다.

```
A.x() : g = 8
B.y() : g = 8
A.q() : g = 8
```

연습문제 18: 클래스 (3)은 로컬 변수가 선언되기 전에 사용하므로 유효하지 않다. 클래스 (5)는 a의 선언이 Method1() 내에서만 유효하므로 유효하지 않다. 다른 클래스는 모두 유효하다.

연습문제 19: 메서드는 끝없이 자신을 호출한다. 이를 재귀라고 부르며 여기서는 오류가 발생한다.

4장

연습문제 1: 다음과 같이 작성한다.

```
package com.example.util

fun add10(a:Int) = a + 10
fun add100(a:Int) = a + 100
```

클래스 또는 싱글턴 객체가 포함돼 있다는 느낌을 주지 않기 위해 파일 이름을 util.kt로 변경할 수 있다. 사실 파일 이름은 더 이상 아무 역할도 하지 않는다.

클라이언트 코드는 다음과 같다.

```
package com.example

import com.example.util.*

class A(q:Int) {
    val x10:Int = add10(q)
    val x100:Int = add100(q)
}
```

연습문제 2: 다음과 같이 작성한다.

```
package com.example
import java.lang.Math.log
class A {
  fun calc(a:Double) = log(a)
}
```

연습문제 3: (1)번은 좌표 x와 y를 교환할 수 없으므로 참이 아니다. (2)번은 클래스가 일치하지 않으므로 참이 아니다. (3)번은 추출된 x 좌표가 일치하므로 참이다. (4)번은 1이 1.0으로 자동 변환된 후 모든 좌표가 일치하므로 참이다. (5)번은 클래스와 모든 좌표가 일치하므로 참이다.

연습문제 4: GameUser 클래스는 데이터 클래스의 좋은 후보다. data class GameUser ... 같이 클래스 선언 앞에 data를 추가한다.

연습문제 5: 다음과 같이 작성한다.

```
data class GameUser(val firstName:String,
                    val lastName:String,
                    val userName:String,
                    val registrationNumber:Int,
                    val gender:Gender = Gender.X,
                    val birthday:String = "",
                    val userRank:Double = 0.0) {
    enum class Gender{F,M,X}

    val fullName:String
    val initials:String
    init {
        fullName = firstName + " " + lastName
        initials = firstName.toUpperCase() +
            lastName.toUpperCase()
    }
}
```

열거형 클래스는 GameUser 클래스의 외부에 놓을 수 있다. 또한 이러한 연습문제에서는 val 또는 var 사용 여부가 그러한 역할을 수행하지 않는다.

연습문제 6: val은 불변이므로 set(value) ...은 의미가 없다. 그 외에 게터는 var와 동일하게 수행할 수 있다.

연습문제 7: 다음과 같이 작성한다.

```
val str:String get() = toString()
```

또는 다음과 같다.

```
val str get() = toString()
```

코틀린은 반환 타입을 추론할 수 있기 때문에 이와 같이 할 수 있다. 할당은 의미가 없으므로 val 대신 var를 사용하지 않길 바란다.

연습문제 8: 다음과 같이 작성하길 바란다.

```
data class GameUser(var firstName:String,
                    var lastName:String,
                    var userName:String,
                    var registrationNumber:Int,
                    var gender:Gender = Gender.X,
                    var birthday:String = "",
                    var userRank:Double = 0.0) {
    enum class Gender{F,M,X}

    val fullName:String
        get() = firstName + " " + lastName

    val initials:String
        get() = firstName.toUpperCase() +
                lastName.toUpperCase()
}
```

fullName과 initials 모두 파생 값을 제공하므로 var가 되면 안 된다.

연습문제 9: 다음과 같이 작성한다.

```
data class Point(val x:Double, val y:double) {
  operator fun minus(p2:Point) =
        Vector(p2.x-this.x, p2.y-this.y)
}

data class Vector(val dx:Double, val dy:Double) {
  operator fun plus(v2:Vector) =
        Vector(this.dx + v2.dx, this.dy + v2.dy)
  operator fun minus(v2:Vector) =
```

```
        Vector(this.dx - v2.dx, this.dy - v2.dy)
}
```

5장

연습문제 1: 코드는 다음과 같다.

```
Math.sqrt(
     ( a + (b-x)/2 ) / ( b*b - 7*x )
)
```

b * b 대신 `Math.pow(b, 2.0)`를 사용할 수도 있다.

연습문제 2: 다음과 같이 작성한다.

```
class Concatenator {
  var string:String = ""
  fun add(s:String) { string += s }
  operator fun contains(other:String) =
        string.contains(other)
}
```

6장

연습문제 1: 문구와 포맷팅은 여러분에게 달려 있다.

8장

연습문제 1: 예외 클래스는 다음과 같다.

```
package kotlinforandroid.book.numberguess.common

class GameException(msg:String) : Exception(msg)
```

검사가 추가된 MainActivity 클래스 내부의 guess() 함수는 다음과 같다.

```
fun guess(v:View) {
    if(num.text.toString() == "") return

    try {
      if (num.text.toString().toInt() <
            Constants.LOWER_BOUND)
         throw GameException(
            "Must guess a number >= " +
            "${Constants.LOWER_BOUND}")
      if (num.text.toString().toInt() >
            Constants.UPPER_BOUND)
         throw GameException(
            "Must guess a number <= " +
            "${Constants.UPPER_BOUND}")

      // 원래 함수의 나머지...
    } catch(e:GameException) {
       Toast.makeText(this,
          "Guessable numbers: " +
          "${Constants.LOWER_BOUND} to " +
          "${Constants.UPPER_BOUND} ",
          Toast.LENGTH_LONG).show()
    }
}
```

9장

연습문제 1: 코드는 다음과 같다.

```
val arr = IntArray(101, { i -> 100 - i })
```

연습문제 2: 코드는 다음과 같다.

```
booleanArrayOf(true, false, true)
```

연습문제 3: 코드는 다음과 같다.

```
val fruits = mutableSetOf("Apple", "Banana",
    "Grape", "Engine")
fruits.remove("Engine")
fruits.add("Cherry")
val fruits5 = fruits.filter {
    element -> element.length == 5
}
```

참고 코틀린에서는 ({ ... })에서 둥근 괄호를 제거할 수 있다. 또한 element를 원하는 이름으로 대체할 수 있다.

연습문제 4: 다음과 같이 작성할 수도 있다.

```
val sorted = gul.sortedWith(
    compareBy(GameUser::lastName)
            then
    compareBy(GameUser::firstName))
```

또는 표현력이 약간 떨어지지만 다음과 같이 작성할 수도 있다.

```
val sorted = gul.sortedWith(
    compareBy(GameUser::lastName,
                    GameUser::firstName))
```

연습문제 5: 코드는 다음과 같다.

```
gul.sortWith(
    compareBy(GameUser::lastName)
            then
    compareBy(GameUser::firstName))
```

또는 다음과 같다.

```
gul.sortWith(
    compareBy(GameUser::lastName,
              GameUser::firstName))
```

연습문제 6: 코드는 다음과 같다.

```
val groupedByManufacturer = cars.groupBy {
        car -> car.vin.substring(0,3)
}
val wxxCars = groupedByManufacturer["WXX"]
```

연습문제 7: 코드는 다음과 같다.

```
(1..100).toList().reduce{ acc,v -> acc*v }
```

사실 레인지도 reduce()를 제공하므로 toList()를 생략할 수 있다.

```
(1..100).reduce{ acc,v -> acc*v }
```

연습문제 8: 코드는 다음과 같다.

```
val fruits = listOf("Bananas", "apples",
```

```
        "Oranges")
val prices = listOf(1.69, 2.19, 2.79)
data class Fruit(
        val name:String, val price:Double)
val zipped = fruits.zip(prices,
           { a, b -> Fruit(a, b) })
```

11장

연습문제 1: (1)번과 (3)번이 참이다. (2)번은 적절한 `equals()` 함수를 구현했을 경우에만 참이다.

연습문제 2: (1)번과 (2)번이 참이다. (3)번은 `hashCode()` 함수가 적절하게 구현됐을 경우에만 참이다. `==`이 올바로 작동하기 위해 `hashCode()` 구현이 필요한 것은 아니다. 클래스가 맵 키로 사용되는 경우 문제가 발생하는 것을 피하려면 `hashCode()`를 구현해야 한다.

12장

연습문제 1: 한 가지 가능한 답은 다음과 같다.

```
val f : (String, Int) -> String =
   { s:String, num:Int ->
     (1..num).map { s }.joinToString { it } }
```

무엇이든 num번 반복되는 것을 얻기 위해서는 레인지 연산자 `..`을 사용한다. 각 반복을 매개변수 문자열로 맵핑한 후 num개 동일 문자열 사본을 접합한다.

연습문제 2: 코드는 다음과 같다.

```
val f : (String) -> String = { it + "!" }
```

528

연습문제 3: 필터는 다음과 같다.

```
val startsWithL = employees.filter {
    it.firstName.startsWith("L") }.toList()
```

13장

연습문제 1: 코드는 다음과 같다.

```
class Quadruple<A,B,C,D>(
    var p1:A, var p2:B, var p3:C, var p4:D)
val q1 = Quadruple(1, 2, 3.14, "Hello")
```

물론 타입과 프로퍼티 매개변수 이름은 여러분에게 달려 있다.

다음과 같이 작성할 수 있지만 코틀린은 제공된 리터럴에서 타입을 추론할 수 있으므로 명시적 타입 매개변수는 생략할 수 있다.

```
class Quadruple<A,B,C,D>(
    var p1:A, var p2:B, var p3:C, var p4:D)
val q1:Quadruple<Int, Int, Double, String> =
    Quadruple<Int, Int, Double, String>(
    1, 2, 3.14, "Hello")
```

연습문제 2: 코드는 다음과 같다.

```
class Sorter<T : Comparable<T>> {
    val list: MutableList<T> = mutableListOf()
    fun add(value:T) {
        list.add(value)
        list.sort()
    }
}
```

}

14장

연습문제 1: 애너테이션 선언은 다음과 같다.

```
@Target(AnnotationTarget.VALUE_PARAMETER)
@Retention(AnnotationRetention.RUNTIME)
annotation class NotNegative()
```

Calculator.Operator 열거형 내부에 SQRT("sqrt")를 추가하고 f?.valueParameters?.forEachIndexed { ... 루프 내부에 다음을 추가한다.

```
p.findAnnotation<NotNegative>()?.run {
    if (params[ind] < 0.0)
        throw RuntimeException(
            "Parameter ${ind} must be positive")
}
```

마지막으로 다음과 같은 함수를 추가한다.

```
fun sqrt(@NotNegative p:Double) : Double {
    return Math.sqrt(p)
}
```

16장

연습문제 1: 다음과 같이 작성한다.

```
val sorted = l.sortedBy { empl -> empl.ssn }
```

또는 다음과 같이 작성한다.

```
val sorted = l.sortedBy { it.ssn }
```

연습문제 2: 다음과 같다.

```
val map = l.associateBy { empl -> empl.ssn }
```

또는 다음과 같다.

```
val map = l.associateBy { Employee::ssn }
```

연습문제 3: 출력은 리스트 [1, 2, 3, 4]다.

연습문제 4: 출력은 리스트 ["1", "2", "3", "4"]다.

연습문제 5: 코드는 다음과 같다.

```
val filtered = l.filter { it.ssn.startsWith("0") }
```

연습문제 6: 검사는 다음과 같다.

```
val l = listOf(1, 2, 3, 4)
val allGreaterThanZero = l.all { it > 0 }
```

연습문제 7: 한 가지 가능한 답은 다음과 같다.

```
l.find{ it == 42 }?.run{
    throw Exception("42 found!") }
```

또 다른 가능한 답은 다음과 같다.

```
l.contains(42).takeIf { it }?.run {
    throw Exception("42 found!") }
```

연습문제 8: 답은 다음과 같다.

```
l.sumByDouble { it.weight }
```

17장

연습문제 1: 몇 가지 가능한 답이 여기에 있다. 생성할 때 "지금" 인스턴트를 저장하고 해당 인스턴트 이후로 경과된 시간이 2배인 Duration 객체를 만들어낸다.

```
class ClockTwiceAsFast : Clock() {
    val myStartInstant : Instant
    init {
      myStartInstant = Clock.systemUTC().instant()
    }

    override
    fun withZone(zone: ZoneId?): Clock = this
    override
    fun getZone(): ZoneId = ZoneId.of("Z")
    override fun instant(): Instant {

      val dur2 = Duration.between(myStartInstant,
        Clock.systemUTC().instant()).multipliedBy(2L)
      return myStartInstant.plus(dur2)
    }
}
```

연습문제 2: 다음과 같이 작성한다.

```
operator fun String.rem(regex:String) = this.matches
(Regex(regex))
```

18장

연습문제 1: "Basic Activity" 앱으로 앱 만들기를 시작한다. 그러면 안드로이드 스튜디오는 activity_main.xml 파일을 만든다. 실제 사용자 인터페이스 요소는 content_main.xml에 정의된다.

```xml
<?xml version="1.0" encoding="utf-8"?>
<LinearLayout
        xmlns:android=
            "http://schemas.android.com/apk/res/android"
        xmlns:tools=
            "http://schemas.android.com/tools"
        xmlns:app=
            "http://schemas.android.com/apk/res-auto"
        android:orientation="vertical"
        android:layout_width="match_parent"
        android:layout_height="match_parent"
        app:layout_behavior=
            "@string/appbar_scrolling_view_behavior"
        tools:showIn="@layout/activity_main"
        tools:context=".MainActivity">

    <TextView
            android:layout_width="wrap_content"
            android:layout_height="wrap_content"
            android:text="Multithreaded PI"
            android:textSize="25sp"/>

    <LinearLayout android:layout_width="match_parent"
            android:layout_height="wrap_content"
```

```xml
        android:orientation="horizontal">
    <TextView android:layout_width="100dp"
        android:layout_height="wrap_content"
        android:text="Processors"/>
    <TextView android:id="@+id/procs"
        android:layout_width="wrap_content"
        android:layout_height="wrap_content"/>
</LinearLayout>

<LinearLayout android:layout_width="match_parent"
        android:layout_height="wrap_content"
        android:orientation="horizontal">
    <TextView android:layout_width="100dp"
        android:layout_height="wrap_content"
        android:text="Iterations"/>
    <EditText android:id="@+id/iters"
        android:text="1000000"
        android:inputType="number"
        android:layout_width="wrap_content"
        android:layout_height="wrap_content"/>
</LinearLayout>

<LinearLayout android:layout_width="match_parent"
        android:layout_height="wrap_content"
        android:orientation="horizontal">
    <TextView android:layout_width="100dp"
        android:layout_height="wrap_content"
        android:text="Threads"/>
    <EditText android:id="@+id/threads"
        android:text="4"
        android:inputType="number"
        android:layout_width="wrap_content"
        android:layout_height="wrap_content"/>
</LinearLayout>

<LinearLayout android:layout_width="match_parent"
        android:layout_height="wrap_content"
        android:orientation="horizontal">
    <TextView android:layout_width="100dp"
        android:layout_height="wrap_content"
        android:text="Cumul Iters"/>
```

```xml
        <TextView android:id="@+id/cumulIters"
                  android:layout_width="wrap_content"
                  android:layout_height="wrap_content"/>
    </LinearLayout>

    <LinearLayout android:layout_width="match_parent"
                  android:layout_height="wrap_content"
                  android:orientation="horizontal">
        <TextView android:layout_width="100dp"
                  android:layout_height="wrap_content"
                  android:text="Current Pi"/>
        <TextView android:id="@+id/pi"
                  android:layout_width="wrap_content"
                  android:layout_height="wrap_content"/>
    </LinearLayout>

    <LinearLayout android:layout_width="match_parent"
                  android:layout_height="wrap_content"
                  android:orientation="horizontal">
        <TextView android:layout_width="100dp"
                  android:layout_height="wrap_content"
                  android:text="Calc Time"/>
        <TextView android:id="@+id/calcTime"
                  android:layout_width="wrap_content"
                  android:layout_height="wrap_content"/>
    </LinearLayout>

    <Button android:text="CALC"
            android:onClick="calc"
            android:layout_width="match_parent"
            android:layout_height="wrap_content"/>
    <Button android:text="RESET"
            android:onClick="reset"
            android:layout_width="match_parent"
            android:layout_height="wrap_content"/>
</LinearLayout>
```

해당 액티비티 클래스는 플로팅 텍스트에 이미 나열돼 있다. 단순함을 위해 리소스 파일로 내보내는 대신 레이블과 버튼 문구가 레이아웃 파일에 직접 입력돼 있다는 데 유의하길 바란다.

연습문제 2: 다음과 같이 작성한다.

```
...
l111 = launch {
    Log.d("LOG", "E")
    withTimeout(500L) {
        delay(1000L)
    }
    Log.d("LOG", "F")
    delay(1000L)
    Log.d("LOG", "G")
}
...
```

로깅은 cancel()이 있는 로깅과 다르지 않을 것이다.

20장

연습문제 1: 다음과 같이 작성한다.

```
fun createXmlDocument(): Document =
        DocumentBuilderFactory.newInstance().
        newDocumentBuilder().newDocument()
```

연습문제 2: 가능한 답은 다음과 같다.

```
val root = jsonObjectNodeOf()
with(root) {
    put("firstName", "Arthur")
    put("lastName", "Doyle")
    put("dateOfBirth", "03/04/1997")
    put("address",
        jsonObjectNodeOf(
            "streetAddress" to "21 3rd Street",
            "city" to "New York",
```

```
                "state" to "NY",
                "postalCode" to "10021-1234"))
        put("phoneNumbers",
            jsonArrayNodeOf(
                jsonObjectNodeOf("type" to "home",
                    "number" to "212 555-1234"),
                jsonObjectNodeOf("type" to "mobile",
                    "number" to "123 456-7890")
            ))
        put("children", jsonEmptyArrayNode())
        putNull("spouse")
}
Log.d("LOG", root.toPrettyString())
```

찾아보기

ㄱ

가독성　123, 150, 151
가변　53, 237
가변 매개변수　124
가변성　314
가시성　74, 110, 142
객체　48, 230
객체지향　88, 129
결합　365
고차함수　298
구역 날짜　390
구조화　96
구현　61
그레이들　476
그룹핑　257, 367
그리디　416
기본 가시성　139
기본 값　123
기본 매개변수　123
꼬리 재귀　164

ㄴ

날짜　380, 383
내부 클래스　149
널 가능성　285, 477
널 안전 연산자　287
네임스페이스　98

ㄷ

다국어 평면　105
다형성　128
단일 문자　105
단일 표현식　92
단항　167
데이터 클래스　153
데크　265
도카　202
동등성　290
동반자 객체　85
동시성　450
동일성　289
듀레이션　393
디렉터리　398
디스패처　462

ㄹ

라이브러리　201, 342, 475
람다 함수　232, 298, 301
런타임 엔진　438
레인지　210
로컬 날짜　384
로컬 변수　137
로컬 함수　129
루프　302
리덕션　363
리듀싱　260
리스트　237, 242
리시버　214, 304

리터럴　108
리파지터리　473
리플렉션　409
릴럭턴트　416

ㅁ

마스킹　119, 137
마커 인터페이스　276
마크다운　191, 193
매개변수　51, 115
맵　237, 248
멀티라인 주석　196
멀티스레딩　426
메서드　48, 114
메이븐 코디네이트　474
메타 애너테이션　328
명령형　295, 368
명명된 매개변수　77, 122
문서화　196
문자　109
문자열　105, 109
문자열 자르기　419
문자열 추출　419
문자열 템플릿　110
문자열 표현식　180
문자 테이블　181
문자 표현식　181

ㅂ

바이트　182
반환　117
배열　230, 235
백그라운드　466
변환　355
부동 소수　105, 109
부 생성자　79, 132
불리언　105, 156
불리언 표현식　177
불변　53, 237

블로킹　449
비트　182

ㅅ

사용자 인터페이스　73
사용 지점 가변성　317
사이드 이펙트　296
상속　72, 129, 170
상수　82
상태　48, 296
생성자　73
생성자 기본 값　78
생성자 상속　131
서브클래스　116, 127
선언 지점 가변성　314
세트　236, 237
수정자　74, 112
수치 표현식　175
수퍼클래스　131, 410
수학 함수　377
순회　354
술부　236
쉐도우　120
스레드　427
스레드 간섭　438
스코핑 함수　212
스타 프로젝션　320
스택　267
스프레드 연산자　264
슬립　428
시간　380, 383
시그니처　80
시퀀스　370
십진법　110
십진수　109
싱글턴　82

ㅇ

안드로이드 스튜디오　34

안전 호출   111
애너테이션   325
액터   450
액티비티   64
약한 일관성   435
에뮬레이터   38, 43
에포크   387
엘비스 연산자   227, 287
역참조   111, 287
연산자   374
연산자 우선순위   179
연산자 재정의   167
열거형   106, 155
예외   221
예외 처리   464
오버로드   486
오프셋   388
원시(raw) 문자열   109
원시 데이터 타입   230
원시 문자열   181
원자적 타입   439
위임   170
윈도잉   369
의존성 관리   476
이스케이핑   109, 414
이터러블   355
이항   167
이항 연산자   165
익명 클래스   147
인라인 함수   305
인스턴스   50
인스턴스화   51, 59
인스턴트   387
인터페이스   88, 345, 410, 451
일시 중단 함수   448, 458
임시 파일   406

ㅈ

자동 추론   84
잠금   435
잡   447, 459
재정의   129
재진입 잠금   436
재할당   115
잭슨   492
전역 스코프   447
접근자   60, 93
정규 표현식   414
정량자   416
정렬   253
정밀도   188
정수   105
제너레이터   349
제네릭   311
주 생성자   51, 132
주석   189
지연   449
집계   362
집핑   261, 368

ㅊ

채널   450
초기화   54
추론   83, 118, 312
추상 클래스   127, 148
추상 함수   127
취소   448

ㅋ

캐멀케이스   51
캡슐화   139, 150
컬렉션   237, 346
컬렉션 프레임워크   345
코루틴   445, 451
코루틴 디스패처   450
코루틴 빌더   447
코루틴 스코프   446
코루틴 예외 핸들러   449
코루틴 취소   460

코루틴 컨텍스트　447, 456
큐　267
클락　396
클래스　49, 50, 348
클래스 주석　196

ㅌ

타임아웃　448, 461
타임 존　385, 390
타입 검사　209
타입 매개변수　311
타입 바운드　323
타입 변환　185
타입 프로젝션　318
트리플　250

ㅍ

파일 처리　398
패키지　96
패턴　414
팩토리 메서드　384
퍼제시브　416
페어　250
폴딩　259, 365
표준편차　279
표현식　108, 173
프레임워크　326
프로퍼티　48, 101
프로퍼티 재정의　134
피리어드　393
필터　308
필터링　359

ㅎ

함수　113, 298
함수 재정의　133
함수형　83, 257, 296, 368
함수 호출　121

합류　448
확장 캡슐화　163
확장 프로퍼티　162
확장 함수　161

A

abstract　116, 127
also　217
and　182
annotation　328
Any　105, 231
apply　213

B

Boolean　105
break　212
by　171
Byte　105

C

Char　105, 109
class　54, 78
companion　86
compareTo　169
const　112
constructor　74, 80
contains　169
continue　212

D

data　153
dec　169
delay()　457
Deprecated　336
div　169
divAssign　169
DOM　487

찾아보기　541

E

else 206
else if 206
enum 156
equals 169
equals() 291

F

field 158
final 116
finally 222
Float 105, 109
for 211
forEach() 212, 251
forEachIndexed() 252
fun 61

G

get 158, 169
gradlew 46

H

hashCode() 293

I

if 206
implements 92
import 72, 152
in 183, 317
inc 169
infix 165
init 54, 75
Int 105
internal 75, 116, 142
inv 182
invoke 169

it 216, 301
Iterable 262

J

JSON 492

L

lateinit 112, 412
let 215
lock 436
Long 105

M

main() 59
minus 168, 169
minusAssign 169

N

not 169
null 111, 184, 284

O

object 82, 148
open 116
operator 165
or 182
out 317
override 91, 92, 116, 133

P

package 72, 98
plus 169
plusAssign 169
private 74, 116, 140, 142, 143

protected   75, 116, 142, 143
public   74, 116, 142, 143

R

rangeTo   169
rem   169
remAssign   169
ReplaceWith   336
return   61, 114, 117, 301
run   218
RUNTIME   334

S

SAX   482
set   158, 169
shl   183
Short   105
shr   183
sleep()   457
SOURCE   334
StAX   482
String   105, 109
super   135
supervisor   469
Suppress   336
suspend   459
synchronized   431

T

tailrec   165
takeIf()   219
this   80, 120, 143, 148, 214
throw   92, 225
times   166, 169
timesAssign   169
toString()   145
try-catch   221, 227

U

unaryMinus   168
unaryPlus   168
Unit   118, 174
ushr   183
UTC   388

V

val   52, 74
var   52, 74
vararg   125, 333

W

when   92, 208
while   211
with   216

X

XML   475, 487
XML 처리   482
xor   182

기호

!!   184, 288
?:   227

번호

16진법   109

코틀린 안드로이드 프로그래밍
안드로이드 예제로 이해하는 코틀린

발 행 | 2021년 10월 29일

지은이 | 피터 슈패스
옮긴이 | 유 진 호

펴낸이 | 권 성 준
편집장 | 황 영 주
편 집 | 이 지 은
디자인 | 윤 서 빈

에이콘출판주식회사
서울특별시 양천구 국회대로 287 (목동)
전화 02-2653-7600, 팩스 02-2653-0433
www.acornpub.co.kr / editor@acornpub.co.kr

한국어판 ⓒ 에이콘출판주식회사, 2021, Printed in Korea.
ISBN 979-11-6175-579-3
http://www.acornpub.co.kr/book/learn-kotlin

책값은 뒤표지에 있습니다.